本书由"唐君远教育基金会"资助出版

实业救国：唐君远先生与丽新、协新厂史料选编

袁为鹏　牛　浩　张祚元　编

上海交通大学出版社
SHANGHAI JIAO TONG UNIVERSITY PRESS

内容提要

　　本书重点收录了著名爱国企业家唐君远先生与丽新、协新厂创立及经营的各类史料，共 394 条。这些史料主要来自民国时期报刊的相关报道和上海市档案馆、无锡市档案史志馆、无锡市博物院等文博单位藏有的相关史料，分为企业概况与发展、企业经营与管理、企业与市场、企业与政府、企业与社会、企业与职工、战争与企业等 7 类，并附录"唐君远先生文录"，共汇集了唐君远先生个人文章及讲话等史料。

　　本书是研究中国近现代经济史、企业史必备的参考资料，对于我国当前的经济建设与企业经营管理也有一定的借鉴意义。

图书在版编目(CIP)数据

　　实业救国：唐君远先生与丽新、协新厂史料选编/袁为鹏，牛浩，张祚元编. 一上海：上海交通大学出版社，2025.3. — ISBN 978 - 7 - 313 - 32406 - 1

　　Ⅰ. F426.81

　　中国国家版本馆 CIP 数据核字第 2025AS8946 号

实业救国：唐君远先生与丽新、协新厂史料选编
SHIYE JIUGUO：TANG JUNYUAN XIANSHENG YU LIXIN、XIEXIN CHANG SHILIAO XUANBIAN

编　　者：袁为鹏　牛　浩　张祚元			
出版发行：上海交通大学出版社	地　　址：上海市番禺路 951 号		
邮政编码：200030	电　　话：021 - 64071208		
印　　制：苏州市古得堡数码印刷有限公司	经　　销：全国新华书店		
开　　本：710mm×1000mm　1/16	印　　张：28.5		
字　　数：464 千字			
版　　次：2025 年 3 月第 1 版	印　　次：2025 年 3 月第 1 次印刷		
书　　号：ISBN 978 - 7 - 313 - 32406 - 1			
定　　价：98.00 元			

唐君远先生(1901—1992)

丽新厂厂房

（上海市档案馆藏）

丽新纺织厂机器

（上海市档案馆藏）

丽新纺织厂机器

（《中国实业》，1936 年第 2 卷第 1 期）

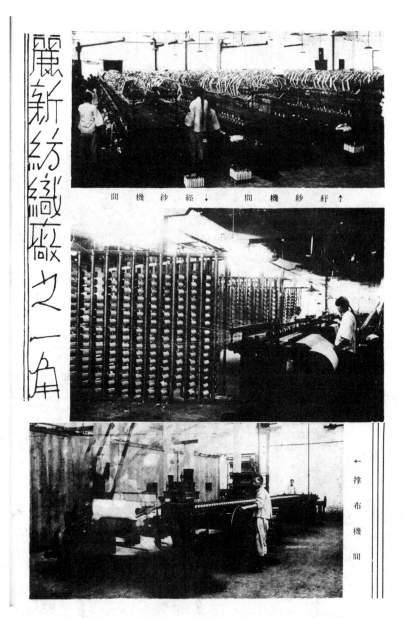

丽新纺织厂工作情形

（《中国实业》，1936年第2卷第1期）

协新厂厂房

20 世纪 30 年代协新厂引进的毛涤复洗机

丽新厂托儿所儿童户外活动

丽新厂人工教育实验区工余剧社公演后留影

丽新纱厂职工休养所

（无锡博物院藏）

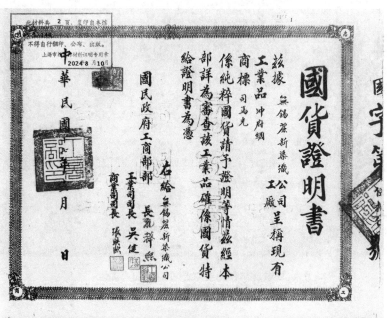

丽新染织公司产品国货证明书（1928年）

（上海市档案馆藏）

丽新纺织印染整理公司"惠泉山"商标

（无锡博物院藏）

协新公司广告

（《锡报》，1936 年 4 月 2 日第 1 版）

协新公司"不蛀呢绒"广告

（《大锡报》，1946 年 11 月 14 日第 1 版）

协新毛纺织染股份有限公司"双金鸡"商标注册证（1951 年 6 月 1 日）

（无锡博物院藏）

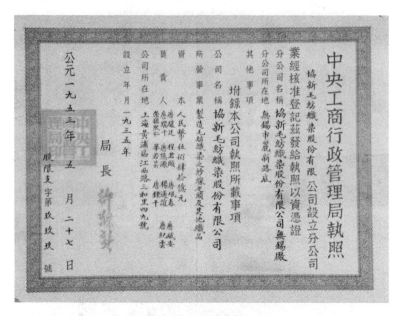

协新毛纺织染股份有限公司无锡厂工商执照（1953 年 5 月 27 日）

（无锡博物院藏）

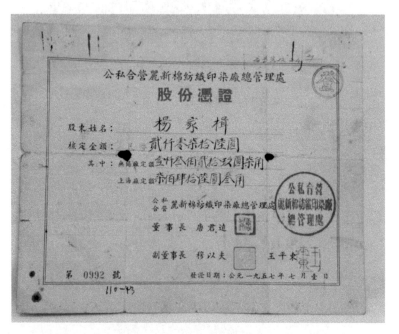

丽新棉纺织印染厂总管理处发给杨家楫的股份凭证（1957 年 7 月 1 日）

（无锡博物院藏）

Chang Yea, A Hero of Wusih

T. Y. TANG 唐增源

When Ming Tai Tsu (明太祖) first ascended the throne in Nanking. Mu Tien Yu (莫天裕) a famous general under Chang Shih Ch'êng (張士誠) like an incensed boar, beseiged Wusih and finally captured it. Mu's army was not well disciplined and consequently in the habit of plundering and slaughtering. The people were wrapped in fear. But Chang Yea was the only one that was unmoved by the fury of the beastly soldiers. The fellow-inhabitants resorted to him as their safeguard.

[10]

Afterward Ming T'ai Tsu sent Hsü Da (徐達) to fight against Chang shih Ch'êng at Ping Kiang (平江). Chang committed suicide after the failure of a desperate struggle. Hu T'ing Tsai (胡廷瑞) a staff officer of Hsü Da, was ordered to lead an army to capture the surrounding cities. All these cities, submitting to the chivalrous character and impetuous temper of Hu T'ing Tsai, surrendered without fighting. But Mu T'ien Yu, who had as must fire and bravery in him as Hu T'ing Tsai, shut the city gates against him and would not give way. He killed the messenger sent by Hsü Da. Upon this Hsü Da was very angry, and ordered Hu T'ing Tsai with his conquering army to destroy Wusih with all her children and properties. When this dreary news reached the ears of the people, they were all fear and could not help but weeping aloud.

Meanwhile, two intimate friends of Chang Yea, Hsü Chi and Hsü Si came to him and said, "the thing becomes worse and worse. The city is in great danger. Only you, we think, can relieve this impending disaster." "Oh!" said Chang Yea, "I am glad to do so." Then he went to see Mu saying, "Now Prince Chang has gone to Heaven and Hu T'ing Tsai is pressing hard upon our city. We are at every moment in danger of meeting our final fate. What will you do for us?"

"As you know," replied general Mu, "I am one of prince Chang's faithful followers. How can I surrender to his enemies! I swear, I would never yield to the Ming Dynasty, even though my body were to be torn to pieces.

[11]

唐君远在《锡秀》上发表英文文章"Chang Yea，A Hero of Wusih"

（《锡秀》，1917 年第 2 卷第 1 号）

利用美棉借欠救济纱业意见

唐君远

救济纱厂　应设法提高纱价
提高纱价　应减少沪地存纱
利用美棉借款　为减少存纱之最好方法

唐君远撰《利用美棉借款救济纱业意见》（《纺织周刊》，1933 年第 3 卷第 29 期）

唐君远的《中国经济事业协进会会员情况调查表》（1954 年 9 月 17 日）（上海市档案馆藏）

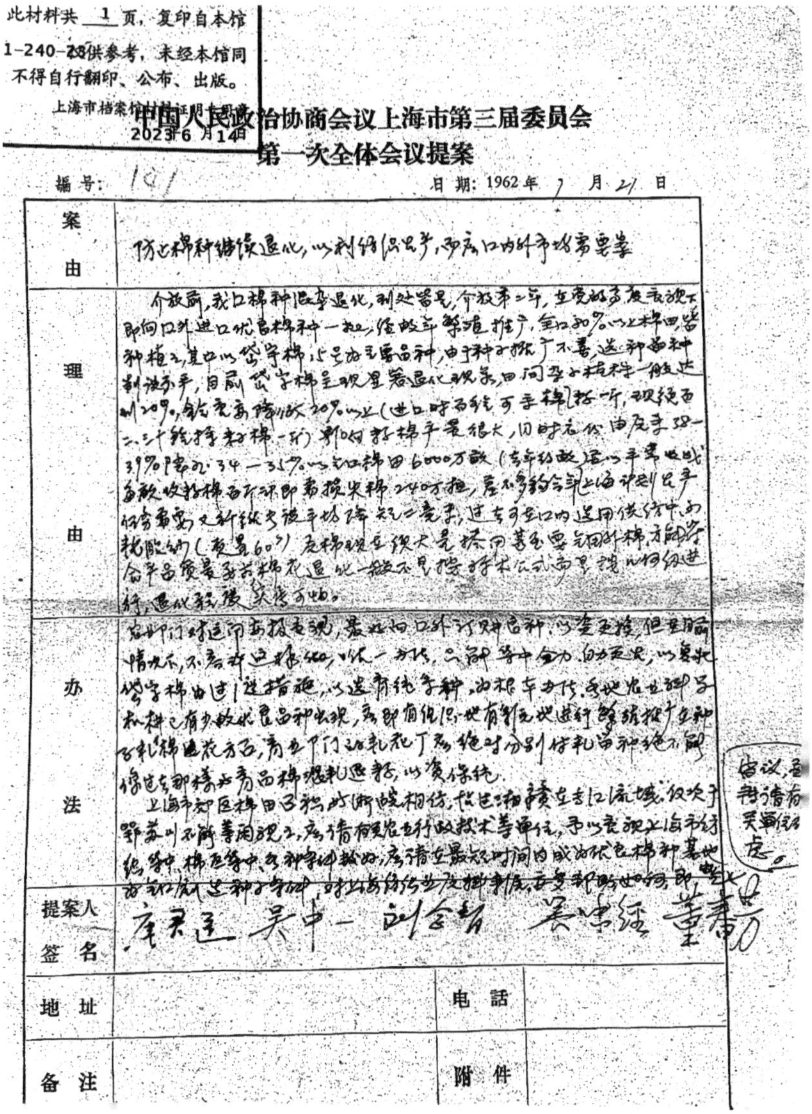

中国人民政治协商会议上海市第三届委员会
第一次全体会议提案

编号： 181　　　　　　　　　日期：1962 年 7 月 21 日

案由	防止棉种继续退化，以利纺织品生产，并应国内外市场需要案
理由	（手写内容，字迹不清，难以辨认）
办法	（手写内容，字迹不清，难以辨认）
提案人签名	唐君远　荣尔仁　刘念智　吴志超　董春舫
地址	电話
备注	附件

唐君远等人关于防止棉种继续退化的提案（1962 年 7 月 21 日）

（上海市档案馆藏）

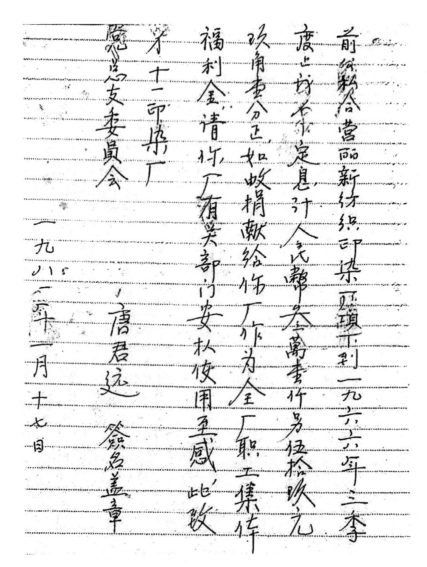

前绫秘合营丽新纺织印染工项下到一九六六年三季度止历年未定息计人民币六万零仟捌佰伍拾玖元玖角贰分正如数捐献给你厂作为全厂职工集体福利金请你厂有关部门安排使用至感此致

第十一印染厂
隐悠总支委员会

一九八二年二月十七日

唐君远 签名盖章

唐君远捐献股息作为全厂职工集体福利金（1981年1月17日）

（上海市档案馆藏）

唐君远副主席讲话（稿）

(一九八一年十月六日上午在市政协主席副主席会议上)

各位同志：

我也谈一点感想。

台湾回归祖国，完成祖国和平统一大业，是我们全国人民的三大任务之一。最近叶剑英委员长进一步阐明了台湾回归祖国的九条方针政策，情词恳切，大得人心。采取和平协商的方式求完成祖国统一大业，还可以先实行"三通"，使分居在大陆和台湾两地的亲友故旧得以早日重新往来

团聚，这完全合乎人心，适合民意，肯定会得到台湾海峡两岸全体中国同胞的热烈欢迎。

大陆人民和台湾人民本来是一家人，同祖同宗，大家都是炎黄子孙。这些年被人为地多隔开来，人民的心里总是不快活，不高兴。现在听到叶委员长讲的九条，不但合情合理，而且重在至义尽，充分体现了党和政府对台湾同胞的亲切关怀。我相信，不仅台湾同胞听了以后欢欣

鼓舞，就是对少数原来比较固执的人，也可以打动他们的心。其实，孙中山先生临终前就曾一再呼吁"和平奋斗救中国"！在我们这一代人中尽快地实现和平统一，完全符合中山先生的新三民主义的精神，历史上曾经实现过两次国共合作，两次都推动了历史的前进，为什么不能再来实现第三次国共合作呢？我希望台湾当局当机立断，决不要错过良机。

我有不少工商界朋友在台湾，他们对

台湾经济的发展也是出了力的。就我所知，在台湾的工商界朋友，也是热爱祖国的。叶委员长讲的九条中，第六条专门提到："欢迎台湾工商界人士回祖国大陆投资，兴办各种经济事业，保证其合法权益和利润"。同时又在第四条中明确说明"台湾现行社会、经济制度不变，生活方式不变，同外国的经济、文化关系不变。私人财产、房屋、土地、企业所有权、合法继承权和外国投资不受侵犯"。

我想，有这样的一个"欢迎"，有这样的几个

"不变"，台湾的工商界朋友们可以放心了，可以安心了。我们上海工商界热忱欢迎台湾工商界朋友，早日回来看看，欢迎你们来投资合作。大家携起手来，发扬我们工商界的爱国主义精神，共同为振兴中华而出力！如果有机会，我也愿意到台湾来观光，相信一定也会受到你们的欢迎！

唐君远就台湾回归祖国在上海市政协主席、副主席会议上的讲话（1981 年 10 月 6 日）

（上海市档案馆藏）

唐君远同志的发言（稿）

各位领导、各位同志：

德生先生是我国早期民族工业的开拓者之一，他和他的兄长宗敬先生合力办成福新面粉厂、申新纱厂等企业，在我国民族工商业的发展史上占有重要的地位。今天，纪念德生先生诞辰一百十周年，缅怀先生的爱国主义精神，以及平易近人、热心帮助后辈的音容笑貌，宛如就在眼前。

德生先生比我年长二十五岁，又是无锡同乡。我年轻时做纱厂，总是喊他荣伯伯，时常受到他的帮助和提携。纺织业内有什么事，他也欢喜找我谈。新中国成立时，德生先生已经是七十四岁的老人了，常住无锡。每次他到上海来，我总要去拜访他老人家，那时候，他对中国人民从此站起来了，不再受外国人的

排挤欺侮，感到特别高兴，衷心拥护中国共产党的领导。德生先生的爱国热忱和兴办实业的企业家精神，深受无锡、上海工商界的尊敬。

纪念德生先生诞辰一百十周年，我们上海工商界同志一定要把老一辈民族工商业家炽烈的爱国心和事业心继承下来，为当前的改革、开放，为统一祖国、振兴中华，努力作出新的贡献！

谢谢！

唐君远纪念荣德生先生一百十周年诞辰的发言稿（1985年8月30日）

凡 例

一、本书收集的史料主要由两部分组成：一部分来源于民国报刊、内部出版物等史料，特别是其中不少史料来自民国无锡地方报刊，一部分来源于上海、无锡等地档案馆收藏的档案史料。每则史料均注明出处及时间等信息。

二、根据史料内容，本书共分为企业概况与发展、企业经营与管理、企业与市场、企业与政府、企业与社会、企业与职工、战争与企业等七部分，以时间为序编排。书末附录"唐君远先生文录"，汇集唐君远先生文章、讲话稿等史料。

三、本书以规范简体字录文，原始文献中的旧字形、繁体字、异体字全部转换为规范简体字，转换后的一对多的繁体字、异体字不再出注。民国时期的常用字、词组与现代汉语规范用法不同的，予以保留，如"部份""另""取销""搪磁"等。

四、史料中的数字一般原文照录，或为汉字数字，或为阿拉伯数字，但在表格中，出于编排之便，将原汉字数字表达为相应的阿拉伯数字。

五、录文对原文书写错误的字词、人名、日期等进行校正，后加〔〕标注正确写法；比较复杂的校勘编者另加脚注或者用（）予以说明；对于原文中字迹不清，无法识别或者缺失的文字，用□替代。

六、标点基本照录原文，如逗号、分号等。原文因句读错误影响阅读理解的，直接改正，不另加注。

七、出于历史原因，史料中一些文字表述如"中日合作""共军"等，不符合今天的观点，但为保持史料原貌，本书未加改动，请读者注意。

八、本书基本照录原始史料中的标题。对于个别史料没有标题或者原标题过长并不适用的，编者根据史料内容自拟标题或对原标题做精简处理。凡自拟或修改过的标题，在标题后面加＊号以示区分。

九、本书在尽可能保留信函、公文原貌的同时，为排版方便，按照一般文书格式进行简化和统一处理，未严格遵照原稿中的抬头、大写、落款顶格等格式。

前　言

唐君远先生是我国著名爱国企业家，1901年出生于江苏无锡一个传统商人家庭，1921年进入由其父亲唐骧廷先生创办的无锡丽新纺织印染厂工作，先后任车间主任、工务主任、厂长等职，以善于经营管理著称。丽新厂生产的印花布力压当时在国内竞销的日本布，被日本《朝日新闻》称为日本棉布在中国的"劲敌"。1934年，唐君远先生参与创办无锡协新毛纺织染厂，翌年正式开工，唐任经理。协新厂积极引进国外先进生产设备与技术，开发适销对路的优质产品，在我国民族毛纺织业史上占有重要地位。1937年日本侵华战争全面爆发后，无锡沦陷，工厂遭受重创。唐先生面对日本侵略者的种种威逼利诱，"宁为玉碎，不为瓦全"，坚拒日人合作的企图，避难来沪利用租界特殊环境，建立上海协新毛纺织厂和昌兴织布、印染、棉纺等厂（新中国成立后均改称丽新），坚持生产经营。

新中国成立初期，唐君远先生任上海毛纺织工业同业公会主任委员，积极参与上海工商界为恢复生产、发展经济开展的各项爱国运动。公私合营后，唐君远先生先后任公私合营丽新纺织印染整理股份有限公司董事长和上海毛麻纺织工业公司经理。改革开放后，唐君远先生积极为社会主义经济建设和改革开放事业献计献策。唐君远先生历任全国政协第三、第四、第五、第六届委员，上海市政协第五、第六、第七届副主席，上海市工商联第二、第三届常委，第四、第五、第六、第七届副主委，第八届名誉副主委，并曾任全国工商联常委、江苏省工商联常委。此外，唐君远先生还曾担任上海投资信托公司副董事长、上海爱建股份有限公司监事长、沪港经济发展协会名誉会长。

唐君远先生重视教育，在其倡议下，1987年大同中学创设"唐君远奖学金"。其子唐翔千先生继承父志，1992年成立"唐氏教育基金会"，2005年基金会更名为"唐君远教育基金会"。基金会的宗旨是"爱国重教，培育英才。教育为本，激励青少年和贫困学生立志成才，奖励教师培育人才，资助优秀人才创新，支持教育发展"。长期以来，唐君远教育基金会为上海市教育事业的发展做出重要贡献。

唐君远先生的子女及其后代多人在国内外从事工商或科技教育工作并卓有成就。如长子唐翔千先生是香港南联实业有限公司常务董事,中南纺织有限公司、半岛针织有限公司首席常务董事,香港贸发局理事。受父亲影响,唐翔千先生积极参与内地经济建设,在深圳成功促成特区第一批补偿贸易;在新疆建成国内第一家合资经营工厂——天山毛纺织厂;在上海办成第一家沪港合资企业——上海联合毛纺织有限公司,并被评为全国"十佳"企业,引起港澳工商界的热烈反响。唐君远先生之孙唐英年先生也是香港著名企业家,曾任香港财政司、政务司司长,现任全国政协常委。

《实业救国:唐君远先生与丽新、协新厂史料选编》是我们计划整理出版的中国近代企业史料汇编之一,重点收录了唐君远先生与丽新、协新厂创立及经营的各类资料,主要来自民国时期的报刊以及上海市档案馆、无锡市档案史志馆、无锡市博物院等文博单位藏有的相关史料。我们以"能够突出反映唐君远先生生平活动以及丽新、协新厂发展经过"为原则,共选取各类史料 394 条,其中报刊史料 276 条、档案史料 118 条,并将其分为"企业概况与发展""企业经营与管理""企业与市场""企业与政府""企业与社会""企业与职工""战争与企业"等七大类。更重要的是,我们在书末专门设置附录"唐君远先生文录",汇集了唐君远先生自 1917 年中学时代至 1985 年的个人文章及讲话等文献 16 则,绝大多数篇目是首次被发现,弥足珍贵。

长期以来,资料不足制约着中国近代企业史、经济史的研究。据学者统计,近代中国工厂数量超过 2 300 家,民国时期共有注册公司 8 000～10 000 家,但其中留存并出版有比较完整的历史资料,可供学界深入研究的近代企业为数甚少,估计还不到 20 家,而且这些企业的时间、地区、行业及规模分布也不尽合理,后人难以从中获取中国近代工业企业发展史的全貌。总的来说,上海等大城市的一些著名大型企业,如荣氏企业、刘鸿生企业、大生企业集团、轮船招商局、汉冶萍公司等史料存留与出版较多,其他内地中小型企业史料留存与出版极为不足,这严重制约着相关领域学术研究的深入发展。相较前人已经整理出版的企业史资料,我认为这本资料集至少具有以下三个方面的特色:

(1)丽新、协新两厂是民国时期创办于无锡,经营良好且逐步扩展壮大,在民国纺织业界颇具影响力的中型纺织企业,抗战期间两厂在沦陷区遭受重创并部分转移至上海维持生产,目前国内对这一规模类别的企业史料整理出版的极少。

（2）唐君远先生出生于传统绸布商家庭，其祖父是传统布商，父亲由传统绸布商转型成为近代工业企业主。唐君远先生毕生从事纺织事业，其子孙后人在新中国成立后继续在香港与祖国大陆（上海、深圳、新疆等地）从事纺织、电子等工商实业活动。唐君远先生及其家族的创业与经营活动贯穿了中国近现代工业发展的整个历史进程，堪称中国经济现代化的一个缩影。这本资料集将为后人提供一个极为少见也是弥足珍贵的近现代乃至于当代中国工商业发展的重要样本。

（3）在史料收集和整理上，我们一方面充分发掘民国时期全国各地，特别是上海、无锡等地方报刊中的相关史料，另一方面尽可能搜集上海市等地档案馆收藏的企业内部档案资料，将二者结合起来汇集为一个比较完整的资料选编。这样的选编整理方式也是颇有特色的，报刊史料和企业内部档案史料是两种不同类别且各具特色、各有长短的历史资料。报刊史料文笔生动、内容具体，能够体现出社会各界对企业的看法与评论；公司内部档案史料语言平实，较之外部文献能更加真实、更加详细、更加系统地反映出企业多个方面的具体情形，特别是企业内部资产、利润，管理层的看法、意见及其规划，企业与政府及社会各界的复杂关系等。本书将二者结合起来，不仅内容会更加全面，而且还能充分发挥这两种史料的优势与特点，取长补短，相得益彰，更便于读者阅读和使用。特别需要说明的是，本书所选录的报刊史料，不仅收录了《申报》《大公报》等比较常见的近代报刊，还收录了大量的民国无锡地方小报，如《锡报》《人报（无锡）》等，这些报刊在各类数据库或图书馆中甚少收录，十分罕见。

我们相信，这本史料集的出版，将会进一步促进学术界对中国近现代企业史的认知和研究，会帮助广大读者对唐君远先生的创业经历，丽新、协新两厂创办、经营、发展的具体过程有更为详细的了解，从而能够更加深刻地理解唐氏家族创业、守业的艰辛，体会并发扬唐君远先生等唐氏企业家们浓浓的爱国情怀。唐君远、唐翔千先生生前长期致力于沪港澳经济合作与交流，这本史料集的出版，不仅是对工商业界前辈先贤的缅怀与纪念，也将对今后上海与香港工商业界的相互合作与交流有所助益！

这本史料集的编辑始于2021年初春。当时受上海交通大学教育发展基金会委托，我和博士研究生牛浩应邀参加由唐君远教育基金会组织的纪念唐君远先生诞生120周年暨创业100周年纪念会及相关活动。在为会议撰写纪念论文时,我们被唐先生及其后人爱国敬业的精神所深深感染,同时又深感现有相关史料严重匮乏,制约着史学领域的深入研究,于是我们决心系统搜集整理有关史料,随后张祚元同学也加入我们团队,并承担了相关档案史料的搜集、校对等工作。

在史料集整理出版过程中,感谢张伟、王昌范、王武、汤可可、钱江、叶璐等专家学者的大力帮助,感谢上海市档案馆、无锡市档案史志馆、无锡市博物院等单位工作人员热情周到的协助,感谢上海交通大学出版社李阳编辑对史料集的认真校对与宝贵修改意见,上海唐君远基金会、上海交通大学教育发展基金会及上海交通大学人文学院、历史系有关领导和同事给予了我们充分支持,我的妻子刘华冬女士亦协助做了一些史料摘录及编辑等前期工作,谨在此一并致谢!

此外,由于相关史料分布零散以及我们能力有限等多方面原因,这本史料集也存在一些不足:未能找到唐君远先生的日记、书信、访谈录等材料;唐君远先生身边的企业中高层管理人员、职员的资料涉及甚少;唐君远先生家庭生活等方面的史料也未涉及;协新厂相关史料较少;上海市档案馆等单位藏有大量相关档案资料,囿于篇幅及时间,我们只选录了认为特别重要的代表性资料,难免会"挂一漏万"等。希望今后在广大读者和各界人士的批评和帮助之下进一步补充、完善!

袁为鹏

2025 年 1 月 13 日

写于上海交通大学人文楼

目 录

一、企业概况与发展

二、企业经营与管理

三、企业与市场

四、企业与政府

五、企业与社会

六、企业与职工

七、战争与企业

附录　唐君远先生文录

一、企业概况与发展

丽新公司购买厂基所订绝卖土地契约一则*

（1919 年）

永盈

立永远绝卖粮田文契。杨拗吉今将自己祖遗产坐落一六图胡家玗田靠河计办宙字第贰百捌拾柒号平田四亩柒分壹厘捌毫,自愿央中永远绝卖与丽新公司处过户、办粮、起造、驳筑楼平房屋、收租采息执业。当日凭中三面议得时值永远绝卖粮田价洋肆佰元正,契日一逿收足。自永远绝卖之后,永为得主世产,与卖主无涉。田上税粮随产完纳。此产的系自己祖遗之产,并无房族争差诸碍以及田叚舛错等情,有则均归卖主理值,不干得业人事。此系自愿非逼,恐后无凭,立此永远绝卖粮田文契为照。

计开　附宙字贰百八十七号印单两纸。

民国拾柒年五月六日验讫　江苏无锡地方法院不动产□□处①

中华民国八年　　月　　日

银契两交,不另立票并众　押□。

永盈

立永远绝卖粮田文契杨拗吉　押□。

中　薛康侯

　　浦永清

　　邹梦青

　　周祖恩

笔　宋辅卿　总　朱宪文

（上海市档案馆,档号:Q195‐1‐427）

---

① 此行并非契约主文内容,而是后来加盖。此条史料的编排时间按照契约订立的时间,即民国八年(1919 年)。

开办丽新织布厂

（1920 年 10 月 1 日）

邑人唐骧廷、程敬堂、王俊崖、沈君锡①等，发起组织丽新织布厂，推定唐骧廷、程敬堂二人为正、副经理，招集资本三十万元，按照公司条例呈部注册，于吴桥附近购地建屋，并开关［宽］丽新路以利交通，所用布机，已向上海某洋行定购铁机，不日即可运锡，其厂屋月内亦将工竣。现拟招请织布女工二百名，昨特印刷广告，着手招募。将来所出货品，凡各布厂所无者，各种俱备，设或资本不敷，尚拟添招二十万，集足五十万元，为内地唯一之大织布厂云。

（《锡报》，1920 年 10 月 1 日，第 3 版）

丽新公司创立会决议录*

（1920 年 10 月 17 日）

中华民国九年十月十六日第一届股东会（即创立会）记录

是日由发起人唐水成等十二人召集创立会，就本公司议事厅开会，公推唐水成为主席。

主席就席后宣布今日到会股东有六十七人二千九百六十权，已过本公司总额半数以上，应即开始议事。

主席报告本公司发起人等提议，当本公司发起之时，原定股份总额为银叁拾万元，每股银百元，先缴百分之三十五，业经照数收齐所有，价置田亩，建筑厂屋，订购机器，均经成为事实，应请讨论追认，旋经各股东讨论议决各条如下：

---

① 应为"沈锡君"。

一、决议本公司股份总额,准照发起人原议,定为银三十万元。

二、决议本公司股份银数,准照发起人原议,定为每股银百元。

三、决议本公司股东股份银数除已缴百分之三十五外,其余准俟机器在外洋装船,由董事会议决通知续缴。

四、决议本公司价置田亩,建筑厂屋,订购机器,准予追认维持原案。

五、决议本公司章程,准用书记原拟草案加以修正通过。

主席　唐渠镇　押

书记　程宏远

本件证明与正本无讹,书记并志

中华民国九年十月十七日

(后略)

(上海市档案馆,档号:Q195－1－328)

丽新布厂股东会纪事

(1922 年 3 月 29 日)

惠商桥丽新染织布厂,于二十六日开第一届股东会,到会股东三十六人,计二千八百四十权,下午二时振铃开会,公推股东黄蔚如君主席,所有秩序如左。

(一)董事会总董报告公司筹备经过情形。(二)经理人报告公司营业状况。(三)分发账略及议案。(四)主席指请股东陶锡侯、张趾卿君为表决时检票员。(五)开议事项:(一件)董事会提议遵批修改公司分配盈余方法请求追认案,议以遵奉农商部实业厅批,修改无讨论之必要,可改议案为报告,俾股东知修改章程缘由,主席以改作报告付表决,全体认可。(一件)董事会提议,本公司房屋、机器、货物应否保险,请予议决案。议以慎重公司财产起见,允宜保险。主席以保险付表决,当得可决票二千六百三十权多数通过。(一件)董事会提议,拟续招公司股份,以厚资力,略具办法请予决议案。宣读议案毕,主席以续招股份三十万元付表决,投票结果以二千八百四十权可决,继议照公司条例办理,先尽旧股东认购,不足再招新股,当由出席股东先行挂号,认定一千五百余股,照原额已过半数,其股东委托代表出席者,议由董事会具函通知,并定旧股东认股以三月初十日为截止期,不足另招新股,至新股缴款日期可分作两次,第一次以夏历三月初一日起四月十五日止,第二期以七月初一日起八月十五日止,如一次□缴者听,主席付表决全体赞成。(一件)总董唐骧廷君提议拟添举董事案,讨论结果,决定增添董事四人,连前为十三人,俟新股添招足额后,再召集临时股东会公举之。(一件)经理程敬堂君提议酌提公司董事检[监]察人车马费,请予公决案。讨论结果,以总董驻厂办事,力任艰巨,尽心规划,在公司方面,应有相当酬报,当开创立会时,由股东议决年致车马费银三百元,时值公司草创,诸从节省,现在全厂工竣,开机在即,一切深赖维持,宜定总董车马费银为每年五百元,并请尊重两届股东会议如数收受,至董事监察人,现既一致谦让,姑俟公司营业发达,再行提议。主席付表决,全体认可。

(《锡报》,1922 年 3 月 29 日,第 3 版)

丽新染织厂近况

(1922 年 6 月 7 日)

惠商桥丽新染织布厂,规模宏大,资本雄厚,筹备迄今,已逾一载,由唐、程诸君尽力进行,现已大致就齐。当初原定资本三十万元,后以机器材料逐渐增价,其中设备较原定计划稍有出入,以此照原有股额,不敷甚巨。因于今春召集股东会议,决续招股本三十万元,先后合作股本洋六十万元等情,曾志本报。兹悉此项股本,先后实收到五十万元左右,现在以厂基、厅屋、机器一应实须银洋五十五六万之谱,其他购办材料,放出布匹等,一应流动资本,约须二十万之谱。近闻该厂木机部,早已开工,出品销路甚旺,注定商标为"渔翁得利"牌,铁机部所有机器,亦经装置就绪。月初曾预为试车,惟因际此夏季,厂布销路素滞,故开车之期,约在夏后,铁机出品之商标,定为"双鱼吉庆"牌云。

(《锡报》,1922 年 6 月 7 日,第 3 版)

丽新厂股东会预志

（1922 年 10 月 28 日）

惠商桥丽新路丽新染织厂，资本雄厚，所制出品，莫不精致美丽，颇为顾客欢迎。兹定于本月初十（明日）日开股东会，协议厂务进行方针，并添举董事。闻陶小侯[①]、张趾卿二君，最有希望。而正式开幕期，则定于本月二十三日云。

（《无锡新报》，1922 年 10 月 28 日，第 3 版）

丽新公司股东会纪事

（1922 年 10 月 30 日）

惠商桥丽新染织公司，定于昨日开临时股东会，并添举董事等情，已纪前日本报。兹悉昨日下午开会，先由总董唐骧廷君报告经过情形，大致谓吾人日用所需，不外衣食二端。近虽为潮流所激，工厂林立，而于辅助棉织漂染整理之厂，则向由东西各国独占其利，吾国尚无过问，此发起诸人所以有本公司之组织。本公司营业宗旨：染织并重，兼制丝光纱线，以期脉络贯通，工作便利。惟部份既多，房屋之建筑、机器之添配，常随时随地溢出预算，幸入手之初，即设木机力织部，一面筹备本厂工程，一面出品营业，得稍补筹备时期之支出。现全部开机，炉子、引擎、漂染、整理、织布各种机器，迭经试验，尚称精良，所出货匹，推销各埠，均蒙欢迎，似可告慰。苟时局大定，行销各省，无他种阻碍，办事诸人，得一意于工作方面，讲求研究，则公司进步，尚未可限量。盖他种工业，自始至终，初无变化。本公司所营事业，则花纹、色泽俗尚不同，有日新月异之势。苟稍拘成见，掉以轻心，营业即为之阻滞，各股东多夙有经验，富于学识，尚祈时锡

---

① 应为"陶锡侯"。

箴言,匡所不逮云云。次推举黄蔚如君为临时主席,主席宣布董事会来函两件:
(一)报告公司于夏历九月二十三日正式开幕,拟束请各界参观宴会,并祈各股东惠临指教;(二)提议续招新股三十万元,因受时局关系,共招得十八万二千五百元,拟即以招足二十万元截止,连前为五十万元,所少一万七千五百元,在日内尽各股东认购,不足,再由董事会分认,以资结束。一致赞成通过,继投票添举董事四人,当推唐斌安、钱保稚、唐经国、程友于为开票、检票员,计徐湘文得三千九百九十二权,张趾卿三千八百六十八权,程菊村得三千七百七十权,陶锡侯得三千五百七十三权,均当选。旋宣告散会,时已万家灯火矣。

(《无锡新报》,1922 年 10 月 30 日,第 2 版)

丽新厂正式开幕志盛

(1922 年 11 月 12 日)

　　北塘惠商桥丽新路丽新染织整理公司,由邑人唐水成、唐屏周、唐骧廷、夏伯周、张趾卿、程敬堂、王峻崖等诸君集资创办。自前年迄今,筹备计阅二年,购办英国司发门机器,聘任专门工师,所出物品,经过烧毛机器上光整理各种手续(机器组织制造手续等情另载本报经济调查),故出品异常精美,行销各埠,颇受顾客欢迎,以是营业殊为发展。于昨日举行正式开幕,政商各界之前往道贺者,络绎不绝,跻跻跄跄,颇极一时之盛,于无锡饭店备筵招待来宾,宾主酬酢,极尽欢洽云。

(《无锡新报》,1922 年 11 月 12 日,第 2 版)

丽新染织厂开幕志盛,参观者千人

(1922 年 11 月 12 日)

　　本邑通惠路惠商桥丽新染织整理工厂,开工两载,声誉日隆。一昨为正式开幕之期，上午八时即有嘉宾戾止，除该厂诸股东在场招待外，并先期邀请沈锡君、苏养斋、冯云初、钱保稚等诸君为主宾，故客来即有主宾竭诚招待，先赠一印，就之小启，其词曰：

谨启者，敝厂自筹备迄今，计阅两稔，购办英国机器，聘任专门工师，所出物品，经过机器烧毛、上光、整理各种手续，行销各埠，幸得社会赞许。今日正式开幕，猥蒙大驾宾临，无任雀跃，惟设备既未完全，招待复欠周到，恐不能一一导观各部，深为歉仄。兹于各部厂间推定专员，预备先生有所询问，以便随时奉答，至希指教为感，并假座无锡饭店洁樽候光，千祈勿却，是所盼祷。专此，顺颂台绥。

丽新染织整理有限公司谨启

客至先入应接室茗点，然后再由各招待导至漂染、机织两部从事参观。记者以天职所在，亦得侪于参观之列，兹将该厂内部大略志之。

该厂面积甚广，建筑系坐北朝南。漂染部在厂之东面，行进后第一室为试染间，系配染各色颜料，发给染司之基本部，色泽之鲜艳与否，端赖试染主任之经验如何。第二室为纱线布匹陈列之所，各种出品如冲哔叽［叽］、各色柳条哔叽［叽］、斜地哔叽［叽］、冲素绸、直宫呢、各色洋缎及代染之毛冷纱线等五光十色，使人目炫。卷布机附设在内，将机上脱下之布装上此机，机轴一动，可以立即成匹，不费人工也。第三室首为缝布机，将已织未染之布，联而为一。次为烧毛机，将织成未熟之布投入此机，机之内容乃一巨炉，上有圆形铜轴，燃至沸红，布由此轴烫过，则毛衣尽去，经过此轴即有喷水机，将烫热之布喷湿，以免干脆性燥之弊。喷湿后由墙上磁管中而出，布已成捆，然后投入第三室之洗布机，经四道之喷射，则布上之泥污、手汗等，均已洗涤尽净。洗净后再入煮布机，械高如烟突，大可十围，每次可煮布五六匹。上用蒸馏水居高而下，下压机力，使布能贴服，不致走动。煮熟之后，然后再送染缸室，从事发染。总计自缝布，而烧、而喷、而洗、而煮，共须经过机器七部，由甲而乙，由乙而丙，甚为联络。过渡时悉从机顶之磁管道去，可以免地上尘沙之污，机械之精，设想之巧，可谓无以复加矣。

染缸机在第四室，旁有桨［浆］机一小具，备临时上浆之用。染好后将布送至第五室，首上轧机，俾布上之绉痕可以轧平，然后再上烘布机，烘轴悉为热水汀,使布无性脆之虞。烘过后再上轧光机,经过此机,布已光而且滑,然后再上浆[浆]机,由机器喷浆,左右匀净,绝无多寡,浆就取下。再上喷水机,使布性回软,然后再上绷布机,能使门面整齐划一,无长短阔狭之弊。绷过之后再上轧光机或电光机,经此一轧后,布已光洁可观,然后折入第一室,上卷布机,打包贴商标,始为完全告成。所打之包与舶来品无异,洋缎、冲哔叽[叽]等且有过之无不及也。

机织部在厂之西面,第一工场为旧式木机,专织条格平布。第二工场为龙头机(即纸板机),专织冲花洋缎、提花丝光、三闪丝光、提花麻纱等。第三工场为纡纱机、铜管机。第四工场为铁机,专织冲哔叽[叽]、直宫呢等(以上用女工)。第五工场为铁木机,专织斜地洋缎、哔叽[叽]等,纯为男工。总计铁机百部、木机二百部、铁木机一百部,有女工四百名、男工三百名、职员二十九人、练习生三十一人。上下午来宾到者,本埠有绅、商、学、军、警、政、法、医、农、工、报各界八百余人,上海及本埠西人二十余人,上海、南京、常州、溧阳、江阴、宜兴等埠之同业及来宾约有一百余人,跻跻跄跄,可谓盛矣。

(《新无锡》,1922 年 11 月 12 日,第 2 版)

丽新染织整理公司参观记

(1922 年 11 月)

丽新染织整理公司参观记(记者)(1922 年 11 月 12 日)

吾邑唐水成、唐屏周、唐骧廷、程敬堂等诸君,前年发起集资组织丽新染织整理股份有限公司,于北塘惠商桥附近购地建筑房屋,并向英国司发门厂订购机器,筹备迄今,计阅两载,内部规划,颇为周详,所出物品,莫不精美绝伦,推销各埠,殊得顾客称许。营业之发展,大有蒸蒸日上之概。于夏历九月二十三日举行正式开幕,记者特往参观,承唐君骧廷逐一指导,爰将参观所得,濡笔记之,以供注意工商诸君浏览焉。

工场组织,共分引擎间、木机部、铁机部、纹工部、丝光线部、漂染整理部等六部,兹为分志于下:(一)引擎间。装置引擎一具,为漂染整理部、铁机部、各机器之原动力。(二)木机部。共有提花木机二百部,织造各项时花仿缎布匹,机之发动,全恃人工。(三)铁机部。共有铁木混制机一百部、铁机一百部,均织普通布匹。铁木混制机,每机每日可织布半匹(约十五码左右),其发动全恃人力。(未完)

(《无锡新报》,1922年11月12日,第3版)

丽新染织整理公司参观记(续)(记者)(1922年11月13日)

铁机每机每日可织布一匹(约三十余码),其发动恃引擎间汽机之力,织工只须照料接线等事。铁机、木机两部所用之经纱,均由经纱间工人将经纱整理妥帖后,交铁机、木机二部工人上机织造,经纱间所用机械,共有三种:(甲)纬子车。将成捆之纱做成纬子。(乙)铜管车。将纬子车做成之纬子绕于铜管上。(丙)经纱车。将绕于铜管之纱制成经纱,分送于铁机、木机各部备用。

(四)纹工部。专司制造提花机所用之花片。

(五)丝光线部。所用机械共有二种:(甲)丝光车共三部。(乙)轧光车共四部。

(六)漂染整理部。内容最为复杂,分记如下:(甲)染料配合室,储藏各种染料,并有人专司配合染料之职。(乙)漂染整理之手续。先将织成之布匹,经烧毛机烧去布面上之纤毛,使其光滑;次由烧毛机移入洗布机,洗去布面上焦黄之色;复由洗布机移入蒸布机,用蒸汽将布蒸透,然后复移入洗布机,将布洗涤,使布面尘垢涤除净尽,乃移入漂池,将布漂白。漂白后,更移入去水机,除去布身之水分。如欲染色,即更移入精染机,染色后移入去水机,除去染色时吸收之水分,更移入干布机,使布匹干燥。干燥后视布之种类,如须两面上浆者,即移入双面上浆机,如只须一面上浆者,即移入单面上浆机。上浆后更移入轧光机,用强压力压之,使布面发生光彩。更用撑布机将布幅展直,展直后,即移入轧光机,用强压使布面平直(更有镜面轧光机用以处理特种织物),最后乃移入卷布机,将布卷好,于是漂染整理之手续始毕。其详细手续,实有三十余次,此不过其大略耳。(未完)

(《无锡新报》,1922年11月13日,第3版)

丽新染织整理公司参观者[记](续)(记者)(1922年11月14日)

工人状况:全厂计有男、女工六百余人,除经纱间、木机部,暨铁机部铁机之工人悉为女工外,余如漂染整理部、丝光线部等工人,均为男工。不论男、女工,每日作工时间,均为十小时,所得工资,就全厂工人平均计算,每人所得每日约在大洋三角以上。

职员:全厂职员共二十九人、练习生三十人,分司各部职务,并督促工人职务上之进行。关有工程方面,零[另]有工程师一人、工程助理员一人,以总其成。该厂现任之工程师,为英人汤麦司君,助理员为张佩苍君,系北京高等工业专门学校染织科毕业生,二君皆经验宏富,学识兼优,故工程方面,成绩殊佳。

资本建筑械器,共额定资本五十万元,零[另]备流动资本五十万元,两共一百万元,需费五十五万余元。

出品:吾国染织厂,颇称发达,然兼办整理部者,实不多观,全国惟上海达丰厂一家。而丽新工厂之完备,能较达丰厂更胜一筹,洵可谓全国独一无二之染织整理工厂,其出品之精良,固已脍炙人口。于整理部内,附设标本部,陈列各种出品之样子,其织工之精密,花式之考究,允称迥乎不群,纺织之直贡呢最为特色,而仿缎则花色繁多,与丝织缎较,相去不远,销行南洋众岛,殊为畅旺。又染色整理除本厂出品外,更能为他家代染,及代行整理,故有绸品及布匹须行染色整理者,可送至该厂代办云。(完)

(《无锡新报》,1922年11月14日,第3版)

丽新染织公司参观记

(1922年11月12日)

丽新染织整理公司,筹备迄今,计阅两载,其先后筹备详情,已迭纪本报。昨为该公司正式开幕之期,并预邀各界到厂参观。该厂集资一百万元,所用机器,系上海祥兴洋行经办,英国斯法门名厂承造,全厂组织,分织布及漂染、整理三部。织布部，以原料入纬子车，做成纬子，上铜管车、经纱车，然后上机织布，或上木机，或上铁机。木机部有寻常木机一百部，提花木机二百部。铁机部有铁机一百部，全厂每日可出布二百匹，共用男、女工人六百余人。其漂染整理部，则以已成布匹，入烧毛机，将布面浇[烧]光，入洗布机、蒸布机，将布蒸过，再入洗布机洗清，然后入漂池，漂洗清洁，入染布机、去水机，再入上浆机，机有双面上浆、单面上浆之别，上浆后，入整理部，上轧光机、撑布机，轧光机有镜面轧光、普通轧光两种，经以上种种手续，始行整理竣事。又有丝光线部，以棉线入丝光车、轧光车，即成丝光线矣。次为染色间、纹工部、引擎间、染色间，为支配颜料之处，纹工部为打样之处。全厂厂务，由总理唐襄[骧]廷、协理程敬堂主之，机务由工程英人汤麦斯、工程助理员张佩苍主之，全厂职员有七十余人，分部办事。是日参观者，约计四百余人，俱由该厂职员殷勤招待，导引参观云。

（《锡报》，1922 年 11 月 12 日，第 2 版）

丽新染织厂开幕续纪

（1922 年 11 月 13 日）

惠育[商]桥丽新路丽新染织整理公司于前日正式开幕，本邑政育[商]各界及外埠来宾，前往道贺及参观者，络绎不绝，颇极一时之盛。其详情曾纪本报，兹得该公司来宾，上海祥兴洋行大班麦雪而君之演说词，录如之下。

今日为丽新染织宝厂开幕之日，鄙人特乘车来锡，躬与盛会。因念承宝厂向敝行订购机器，之后鄙人亦竭尽心力，务求完美，今果装置妥善，得以开幕，鄙人十分欣幸。鄙人到中国以来，知中国实业，近来渐见发达，惟未有如无锡一县之盛者。今见无锡厂家林立，如纱厂、面粉厂、丝厂等，纷纷兴办，虽由地方殷实，要亦在于人材众多，思想新颖，故能将各种新事业尽力做去，不避艰险，以图发达，为中国冠。今日无锡有一正式闻[开]幕之丽新染织厂，可称为无锡之第一厂，统中国而言之，亦不过为第二厂。因上海尚有一达丰厂,其机器亦由敝行承办,于日前开幕,鄙人亦与其列,先后仅争一步耳,实足为无锡之光荣。况丽新厂经理得人,并董事会亦济济多材,复佐以漂染专家之汤麦司先生,将来营业之发达,正未可限量焉。鄙人当有一言为丽新厂贺,并为中国机织厂预祝者。盖丽新厂发源于织布之木机,多由木机而改为铁机,复加之以漂染机,将来所出之布,必能不胫而走,而所获利益,亦必可倍于囊昔,盖机械之优胜于人力,固理所必然。鄙人对于织布事业,颇深研究,常以机织利益之优厚,为实业家告,如能以丽新厂为模范,则中国实业前途,其奋发者将不可以道里计,固不仅为丽新宝厂祝获利之无穷也,此尤鄙人之所欣盼也。

(《无锡新报》,1922 年 11 月 13 日,第 2 版)

参观丽新厂开幕感言(张涤浴)

(1922 年 11 月 15 日)

振兴实业为当今之急务,夫尽人而知之矣。年来吾邑工厂林立,实业前途颇有发展之望,而人情奢华,国货每不足当其意,利权外溢殊可慨耳。然究其实际,则国货固逊于舶来品,宜乎人之舍此而取彼也。

吾邑丽新染织厂于日前开幕,记者亦往作一度之参观,见其布置之完备,机器之精良,出品之美丽,不禁抱无穷之乐观。苟能精益求精,标新立异,则出品不难驾舶来品而上之,购者亦不致有供不应求之叹。异日为挽回利权,提倡国货之模范,他人又相率继起,从而改良进取,则将来之利益与荣誉岂仅一业一邑之荣光哉?

抑吾更有进者,夫今之事业须视察供求之需要,人情之趋势,以为转移。盖彼舶来品方日新月异,层出不穷,而吾则故步自封,墨守陈法,夫然则纵有提倡国货之志,振兴实业之愿,而收效薄矣。是尤吾所望于实业家亟宜注意者也。

(《无锡新报》,1922 年 11 月 15 日,第 3 版)

工厂调查（第三届）：
无锡丽新染织有限公司（蒋沧浪）

（1923 年）

无锡纱厂林立，染织布厂之发达，久有所闻。余等此次到锡，目的乃欲专事参考是类工厂。然自到锡后参观已两日余矣，所观者属为不少，而未见有一大规模之组织，殊令吾人失望。闻丽新染织有限公司于民国十年创设，十一年九月间开工，规模宏大，为是地同业冠。吾人闻悉之余，极思一视为快。二月二十七日，由高先生介绍，导往参观。至惠商桥，见其厂屋宏大，烟窗巍立，右望惠山，空气新鲜，左临运河，交通便利，诚为一最适当而不能多得之厂地。此可知该厂之创办人之善于择地也。由惠商桥筑一小路沿运河边至厂，长约一里，名为"丽新路"。运河分流，横于厂前。码头石砌，以为配运之用。由小路架以木桥过厂，名为"丽新桥"。新式厂屋占地四十余亩，厂面书"丽新染织有限公司"八大金字。余等进入参观，机声轰轰，于失望中遂不觉为之一快。盖厂内宽大，空气光线犹佳，机械精致，辉煌夺目，工场清洁，秩然不紊。组织之完备，竟有胜于所闻者也。该厂招待员张佩苍先生学识高深，经验丰富，精通中英文，导余等到各部参观，加以详细说明。先参观出品装潢部，出品布匹，叠积如山，自织、自染，闻每日可出三百多匹。工人精神活泼，作事勤敏。继参观去毛机工作部，织成之布运至热炉，用去毛机先去其毛，再穿入壁窗过染布部，用清水机、釜、染色机、打浆机、整理机、放大机、去水机、丝光机、量布机、卷布机等，布匹连接，机器轰然一动，次序自行。由染织部后门出，行数步，参观织布部，左为摇纱间，右为织布间，两间相对。出而上梯参观原动力机器房，与染织部后壁毗连。下梯向右行，过一机器修理房、一染料试验室，至染纱部参观始完。然出品陈列室，尚未见过。不知该厂尚未建设，抑一时之未周教耶？余等参观计历一时许，各部份之布置得宜，且得张先生指导一一解说，获益良多。聆教之余，颇觉满意。吾以为该厂之组织，非但甲于是地同业，即与上海各厂较，亦所罕见也。惟规模大，出品多，物美而价廉。海内外顾客之未知向购者不知凡几，殊为可惜。吾以为今日工商战剧烈时代，推销货品多借以广告为利器，该厂既用新精神创办新实业,广告一项万不能轻视也。吾愿该厂能尽力扩张、进步不懈,则营业之发达,当有蒸蒸日上之势也。

组织及管理①

分部办事	分三大部分:(一)染布部、(二)染线部、(三)织布部			
职员	总理	程敬堂	经理	程敬堂
	董事	董事十人,唐骧廷为董事长	其他	王钰泉管理机械部
技师及其经验	美国人 Mr. G. Thomos 富有经验;中国人张佩苍曾在高等工业学校毕业,甚有经验。			
工人	男	二百五十人	儿童	无
	女	五百人	总额	七百五十人
工资	支配方法	男工以日计,每日三角左右;女工算织布之匹数,平均每日约二角余		
	总额	每天约二百余元		
工人管理法	由各工头管理之			
开支	广告	除登《新无锡报》外别无他种广告		
	其他			
资本	六十万元			
簿记	中国式簿记			
备考				

原料表②

品名	Colembia Yellow N. N. G. Sulplmr Blue B、Victoria Blue B Congo453	纱	颜色
来源	England	日本	德国
单位价			
包装法	打、件	纸包	铁箱
税率及输纳方法			

---

① 本表由编者根据原文绘制。

② 本表由编者根据原文绘制。

运输	火车及轮船	
保险	未详	
备考		

工作①

工作时间	十一时			
工场面积	四十亩			
指导方法	凡工人不熟于机械之原理者,由技师指导,技师为外国人			
每日消耗	煤	八吨	水	水由运河抽用
	电	未详	其他	
卫生	空气	颇佳	医药	工厂发给
	光线	颇佳	住所	工人回家,职员住在厂内
	休息	二时	便所	清洁
	饮食	工人自备,职员由厂内供给		
	职业病之预防及治理法			
	流行病之预防及消毒法	流行病无之,盖该厂傍于运河,空气新鲜		
备考				

机械②

名称	用途	原动力	能率	耐用期	座数	产地	备考
Stenter Machine					1	Manchester, England	
Schriner Calender	to make cloth brighter						

---

① 本表由编者根据原文绘制。

② 本表由编者根据原文绘制。

名称	用途	原动力	能率	耐用期	座数	产地	备考
Calender	to make the cloth smooth						
Iron Weaving Machine	for weaving Cloth				100		
Wooden Weaving Machine					100		
Cop Winding					4	上海东华铁工厂	
Bubbin Winding					5	上海东华铁工厂	
Stenter Machine		Eleticaty			1	Manchester	
Damping Machine	to get the cloth damp				1		
Motor			300-horse power	10 years	1	Yain-ssorough	Second hand
Repair Machine	for repairing machinery				2		
Mercerising					2		
Hydroextractor					1	China	
Bleach Sirtern	to bleach the cloth				4		
Washing Machine	to wash cloth				3		
Winch Machine					1		
Dye gegger	to dye cloth				9		
Dry Mangle	to make the cloth drier				1	Sir James Yarmer &. Sons, Manchester.	
Drying Machine	drying cloth				1		
Calender	to make the cloth bright				1		
Bach Fillin					1		

名称	用途	原动力	能率	耐用期	座数	产地	备考
Starch Range					1		
Lapping Machine	to lap cloth				1		
Sewing Machine	to saw cloth				1		
Plate Singing Machine							
Bleach house							
Saturating Machine	to bring water				3		
Low Pressure Machine					1		
High Pressure Machine					1		
Scutcher	to make cloth into open ways				1		
Water Mangle	use for washing the cloth again				1		

出品第一表①

品名	商标	售价	销路	用途	批发处(中文)	经理	备考
直贡呢、线呢、羽绸、洋缎、丝光线、丝抢缎、铁机绉等种	鲤星、天孙、双鱼	每匹三十码,值银十四、五元不等	无锡、上海、南京、镇江	衣料及绣品	无锡北塘财神巷、上海在北京路二顺里、南京在下关	程敬堂	

出品第二表②

品名	成本单位	每天成品数	税率及完纳法	包装	运输	贸易状况	备考
直贡呢、线呢、羽绸、洋缎、丝光线、丝抢缎、铁机绉等种	每匹三十码,成本十二、三元不等	每天可出三百匹	现尚无定规云	布匹先包以纸,然后庄[装]入木箱	运送水陆均便	民国十一年九月间始开工,营业贸易未详	

（《经济汇报》,1923 年第 2 卷第 1 期）

---

① 本表由编者根据原文绘制。
② 本表由编者根据原文绘制。

丽新厂董事会纪事

（1923 年 2 月 27 日）

本邑通惠路惠商桥丽新漂染整理公司，开机两载，营业甚为发达，所出各种直贡呢、丝光布等，尤为各埠所畅销，允推吾邑厂布业之冠。昨日下午假座无锡饭店，开癸亥年①第一届董事会。董事列席者有唐水成、张孟肃、唐屏周、张趾卿、陶雪侯、夏伯周、徐湘臣、王崚[峻]崖、邹季皋、唐骧廷等十一人；监察人列席者有沈锡君、蒋金海、钱保华等三人；该厂职员有经理程敬堂、总管王钰泉、工场主任程颂嘉、机器部主任唐君远等五六人亦列席与议。下午三时开会，由总董唐骧廷主席，述开会辞毕，即由经理程敬堂报告账略，旋即会议本年度进行程序，议决再将漂染部从事扩充，先行添办染立色机一部、布上丝光机一部，由程经理、王总管会同布置，以后再徐图发展。议毕即在无锡饭店举行聚餐会而散。

（《新无锡》，1923 年 2 月 27 日，第 2 版）

丽新厂扩充批发处

（1923 年 3 月 11 日）

本邑通惠路惠商桥下之丽新染织整理公司，系本邑绸缎布行及各实业家集股所组织举定，董事唐水成、邹仲[颂]丹等十三人，监察沈锡君等三人，复由董事会推定唐君骧廷为总董，程君敬堂为经理，资本五十万元，专织纱、直宫[贡]坭[呢]、线哗叽及各种平布、丝光布等，出品既佳，销路亦广。上年为便于交易

---

① 1923 年。

起见,特设批发处于北塘财神弄口永康纱号内。近悉该厂为扩充营业起见,特将批发处另行独立,已与顾姓订立合同,在马路上同春药材店隔壁,建筑宽大,市房三间,以为批发处云。

(《新无锡》,1923 年 3 月 11 日,第 2—3 版)

丽新染织厂股东会记

(1923 年 5 月 7 日)

惠商桥丽新染织整理股份公司定期于夏历三月二十一日下午二时,开股东常会。是日到会者为股东唐水成、唐屏周、唐骧廷、邹颂丹、邹季皋、徐湘文、张孟肃、夏叔楣、郭承平、陶锡侯、蒋镜海、程敬堂、程菊村、王峻崖、沈锡君、钱保华、苏养斋等四十余人,公推邹颂丹为主席,报告十一年度营业状况。略谓上年自各部铁机开办以来,出货甚属精良,纱线价目尚称平稳,销路日广,惟元色染光机尚付缺如。且铁机开办未久,以故出品不能应乎,大有供不应求之虞。故上届董事会,有亟须添办最好元色染机之议,应如何扩充之处,应请诸君筹议。既复报告账略,略称上年正值创办之始,百端待举,需用较繁,且厂房机器存货,常在百万以外,以故难获厚利,各股东咸以公司营业正在发展之际,一致主张添购元色染机,将上年度余利、官利提存备用,以固基础。议毕已五时许,即由主席致备茶点,尽欢而散。

(《无锡新报》,1923 年 5 月 7 日,第 3 版)

丽新染织公司发息通告

(1927 年 6 月 24 日)

谨启者,本公司定于夏历六月初一日起,发给股息,届期务请各股东携带股票,向通运路批发处总账房支付是荷。

（《新无锡》,1927 年 6 月 24 日,第 4 版）

无锡丽新布厂添办纱厂

（1931 年）

无锡丽新布厂,创办迄今,十载于兹。先由手织而木织而铁织,日新月异,发展迅速。已有布机 750 余台矣。该厂出品,花样繁多,在国货之中,堪称上乘。而所用原料,胥属较细之纱线,多仰给于国外纱厂。该厂当局,为挽回利权计,添办纱厂,业已向济生购定纺锭一万枚、线锭六千枚。机械行将运锡,厂房又将兴工,大约八、九月间可以开车云。

（《纺织学友》,1931 年第 2 期）

注册公告：公司登记一览表

（1931 年）①

公司名称	丽新纺织漂染整理股份有限公司
营业	纺织、漂染、整理
种类	股份有限
资/股本	一百万元

---

① 本表由编者根据原文绘制。

股东、无限责任股东、董事、监察人	（董事） 唐渠镇、徐楚书、邹呈桂、苏镇寰、夏茂庠、唐殿镇、张钟麟、王汝崇、唐潘镇、程祖庚、邹骏、程祖庆、张思敬 　　　　　　　　　　　　均住江苏无锡县 （监察人） 蒋祖耀、钱泰埅、沈简铭 　　　　　　　　　　　　均住江苏无锡县
本/支店所在地	（本店地）无锡东［惠］商桥丽新路
登记年月日	二十年九月一日
登记事由	增资登记
登记号数	新字第七号

（《实业公报》,1931 年第 41 期）

丽新染织布厂大加扩充

（1931 年 2 月 23 日）

在厂旁添造新屋,另创细纱厂,定细纱锭一万枚,七月间开工。

布厂营业甚为发达,销至星［新］家［加］坡等埠。

今年盈余二十六七万两,为全邑之冠。

通惠路吴桥附近之丽新布厂,系本邑规模最大之染织布厂,开办迄今,业已十余年之久,其总批发处,设在通运路上,屋宇亦甚宏壮。营业分门售、批发两大项,总经理为邑人程敬堂君,运筹帷幄,颇多建树,是以年有盈余,营业亦蒸蒸日上。兹将该厂之扩充情形暨营业状况,分别胪志如下:

扩充动机

先是,上海于去年有所谓救国基金者,经公众同意,组织股东会,拟创办大规模之细纱厂,取名济生,抵制舶来之品,当经股东会委员分别积极进行,如购买地皮、置办机械等。一切进行工作,旋缘限于经费,约亏二十余万,忽又中止,最后仍由该会各委员会议讨论。经过数度之磋商,决定将前议打销[消],并将所购各项物品拍卖。本邑丽新之经理人,闻悉此项消息,遂有扩充营业、创造纱厂之准备。

积极进行

近日由程敬堂君,仆仆沪锡,与济生股东会委员,作数度之接洽,业已将济生之机械全部议定价值,讲明二十五万元,送至无锡交卸,装置费则由丽新自行另给。闻此项机械,可容细纱碇[锭]一万枝[枚]云。

添造厂屋

丽新布厂,鉴于吾国之纱厂虽多,奈无完备之细纱厂,吾国所需之细纱,大都仰给于外货,除南通之大生纱厂,间有细纱出品,其余一概均属粗纱,不适用于细料,以故决计将营业扩充,购买济生机械,抵制舶来品,即在老厂之旁购地数十亩,鸠工庇[庀]材,大兴土木,预计至六、七月间,可以竣工云。

营业颇盛

丽新布厂开办十余年,年有盈余,在抵制日货之年,予以大好机会,其营业竟有一日千里之慨。近来在远疆之星[新]家[加]坡、察哈尔等埠,亦乐用本邑丽新染织厂之出品,以故该厂有供不应求之势,去年盈余,竟有规元二十六、七万两云。

（《民报（无锡）》,1931 年 2 月 23 日,第 3 版）

丽新公司向中国上海银行借款合同

（1931 年 7 月 1 日）①

无锡中国银行

上海商业储蓄银行无锡分行

立借款合同无锡丽新纺织漂染整理股份公司（下称公司,此名称包括其继承人及让与人而言）。今公司为推广营业,建筑纱厂需款,经董事会议决,邀同

---

① 本合同由三部分构成,分别是:借款合同、借赁契约及管理货栈契约。

承还保证人邹颂丹、张趾卿、夏伯周（以下简称为保人）以附表内所载之自置之无锡惠商桥地方染织整理公司及新建之纱厂基地厂屋、机器、生财等全部为担保品，向银行订定定期借款，再以堆存货栈之棉花、纱线、布匹向银行订定活期押款，双方议定条件如后：

一、定期押款计上海规元肆拾万两，于本合同签字日起由银行直接交付与公司，公司不再另立借据，利息订定月息每千两七两七钱五分，按三十日作一个月，每六个月付息一次。

二、上项定期押款以公司自置两厂基地连同地上建筑之厂房、堆栈、纺织、漂染、整理全部机器等项目为抵押品，另抄地亩附表、房屋及其附表、董事会议决录，连同单契统交银行收执。

三、定期押款自本合同签字日起以二年为期，到期时由公司借款取赎并由公司预商得银行同意，前项债额于未到期内得于每半年偿还一次，以规元五万两为限，惟未届半年，中途不得临时偿还，但此项未到期偿还之债额，银行收到后，应另给预偿债额收条为凭，其预偿债额之利息照订定之利率息随本减。

四、前项担保品□□①动产部分（□□□房地产业）□由银行向法院为抵押权之登记，现经公司负责备函声明本契约暂缓向当地法院登记，遇有必要时，银行仍得随时呈请法院登记，其登记费用应有公司担负。

五、前项担保品之动产部分（即全部机器、生财等）既向银行借款，即应全部归银行占有，但因公司有使用该项财产之必要，故由公司按照使用借贷之法律规定另订租借契约，银行允公司保管使用，免除租金，倘遇天灾地变、人事意外及不可抗力致有损失，公司应负赔偿之责。

六、公司应担负关于上列全部担保债权之不动产及动产之税课捐项及一切费用，并对于上项财产，一律按充分数目向可靠之保险公司用银行名义保足火险，以银行为赔款受取人，保险费归公司支付，保险单交银行收执。如保险公司赔偿损失不足，前项借款金额，其不足之数应由公司补足之。

七、活期押款金额计上海规元贰拾万两为度，如须额外加押，应先□银行承借，如银行无意增加借额，方能向第三者借用。其利息订明月息七两七钱五分，按日计算，每至月底须将欠息如数收清。此项活期押款在合同期内至少包用规元八万两为最低额，倘公司无存货抵押时，应承认包用额之利息，惟公司以

---

① 本处为缺角部分，无字，根据下文判断，应为"之不"二字。

余款存放银行存息，以月息三厘计算。

八、上项活期押款以公司所存之原料如棉花、纱线并织成之布匹为抵押品。

九、银行派货栈管理员一人驻厂掌管本厂货栈钥匙及栈门之启闭，并会同布厂人员管理栈内棉花、纱线、布匹等货之进出。公司进出货物时须以银行开立之收付折为凭证，折上货物之收付数目须有银行所派管理员之签章为证，但棉花、纱线、布匹等货一切防护责任仍归公司负责。倘有因盗窃或栈房渗漏，致抵押品有短少毁损等情事，银行不负责任，所少之货仍应由公司立时补足。银行除派管栈员驻厂管理外，并得随时另派专员到厂检查货栈帐目及货物，公司应予以便利，管理员薪金膳宿均由公司供给，惟薪水一项须按月由公司付交银行转给。

十、上项活期押款均应照市价八折作押，如遇市价跌落时，银行可通知公司增加抵押品或以现金补足。公司应随时照办，如遇必要时，银行在合同未到期内得先通知公司停止押用款项，或减少欠额。

十一、凡抵押品项之花纱布匹均须由公司向可靠之保险公司保足火险，保险单须用银行名义，交银行保管，如遇时周变动，银行认必应保兵险时，公司应即照保，所有保险费均归公司负担。

十二、上项规定活期押款，自本合同签字之日起以两年为限，到期结欠本息，若干公司应即如数备款取赎。公司如须续借，银行有优先承借权，但公司应于到期二个月前向银行提议，如银行不愿续借，亦应二个月前通知公司。

十三、本合同在有效期内无论任何方面有与公司发生纠葛情事，与银行无涉，并不得妨碍银行所享受之抵押权与质权。

十四、本合同所订定期及活期押款到期时，如公司不能偿清本息或公司不能照本合同条文履行时，银行可无须征得公司同意，将全部抵押品自由变卖，抵偿所欠本息，倘有不敷，应由公司如数补足，其因变卖押品所生之一切损失及费用，均应由公司担任，倘所有押品因天灾地变及其他意外发生，以致毁灭、损失，或有保险不赔等情事，银行不能因之受任何损失，仍当由公司负偿清所欠本息之责。

十五、以上各条如公司不能履行时，应由保人立即负完全清偿之责，不得主张先诉或其他异议。

十七①、定期押款订于二十年七月一日起，活期押款订于同年八月一日起期。

十八、本合同共缮三份，银行执两份，公司执一份存照。

中华民国贰拾年七月一日立合同借款

无锡中国银行　经理　邹学韶

上海商业储蓄银行无锡分行　经理　华少平

丽新纺织漂染整理公司

总经理　唐骧廷

协理　程敬堂

承还保证人　邹颂丹　张趾卿　夏伯周

立借赁契约，无锡丽新纺织漂染整理公司（下称公司），兹因公司全部机器、生财等已抵押与无锡中国银行，惟因营业关系，商允银行仍租借与公司使用，双方订定条款如左：

一、公司已设定质权之机器、生财等全部另列清单，附于借款合同之后，银行允许公司租赁使用以经营其事业。

二、前条租赁期限订明自二十年七月一日起至二十二年七月一日止，不取租金，即以抵押品中货栈之收益抵充之。

三、公司对于银行之厂机担保借款，本息还清后，上项租用物之质权撤销时，本契约亦同时撤销。

四、本契约与厂机担保借款合同同时签字归银行收执存证。

中华民国二十年七月一日立借用契约

无锡丽新纺织漂染整理公司

保证人　邹颂丹　张趾卿　夏伯周

无锡中国银行

上海商业储蓄银行无锡分行

立管理货栈契约无锡丽新纺织漂染整理公司（下称公司），兹因双方管理货

---

① 该合同原文本有"十六"，档案内部"十六条"上有公司代表手写及印章，标明"十六条删除，以十七条改十六条，十八条改十七条"，故编者略去十六条，从十七条继续。

栈订定条件如后：

一、据双方订立借款合同所有公司货栈已经抵押与银行，兹因货物押款关系货栈，应由银行派管栈员一人管理，并由银行在货栈悬挂银行货栈牌号。

二、银行货栈对于公司堆存押品棉花、纱线、布匹不取栈租，但不得堆其他货物。

三、公司全部棉花、纱线、布匹应尽银行货栈堆存，如不敷堆存时，方可堆存其他货栈。

四、本契约以双方另订立之借款合同有效之日有效。

五、本契约自签字日起实行。

七①、本契约共缮三份，银行执两份，公司执一份存照。

中华民国二十年七月一日立管理货栈契约

无锡丽新纺织漂染整理公司

保证人　邹颂丹　张趾卿　夏伯周

（后略）

（上海市档案馆，档号：Q195-1-225）

本邑工厂调查之一：丽新纺织染厂是纺织界新兴权威

（1931 年 12 月 5 日）

（前略）先入浸布机浸透，再入煮布锅（一共有立式煮布锅二座、卧式煮布锅一座），次入低压锅，再入高压锅，如是者二十四小时，布匹中之浆蜡油，及织造时之一切污物，即可除去。然后再入漂白箱，经相当时间后，再用洗布机洗涤，转入酸箱，除去布匹上之石灰质，再次至去水机，轧去布匹中水分，再上烘燥机，将布匹烘干后，即上丝光机轧丝光，使布匹显光泽。丝光既毕，仍至去水机、烘燥机，然后再至染色机。该厂共有连环染布机二十余部，普通服色，每机每日可

---

① 档案内部"五条"上面有公司代表手写及印章，标明"删除，以七条改六条"，故编者略去五条，从七条继续。

染五十余匹。布匹染竣后，即过压液机，再上烘燥机，而至上浆机。惟以上系指普通染色而言，至玄色一门，则另有专机一座，布匹染色上浆[浆]既竟，即须较[校]准其阔幅，但须先过给湿机，使布匹有相当水分，而有伸缩之力。再经绷布机，以成一律之尺幅，复经光布部，首用五滚筒砑光机，复有烫光机、电光机二种，光布后，布匹过程，可告一段落。惟该厂复有快速牵动绷布机之设，布匹各手续完备后，即入包扎间，上打印机，分别包扎打印。

现该厂有注册商标六种，政府证明国货出品书四五十种，而以冲贡呢、冲哔叽、毛葛、羽绸、府绸、雪丁、麻纱、线呢、帆布等为冠，至该厂纺纱厂，亦与染织厂衔接，占地共二十余亩，厂长为唐君远。

该厂设备亦与染织厂相仿，并有女工宿舍，及夜校、浴室、盥洗室、疗病室等，宿舍距工场仅数十武[步]，有走廊可直达，为洋式二层楼，筑建甚精致，颇似上海之大旅舍，而幽静整洁且过之。有卧室四十余间，无[每]间置铁床十二具，宿舍设女主任一人，日夜班女管理员各一人、女医生一人。全厂组织，有试验客[室]、训练室、清花间等。试验机器甚为完备，试验时间为练条每十二小时五次，梳棉、粗纺、简纺、练纺及精纺每十二小时各二次，捻线每二十四小时一次。训练室中布置，一如学校之课堂，四壁满悬各种工作标准法之图表，室偶置一橱，陈列各种不依工作标准而制成之坏品，及容易损坏之机械另件，一一附有说明纸片，使工人知所改良与保全。凡工人入厂之初，须受过相当训练，除工作方法外，更授以工场内各种常识，使明了保守秩序，如工人偶有过失，则招之至训练室，加以解譬训导，使之改过。清花间极宽广，现有机器仅占室之一埭，该厂预定纱锭三万枚、线锭一万二千枚，现今尚未开全，又有大呷纱锭七千枚，正在装置。该厂现有各机排列，为打包机、立式开棉机、给棉机、乱斩刀开棉机、立式开棉机、除尘匣、排气式头道清花机。

以上各机，用以做成花卷，然后再至末道清花机。末道清花机所成之卷，即一过磅，各机均连贯，故少用人工，全间仅五男工。梳棉机之车肚下，有四寸深之地坑，可以减少清出回花之次数。梳棉机至练条机距离甚宽，梳棉机用女工管理，每人管十五部，练条机每人管三节。初纺机、简纺机，每人管一部至一部半，练纺机每人管二部半。落下粗纱，初纺女工送至简纺，简纺女工送至练纺，精纺女工自至练纺搬取，一切捐粗纱、派粗纱等工人，已省去不用。精纺机用单独小马达拖动，马达为完全封闭式，其进风出风，均自地道中打通，可使冬暖夏凉。接头女工，大部管四百锭，新训派出者，接不满二百锭者亦有，并纱机亦用小马达拖动，速度不高，张力极匀。捻线机亦用小马达，每落纱一次，钢领均经仔细揩过，故甚清洁。摇纱机因纱线多，直接送往织布，部数不多，亦用皮带拖动。至各项工资，均分等级，其等级标准，根据工人个人之工作能力、出数、勤惰、清洁、作法合度，与进厂时期之长短而定，随时升降。综观全厂各项设备工作，堪为我国各工厂之楷模。

（《民报（无锡）》，1931 年 12 月 5 日，第 2 版）

参观丽新纱厂记（刁松森）

（1932 年）

中国纺织学会，于月之十九日，在无锡梅园开年会，上海会员于是晨七时赴锡，同车而行之会员约四十人，高谈纵论，殊不寂寞。车行甚缓，至一时余始到锡站，盖已脱班二小时余矣。在站欢迎者，除在锡全体会员外，尚有申新三厂工友者若干人，礼仪隆重，虽非吾人所敢当。而其对于本会之热忱与切望，弥足增吾人之感愧与兴奋。既下车至铁路饭店少息，即赴丽新纺织染公司之工场参观。

丽新厂在惠商桥左近，车行十余分钟即达，厂长唐君远先生、工程师沈卓民先生与诸执事先生均含笑相迎。唐先生年事不过三十，衣履甚朴，彬彬若儒生，而议论精到，可表见其干练。沈卓民先生似尚未及三十岁，举止大方活泼，处事甚敏捷，对于参观者，招待甚殷，指示尤详。

入工厂总门即为工务处，自工程师以及各级职员，均在此办公，系一切工务之总司令部也。试验室在其旁，试验机械甚完备。试验时间，为练条每十二小时五次，梳棉、初纺、练纺及精纺，每十二小时各二次，捻线每二十四小时一次。唯检查各项表册，牙齿殊少更动，盖其花卷均匀，梳棉织上卷接头与抄钢丝时，又极当心，故所出生条，格令极少上落，练出熟条，亦得常保均衡，此后各道工程，自少问题，正本清源，宜其出品之臻上乘。室中备东西洋纱线，样品甚多，皆不及该厂自制者之佳也。

试验室之左为训练室，室内布置一如学校之课堂，四壁满悬各种工作标准法之图表。室隅置一橱,陈列各种不依工作标准而制成之坏品及容易损坏之机械另件,一一附有纸片,加以说明,使工人知所改良与保全。据云,凡工人入厂之初,须经过相当训练,除工作方法外,更授以工场内各种常识,使明了保守状序,维持整洁之必要,乃派以工作。工人偶有过失,则招之至训练室,加以解譬训导,使之知过而改,殊不用厉色恶言,严责重罚,工人亦深能感化,是所谓道之以德也欤。

再进为清化间,极宽广,现有机器仅占室之一块。据云,该厂预定纱锭三万枚,线锭一万二千枚,今所开者仅纱锭一万枚,线锭五千枚(各机均为英国Tweedles Smalley Co. Ltd. 出品),尚有大牵伸纱锭七千枚(Reiter出品),适到厂,正在开箱装置,其余尚待定购。清花间为免得扩充时地埭之添造不便,故先为造好,以便随时增锭。现有各机,排列为拆包机——立式开棉机——给棉机——乱斩刀开棉机——立式开棉机——除尘匣——排气式头道清花机,由此做成之花卷,即至末道清花机,尽不用二道也。末道清花机所成之卷,一一过磅,倘有四盎斯上落,即行重做。花仓不用,故地位极省。各机连贯,故用人亦少,全间共计只用五男工耳。

梳棉机之车肚下,做有深约四时之地坑,如此可以减少清出回花之次数。梳棉机至练条机之距离甚宽,其间均划有红白格子,以分置空或满棉条筒,故极其整齐。梳棉机用女工管理,每人管十五部,练条每人管三节,计二十一眼。

初纺机、间纺机,每人管一部至一部半,练纺机每人管两部半,落下粗纱,初纺女工送至间纺,间纺女工送至练纺,精纺女工自至练纺搬取,一切掮粗纱,派粗纱等工人,已省去不用。

精纺机用单独小马达拖动,马达为完全封闭式,其进风出风,均自地道中通行,夏天不因此而增室内之热,冬天可使出风经过车间,借此取暖,至于增进美观,均匀速度,不待言矣。接头女工,管四百锭者居多数,新训派出,接不满二百锭者亦有之,摆粗纱、送三号筒管、摆细纱筒管、揩车、揩锭脚、扫地等工作,由接头女工与落纺女工分别带做。每锭每十二小时出数,四十二支平均,二四磅;二十六支平均,四三磅。

并纱机亦用小马达拖动,速度不高,张力极匀。女工接头甚敏捷。捻线机亦用小马达,每落纱一次,钢领均经仔细揩过,故特别清洁,无油纱发现。摇纱机因纱线多直接送往织布,部数不多,亦用皮带拖动,女工打结剪头,都极驯熟。

各项工作,均极敏捷,如调四百锭细纱皮棍,自停车迄开车,仅一分四十秒钟,一六八锭练纺皮棍,仅需五十秒钟。

各项工资,均分等级。等级标准,根据工人个人之工作能力、出数、勤惰、清洁、作法合度,与进厂时期之长短而定,随时升降。如此,可以鼓励工人,使人人自相警惕,努力上进。

女工宿舍,距工场数十步,有走廊可直达,为洋式二层楼房,建筑甚精致,颇似上海之大旅舍,而幽静整洁且过之。有卧室四十余间,每间置铁床十二具,被褥床毯,式样一律,折放亦一律,地板光可鉴人,窗玻、窗纱亦一尘不染,皆由工人轮流揩拭,时时举行个人及房间之清洁比赛。女工以日夜班关系,分作两班,一班住楼上,一班住楼下,免得彼此混杂,致扰清梦也。宿舍设女主任一人,日夜班女管理员各一人,女医生一人。

他如娱乐室、夜校、浴室、盥洗室、疗病室、厨房等,设备均甚完善。

转至皮棍间,同来会员,以时间已久,已渐出去,汽车又在门外等催上道,乃疾走过染织二厂而出,对该二厂不获作同样之浏览,深以为憾。纵观纱厂全部,其优点有:

(一)踞[锯]齿平屋,光线充足、空气流畅,使工作其间者,精神兴奋不少。

(二)机器位置、车弄阔度,均甚得宜,且颇美观,使工作便利,且引起美感。

(三)对于工人,选择审慎、训练有方、管理得法,故男、女工都在十五至三十岁之间,各人工作,均极敏捷合度,虽百余人络绎而过其前,彼等仍秩序井然,工作自若,不稍分心瞻顾。

(四)膳宿设备周到,工人寝食既安,又无风雨奔走之苦,暗中增进工作能力不少。而娱乐有所、读书有校、疗病有室、对于精神的安慰,知识的补充,更足使工人视工厂如家庭,增进无限的好感。

有此四优点,故出数高超,出品优良,而回废极少。

此次在锡参观凡三厂,即丽新纺织染厂、申新第三纺织厂及华新制丝养成所是也。华新与丽新,设备相仿佛,其女工闻多为高小以上毕业生,申新规模甚大,内部亦颇整齐清洁,实老厂中之佼佼者。

余作此记之目的,第一望各纱厂均以丽新为模范,而求有以过之。第二望丽新勉益加勉,常保其模范之荣誉,且更示他厂以良模,则外来强敌,不难打倒矣。

(《纺织周刊》,1932 年第 2 卷第 25 期)

本邑工厂调查之一：丽新纺织染厂之状况

（1932 年 8 月 18 日）

大小机件一千余乘，各项设备应有尽有。

女工宿舍幽静整洁，训导管理一如学校。

图表说明琳琅满目，入厂工作先受训练。

各项工资均分等级，工作勤惰随时升降。

倭寇祸华以来，国人抵货运动，高唱入云，惟欲抵制外货，必先提倡国货，吾国国货之不能精良，为中外所公认，当欧战告终之后，就洋布市场而论，几全操于日人之手，当时国人有鉴于斯，始有组织染织厂之动机，于是沪上之达丰、鸿章，无锡之丽新等，相继创办，兹将吾邑丽新公司最近之状况，作下列系统之调查，用供国人之参考焉。

丽新公司，始创于民国九年，主持者为程君敬堂、唐君骧廷，当时仅织布厂一部，迨后逐渐扩充，精益求精，迄今已自纺细纱，纺、织、染三者俱全，成为国中有素之大工厂，其染织部份，共占地三十六亩有奇，以十分之七为厂址，十分之三为工房，有大小机件一千余乘，其引擎马力，为三百匹，而新添马达，亦复称是。计额定资本为六十余万元，流动者倍之，厂中设备，有工人乳哺室、工人夜科教课室、工人娱乐室、警卫室、卫生室、药剂室，及工人膳堂等，各部俱全。全厂组织，最高级者为股东会，下设董事会，董事会下设总理、协理、监察，总协理下设营业、工业两部，营业部管辖无锡、首都、镇江、上海等处批发处，及分销处。工业部分总管及总务部，总务部下设会计、物料、货务、卫生四处，及织布、染色、原动、修理四部；织布部分准备、铁线、木线三科；染色部分染色、漂白、整布三科；原动部管理引擎、马达、□浦三项；修理部管理木、铁、铅皮、水作、电汽等各工头。各科下为提花、平布、丝光、染色、整理、光布、煮布、漂白各课；再下为络经、牵经、穿头、络纬、配色、染色、玄色，压液、上浆、洽湿绷布、光布、缝布、刮布、烧布、浸布、洗布、煮布、漂布、酸布、展布、去水、烘干、布丝光、浅丝光、单面浆、双面浆、皮带绷布、练条绷布、快绷、矸光、烫光、电光、验布、验色、打印、覆码、卷布、包扎、装卸各工场，其络经课有铁机十二架，使纱线络成经纱；次至牵经课，该课有经纱铁机六架,使若干纱头牵连;次为上浆课,设上浆钢机二架,使纱线回环往复,感受极匀密之浆糊,而能坚挺爽直;次为穿综课,设穿综机十五架,将以桨[浆]之经纱——穿于钢综上,经纱手续至是而备。次为络纬课,设铁机十二架,纬纱既毕,织布部之准备手续,至此已大备,即可上机织制。全厂共有英国逤金生厂铁织提花机二百乘,又同厂二、三、四、五页平布织机三百乘,铁木混制电力机一百五十乘,铁木混制人力机五十乘,即以机件之互异,而分织布工场为四,每织布机六架,上端有喷雾机一架,使布不因紧绷而干脆。织布既竟,即至染布工场,首为缝布间,设缝布机一架,使各机织成之布,缝合连续,以使整染。次为刷毛机,将布面之线结纱头刮去,使布面洁净。次为铜板烧毛机,是机之主要部分,即系两紫铜片,用烟煤燃至四周通红,得有相当热度,即以已经刷过之布匹,依次经两紫铜板之燃烧,使布匹之正反两面,均能烧去短毛,而花纹组织,遂异常清晰,经烧毛机后,即入漂白间。(后略)

(《人报(无锡)》,1932 年 8 月 18 日,第 2 版)

丽新公司开设支店呈请文书

(1932 年 9 月)

为呈请注册事,窃商人唐骧廷等,现在上海江西路三和里创设丽新纺织漂染整理公司商号,理合遵照商业注册暂行规则,将注册应行声叙各事项逐一填注于后,随缴注册等费共计银拾壹圆,呈请鉴核,准予注册,发给证书并转呈实业部核发执照,谨呈上海市县政府。

具呈人姓名　唐骧廷　年五十三岁

程敬堂　年四十八岁

住址

计开

商号　丽新纺织漂染整理股份有限公司

本店所在地　无锡惠商桥丽新路

支　上海江西路三和里

营业种类　纺纱织布

资本　银壹百万圆，分作壹万股，每股银壹百元

行用商号者之姓名住址　总经理唐骧廷，住无锡本公司；协理程敬堂，住无锡本公司；支店经理唐斌安，住上海支店，无锡人。

备考　总公司于民国十年三月五日呈准前农商部注册，二十年九月一日呈准实业部增加资本注册，给有新字第七号注册证。

中华民国二十一年九月□日

（上海市档案馆，档号：Q195－1－12）

丽新染织厂扩充内部

（1933 年 9 月 18 日）

全厂分东西两部，设备应有尽有，添置布机二百四十部，赶织冬货。

北门外惠商桥下丽新染织厂，创办于民国十年，初时一所织布匹，亦不甚众多，后来逐渐扩充，成为中国唯一之国货大工厂，十余年以来，所出布匹，极受人欢迎，在国货市场，颇占地位，即南洋群岛用户，亦极欢迎。该厂为挽回利权，提倡国货起见，于去年添装纱锭，自纺细纱，出纱以来，颇合织布之用。昨日下午二时，记者驱车赶赴该厂参观，厂长唐增源，因事赴沪，承李石安君招待，导往细纱厂参观，各工友正在工作。

据李君告记者，自棉□拆包起至童[筒]子车为止，始能纺成细线，然后可交织布间织布，中间工作，分拆包车清花间、钢丝车棉条、头号粗纱、二号三号纱、细纱洋线童[筒]子车等十部。各工友工作纯良，秩序井然，各部职员，均系女性，大多高小毕业。

参观毕，复承李君导往其他部份参观，全厂计分两部，东部为工厂区、西部为住宅区、娱乐区、工友之宿舍，及网球场，及夜校等均在西部，宿舍不取房金，且供给茶水等类，膳费只收五元余，每日一粥两饭，三菜一汤，菜饭注重卫生，由女专员办理，故单身工友，乐住厂中，其种种设备，极为完善。据李君云，住宿厂中之工

友，厂方每月须多耗费洋两元余，厂中有医生，有诊察室，有病房，应有尽有。

该厂在最近，在厂之中央，建筑总管理处房屋一所，甫于昨日竣工，下层为各部主任办公室，楼上为实验室，凡厂中所用棉花、燃煤、颜料等类，均须经过试验，方可购用。总管理处，为全厂之总枢纽，此外并在厂中建筑哺婴所一处，不日即可竣工，俟竣工后，凡工友之婴孩哺乳，于放饭工或放工后，不必至车间吃乳，可至哺婴所哺乳，该所空气新鲜，设备又清洁，于婴孩发育，极有益处。该厂并为便利工友上工、放工起见，特在北部添开厂门一处，亦已竣工，原有之厂门，作为事务门，由职员出入。

该厂最近又添装布机二百四十部，二百部已在装置，四十部则尚未到锡，原有织布机六百余埭［部］，有细纱锭一万六千，有洋线锭六千，如布销畅旺，尚须添锭，所出布匹等类畅销于广东等省，及南洋群岛等处，其余东三省等处销路，则较广东等处为少。最近且有误会日货，后由本邑县商会去电证明，始得销行。现在该厂停织洋府绸等夏秋布匹，赶织各种冬令新式花绒，较上年出品更佳，极能替代外货，如各地倡用国货，该厂尚须大事扩充也。（锡山通讯社）

（《国民导报》，1933 年 9 月 18 日，第 3 版）

商业破产声中丽新布厂扩充消息

（1934 年 7 月 11 日）

吾邑丽新布厂，为邑人唐骧廷、程敬堂两君所手创，开办于民国九年，初时资本只国币银三十万元，规模幼稚，出产数量有限。中经齐卢之争，北伐之役，惨淡经营，力持危局，继又增资二十万元，内部逐渐扩充，至民国二十年，添建房屋，增设纱厂，完成自纺自织，自己染色、整理，为全国最完备之国货工厂。资本增加至一百万元，更名为丽新纺织漂染整理股份有限公司，所纺细纱，最细为一百支线，堪称中国纱厂之冠。布匹出品有前工商部及实业部国货证明书者多至一百四十余种，出产数量日可二千余匹，现有细纱锭一万四千枚，并线锭六千四百枚，新式布机千台，刮绒机一架，烧毛机两座，及各种整理机等可□无美不备。

惟唐、程两君，鉴于潮流所趋，市上需要之印花布尽付缺如，为供求相应起见，特又向英国定购一色至八色印花机多座，又以购用电力，电费年近二十万元，特向德国添置二千一百启罗华脱最新式发电机□座，瑞典最新式锅炉两只，闻其需款连同房屋约须国币五十余万元，各机将十月间运华，预计明年当可一律装齐。并闻该厂近以天时酷热，为体恤男、女工友计，已将工作时间改为每晨五时至□时，夜班改为下午七时至翌晨三时，一方并添置英国最新冷气透发机三座，不日装锡，分置各车间，以资调节气□，观此则该厂设备之完美，堪称全中国手［首］屈一指云。

（《国民导报》，1934 年 7 月 11 日，第 3 版）

无锡协新毛织厂在建筑中

（1935 年）

无锡唐骧廷、荣伟仁、杨通谊等，集股念［廿］万元，在北门外五丫浜地方，建筑协新毛织厂，由许梅先承造，业于上月间动工，至来年可开厂。查吾国毛织厂，只有天津东亚毛呢纺织厂，及东亚第一分厂两家，故协新开业后，定能发达。又北门外惠商桥下，丽新纺织漂染整理公司，近年积极扩充，去年添建总管理处，近又建筑发电厂，不日即可发电，并建筑消费合作社，大约下月即可开业。本年并添设印花厂，业已出货。

（《纺织周刊》，1935 年第 5 卷第 14 期）

唐骧廷等筹组染织公司

（1935 年 2 月 8 日）

牌号协新，资本廿万，呈奉建厅核准备案。

邑人唐骧廷、荣伟任、杨通祖等，有鉴市上所用毛织物，都系舶来品，为挽回利权起见，特发起组织协新毛纺织染股份有限公司，专营毛纺织染事业，资本总额为二十万元，作二千股，每股一百元，第一期股款已由认股人于去年十一月一日缴百分之三十，今年三月一日将续缴百分之四十，至五月一日则将其余百分之三十一并缴足，一候届时股款收齐，即开始营业，兹已呈奉建设厅，应准予备案。

（《新无锡》，1935 年 2 月 8 日，第 2 版）

岌岌可危之纺织业，本邑七厂现状调查：除丽新及庆丰两家稍有盈余外，余皆勉强支持在艰苦奋斗之中

（1935 年 6 月 25 日）

（前略）丽新纺织染厂创办于民国九年，在最初只设有染与织两部份，且所成之布，并非与各厂同样之白平布，乃为各种花色之匹头货，足与舶来品相抗。经理为唐襄[骧]廷，副为程敬堂，集资六十万元，初仅有引擎马力三百匹、铁本[木]机三百余架、丝光线机一座、漂染整理机一座，后因逐年改善，迄今除织造部份扩充至完备外，引擎马达倍之，新式布机尽有。因连年盈余，于民国二十年资本增厚为一百万元，添设纺纱线厂一所，以便自纺自织，达不仰给外力之目的。现共有纱锭一万六千双，粗纱二千四百双，并线锭六千四百双，所产纱线，除自用外，尚可供给各小布厂之用，并代各布厂染织整理等工作。该厂商标颇多，为"惠泉、司马光、鲤鱼、双鲤、天孙、千年"等，生产品销于国内各省外，对于南洋等埠，亦有大宗去路。近年受虽外商倾销，惟尚能支持也。以上各厂①，系最近数月情形。除丽新与庆丰两厂外，余皆均在艰苦奋斗中，虽照常工作，实则勉强支持而已。（录镇江《苏报》）

（《新民报》，1935 年 6 月 25 日，第 2 版）

---

① 该文顺序介绍了申新三厂、庆丰纺织厂、广勤纺织公司、豫康纱厂、业勤纱厂、振新纺织厂、丽新纺织染厂的情况。

商市不景气中，无锡旅馆收束，
房屋由丽新租设门售部

（1935 年 6 月 28 日）

年来商市萧条，百业凋零，社会经济奔［崩］溃，到处呼着不景气之声，商店因此亏蚀倒闭者，屡有所闻。马路上无锡旅馆，系邑人杨荫潭等集资开设，迄今已有十数年之历史，年来因受营业影响，故决定至本月底，从事结束，下月即停止营业。至原有房屋，将由丽新布厂批发处承租，增设门售部，扩充营业云。

（《新无锡》，1935 年 6 月 28 日，第 2 版）

无锡创设协新毛织厂

（1936 年）

锡人唐骧廷、荣伟仁等，因鉴我国毛织厂甚少，特于去年春间发起筹款四十万元，组织协新毛纺织染整理股份有限公司，觅定北门外五丫滨口，厂址占地四十余亩，春间即行动工，至冬初建筑工竣，装纱锭二千支，本年春初正式开工，有女工一百八十余名，均受长时间之训练，故工作敏捷。各种丝毛出品，自纺纱起，至漂染整理为止，即能出售。现在所出之啥咪呢、法兰呢、华达呢、细哔叽、维也纳、人字呢等，畅销各地，虽日夜开工赶制，出货尚感缺乏，其出品堪比洋货。商标为"三阳开泰、五福临门、万宝聚来、双金鸡"等四种。并闻我国自纺自织之毛织厂，本邑尚属第一家云。

（《实业部月刊》，1936 年第 1 卷第 1 期）

协新毛织厂开工

（1936 年 3 月 3 日）

自纺自织出品精良全国创举　女工均受相当训练工作敏捷

邑人唐骧廷、荣伟仁等，因鉴我国毛织厂甚少，特于去年春间，发起筹款四十万元，组织协新毛纺织染整理股份有限公司，觅定厂址在北门外五丫滨口，占地四十余亩，春间即行动工，至冬初建筑工竣，装纱锭二千支，本年春初□正式开工（现时谢绝参观），有女工一百七八十名，均受长时间之训练，故工作均敏捷良好，各种丝毛出品，自纺纱起，至漂染整理为止，即能出售，现在所出之啥咪呢、法兰绒、华达呢、细哔叽、维也纳、人字呢等，畅销各地，虽日夜开工赶制，出货尚感缺乏，其出品远胜于舶来。商标为"三阳开泰、五福临门、万宝聚来、双金鸡"等四种，现任经理为唐君远，并闻我国自纺自织之毛织厂，本邑尚属第一家，天津之东亚公司，上海之达隆公司，均非自纺自织，且均属粗毛织品，并非细毛织品，是以该公司之发达，可预卜也。

（《锡报》，1936 年 3 月 3 日，第 3 版）

内地工业中心，洋货重税压迫之下，无锡工业现状

（1936 年 4 月 19 日）

（前略）毛纺工业：协新毛纺织染整理公司为锡邑新兴工业之一，甫于今年二月上旬开工，资本有四十万元，纱锭二千枚，女工约一百八十余名，曾经该公司训练，工资视其技艺而有高下，自八元至三十元不等。各种丝毛出品，自纺纱起至漂染整理为止，出品有啥咪呢、法兰绒、华达呢、细哔叽、维也纳、人字呢等，质量甚优，能抵制外货之输入，如能锐意革新，大量生产，前途正未可限量也。

（《大公报（天津版）》，1936 年 4 月 19 日，第 10 版）

参观协新毛织厂

（1936 年 4 月 27 日）

自纺自织自染：无锡实业界首创

出品颉颃外货：将采用西北原料

中国多的是丝厂、纱厂，最缺乏而最需要的是毛织厂。本邑新创的协新毛纺织公司，厂址在丽新路，是丽新公司新扩充的一个事业。中国毛织厂，虽不止协新一家，但大都只是自织、自染，能自纺的，除了协新，就很少看见。因此我们对于新兴的协新是值得注意的。协新向前谢绝参观，记者商得唐骧廷先生的同意，才破格派员引导记者详细参观了一周，当然，为的是要介绍于阅者。

记者推进第一部工场的大门，骤然使我耳目起了一阵眩乱，那几十座伏着的巨兽似的机械在纷扰的活动，机械上千万个巧小玲珑的毛线纱筒，像松鼠般迅疾地飞旋而跳跃，给他鼓起了阵阵的微风，和错综的声响，便冲散了我和引导者张先生谈话的声浪。每一座机器旁，站着一个或两个少女，都轻快沉静地在那里工作，一座二三丈长的偌大怪物，一两个弱女子已足够去支配它，这确是科学的伟大。

我们依了顺序看去：关于毛织的手续，和纱厂的"纺""织"差不多，不过原料不同，一是棉纱，一是羊毛吧［罢］了！所以他们工作上，还沿用着"粗纱""细纱"等名目，其实不是纱，是毛。它的详细手续是这样的：

（一）"拉匀"。把从澳洲运来的"毛条"——粗制羊毛条，送上条子车，车即机器的简称——这旧式棉条大小蓬松地、粗细不匀的"毛条"，经过三座不同的条子车，拉了三次之后，拉得非常均匀。

（二）"粗纱"。毛条拉匀之后，便送上粗纱车去纺。这工作又须经过三座机器，纺了三次，才把"毛条"纺成粗纱。

（三）"细纱"。把粗纱送上细纱车去纺成细纱，纺细纱只需一座机，那细纱细得和头发差不多。

（四）"并线"。单条的纱，是不十分坚韧，所以还须把两条细纱，在并纱车去并合成线,这才可以织布。

（五）"浆缸"。毛纱也要和棉纱一般的"浆纱"。

（六）"经纱"。布的组织,逃不了"经"和"纬"。径[经]纱车,便是把纱做成"经线"。

（七）"纬线"。纬线车,是把纬线做成一个个的"纬子"。

（八）"织机"。经纬线都做好了,便上织机去织布,他那里织的,都是双幅阔布。

（九）"整理"。织出的布,不免有歪曲皱缩的,经过整理车,便整理得非常整齐平匀。

（十）"烘车"。

（十一）"吸水"。这两个手续,都是把布上的水分吸干。

（十二）"缩度"。布经过了种种卷压,极度的弛张,缩度是叫它紧缩,恢复原状。

（十三）"洗"是把布洗得洁净。

（十四）"拉毛"。除了哔叽之外的呢和绒,都要上拉毛机去,拉出绒毛。

（十五）"刷毛"。

（十六）"剪毛"。刷和剪都是使绒毛整齐光滑。

（十七）"烫"。把布烫平。

（十八）"蒸"。把布熏蒸。

（十九）"修补"。把布上毛糙、线结、脱线的地方修补完好。到这时,好容易经过了十九次的手续,三十余座机器的工作,把羊毛变成整匹的衣料,宛似从母胎里堕地。自从原料到出品为止,除了从这机搬到那机是用人工外,其余一概借重机器。

染的工作,分两种:(一)是把原料(即毛条)染成各种颜色,供给织花纹布用。(二)布匹织成之后,染成纯一色的颜料。

协新厂的毛条,现在还是澳洲货品,该厂感到如此仍非纯粹国货,所以最近已在装置"粗纺机",决计采买西北羊毛,纺制国货毛条,来织出纯粹的国货毛织品,下月底便可装置竣工。

该厂全部资本五十万,占地数十亩,这里非但工场建筑得轩敞宽适,光线充足,就是其他如职员卧室,新建的二百多人住的女工宿舍,膳堂和浴室,都宏丽异常。工程师、技师全是华人,管理机器的全是女工。工作分日夜两班交替着:

每昼夜的出品,总数在一千(?)①码左右,上海是销路最畅的地方。该厂出品确实可和外货相颉颃,在外货充斥的恶劣环境下,有这么一个公司来崛起奋斗,不能不说是无锡实业史上一页新纪录。

(《锡报》,1936 年 4 月 27 日,第 3 版)

丽新公司因扩充厂房签订周边土地绝卖契约*

(1936 年 6 月)

立永远绝卖肥田文契

立永远绝卖肥田文契。金坤培为因正用,今将祖遗第一区黄巷乡一六图宙字贰百柒拾号原田壹亩陆分,秋租壹石陆斗,夏麦双苗自愿央中永远绝卖与丽新公司,执业当日凭中,三面言明,时值肥田价国币壹百陆拾元正。契日一趸收足,自永远绝卖之后,永为丽新兴产,听凭起造、驳筑、耕种植物、收租采息,决无异言,此系自愿非逼,恐后无凭,为特书立永远绝卖肥田文契为照。

计开　如有上首原契,倘后首发现,作为废纸,此注。

民国二十五年六月　日立永远绝卖肥田文契　金坤培

洋随契交,不另立票并众＋　中　黄冯氏＋②

黄巷乡公所 （印章） 金顺根＋　李石安□

图正黄锡二 （印章） 泉根＋　金寿根＋

凤根＋　周康平 （印章）

黄琨赓 （印章） 金黄氏＋

根三＋

笔　张锡初(印章)

(上海市档案馆,档号:Q195 - 1 - 408)

---

① 原文如此。

② 旧时土地契约的订约方若不识字,可划＋字代替签名。

实业部关于丽新汉口支店登记案咨湖北省政府*

（1936 年 9 月 28 日）

咨湖北省政府（商字第四八三一一号）：

丽新纺织印染整理股份有限公司

前请汉口支店登记案，照准咨请查照由

前准贵省政府咨送丽新纺织印染整理股份有限公司呈请汉口支店登记一案过部，当以该公司本店正在呈请变更登记，所请支店登记，应俟本店变更登记核准后，再行核办。经于二十五年八月十七日以商字第四六七二一号咨复查照饬知在案。兹查该公司本店变更登记案业经核准。所请支店登记，尚无不合，相应查案照准。填发执照一纸，咨请查照转给具领为荷。此咨湖北省政府。

附：执照一纸。

部长　吴鼎昌

中华民国二十五年九月二十八日

（《实业部公报》，1936 年，第 300 期）

无锡丽新增细纱锭建新厂

（1936 年 11 月 5 日）

无锡丽新染纺织厂，所出各种布匹，颇为精良，该厂原有纱锭为一万六千锭，近因出货供不应求，经股东会议决，从事扩充范围，添造纺织厂，已于本月一日开始动工建筑，工场间仿照最新式，并备有冷气管，一切设备，均为完善。最近特向英国定购二万四千细纱锭,可纺至一百二十支之细纱,定本年冬间厂屋完工后,即可运锡装置。

《纺织时报》,1936 年 11 月 5 日,第 1330 号)

实业部令江苏省建设厅核示丽新在常熟县设立支店登记[*]

(1936 年 11 月 5 日)

实业部指令(商字第四九六一二号):令江苏省
建设厅二十五年十月二十四日第一二八九号,呈一件,
呈为据丽新纺织印染整理股份有限公司呈请在常熟县
第七区沙洲市乐余镇设立支店登记,祈核示由

呈件均悉。费银照收。该公司在常熟县属乐余镇地方设立支店所请登记,查核尚合,应予照准。惟所报公司支店名称,漏未标明公司之种类,除代为补入外,填发执照一纸,仰即转给具领,并饬知照。此令。

附:执照一纸。

部长　吴鼎昌
中华民国二十五年十一月五日
(《实业公报》,1936 年,第 306 期)

实业部咨河南省政府准丽新公司在陕县设立支店*

（1936 年 12 月 2 日）

咨河南省政府（商字第五〇四〇三号）：

丽新纺织印染整理股份有限公司在陕县地方

设立支店，所请登记给照，应予照准由

案准贵省政府二十五年十月二十七日建二字第六八四号咨，以据建设厅转据丽新纺织印染整理股份有限公司为在陕县地方设立支店呈请登记给照，检同原件税银咨请查照登记发照等由到部。查该公司所请于法尚合，应予照准。惟所报支店名称，漏未标明公司之种类，除代为补入外，相应填发执照一纸，咨请查照转饬给领并饬知为荷。此咨河南省政府。

附：执照一纸。

部长　吴鼎昌

中华民国二十五年十二月二日

（《实业部公报》，1936 年，第 309 期）

无锡丽新纺织印染公司组织系统表

（1936 年）

无锡丽新，为国内最完善之纺织印染工厂，有纱线锭约二万余枚，布机千余台，近年采用科学管理，施行标准工作法，致出品精良，畅销全国，兹介绍其组织

法于下：①

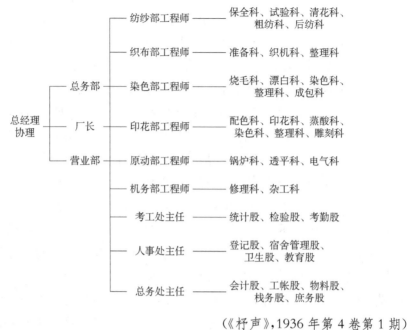

（《杼声》，1936 年第 4 卷第 1 期）

无锡丽新、协新两厂参观记（柏励生）

（1937 年）

说起无锡，枕九龙，临太湖，山水甲东南，风景美妙，尝有小瑞士之称，而烟囱多，机器多，工人多，具此三多，又有小上海之美誉。说起无锡，真是多么令人低徊留恋的啊！

具有十六年历史的丽新纺织厂，和新兴的毛纺织工业的协新厂，为了发扬其事业的广大，邀请上海中国国货联办处，暨各地中国国货公司驻申人员往锡参观，我们一行十二人，在一个细雨蒙蒙的午后，从北站登车，于四时许到临了无锡。由夏荣清、鲍甫康二君伴至铁路饭店略事休息，随即乘车导往协新、丽新

---

① 下图为编者根据原文绘制。

二厂参观。

衣，是占据了人们四大需要的第二位，在现时代人们对于衣料的取材，是需要经济、坚韧、美观的三种条件的；毛织品自然是占了人们衣的质料的重要部份。我国的毛织品，在过去是完全仰给于舶来的，在最近数年，方渐渐略有制造，然而又大都供不应求，每年输入的外货毛织品，依然是数可惊人。协新是无锡的一个自纺、自制[织]、自染、自整的毛织品工厂，于二十四年创办，二十五年二月始正式出货，资本由三十万元增加到八十万元，在丽新路自建最新式厂房，占地四十余亩，与丽新、丽华二厂鼎足而三，门口有五道叉河，风景清幽，空气新鲜。纺绽[锭]有五千余绽[锭]，织机有一百余台，纺织部份多为女工，工作指导员亦多由女子担任，全厂工人约四百余人，女工占据了百分之七十以上，现在每日可以出货一千五百码，计划着下半年可以扩充到每日出货四千码以上。去年全年营业约一百万元，盈余约二十万元。工人待遇，亦颇优厚，每人每月可以得到十五元至二十余元。一匹毛呢的完成，是要经过了纺织、洗、烘、修、缩、烫、剪毛、蒸、电压等工作的程序，才能成功了人们的衣料。在工厂里充满着紧张的空气，和严肃的秩序，尤其是整齐清洁，地无纤尘，充分显示着一种新兴事业的精神。余笑向该厂经理唐君远先生云："这里的地板滑洁得可以跳舞了。"唐先生含首微笑，这种精神是多么值得夸耀的啊。

该厂的组织，为经、协理之下，分设四部，每部各设主任一人，以统管各该部的事务。经理唐君远，协理兼厂长唐熊源，总务部主任王荫千，纺织部主任葛翊如，染整部主任潘炳兴，沪发行部主任唐斌安。出品有各色华达呢、花呢、哔叽、法兰绒等数百种。商标有"五福临门、三阳开泰"等。分别编列货号，大概十一号、十二号为色子贡，五十号起为马裤呢、纹丝锦、巧克丁、灯蕊绒等，一百号起为各色华达呢，二百号起为各色人字呢，三百号为各色女大衣呢，四百号起为各色法兰绒，五百号起为各色哔叽，六百号起为各色花呢，七百号起为凡立丁，八百号起为粗呢等。出品新颖，织造细密，和舶来品相较，有过之无不及，而该厂前途的光明和发展，更是未可限量啊。

协新参观既竟，乃折回再到丽新纺织厂参观。丽新是具有甚久历史，规模完备的纺织印染厂，经理唐骧廷、协理程敬堂、厂长唐君远，组织总管理处，总管理处下分设总务、原动、纺、织、染、印六部，及人事科，工人福利科等。创办于民国九年，最初资本只有二十万元，现已扩充到四百万元，去年营业一千余万元，盈余达一百九十万元，亦可谓豪矣。该厂与协新厂相隔不足一里，自建新式厂房,占地二百三十余亩,纱锭初只一万六千余锭,现在增加到四万一千余纱锭,线锭一万二千余锭,织机一千二百台,每日可出货四千余匹,尚拟扩展到日出万匹的目的,自备新式发电机,印花机每分钟可印四百八十码,每日可印六千匹。全厂工人有三千余人,女工占全数百分之七十以上。工人待遇每人每日可以得到四角至一元三角的工资。工人福利事业,特设专科负责,现在已办理者有职工宿舍、膳堂、卫生室、补习夜校、工人子弟学校、托儿所、书报室、消费合作社、消防队等。劳资感情,很为融洽,厂主工人,咸视同家人父子,这是件最难得的事情,还有件值得记载的事:即厂方每年盈余,须得先分给工人百分之五的红利,然后再分配股息、公积金、股东红利等,自然这也是得到工人感情的方策之一种。同时我们看到该厂厂训的真切确实,也可以感想到该厂管理和训练的严密得体,厂训是智、爱、勤、慎四字。智:观察深远,研究精密,辨别明了,判断正确,计划周详,知行合一。爱:待人诚敬和平,对物怜惜爱护,作事必灌以强烈之兴趣,及正当之同情心。勤:一寸光阴,勿可荒废;一分精神,勿可虚掷;努力工作,耐劳有恒。慎:行为切守规矩,作事宜依方法;勿因小利而苟且,忌存轻视而疏忽。

该厂商标有"鲤星、双鲤、司马光、惠泉山、千年如意、天孙织锦"等牌,出品有直贡呢、直贡缎、华达呢、细哗叽、绉纹呢、格子呢、花线呢、冲毛葛、冲西缎、斜羽绸、条板绫、条漂布、条府绸、条麻纱、条雪丁、透凉罗、十字布、席法布、自由布、维新布、黄斜纹、蓝细布、洋纱、绉布、竹布、红标等数十种。行销全国,而于长江流域及京沪豫楚粤桂等省尤为畅销。参观既竟,二厂主人复邀宴于宴宾楼。程敬堂、唐君远、唐斌安、王荫千诸先生均亲临招待,席丰酒厚,主人情殷,洵足称谢焉!

翌晨余与雅农同往申新三厂参观,请夏荣清君导往,晤该厂总经理荣德生先生暨薛明剑、丁春舫君,荣君态度诚恳,和蔼可亲,语余等云,"日本原为小国,人民生活情形,较我国苦甚,然惟其能刻苦耐劳,故能跻于富强之域。我国虽为大国,人民生活优裕,故养成因循骄惰风气,以致贫弱,欲图自救,惟有养成全国人民刻苦耐劳,勤于工作之习惯。本厂对上希望求得助力,对下诚恳求得合作"云,洞察时弊,旨哉斯言。该厂资本五百万元,去年盈余一百五十除万元,规模宏伟,组织完备,对于工人福利事业,尤属特别重视,厂内设有劳工自治区,委胡鸣虎君为自治区区长。办理有托儿所、补习学校、职工子弟学校、劳工医院、功德祠、大礼堂、剧社、养兔副业等。惜以

时间关系,匆匆一过而已。随与夏君等乘车直驶梅园,会合全体登汽轮驶往
鼋头渚游览,是日天朗气清,惠风和畅,游人杂踏,仕女如云,更有日人数十,
亦来览胜,余等在隔湖之鼋头渚石上摄影时,一日人语其同伴云"这里是顶顶
鼋头渚",引得众人哄然大笑,日人亦笑,亦趣话也。在鼋头渚午餐后再兜往
蠡园一游,即匆匆登轮驶返旅邸,回忆太湖苍茫之水,浩淼无际;鼋头渚之嵯
峨怪石,起伏峥嵘;蠡园媚丽之杜鹃花,红紫争研[妍],于午夜梦回时,犹觉深
印脑际也。

(《中华国货产销协会每周汇报》,1937 年第 3 卷第 15 期)

丽新纺织印染整理股份有限公司通告

(1937 年 1 月 17 日)

　　本公司二十五年增加资本业经收足,呈准实业部变更登记,发给第四九
六号执照在案。所有新股股票亦已填就,定于一月十一日起发给,务希各股
东携带股款、临时收据,至通运路本公司换取股票,除具函通知外,特再登报
通告。

(《新无锡》,1937 年 1 月 17 日,第 1 版)

丽新染织厂增加资本

(1937 年 1 月 30 日)

　　已增至二百七十万元　　呈县转呈实业部备案
　　本邑所得税开征在即,其税率与资本成反比例,资本额少而盈利多者,则纳
税重;资本额多而盈利少者,则纳税轻,以故各业多有扩充或增加资本者。本邑
丽新染织厂,原来资本为一百万元,最近已增加至二百七十万元。日昨具呈县

府,请转呈实业部备案云。

(《新无锡》,1937 年 1 月 30 日,第 2 版)

协新毛织布厂扩充

(1937 年 3 月 1 日)

本邑北门外五丫浜协新毛织厂,由邑人唐骧廷于前年创办后,因出品精良,营业发达,去年该厂增添梳毛车一部,价值万余元,至废历年终结束时,大获厚利。现该厂亦已开工,本年尚欲扩充,又西门外赓裕布厂,原有织机二百八十部,去年盈余四十余万,故于本年亦须添机四部,扩充范围。

(《申报》,1937 年 3 月 1 日,第 10 版)

昌兴公司租厂契约*

(1938 年 7 月 16 日)

中发房产信托公司　出租人

立租地契约昌兴纺织染工厂(以下简称承租人)

兹因出租人有坐落法租界马斯南路路西,法册二一五一号,特区土地证贰百五拾号,英册九一八六号路西一部份(路东一小块不在内),计地约五亩捌分零九毫(附草图)出租与承租人为厂基之用,订定租期拾年,言明承租人建造厂房,其柱子用水泥钢骨,建筑坚固,自念七年七月拾六日起期至叁拾七年七月拾五日止,租价每年每亩壹千贰百元计算,计洋陆千玖百七拾元另八角,一收一顶计洋壹万叁千玖百四拾壹元六角(现钞),于起租日起壹次付清,由出租人另立收据为凭,其顶租作为末壹期租金。承租人对于本契约内一切条件如有不照履行,逾期壹个月者,出租人得通知承租人终止租约,并将顶租没收作为损失费。

每年租金按期先付后用,亦需壹次付清(现钞),仍由出租人另立收据,所有该地上应付法工部局地捐及将来一切税捐均归承租人缴付,其地捐每六个月一付,由承租人交于出租人代付。将来租地满期拆屋还地,惟在期满时续租与出售,承租人享有优先权,但须征得出租人同意,承租期内不得将该地转让他人及顶替,等情。此系双方允洽订立租地契约壹式两纸,出租人与承租人各执壹纸存证。

中华民国二十七年七月拾六日

出租人　中发房产信托公司

承租人　昌兴纺织印染工厂

见立　李志万　俞正康　韩君涛　徐友谅

(上海市档案馆,档号:Q195 - 1 - 35)

丽新公司迁沪后暨 1939 年董事会记录*

(1939 年 2 月 22 日)

丽新纺织印染整理股份有限公司董事会记录

时间　民国二十八年二月二十二日下午二时

地点　上海英租界江西路三和里本公司

到会董事　王峻崖、苏养斋、夏伯周、邹季皋、程菊村、张仲钧、徐湘文、张孟肃、邹颂丹、唐骧廷、程敬堂、唐文波、唐经国

主席　邹颂丹

主席报告本公司自无锡沦陷后公司簿册文件移至上海,在江西路三和里B十一号本公司支店内,设立事务所继续办理本店应办职务,兹因二十六年增资登记一案呈请经济部给照,奉批"呈悉印花税二元照收本案,据该公司声覆,仍以无锡为本店所在地,现该地既属游击战区,未便发给执照,惟该公司既在上海设有临时事务所,如即以事务所为本店所在地,并依法声请变更登记地,尚属可行,仰即参酌办理,此批"等因,本公司奉此,自当依法声请,惟依照公司法第一

百八十六条暨公司登记规则第三十六条之规定,关于变更事项均须经股东会决议,本公司股东因战事避难散处四方,通信住址亦经变动,致无法召集,拟由本会先行决议,一俟战事敉平,股东归来,再行召集股东会,提出请求追认,追认俾法令、事实双方顾到,际此非常时期,事实上之困难当能得政府谅解予以通融核准也云云。

提案一件为修改公司章程事

拟修改公司章程第四条为"本公司本店设于上海江西路三和里 B 十一号,设工厂于无锡县第一区黄巷乡地各丽新路,又设无锡支店于通运路,上海支店于江西路三和里,汉口支店于黄陂街通裕里"。是否可行应请公决。

议决照修正文字通过。

主席　邹颂丹

张孟肃　程敬堂　王峻崖　徐湘文　唐骧廷　张仲钧　邹季皋　唐经国唐文波　夏伯周　程菊村

纪录　程敬堂

(上海市档案馆,档号:Q195－1－321)

丽新公司关于与丽华合伙设立
昌兴公司的董事会记录*

（1939 年 2 月 23 日）

窃本公司自无锡沦陷,总厂被占,损害之重,无法统计,迄今年余日在风雨飘摇之中。际此战祸蔓延,和平无望,若再长期株守,势必坐吃山空,将来不独公司资产荡然,对于负债亦难清偿。颂丹等瞻顾前途,实抱杞忧,迭经与在沪董、监暨经、协理筹商,决定在沪建设新厂,俾能生产,借维目前生活,苟能营业顺利,公司前途既不无小补,而数百职工亦得所依栖,爰特决定方案,依次施行,兹事虽经面陈,台端只以散处各方,未能详尽,今再将方案及筹备经过情形照通信办法,征求同意,用特送请察照。如荷赞成予以通过,希于本案后署名盖章,一俟大局敉平,再行提出股东会,请求承认。

兹将拟设新厂方案开列于后：

（一）本公司拟在沪设织布印花染色工厂，继续营业，适有丽华厂订购祥兴洋行织布机五百部尚未装沪，故与丽华商妥合作，由本公司提拨资本三十五万元，丽华厂提拨资本十五万元，合成资本总额国币五十万元。

（二）新厂为环境关系，须避免本公司或丽华名义，故定商号名称为昌兴纺织印染工厂。

（三）中央政府禁止私货输入内地，禁令森严，各地检查备极认真，故为求销货便利起见，拟照商业登记法呈请登记。

（四）依照商业登记法，于呈请时须备具合伙笔据、合伙姓名及出资数额文件，本公司与丽华合营昌兴，原为非常时期不得已之办法，当能为各股东所共谅，拟由本公司董事会推出代表人八人，丽华公司推出代表人三人为公司代表，出面昌兴厂之股东。

（五）本公司公推邹君颂丹、夏君伯周、徐君湘文、张君孟肃、苏君养斋、王君峻崖、张君仲钧、蒋君镜海八人代表公司为昌兴纺织印染工厂出面之股东。

（六）织布部决定设置织机三百台，丽华订购祥兴之织机用二百五十台，余者购国货织机五十台。

（七）印染部决定设置印花漂染机全套，业已分别订定。

（八）织布部租赁法租界马斯南路中发地产公司基地一方，计五亩八分零，每年每亩租金国币一千二百元，租期十年，并由生鑫厂承造，计建筑费国币七万七千五百元，订明二月完工。

（九）印染部购置劳勃生路东京路口基地一方，计十一亩零，连费共计国币十六万三千元左右，该地原租与木行，堆置木植，正在磋商迁让中。

中华民国二十八年二月二十三日

提案人　董事长　邹颂丹

经理　唐骧廷

协理　程敬堂

赞成本案通过董事　邹季皋　王峻崖　张仲钧　夏伯周　张孟肃　蒋镜海

程敬堂　徐湘文　唐骧廷　唐经国　唐文波　程菊村

（上海市档案馆，档号：Q195－1－321）

合伙创办昌兴公司的合同*

（1939 年 3 月 1 日）

立合伙契约合同人唐静斋、邹月波、夏忍斋、徐楚书、张思敬、邹配侯、王让泉、苏镇寰、程如楷、蒋祖耀、张德明

缘合同人等前在无锡共营事业，均能志同道合，逐步进展。兹以无锡成为游击之区，未便复业，爰经集商，各出余资，在上海英租界江西路三和里 B 十一号创设昌兴纺织印染工厂总店，按照决定，计划次第兴办事业。所望同人一德一心，本国民苦干天职，成将来恢复基础，太康一脉中兴于同人等有焉，今将决定计划议明条款，载列本契约之后，互相遵守，勿逾此约，为特立此合伙契约为照。

第一款　本厂名称定为昌兴纺织印染工厂。

第二款　本厂所营业事业为制造纺纱、织布、印花、染色各种棉质布匹为范围。

第三款　本厂性质为合伙，依照商业登记法，呈请主管机关登记。

第四款　本厂总店设于上海英租界江西路三和里 B 十一号，织布厂设于法租界马斯南路薛华立路南（租地自建厂房），印染厂设于英租界劳勃生路东京路口（购地自建厂屋），纺纱厂俟觅就地点后设立之。

第五款　本厂资本总额国币五十万元，由邹月波出资本国币五万元，唐静斋出资本国币五万元，夏忍斋出资本国币五万元，张思敬出资本国币五万元，徐楚书出资本国币四万元，邹配侯出资本国币五万元，苏镇寰出资本国币四万元，王让泉出资本国币四万元，程如楷出资本国币五万元，蒋祖耀出资本国币四万元，张德明出资本国币四万元，以上合计适如总额之数，当日一并收足，不另立收据。

第六款　本厂由股东公推唐静斋为经理，程如楷为协理，经营一切范围以内业务，并负责督察及黜涉职员之责。

第七款　本厂公告以通函行之，遇必要时得登上海报纸公告之。

第八款　本厂公推股东邹月波、夏忍斋、张思敬为监事，负稽核帐册及审查

决算之责。

第九款　本厂股东会定每年二月份召集常会一次,临时会无定期,均由经、协理召集之,或股东二人以上之提议,亦得召集临时股东会,会议规定则另定之。

第十款　本厂股东股权之转移,非经股东全体通过承认,不得转让与第三者承受。

第十一款　本厂股东所执本契约合同一纸,不得以之抵质与第三者,如有上项情事,本厂概不负责。

第十二款　本厂股东所执本契约合同一纸,如有遗失情事,须备函报告本厂挂失,并登上海报纸二份各一个月,俟登报期满,检同报纸觅保,向本厂声请补给全体股东签字盖章之股权证明书。倘将来遗失之合同出现,发生纠葛,应由声请补给股权证书之股东及保人负责理楚,与本厂无涉。

第十三款　本厂总结帐以每年十二月底为总结束,由经、协理造具资产负债表册及营业决算书送交监事审核签名盖章后,提经股东会承认确定。

第十四款　本厂营业决算如有盈余,先提十分之一为公积金,次发付股息外,余照十五成五分派,股东得十成,工友得半成,折旧得一成,监事得一成,经、协理得一成,各职员得一成七厘,其余三厘由经、协理于职员中有特殊劳绩者奖励之。

第十五款　本厂营业决算如有亏损,由各股东按股分缴补足之。

第十六款　本厂股息按周年八厘计算,但无盈余时,不得提本作息。

第十七款　本契约合同所未载之一切事项,悉照各种商业法规办理。

第十八款　本契约合同一式十二纸,每一股东执一纸,本厂总店执一纸,以资守信。

中华民国二十八年三月一日立合伙契约合同

邹月波印　唐静斋印　夏忍斋印　张思敬印　徐楚书印　邹配侯印　苏镇寰印　王让泉印　程如楷印　蒋祖耀印　张德明印

见议　王树三印　王效文印

（上海市档案馆,档号:Q195-1-334）

丽新纺织厂投资昌兴往来文书*

（1939 年 6—7 月）

　　敬启者,敝厂创设伊始,诚信未孚,一切端赖贵公司随时予以提携,至深感佩。兹因出品行销使用新商标,推动较为困难,不得不商请贵公司准予假用贵批发所名义及借用各种商标,俾利通销。如蒙俯允所请,对于应纳佣金之处,愿承明教尚乞亮言照准,并盼见复为荷。

　　此致丽新纺织印染公司台鉴。

昌兴纺织印染厂

董事长　唐静斋

中华民国廿八年六月拾日

　　径复者,准六月拾日大函备悉——所有。

　　贵公司为推销出品顺利起见,拟假用敝公司批发所名义及借用各种商标一节,业经敝会讨论,佥认双方关系深切,在敝公司本厂未能复业之前,暂予通融接受贵厂之请,惟（一）借用批发所名义以销售出品为限,并应受敝公司监察员之纠正;（二）借用各牌商标应于各商标上加具上海新厂出品字样,以资区别;（三）批发处用人行政以及簿据、印刷商标、发票均由贵厂自理,在敝公司仅派员监察,故对于佣金一节,彼此既有联系之情谊,准免缴纳;（四）上项借用批发所名义及各牌商标,原系暂时性质,将来一经敝公司通知收回时,贵厂应立即停止使用,不得托词延缓时日为特。备函来复即希查照见复为盼。

　　此致昌兴纺织印染厂。

丽新纺织印染整理股份有限公司

董事长　邹颂丹

廿八年七月十五日

　　敬复者,奉七月十五日,大函敬悉,贵公司允如所请并蒙

　　指示周详,推情免纳佣金各节具征,谊切同舟,感荷莫名,至敝厂批发部同人

办理,如有不周之处,还祈贵监察员随时纠正,将来如接到贵公司通知收回借用之所有权时,敝厂自当立即停止使用,绝不推诿延宕,以负盛情也。专复敬请台誉为荷。

此致丽新纺织印染公司。

昌兴纺织印染厂

董事长　唐静斋

中华民国廿八年七月拾五日

（上海市档案馆,档号:Q195-1-93)

协新公司 1939 年临时股东会纪录*

（1939 年 10 月 28 日）

协新毛纺织染股份有限公司临时股东会纪录

会期　民国二十八年十月二十八日上午十时

会场　上海江西路三和里 B 十一号本公司

签到股东　八十六人,股权三千五百五十九权,均足法定,照章开会。

主席唐骧廷

主席报告:

略谓公司自遭战事,工厂损失物资甚巨,而机器亦被破坏,职工流亡来沪,生活艰苦,董事会暨经、协理以职工均属多年训练之技术人才,废置可惜,不得不予收集,然长此消极救济,实足陷公司于万劫不复之境,故公司创巨痛深,原有物资丧失殆尽,股东避难散处,又无法召集,不得已由董事会各个以私人财产抵借款项,在沪设立分厂二处,现在均逐步开工,幸运各股东次第返归,为此召开临时股东会,提出各项报告及提案,请求各股东分别予以追认决议,俾咨遵循,云云。

经理唐君远报告:

略谓本厂同人于局势紧张之下仓皇避难,厂中及办事处所有货物因水陆均已断绝,无法搬出,致办事处堆存存品在战时全部被焚,而厂存之原料、羊毛、颜料以及成匹呢绒则被抢掠一空，损失在二十万元之巨。其车间机上未了之货物，因无统计损失，尚不在内。至工厂机器、房屋之损坏，除战时被炸及公事房被毁外，战后视察尚完好。至二十七年夏间派员查勘，已被人毁坏甚重。本年八月二十八、二十九两日之午夜，又被附近游匪纵火焚烧，幸即抢救，仅毁去工人宿舍楼房十一幢，工场未遭波及，故机器部份之损害一时尚难确定，只有俟之将来，惟沪分厂已将开工，无米为炊，危险堪虞，是则有赖于各股东之援手维持也，云云。

董事会造送二十六年一月至二十八年九月止收支报告，请查核案。

议决　应俟清理完结，一并编造决算，再予承认。

董事会提在沪设立分厂，请求追认案。

（理由）略谓因事机急迫，各股东散处四方，无法召集股东会，故由董事会先行决定租赁小沙渡路四百号房屋，设立纺织厂（称信昌厂），又租赁戈登路基地四亩，自建房屋（称信昌厂），建筑购机，用去国币八十一万五千元，检同合同帐单，请求查核并予追认。

议决　准予追认新厂，暂定名称为信昌毛纺织染厂，归本公司管理之。

董事会提增加资本案。

（理由）略谓本公司原有资本国币八十万元，与锡厂资产及战争损失相抵，亏短甚巨，今在沪设立分厂，所有资产及流动金已负债三百余万元，全属董事暨经、协理借贷应用，且原料日昂，需款更多，致调度经济时现捉襟见肘之象，若不急谋增资，前途实多危险，故拟请增加资本国币三百二十万元，连原有资本合成股份总额国币四百万元，每股一百元，一次缴足是否可行，请各股东公决。

议决　照案通过，先尽原股东在一个月内认购足额，并定缴股日期，自认股日起至十二月底前缴足。倘届认购期满，仍认不足额时，另行公开招募之。

散会。

主席唐骧廷印
记录王荫千印

右件与正本核对无误。书记附注。

（上海市档案馆，档号：R13－1－1342）

昌兴公司1941年向中南银行借贷合同文件*

（1941年10月20日）

上海中南银行总行　甲

立抵押及质押借款合同昌兴纺织印染公司（以下简称乙方并包括其继承人及受让人）

今因乙方需用流动资金，以自有厂基房屋并全部机器及附属物向甲方抵押及质押借款，双方议定条款如左：

一、本借款总额法币壹百万元，定期一年，按月玖厘计息，自民国三十年十月廿日起至三十一年十月二十日止，期满之日由乙方将本息如数清偿。

二、本借款以乙方厂基、房屋及全部机器并附属物为抵押品，乙方应于合同签订之日将坐落上海戈登路五百八十号英册第四一〇一号计地四亩八厘二毫，又第一二〇九六号计地壹亩三分七厘二毫，又法册第三一零九号计地二亩四分六毫，共计地七亩八分六厘之道契及附件全份交与甲方过户收执，过户费用归乙方负担，其房屋及机器由乙方开列详细清册作为本合同之附件点交，甲方派员占有。

三、本借款之全部担保品应用甲方名义向太平保险公司保足火险，若甲方认为必须加保其他之险，亦得随时通知乙方分别加保，乙方不得异议，其保险费用概归乙方负担，保险单及保险费收据均由甲方存执。

四、担保品全部或一部如遇失慎，致遭毁损，甲方得随时径向保险公司领取赔款以抵还借款，本息有余归还乙方，不足仍由乙方立时以现款清偿之，如加保其他之险时，其办法亦同。

五、关于抵押品之一切捐税均由乙方按期缴纳，与甲方无涉。

六、担保品如有损坏之时，乙方应即随时修缮完整，甲方并得随时派员前往查察，倘甲方认为不满意时，得径行代为修理，其费用归乙方负担，但甲方并无代修之义务。

七、担保品全部或一部如因天灾人祸及一切非人为所能抵抗之事以致损失或被占用等情，乙方应立时将抵押借款之本息如数清偿。

八、有左列之情事之一，甲方得自由处分担保品以偿还借款之本息：

（一）本合同满期之日，乙方不将借款本息偿还或偿还不足数时；

（二）乙方宣告清理或破产时；

（三）乙方违背本合同之规定，不履行其义务时。

担保品经甲方处分后如不足清偿全部借款本息时，其不足之数仍由乙方负责清还之。

九、在任何情形之下，设因乙方延不清偿借款本息，以致发生诉讼时，所有诉讼费用概归乙方负担。

十、本合同应由乙方自向乙方董事会申请通过，并将乙方董事会议事录抄附本合同作为附件。

十一、保证人负保证乙方履行本合同全部义务之责。

十二、保证人完全同意与乙方联带对甲方负责，一经甲方通知，应立时以现款代乙方清偿本借款全部本息，并自愿抛弃先诉检索抗辩权。

十三、本合同一式三份，甲乙两方及证明律师各执一份。

中华民国三十年十月二十日

上海中南银行总行

昌兴纺织印染公司　唐骧廷　程敬堂

保证人　邹颂丹

证明律师　郑森

（上海市档案馆，档号：Q195－1－209）

公司内容一斑：丽新染织厂股份有限公司

（1942 年）

地址：事务所　江西路三和里 B 字十三号；布厂：马斯南路二四〇号；纱厂：劳勃生路东京路口；染厂：康脑脱路戈登路口

董事长：邹静波

经理：唐静斋

协理：程如楷

简史：该公司系商界巨子邹静波等所发起组织，成立于民国九年间。厂设于无锡惠山〔商〕桥。其时营业,甚为发达,纱厂有锭子四万枚;染厂每日产量三四千匹,布厂有布机一千五百台。其出品以印花布、绸为主要,负名一时,销路大部分本地及上海以暨长江、汉口一带。自事变后,无锡原有厂址,即告停顿,所有存货,均移至上海销售,该厂为求生产之不致中断,爰于民国二十八年初,另在沪马斯南路二四〇号现址设立布厂。同年六月,设染厂于戈登路现址;同年十月底,设纱厂于劳勃生路东京路现址,惨淡经营,其基础日臻巩固中。

资本额:该厂初创时,资本二三十万元。自无锡厂址停顿后,所有生财,未能迁出,故经股东会之议决,再集资本一百五十万元,在沪重行创办。二十八年,增资至三百万元。三十年再增资至四百万元。计分四万股,每股票面为一百元。本年拟再行增资一百万元,然尚未定夺。

设备:该厂上海之各厂房,均系自造,除染厂购地外,纱、布厂之地基,则均为租赁性质,期限为十五年。布厂厂房系平房,纱厂厂房,则系钢骨水泥之楼房。估计现价,约值一百万元左右。所有各厂之机件及另件,均购至海外。其无锡之原有机件,并未运沪。目下三厂之职工,计有五百余人。

营业情形:该厂专营纺织及印染纱布,以"双鲤、九美、司马、鲤星、千年、笑姻缘"等为出品之商标,销售于本埠者,以泡泡纱及洋府绸为最盛,约值二三十万左右。外埠则以印花麻纱及绸布为最广。惟近来因阻于出口之困难,故营销稍见挫折。目下生产量,布厂每日产布五百余匹,染炼厂之印染布匹二千余匹,盖除染本厂货外,尚有其他各厂坯布,委托该厂代为印染也。至近年之营业,二十八年,因系初办,营业额约一百五十万元,二十九年,营业额三百万元左右。三十年为五百万元左右。

股息及股票:该厂之股票,在市上稀有流通。其股息一项,战前原定为二分,二十九年度派发一分八厘,于卅年份发给,卅年度发一分六厘。

(《华股日报》,1942 年第 69 期)

丽新公司投资常太棉业公司函[*]

(1942 年 9 月 21 日)

为报告投资常太棉业股份有限公司请予赞同事。查棉花统制与纱厂关系紧切,中国华商纱厂联合会爰有分六大区,组织棉业公司之议,俾免原棉为棉商所操纵,其计划之原则,所谓六区者,苏北区、上海区、浦东区、常太区、南京区、宁波区是也,资本总额苏北为贰千肆百万元,上海为捌百万元,浦东为壹千万元,常太为壹千万元,南京为叁百万元,宁波为伍百万元,股份全属中国纱厂,与棉商分认足额。本公司与丽新公司谊属一家,为谋集中力量起见,联合共同认定常太棉业股份有限公司股份伍拾万元,由丽新公司出面为股东,推派程敬堂君为股东代表,该公司已于本月二十一日在五洲银行楼上开创立会,程君并被选为董事之一,为此将投资常太棉业公司经过及与丽新公司各半认缴缘由备文提出报告,请予鉴核赞同,并在名篆之下盖章,俟后股东会时提出请求承认,是所至企。再苏北区本公司与昌兴公司亦拟共同投资五十万元,俟其成立再行报告,其余四区不拟参加,合先声叙,统祈公鉴。(此信共缮两纸,一由昌兴,一由丽新,出面本□系丽新出面)

此致丽新纺织印染整理股份有限公司。

卅一年·九·廿一

(后略)

(上海市档案馆,档号:Q195-1-241)

丽新公司 1942 年股东会决议录*

(1942 年 11 月 25 日)

丽新纺织印染整理股份有限公司第十七届股东会决议录

日期　中华民国三十一年十一月二十五日下午二时

会场　上海江西路三和里 B 十一号本公司

到会股东(连代表人)　叁百二十七人,共计股权壹万九千二百九拾四权

书记程景溪报告:查本公司股东共五百零九人,计股权贰万贰千壹百九拾六权,本日签到股东人数与权数均超过法定之数,应照章请主席宣告开会。

主席邹颂丹

主席报告此次召集股东会之各要点（词冗从略，报告书附卷）。

经理唐骧廷报告公司自遇战事迄今之经过以及锡厂复业情形（词冗从略，原报告书附卷）。

董事会造送二十六年一月起迄三十一年六月止，总决算之资产负债表，财产目录，损益计算书请求承认。

监察人蒋镜海报告上项董会编造决算之各项表册业经本人与沈锡君、钱保华两监察人查核，与簿册相符，共同签名盖章，并具报告书在案，请各股东鉴核。

议决　董会编造二十六年一月起至三十一年六月止决算已由监察人查核签名盖章并出具报告书，准予承认表册及报告书并存。

董事会提为公司加入中日棉花统制会暨投资苏北、常太两股份有限公司事请予追认案。董事会提公司购买其他股份有限公司股份，请予追认案。

议决　以上两案均准予追认，原案卷存。

董事会提本公司一部份人员于事变五年中维护公司，克尽厥职，应请酌予奖金，以资酬劳案。

议决　授权董事会酌提现金，考其劳绩之大小，分别给奖，以资鼓励，于下次股东会补行报告。

董事会提公司积久股息，前因股东生活困难，筹款借付，可否唯予将借款抵销案。

议决　准予核销。

董事会提增加资本以维业务案。

议决　准予增加资本国币八百万元，连原有资本合成股份总额国币壹千贰百万元，每股国币壹百元，一次缴足，先尽原股东，每一老股认购新股贰股，限三日内认股足额，十日缴足，股款如届期认不足额时，其余额另募新股东认购之。

董事会提本公司董、监任期届满，应请全体改选案。

议决　照章票选董事十三人，监察人三人。

董事会提修改公司章程案。

议决　准照董事会拟定修改章程各条文加以讨论，并将文字再予修正，由主席将修正章程全文逐条宣读，无异议通过。

选举董事

主席指定祝永锡散票，蒋镜海监匦，沈锡君、钱保华检票，唐蔚文、王效文唱票，邹柯青、蔡铭青记名选举结果。

邹颂丹得票壹万七千七百三十一权　张孟肃得票壹万六千一百九十八权

夏伯周得票壹万六千六百九十一权　唐骧廷得票壹万七千二百二十五权

徐湘文得票壹万五千三百七十权　程菊村得票壹万五千八百十八权

王峻崖得票壹万七千四百五十九权　苏养斋得票壹万五千八百三十权

邹忠曜得票壹万五千七百四十权　程敬堂得票壹万五千九百十一权

唐文波得票壹万七千一百九十权　张仲钧得票壹万柒千一百五十一权

唐经国得票壹万七千一百三十八权

以上十三人得票最多数,当选为董事

选举监察人

主席指定王荫千散票,王峻崖、张孟肃监瓯,徐湘文、唐经国检票,唐文波、程景溪唱名,王树三、邹忠曜记名选举结果。

钱保华得票壹万六千五百〇一权　沈锡君得票壹万五千三百九十七权

蒋镜海得票壹万四千九百二十权

以上三人得票最多数,当选为监察人。

议毕闭会。

主席　邹颂丹

记录　程景溪

（上海市档案馆,档号:Q195 - 1 - 322）

丽新纺织印染整理股份有限公司章程（1942 年修正案）*

（1942 年 11 月 25 日）

第一章　总纲

第一条　本公司依照公司法第四章股份有限公司组织之。

第二条　本公司所营事业以纺织、印染、整理纱布为营业范围。

第三条　本公司商号名称丽新纺织印染整理股份有限公司。

第四条　本公司公告方法：书面通知或登报公告之。

第五条　本公司设本店于上海江西路三和里 B 十一、三号，设工厂于无锡县北门外惠商桥丽新路，又设办事处于无锡城内中市桥巷，将来如为业务上之必要添设支店时，由董事会决定增设之。

第二章　股份

第六条　本公司股份总额国币壹千贰百万元，分作拾贰万股，每股国币壹百元，一次缴定。

第七条　本公司发给股票为记名式，由全体董事署名盖章，其股东用堂名及某记等字样，必须将股东真姓名记载于股东名簿。

本公司股东以中华民国国籍为限。

第八条　股东如有遗失股票时，应将股票号数、股数及遗失或毁灭情由书面报告本公司，申请挂失，并登载本公司所在地及遗失或毁灭所在地之日报三天，自最后之日计算，经一个月后无第三者提出异议时，出具申请补给股票书并邀同相当妥保出立保证书，连同所登报纸一并送交公司审核无讹后，方准补给新股票。

第九条　股东向公司行使权利均以留存公司之印鉴为准，倘印鉴遗失时，须用书面向公司报告缘由，并将股票交公司查验，经审核无讹后，始准补存新印鉴，但与股票同时遗失时，应照本章程第八条规定办理。

第十条　股份因买卖、质押、赠予而移转所有权时，须由股东出具让股书及受让人姓名、住所，并邀保证人共同于股票背书署名盖章，送交公司过户，经公司审核无讹，由经理人签署，记载于股东名簿及股票后，方为有效。

第十一条　股份因继承而移转所有权时，须由继承人会同其他应继承人用原印鉴出立股份继承移转申请书，并邀请同继承证明人或相当保证人填立保证书，连同股票向公司申请过户，经审核无讹准照移转。倘公司认为有登报公告之必要时，则申请人须登报，经公告最后之日起一个月后无第三者提出异议，或法院之裁定，再行核办，其一切费用均由申请人负担。

第十二条　股票过户，每纸取手续费国币一元，掉换新股票或补领新股票，每纸取费国币五元，并应贴之印花税。股票掉换新股票应于原股票背书缘由，署名盖章，交公司审核无讹后，方准换给。

第十三条　本公司增加资本时应先限期尽原股东认购，逾期认不足额，另行招募。

第三章　股东会

第十四条　本公司股东会分为下列两种：

（甲）股东常会，于每年三月间举行一次，由董事会定期召集之，期前三十天通知各股东。

（乙）临时股东会，如遇公司有重要事项，由董事会、监察人、经、协理或有股份总额二十份之一以上之股东以书面记明提议事项、理由，请求董事会定期召集之，期前十五天通知各股东。

（丙）前项股东会自公告日起至闭会日止，停止股票过户股东。倘因事不能亲自到会，委托他股东代表者，应具签名盖章之委托书。

第十五条　本公司一切事项悉以股东会为最后之决议。

第十六条　本公司股东之议决权及选举权均以一股为一权，一股东而有十一股以上者，其十股以上每二股为一权，但每一股东及其代表他股东行使股权，合计不得超过全体股东表决权五份之一。

第十七条　本公司股东会之议事规则别定之。

第四章　董事会　监察人

第十八条　本公司董事会设董事十三人，由股东会就股东中票选之，以合于下列资格为限：

（甲）有行为能力者；

（乙）有本公司股份总额千分之三者。

第十九条　董事就任后应即互选董事长一人，组织董事会，总领本公司业务之进行。

第二十条　董事长、董事均以三年为一任，连举者得连任。倘中途出缺者，由股东会补选足额，补缺之董事以补足原任董事任期为限。

第二十一条　董事会应用书记，由董事长酌量事务之繁简，随时聘任之。

第二十二条　董事会之议事规则别定之。

第二十三条　本公司设监察人三人，由股东会就股东中票选之，被选举资格以有本公司股份总额千分之一者。

第二十四条　监察人除依据公司法，对于本公司行使监察权外，并得列席董事会,陈述意见,但无表决权。

第二十五条　监察人以一年为一任,连举者得连任。

第五章　经理人

第二十六条　本公司设经理一人,协理一人,由董事会选任之,执行本公司业务上用人行政一切要务。

第二十七条　经、协理就职权范围之内或受到董事会之委托得为本公司之法定代表人。

第二十八条　经、协理于每年总决算之期造具营业报告书以及收支概算,送交董事会审核。

第二十九条　经、协理薪给由董事会决定之。

第六章　会计

第三十条　本公司于每年六月决算一次,十二月总决算一次,由经、协理造具营业报告书、负债表、财产目录、损益计算书送交董事会审核。

第三十一条　本公司股息照发给股票日期起,按周年八厘计算,但无盈余时不得提本作息。

第三十二条　本公司发给股息红利由董事会定期通知各股东。

前项发给手续由经、协理秉承董事会办理之。

第三十三条　本公司总决算有纯益时先提十分之一为公积金,及发付股息外,其余照十五成五分派,股东得十成,机器折旧一成,董事、监察人得花红一成,经、协理得花红一成,各职员得花红一成七厘,工友奖励金五厘,职员奖励金三厘。

工友奖励金以工作之勤奋及日期之多寡,由经、协理审定,分别发给之。职员奖励金以有特殊劳绩者,由经、协理择尤[优]发给之。

第七章　附则

第三十四条　本章程所未规定者,悉照公司法以及其他有关法规办理。

第三十五条　本公司业务各规则为本章程所未载者,职员应一体遵守。

第三十六条　本章程如有应行修改或增添删削条款之处,经下列各项之提议,由股东会议决:

（甲）股东提议者；

（乙）董事提议者；

（丙）经、协理条具意见书，于董事会代为提议者。

第三十七条　本章程经主管官署核准施行。

（上海市档案馆，档号：Q195－1－322）

丽新布厂正式复工，今晨举行仪式

（1942 年 12 月 14 日）

本邑吴桥下丽新染织厂，规模极为宏大，最近经友邦实践中日基本条约，以示中日合作，交还我国办理，业经在沪举行让渡仪式。定今日上午十氏[时]三十分正式复工，同时并在该厂举行开车仪式，由各董事函邀各界前往观礼，预料届时定有一番盛况云。

（《新锡日报》，1942 年 12 月 14 日，第 2 版）

丽新公司与福记合资经营合同

（1943 年 11 月 17 日）

丽新公司　唐君远

立合资营业合同议据福记代表人叶澄菴，今因双方合意共同投资在常阴沙、常熟、太仓地方开设福新字号，经营采办棉花业务，议订条约如下，双方咸宜遵守，借资发达。

一、定名　福新花行。

二、地点　设总号于上海五马路公顺里七号，并得设分庄于业务有关各地。

三、股本　丽新公司代表唐君远认定资本壹佰万元，福记代表叶澄葊认定资本贰佰万元，共计总额叁佰万元整，立据日一蕆交足。

四、业务　经营棉花业务

五、职员　公推叶澄葊为经理，唐君远为监理，总、分号进出货物，任免职员均由经理执行处理，但关于重要事务须商同监理施行，借期妥善。

六、官利　按月壹分生息，期满支付。

七、红利　按十三成半分配，股东得十成，经理得柒厘半，监理得伍厘，职员得贰成贰厘半。

八、规约　无论股东、经理、职员、客户，一概不准宕欠及自营投机，私人挪移等事。

九、时期　以棉花年度为满期，每半年一结账，继续与否随时协议定之。

十、担保　本行名义概不对外担保任何事件。

右立合同经双方协议订定，不得在外抵押或转让，一式二纸，各执一纸，如有未尽事宜得视实际情形协议修正之。

丽新公司代表人　唐君远

立合资营业合同议据　福记代表人　叶澄葊

见议　王树三

徐鹤亭

中华民国三十二年十一月十七日

本合同经双方同意履期壹年，自民国三十三年九月一日起至三十四年八月三十一日止。继续有效此注。

丽新公司代表人　唐君远

福记代表人　叶澄葊

见议　王树三

徐鹤亭

（上海市档案馆，档号：Q195－1－243）

昌兴公司购入戈登路地产契约*

（1944 年 11 月 6 日）

出卖人　利亚实业公司　甲

立买卖房地产契约买受人昌兴总公司（以下称乙方）

缘甲方今将自置坐落上海市江宁路（即前戈登路）五六二弄宝安坊全部房地产日册道契第七四八五号即前工部局地册第四二五二号全部，计土地叁亩捌分肆厘陆毫，连同地上全部建筑物二层楼石库门住宅叁拾贰幢，店面市房肆幢，过街楼壹个，以及一切附着物、定着物、从物，于现有状态下一并卖出与乙方为业，双方议定全部产值，计净价中储券一千八百万元，整于立约日由乙方全数给付甲方，分文不欠，不再另立收据。嗣后上开产权即归乙方所有，听凭乙方自由使用，收益处分与甲方永远无干。再甲方保证上开产权确实完整，绝无重交叠卖以及权源不清等情，倘有任何纠葛，概由甲方负责理楚，与乙方无涉。欲后有凭，特立此买卖契约一式两份，双方各执一份存证。

附交产权凭证计开：

一、第七四八五号日册道契连同地形图一份；

二、第三四二七号恒产公司权柄单一纸；

三、第七一四三号敌产解除证明书一纸。

中华民国叁拾叁年拾壹月陆日

甲方　利亚实业股份有限公司

代表人　金瀚斋

立买卖房地产契约人

乙方　昌兴总公司

代表人　唐君远

中人　刘敏甫

（上海市档案馆，档号：Q195 - 1 - 453）

丽新公司 1946 年董监会纪录*

（1946 年 8 月 19 日）

丽新纺织印染整理股份有限公司董监会纪录

日期　民国三十五年八月十九日下午三时

地点　本公司

出席董事、监察人签名如左　唐骧廷　张孟肃　程敬堂　夏伯周　邹颂丹
王峻崖　程□□　徐载□　蒋镜海　邹忠曜　张景溪　唐文波　唐经国
钱保华

一、公推邹颂丹先生为主席；

二、报告本公司六月二十三日股东会开会情形，并将股东会决议录传阅
一过；

三、报告本公司最近营业情状，略谓本公司上半年业务概况，业于六月
二十三日股东会详作报告，兹就近状叙述大略如下：关于锡厂内部，现开纺锭
已达一万五千余枚，日夜两班平均产纱二十余件。织布部开机二百台，一日
夜可产布六千五百码左右，所出皆系秋销印染坯布，因未能自加印染全部装
申，委由昌兴印染厂加工后出售。其余损坏机锭尚在修理装配中，估计年内
可加开纺锭万余枚，织布机二百台。至印染整理部份因多数系连续性巨型机
械，修理比较困难，且需经全部修整后始可首尾衔接，相辅工作，故目前难期
恢复。原动部前向洋行订购附件一部份，已于六月间到申并已船运抵锡，正
在着手装置，将来全部装配完成，煤价回贱，可以自行发电时，当谋自供自给，
免得仰人鼻息，曲受剥削束缚之苦。至若纱布市情，时令虽交初秋，销路尚无
起色，价亦呆滞。最近他厂工人要求更善待遇，影响本厂发生罢工情事，幸随
告解决，未酿他变，结果工资又加二成，使成本日见加重，利润日益减削，纱业

危机实已昭临于前，按查棉纱市价与战前相衡，只达六千倍，而各项开支、工资合算成卒已达到一万一二千倍，以此推测前途固难设想，目前亦不容再抱乐观也，云云。

四、报告本公司六月二十三日股东会议决增资案，业由本会负责办理，兹查增资手续已次第办竣，亟应定期召集股东会报告增资结未情形，以便向部呈请变更登记。

决：定期九月十日召集股东临时会。

报告本日为新董事、监察人首届集会，依照公司章程，董事就任后应即选举董事长一人，组织董事会并由会选任经、协理各一人执行公司各项要务，应请即席推定，俾利业务之进行。

决：公推邹颂丹先生为本会董事长，唐骧廷、程敬堂两先生分任本公司经、协理。

临时提案

一、主席提股东以公司股票向人质押款项，照章应办过户手续，可否予以变通采用登记办法案。

决：准予登记并规定办法（一）由原股东会同受押人双方具函并开列股票、户名、号数、股数及票面金额，签字盖章申请公司登记；（二）办理登记时每纸股票收取手续费国币壹百元。

二、主席提调整掉换股票及股票过户手续费案。

决：原股票过户每纸取费壹百元，掉换股票每纸取费五百元并缴纳应贴之印花税费。

散会。

主席　邹颂丹

记录　程景溪

（上海市档案馆，档号：Q195－1－324）

抗战胜利后协新公司申请更换执照增加资本函[*]

（1946 年 11 月 11 日）^①

	事由	拟办	批示	备考
正信会计师事务所代协新毛纺织染股份有限公司中华民国卅五年十一月十一日字第　号	为遵照收复区各种公司登记处理办法调整资本，复行增加资本，修改章程，选举董事、监察人，依法检具各项文件费币，请求转呈经济部核准补办变更登记，换颁执照由	核准补办变更登记，换颁执照由。拟准转部核办十一、廿一	奉谕代行准予转部十一、廿六	
	附件			
	列后			

　　窃商公司设立登记于民国廿四年七月，至廿九年增加资本共为国币捌拾万元，并迁移本公司于上海市，经呈准经济部发给新字第一四九号执照存执。上海沦陷后，商公司被迫将资本按原额改为伪币，复经陆续增加资本伪币壹千玖百贰十万元，合共资本伪币贰千万元，并曾领到伪组织所发业字三八六号执照一纸，经已送呈钧局缴销在案。嗣即遵照收复区各种公司登记处理办法之规定，由原有合法董监整理资本，除将法币资本捌拾万元恢复原额外，所有伪币资本按照规定收换比率折成法币玖万陆千元，同时将增置后所增置存货，酌按法币估价，增值法币壹千玖百拾万肆千元，以新旧股份摊派，计旧股部份共应得法币柒拾陆万肆千壹百陆拾元，如数转作公积金，新股部份共应得法币壹千捌百叁拾叁万玖千捌百肆拾元，连同增资伪币所折合之玖万陆千元暨原法币资本捌拾万元，总计法币壹千玖百贰拾叁万伍千捌百肆拾元，较之资本原额，尚短缺法币柒拾陆万肆千壹百陆拾元。经征得旧股东之同意，已由新股东如数以现金补缴足额。经如此整理之后，商公司资本

---

① 编者依据原档案，以方便读者阅读起见，绘制此表，与原表内容无二，位置稍有变化。

总额仍为法币贰千万元,分为贰拾万股,每股法币壹百元。爰于八月廿一日召开股东会予以通过并修改章程,改选董事、监察人,复鉴于添置机器购存原料以及修配机件,整理厂房在在需要巨额资金,遂一致决议增加资本法币壹万万元,连整理后之资本贰千万元,共合资本总额壹万贰仟万元。现在议增股份,已经由各股东分认足额,股款亦全部以现金交足。复于十月五日召集股东会调查资本,改正章程条文,理合依法检具各项文件暨应缴纳登记执照费币备文请求鉴核,转呈经济部核准补办变更登记,换颁执照,实深公感。

谨呈上海市社会局。

(后略)

具呈人　协新毛纺织染股份有限公司

全体董事、监察人

董事　唐骧廷　荣伊仁　唐纪云　唐熊源　程敬堂　唐星海　唐凌阁

唐晔如　杨通谊　荣孙熙　唐斌安

监察人　荣尔仁　唐蔚文　王树三

代理人　正信会计师事务所　主任会计师李文杰

地址:上海江西路四〇六号四二七室

(上海市档案馆,档号:Q6-1-3780)

丽新纺织印染整理股份有限公司介绍*

(1947 年)

地址:工厂无锡惠商桥丽新路;事务所:上海江西路三和里 B 十三号;电话:一五七〇四;电报挂号:七七八七

董事长:邹颂丹;董事:夏伯周、唐文波、张孟肃、王峻崖、唐经国、唐骧廷、程敬堂、程新之、苏斌化、邹忠曜、张景汾、徐载庵;监察人:蒋镜海、沈锡君、钱保华;经理:唐骧廷;协理:程敬堂

资本额:国币二万七千万元,分作二百七十万股,每股票面一百元

简史:该公司设立于民国九年,初创时资本额定国币三十万元,业务仅有织

布一门,后增资至五十万元,兼营漂染整理事业,至十九年增资至一百万元,添设纺纱部,有纱锭一万六千枚,廿二年又添设印花部,嗣后曾数度增资,至廿五年底已增至四百万元,再添购纱锭二万四千枚,至廿六年共有纱锭四万余枚,布机一千二百余台,漂染印花全备,为吾国自纺、自织、自染、自印连续工作之首创者,旋以战事发生,厂房被毁,一部份机器亦被敌破坏,损失甚巨,廿八年在沪创设昌兴纺织印染公司,继续营业,同时将资本增至伪币一千二百万元,三十五年六月廿三日经股东会决议,调整资本为国币二万七千万元,已将各机修理络续开工。

设备:工厂基地二百余亩,建有厂房千余间,房地产均系自置,设有纺织印染及原动五大部,纺部置有纱锭四万余枚,线锭一万二千余枚,织部置有电力织布机一千二百台,漂染印花部设备,每日可生产六千余匹,并自置210OK.W.发电机全具,供给全厂电力,并于各种福利设施,如宿舍、膳堂、医院、子弟学校、补习学校、托儿所、图书室、消费合作社等,莫不齐备。

营业概况:该公司业务以精制洋货匹头为主,在吾国自棉花进厂,自纺、自织、自染、自印,连续工作至色布问世,要以该公司为首创,战前每日生产各种布匹五千余匹,其中以印花及染色布为大宗,所出府绸漂布,麻纱花布,直贡哔吱[叽]等,斐声遐迩,主要商标有"双鲤、鲤星、九美图、司马光、惠泉山、长胜王、千年如意"等牌,所用原料采自陕西、江苏、山东、天津等地,出品行销遍于全国及南洋群岛,战前于南京设分销处,业务以津浦沿线各县为行销范围,镇江设分销处,业务以江北各县为行销范围;汉口设分公司,业务以湘汉、京汉、襄河沿线各县为行销范围;上海设分公司,业务以粤、桂、闽、浙、川、赣、滇等客余为行销范围;无锡设批发处,业务以苏、常各县及鲁、陕、皖等省为行销范围。战前每年营业额约国币千余万元,纯益约一二百万元。胜利后即从事修理机件,于三十五年春季正式复工,目前开工纱锭约一万四五千枚,布机约三百台,每月约出棉纱八百余件,棉布一万六七千匹。

近年发息情形:三十二年度官红利共五分,三十三年度官红利共八分。

(中国征信所编:《华股手册》,上海:中国征信所,1947年)

丽新公司投资中国印书馆函*

（1947 年 5 月 15 日）

径启者，本公司业经呈奉经济部核准发给设字第三七六〇号执照在案，自应印发正式股票以符规定手续，兹经董事会决定"股票上股数如何填写，应分函各股东征求意见"等语记录在卷，查前因贵股东认缴股款 500 万元，每股壹万元，共计 500 股，将来股票填写一张或如何分开填写，请即于十日内见覆，以凭办理。如逾期即并填一张寄奉。除分别函知外，相应函达查照为荷。

此致丽新纱厂股东。

中国印书馆股份有限公司董事会启

中华民国三十六年五月十五日

（上海市档案馆，档号：Q195－1－239）

昌兴公司建筑厂房工程承揽笔据*

（1948 年 12 月 30 日）

立工程承揽据人宏泰营造厂

今承揽到昌兴纺织印染公司名下在上海长寿路纱厂建造三层钢骨水泥建堆栈房屋，工程一应材料（除水泥木模板外）概由业主供给，当时议定一切工资计金圆券叁拾伍万元正，其中由业主供给百米壹百伍拾石正，每石作价金圆券陆百元，其价款在上开工资内扣除，其余额工资金圆券贰拾陆万元正系按生活指数十五倍一计算，以后工程进行时，每半月领取一次（另立收据），按当期生活指数比例增减之。本工程自工地原有建筑物拆卸完竣及场地出清之次日起限壹佰贰拾工作天全部完工，如遇雨雪冰冻及假期，则完工期限依日数照加，生活指数自亦依此顺延。

兹另行开列工作范围如左:

一、水作　砌砖墙及外面,水泥粉刷内墙,灰浆刷白,楼地板及扶梯、窗盘、压顶等,水泥粉光、水泥屋面及楼板底面及大料及水泥扶梯等灰浆刷白。

二、木作　底脚、楼板、屋顶、窗盘之木模及装钢窗做木门。

三、底基及钢骨水泥　底脚掘土打□三合土捣钢骨水泥及水泥地面及扎铁。

四、小工　工场什项工作。

五、漆匠　油漆门窗、扶梯、栏杆、生铁、落水管、出风洞、铁门、铁花栅等。

六、白铁匠　装置生铁落水管。

七、沟渠匠　排放瓦筒及阴井做明沟。

八、其他　工场管理及守夜、厨司。

注一、钢窗、铁门、铁栅、铁栏杆、出风洞玻璃及牛毛毡屋面及竹脚手等之向例由各该承包商厂连工料包办者概不在本承揽据范围内。

一、本工程所需之全部水泥木模板概由承揽人供给,另由业主贴费金圆券柒万贰千元正,于立据时一次付清,拆卸后全部剩余木料仍为承揽人所有。

二、白米价格如日后高涨,不能加扣除,如跌至伍百元,则依伍百伍拾元作价,跌至肆百元则依肆百伍拾元计算。余依此类推,其作价结余之款应由业主补还。

承揽人如不能如期完工,则每延迟一日,应赔偿损失费每日金圆券叁千元正。

恐后无凭,立此工程承揽笔据存照。

中华民国三十七年十二月三十日

立承揽据人　宏泰营造厂

地址　南京西路 96 弄 12 号 22 号室

（上海市档案馆,档号：Q195－1－413）

协新毛纺织厂概况调查

（1949 年 1 月 19 日）

联合征信所调查报告书　中华民国三十八年一月十九日发出

协新毛纺织染厂股份有限公司①

一、简史

该公司由唐骧廷、唐纪云、程敬堂、唐君远等于民国廿三年七月发起筹备，廿四年秋正式成立，设厂于无锡惠商桥丽新路底，于上海江西路四三二弄四十九号设立申庄，廿六年十一月敌寇陷锡，厂房被占，廿七年筹备在申设厂，廿八年七月在小沙渡路四〇〇号租得别发公司三楼全部，开始生产。原有申庄改为事务所，同年十月复在戈登路四〇〇弄八十二号租地造屋，成立新厂（现为第一工场，小沙渡路厂房改为第二工场）。卅年底购得产权，遂为自产，嗣后因原料匮乏，只开工一部份，卅三年二月全部停顿。胜利后络续复工，锡厂亦经整理开工，现领有经济部新字第三六四六号执照。

二、负责人

常务董事　唐骧廷　无锡丽新纺织厂经理

　　　　　唐纪云　庆丰纺织厂董事

　　　　　程敬堂　昌兴纺织厂协理

监察　荣尔仁　申新三厂合伙人

　　　王树三　无锡丽新纺织厂会计主任

　　　唐蔚文　丽新纺织厂汉口分公司副主任

经理　唐君远　昌兴纺织厂厂长

协理　唐熊源　申新三厂协理

上海厂长　唐熊源兼

无锡厂长　朱文沅　庆丰纱厂总务主任

三、资本

该厂初创时资本国币五拾万元，廿六年增至法币八拾万元，廿八年增至法币四百万元，卅一年改为伪中储券一千万元，卅三年增至伪中储券二千万元（以上均为现金增入），卅四年十一月改为法币二千万（差额由固定资产升值补足），卅五年一月现金增资至法币六千万元，卅六年二月现金增资至法币一亿二千万

---

① 原档案有手写英文标注，本书编写时从略。

元,卅七年六月复现金增资至法币一百廿亿元。

四、设备

上海部份

1. 厂房　第一工场在戈登路四○○弄八十二号,系自产,占地三亩七分,有汽楼式二层建筑一座,楼下为钢骨水泥建筑,计染部四间,整理部十二间,织部三十二间,二楼为砖木建造,计纺部廿间,试验室一间,货房及整理修补部十九间,织部八间,接连该建筑另有砖木造二楼建筑一座,楼下为办公室四间,楼上为职员宿舍四间,此外有三层楼砖木造之女工宿舍共十五间。

第二工场在小沙渡路四○○号租赁别发公司三层楼全部共廿九间,为钢骨水泥建筑,全部均系纺部。

2. 机器　第一工场有染匹头机三台染毛线机一台,甩水机一台,洗呢机二台,煮呢机一台,烘毛机一台,上浆机一套(上浆机一,烘干机一),刷毛机一台,缩呢机一台,烘呢机一台,吸水机一台,剪毛机三台,轧光机一台,蒸呢机一台,烧毛机一台,织机六十四台,喷雾机四台,织边机十四台,经纱机三台,纤子机一台(一二○锭),并毛条机三台,精梳机二台,梳毛机三台,捻线机一台(四○○锭),筒子车二台(一四○锭),回毛机一台,细纱机一六○○锭等。

第二工场有筒子车一台(六四锭),并线车一台(一六○锭),捻线车二台(八○○锭),细纱机一六○○锭等。

3. 动力方面　第一工场有 7428 卧式锅炉一座,50 K. W. H. 电压机一只,马达一二九只,计马力三四三匹半。第二工场有马达三五只,计马力一七三匹半。

无锡部份

厂址在惠商桥丽新路底,占地三一・八三一亩,为锯齿式砖木造平房工厂,建筑系自产。机器有纺纱机一八○○锭,织机四十八台,粗纺机器一套,细纱机二○○锭,卧式锅炉二台等。

五、业务

该厂出品各种呢绒哔叽[叽],以"五福临门、三阳开泰,万宝聚来"等为商标,每月最高产量,上海厂约可纺毛线四二○○○磅,织呢绒哔叽[叽]四○○○○码,无锡厂约可纺粗毛线二四○○○磅,细毛线二五○○○磅,织呢绒哔叽[叽]四○○○○码。所需原料:山东毛、湖州毛则在产地采购,澳洲毛则向信昌、怡和、敦和等洋行定购。销路方面，本埠则由跑街销售，主要客户有华新、春和永、信孚、承大、胎康、鸿祥等呢绒号，及信大祥、中国国货公司、静安公司等，外埠则由掮客销售京沪、沪杭沿线各地。

六、往来行庄

有中国、中国农工、中华劝工、交通、上海、国华、中国企业等银行及滋康、振泰、福康、均泰、顺康等钱庄。

（上海市档案馆，档号：Q78－2－12532）

为取销昌兴厂名改为丽新分厂函请同业公会转报市工商局备案书

（1950 年 4 月 27 日）

径启者，敝公司所属上海昌兴纺织印染公司业经加入贵会为会员在案，查昌兴于廿八年由敝公司在沪创设，纺织印染工场全部资金亦由敝公司拨付，并无其他人股份，而出品使用商标亦为敝公司注册之商标，其所以定名昌兴之缘由，因敝公司无锡纺织印染工厂陷落日敌之手，数挽人来利诱威胁，企图合作，均予坚拒。为避免目标，不得已另立此名称，当时曾经呈报前重庆实业部暨前上海市商会有案（附抄件摄影片），可证现在人民政府新经济主义政策之下一切措施应实事求是。敝公司董事会于本年一月十三日议决本公司所有上海昌兴厂自本年起应将昌兴商号取销，改为本公司上海分厂，以资统一，俟股东常会提出报告纪录在卷。兹因上海市办理工商登记在即，自应更正名称，依法呈请登记，诚恐市工商局发生解散合并等误会，为求当局了解事实起见，检具证件函请贵会审查赐予证明，转报上海市工商局先行备案，俾便依法登记，并向贵会为会员变更之登记，尚祈鉴核照准，无任公感。

此致上海市棉纺织工业筹备委员会。

丽新纺织印染公司
关系者　昌兴纺织印染公司

一九五〇年四月二十七日

（上海市档案馆，档号：Q195－1－438）

丽新公司无锡厂 1949 年厂务报告*

（1950 年 11 月 22 日）

丽新纺织印染公司锡厂一九四九年度厂务报告书

在一九四九年全年中，整个纺织厂业遭受极度困难，是不能避免的环境，也是众所周知的事实。当未解放前，伪币恶性膨胀，瞬息千变，市场情况紊乱，办工厂的既要注意到商市的动态，又要兼顾到厂内生产原料以及筹划巨额开支费用，固为经济动荡得太利害，便影响到工厂不易支持，往往为了筹发一次工资，已足够伤人脑筋，至于本身主要任务如何改进生产，如何来合理经营管理，简直都谈不上，我厂在这时期已深感痛苦，加上战云弥漫，人心不定，以二千余人的一个工厂，单单维持秩序也担尽于［干］系，幸而职工们共同起来成立了护厂组织，所以在四月间，无锡初解放时候，厂的四围上□不惊，厂内照常工作，没有一日间断。但是无锡虽顺利地解放，上海这时还在伪国民党手中，我们公司在上海市内一间厂与公司每天通信连系，大量经济全赖公司筹措，至此竟告隔绝，经济路线既断，厂开支庞大数字顿时失了保障。同时色布销路寸尺俱无，在无办法中只得将纱布成品不顾成本削价出售，并托人在南京一带兜售，好容易渡过这一重难关，接着护厂职工们要求奖赏，每人细布一匹咧，全体员工也同样要求咧，又要求工资为每元基数折米八升咧，诸如此类，无非要求提高待遇，增加福利的事件，对于生产方向只劳资双方均无暇顾及，这样扰□□数月，由于政府领导得法，方断断地重建起工厂秩序来。直至十月后，厂生产渐见好转，但困难还是压在肩头：（一）货轮吴洋，经济周转不易，赖借借贷渡日，利息高昂，使厂方透不过气来；（二）因经济拮据，不能大量采办原棉，厂内存底枯竭，生产工作几濒胶着状态，一切都感捉襟见肘。公司在上海所有各厂也同样遭此困难，所以无法用全力来照顾锡厂；（三）遭受着一般性的关于劳资税捐管理的困难问题，所以公司年终结算总亏损需人民币捌拾亿余元,约合二十支纱二千六百七十件,这样巨额亏损确系本公司有史以来经济上最感困难的一页,现在把本厂去年主要部门的概况分别叙述如下:

生产方面　本厂一九四八年平均每月产 20s 纱 1717 3/4 件,坯布 40 码匹计 18 723.75 匹,色布卅码匹计 2377① 匹。去年因受多方面影响,各项成品均较减少,平均每月产纱量为 20s 纱 1 649.6 件,坯布 40 码匹计 14 020 匹,色布 30 码匹计 16 033 匹,两相比照,除纺部产量比较接近外,织、染两部几乎打了个八折。这里分析原因,可确定纺部是受了原棉不充分供应的关系居多,工作不努力是另一因。织、染两部间接受了纺部产量不足的影响,因而减少出数,但工作松懈也含有一部的成份。

财务方面　本厂一向专任制造工作,一切开支费用及采购物料,销售成品等事务均归上海总公司掉[调]度,厂内会计什九偏重于开支部份,绝少收益。查去年全年各项支出约六十余亿元,合米三万石左右,这庞大数字正够骇人。其中除了正是[式]付项外,补贴方面亦占相当数额,本厂及公司会计制度是向称健全的难账,虽帐面上情形尚不能深刻表现亏损实际程度。总之亏耗额是很巨大的。

事务方面　无可讳言的,我们在解放前后一个阶段内是放弃了管理责任,主要还是受了多方面牵掣关系,解放后部份员工不了解本位工作,放弃了管理责任及有不接受管理的态度,后经政府正确领导,健全工会组织,传达共同纲领及三大文件意义后,方才能得到改进,厂方也可以着手管理,这是时代变迁应有的现象,劳资双方是同样有此感觉的,至于厂方在解放后推行福利事业,自信还能跟着时代走。去年曾协助厂工会成立晨、夜校,开辟运动场,设立职工俱乐部,试办膳食管理委员会(粗具雏型),并扩充职工子弟学校及幼稚园学额,等等,各项措施均从民主化作出发点,在物质上也出了许多的助力,其他处理劳资事件,厂方始终抱着诚正态度,平心静气的与工筹会协商,所以许多问题都能得到圆满解决。关于对外公众事件,如献粮等,虽在困难处境中,照样尽我们极大的努力。

总结　本厂在过去一年中确乎遭遇着极度困难,无论财力、物力、人力各方面,都受到很大的损失,这是无可避免的。幸赖政府正确领导,在解放后短短数

---

① 原档案即如此,编者依据后文内容"织、染两部几乎打了个八折"分析,此处应为五位数,原档案可能为漏打。

月间,不断鼓励各厂想法克服困难,一方面用最大力量协助工厂,解除许多困难问题,终在十月份后由于劳资双方能切实合作,使工厂重现生机,所以我们应该认识环境是可以改造的,只要争取群众,共同来努力,生产纺织业是有他康庄前途的。(完)

具 一九五〇·十一·廿二

(上海市档案馆,档号:Q195-1-448)

丽新公司无锡厂与中国人民银行业务合同[*]

(1951 年)

中国人民银行苏南分行业务合同

丽新纺织印染整理股份有限公司锡厂　甲

立业务合同中国人民银行(以下简称乙方)

兹因双方相互协助发展业务,同意订立本合同并履行左列各条款:

第一条:甲方在乙方开立往来户,其本埠一起收付款项应委托乙方办理,其外埠汇出汇入款项应通过乙方转帐。

第二条:乙方应甲方业务需要得在营业时间外或派员至甲方营业及生产场所办理收付款项,其具体时间及地点,双方临时洽订之。

第三条:甲方解入乙方之票据可向乙方申请抵用,其数额及手续另订契约规定之。

第四条:甲方向乙方申请借款,乙方应在下列范围就甲方生产实际需要,并已充分运用其自有流动资金后随时给予短期协助。

(甲)为加工制造过程中购买原料、辅料、燃料等所需之周转资金;

(乙)因货款尚未收回之周转资金;

(丙)制成品季节关系或因临时性滞销未及出售所需继续生产制造之周转资金;

(丁)在生产计划内经乙方同意,其他必需之临时周转资金。

上项范围的协助,乙方得视甲方还款可能及其与乙方存汇往来情况决定其支持程度。

第五条:甲方向乙方借款,乙方同意按照乙方同等放款之利率优惠计息。

第六条:甲方委托乙方汇出款项,乙方除按照挂牌汇率六折优待外,并应尽量予以手续上便利,并力求迅速。

第七条:双方于订立本合同后如彼此感觉满意,甲方得提出较长时期的生产及财务计划,要求与乙方订立全面性的生产财务协议书,由乙方负责甲方资金之调拨与供应,俾甲方专心生产,不为财务分心。乙方应优先考虑此项生产财务协议书之进行及订定,双方另行洽商之。

第八条:本合同一式二份,双方各执一份,其有效期间自公元一九五一年六月一日起至一九五一年八月三十一日止过期作废。

立业务合同人　丽新纺织印染整理股份有限公司锡厂

代表人　唐骧廷

中国人民银行苏南分行营业部

代表人　董振华

见证人　协新毛纺织染公司无锡厂

公元一九五一年　月　日

(上海市档案馆,档号:Q195－1－605)

丽新公司申请公私合营有关函件*

(1954年4月9日)

主送机关　上海市工业生产委员会

抄送机关　华东纺织管理局

事由　为我公司及所属各厂申请公私合营,请求核准由

我公司经营纺织印染工业,现设总公司及各工厂于下列各地:

总公司　地址　上海江西中路412弄49－51号

上海一厂　地址　上海长寿路23号

上海二厂　地址　上海思南路 88 号

上海三厂　地址　上海江宁路 580 号

无锡工厂　地址　无锡惠商桥丽新路

以上工厂四处，概由总公司统一管理，自解放后几年来，由于中国共产党人民政府正确英明的领导，我公司于 1951 年起接受花纱布公司的统购统销办法，已由私人资本主义进入国家资本主义的中级形式，我公司资方及资方代理人在国家过渡时期总路线、总任务的光辉照耀之下，经过学习，一致认识到经过国家资本主义逐步完成对私营工商业的社会主义改造是我们工商界的光明大道，更明确到国家资本主义高级形式的优越性，因此一致深切认识为了更进一步改善过去的生产关系，以促进生产力的发展，有自觉地争取国家资本主义高级形式，即公私合营之必要。经我公司于上年十二月八日董监联席会议决议，出席各董事、监察人听了唐协理关于出席全国工商联会员代表大会后所作过渡时期总路线、总任务的传达报告后，一致表示热烈拥护政府的政策，我公司应在现有基础上准备条件，争取走向国家资本主义的高级形式，即公私合营的途径，为发展生产而努力。及本年三月十四日，董监联席会议决议：授权正、副董事长及经、协理积极争取公私合营，至于进行办法和有关主管方面，连［联］系后即将经过情形报告本会记录在卷，为特基于自愿的原则，检同我公司及所属工厂四厂的有关资料，申请公私合营。

敬祈鉴核，俯赐照准，是所至企，谨呈上海市工业生产委员会。

附呈

有关资料一册。

丽新纺织印染整理股份有限公司

董事长　邹颂丹

副董事长　唐骧廷

经理　唐斌安

协理　唐君远

协理　程君颐

1954 年 4 月 9 日

（上海市档案馆，档号：Q195 - 1 - 436）

丽新公司公私合营协议书正本*

（1954 年 10 月 29 日）

无锡市人民政府纺织管理局　　　　公私合营协议书
私营丽新纺织印染整理股份有限公司

无锡市人民政府纺织管理局（以下简称市纺管局）接受私营丽新纺织印染整理股份有限公司（以下简称丽新公司）为响应国家在过渡时期总任务的号召，申请将丽新公司无锡厂改组为公私合营的要求。兹经双方协商，订立协议如下：

一、合营企业定名为"公私合营无锡丽新纺织印染厂股份有限公司"（简称公私合营无锡丽新纺织印染厂），受市纺管局之领导。

二、合营后暂不建立新董事会，待上海丽新厂合营后，再具体协商分别建立新董事会。在新董事会未建立之前，原有董事会继续执行职务，对有关公私关系重要事项，应得公方代表之同意后执行，如有不一致时，得报请上级主管机关核定解决之。

三、合营后设厂长一人（由公方担任），第一副厂长一人（由原有私方厂长担任），副厂长五人（由公方二人、私方三人分任之）。以上人选，经双方协商后，报请无锡市人民政府任命之。

四、企业原有实职人员，由合营企业继续任用之，其待遇一般不变。

五、公方以在丽新公司内已没收之原有公股，以及根据企业实际需要的现金投资等，暂向丽新公司投资作为公股。私方以丽新公司私股所占部分之无锡厂全部作为私股。关于公私合营无锡丽新纺织印染厂的公私股份具体数额及比例，俟上海丽新厂合营后，依照清资核股之结果，分别从实计算。

六、合营后建立清产定股办公室，负责进行清产定股等工作。清估标准依中央纺织工业部的规定和一九五〇年重估资产之核定数字为基础。根据"公平合理，实事求是"的原则，结合当前实际情况，对偏高或偏低部份，作适当的调整。所有清估办法及清估结果，均须经公私双方协商后，报请上级主管机关核定之。

七、合营协议签订后，自一九五四年十一月一日起建立新帐。合营前所有未了事宜，仍归原企业承担责任。有关财务上的收入和支出，由公私双方协商后，在原企业资产项下增减之。

八、本协议书自签订之日起生效，俟公私合营无锡丽新纺织印染厂股份有限公司章程订立，报经上级主管机关批准后失效。

九、本协议书正本一式两份，公私双方各执一份，副本十一份，以十份报送各有关机关备案。

（公方）无锡市人民政府纺织管理局　代表　孙凤翔

（私方）丽新纺织印染整理股份有限公司　代表　邹颂丹　唐君远　程君颐

公元一九五四年十月二十九日签订

（上海市档案馆，档号：Q195－1－436）

中国经济事业协进会会员情况调查表（唐君远）*

（1954 年 9 月 17 日）

中国经济事业协进会会员情况调查表①

会号	27	姓名	唐君远	1954 年 9 月 17 日填			
企业名称		协新毛纺织染公司		资本额	登记数额 540 亿(1953 年　月)		
企业地址	工厂	上海江宁路 360 弄 82 号无锡惠商桥丽新路	电话	36316 641	所属地区	江宁区无锡五区	所属同业公会	上海毛纺织同业公会
	事务所或商号	上海江西路三和里 49 号		15704		黄浦区		

---

① 本表由编者根据原表绘制。

主要产品或主要经营业务	各种毛织品	产销方式	"包销 加工 订货 代销 自销属于那种方式。"	报销和加工	私营或公私合营	已申请公私合营
企业人数	总人数 748 人　资方及资方代理人 8 人　职员 76 人　工人 664 人					
本人担任何职	经理		本人投资额(或百分比)			
本人住址	上海茂名南路南昌大楼14 室	电话	75253		所属地区	卢湾区
文化程度	东吴大学理科		曾学习何种学识及业务或有何种工作经验		纺织工作	

加入党派名称、时间和现在关系	无党派	参加团体名称	上海市工商联江苏省工商联江苏省人民代表	是否军烈属及与本人的关系	○	宗教信仰	○
你现在担任那些社会职务		市级组织	上海市工商联执行委员	同业公会		毛纺织同业公会副主任委员	
		区级组织		党派团体及其他			

你在解放前后曾参加那些爱国运动和有何贡献	前在学校时参加学生爱国运动		
你在解放后参加过那些组织的学习	市协商委员会学习会	现在有否参加其他单位学习	协商委员会工商界分会学习会
你是否愿意和有时间参加本会基层小组		已编在本会何种小组暨有何意见	
你愿意担任本会的工作吗		个人其他情况和意见	

说明:1. 本表每项均须填写,如无可填写时亦请注无「无」或「○」,希勿空白不填。
　　　2. 有二个企业单位的需都填明。
　　　3. 企业地址工厂及事务所请分开填写,商号只填一项。

填表人　签章　唐君远

(上海市档案馆,档号:S449-1-17-12)

公私合营上海协新毛纺织厂关于
科学技术研究委员会的报告*

（1956 年 1 月 13 日）

公私合营上海协新毛纺织厂科学技术研究委员会的报告

为了响应中纺部对大力展开科学技术研究工作的号召，我厂在国营上海毛麻纺织公司的指示下，成立厂一级的科技研究委员会，针对目前存在的技术问题及今后发展方向，作为研究目标，争取提前完成五年计划而努力。

（一）组织形式及分工

1. 在厂长直接领导下，组成厂一级技术科学研究委员会，并由副厂长任主任委员，工程师及各车间技术人员和老年技工为委员，共计十人，另设秘书一人。

2. 本机构系属于研究性的组织，凡研究作出结论后，应由行政系统经厂长批准进行贯彻。

主任委员　李禹言（付[副]厂长）　秘书　周颂勋

委员　梁少五（厂长）　唐文波（付[副]厂长）　葛翊如（纺）　潘福泉（纺）
杨义成（织）　姚焰湘（织）　周仲荣（染整、化验）　李瑞生（染整）　朱维襄
（试验）

以上分别部门负责本部门的研究工作。

3. 在厂委员会以下，另设立纺、织、染整三个小组，由各车间负责人领导研究工作，车间小组受厂委员会技术研究指导。

（二）工作方面的方向

1. 吸收苏联和新民主主义国的先进经验，加以研究深刻讨论以提高质量和技术水平。

2. 研究和解决本厂生产存在的关键问题，进行研究以提高质量及劳动生产率。

3. 接受上级交予之研究任务。

4. 收集有关新技术的资料进行研究。

5. 有关新品种试判设计的研究。

6. 审查及研究各项技术改进。

7. 根据技术上的需要订出项目并结合技术远景。

8. 广泛吸收群众建议有计划的加以研究。

9. 推广先进经验,研究本厂对技术上的总结。

(三)工作制度

1. 每半月开常会一次,针对提出项目进行研究讨论。

2. 每月总结一次,检查上月工作,提出下月任务,及临时动议。

3. 定期向主任委员禀报(在月底常会前一天由纺、织、染、试验,委员根据工作情况进行禀报)。

4. 收集和保管资料及指导各车间小组展开工作,以及汇总资料,由秘书负责。

公私合营上海协新毛纺织厂

壹玖伍陆年叁月壹拾叁日

科学技术研究二年规划①

56 年 3 月 13 日

研究目的	项目及说明	完成日期
(一)节省人工、电力、地位及设备资金	缩短英法纺机前纺工艺过程: 为了简化减少纺纱过程,准备在英、法式纺机粗纱部份缩短两道手续,增加前纺牵伸倍数,以不妨碍条干的均匀度的前提下,作为改进方向。	1957 年三季度
(二)节省人工、电力、地位及设备资金	增加英式精纺机的牵伸倍数:将中筒罗拉试改单皮圈,准备将原来七倍的牵伸提高到十二—十四倍。	1956 年四季度
(三)减少断头及在染整方面容易洗清	改进和毛油的处方:结合节约食用油量及稳定乳化作用,使和毛油在洗呢时容易洗清。	1956 年四季度
(四)改善前纺粗纱粗细节的不均率	在法式九道粗纱机上改进喂入方法:原来法式粗纱为拖动的,这样容易造成意外牵伸,现拟改用木棍传动,由消极的拖动改为积极的传动,可减少以外的牵伸,并测定针圈速度及牵伸倍数等。	1956 年四季度

----

① 本表格为编者根据原档案绘制。

研究目的	项目及说明	完成日期
（五）减少粗纱	在法式精纺机捻线机上加装隔纱板,复研究装法及式样。	1957 年一季度
（六）减少纬挡□□□	将织机的送经部份,由原来的消极送经改装为有规律的积极传动。1954 年在大畏式平牵上初步试改成功,1955 年试验 NKF 及德式织机各一个,但还存在着缺点,如后梁泼力调节仅靠单面不够整幅,后梁用洋器控制不合理想,装置简陋,作为研究改进的方向。	1957 年二季度
（七）减少龙头跛花	在织机龙头上加装龙头跛花自动控制器。	1957 年一季度
（八）减少缺经,提高看台能力	加装停经装置:经纱毗头有时不易发觉影响产质量,试装后可减少劳动率,同时可以提高产量质量。	1957 年一季度
（九）节省时间、费用及人工	缩短匹染时间:用媒介染料匹染时间很长,在不影响质量的原则下准备缩时间至 7—6 小时并准备用金属性染料染深色。但因用酸量多必须测定染色牢度及对织物抗伸强度是否有影响,作为研究目标,此种染料可缩短染色时间至 5 小时。	1957 年一季度
（十）提高混纺织物颜色坚牢度	采用后处理及固色剂,吸收苏联先进经验试用后处理方法,增加植物性人造毛混纺品染色牢度。	1956 年三季度
（十一）提高混纺品质量	研究防绉处理,增加抗伸强度,混纺织品一般是弹性不足,不耐用,准备采用合成树脂处理,使其增加弹性及抗伸强度,并减少缩水率。	1956 年三季度
（十二）大力试制新品种	每年至少做出二十支新花样,必需以新颖美观,手感柔顺,坚牢易制。	1956—57
（十三）提高试验、化验的正确性	加强试验室工作,增加人员配备,添置必要仪器,做好各项物理性试验,对染色牢度、染料性能及化工原料的化验工作。	1956 年四季度
（十四）减少和消灭条痕条花	首先成立气象和水质预报,及时掌握出机温度,和软化水质标准,合理使用肥皂及用碱量。研究合理减少洗锅水位,进一步减少用皂。掌握适当的浴比和乳化作用的完成,温度及 PH 值不超过标准,作为研究对象。严格执行三大制度,结合节约用料。	1956 年三季度开始

研究目的	项目及说明	完成日期
(十五) 改进德式织机下木棍卷布方式	德式织机的卷布的装置是在车前,下部另有撑牙卷取,时有失灵卷不紧而呢坯被刺,毛辊拉毛现象,影响品质。	1956 年三季度
(十六) 减少德机经纱断头,提高品质	德式织机开口较大又是积极开口,因此断头率较多,先经改进梭子的长、宽、高的规格,以缩小开口高度,减少经纱张力,降低断头率。	1956 年二季度
(十七) 提高吸水机速度	研究真空吸水机的速度及吸水量的关系,并测定烘呢后的回潮率,提高烘呢产量。	1956 年二季度开始
(十八) 合理使用原料	多批混毛,根据细度不同的毛条混合使用,从实际工作中得出平均细度与细纱支数及断头率的关系,进一步减低细纱断头,提高成纱率。	
(十九) 减少断头	和毛油用量及相对湿度的关系,在不同的相对湿度下及不同的毛条含油量下测定细纱断头情况。	

公私合营上海协新毛纺织厂

(上海市档案馆,档号:B206‑2‑10‑237)

丽新公司与和丰泰染厂合营函*

(1956 年 1 月 17 日)

事由:为和丰泰染厂要求与我印染厂合并合营申请核示由

附件:抄件一张

发文:丽总(56)029 秘字第○一二号

日期:一九五六年壹月拾七日

受文者:上海市纺织管理局

兹有钧局管理之江宁区归化路 325 号和丰泰染厂,以厂址与我第三印染厂毗连,行叶[业]性相近,希望我厂能本着"以大带小,以先进带落后"精神,和它合并合营。该厂资方施瑞源、钟惠群曾口头和书面向我处提出这样意见,经我处、厂共同研究分析后,认为与该厂合并,不但符合政策,对我厂也相当有利。查该厂租用厂基占地四亩许,职工四十八人,多数是技工(内资方二人),设备仅有染缸五对,每月生产任务染布四五〇〇匹,资产净值一〇六·九九一元,基本上是一个设备简单,生产落后的厂,必需与它厂合营才有出路,而我厂目前情况在存在着下列几个问题,如果能并进该厂,大体上可获致解决。

1. 我厂技工人员比较缺乏,不符定员标准,本年一月份勉强实行三班制,但依据生产任务的要求,实感人员不足,且已发现有些工种有加重工作者劳动力负担现象,倘任务再增加,就不堪负担,因此,如和丰泰并进来,对生产定员方面,可获适当调节。

2. 我厂因厂基狭窄,影响危险品之堆放及化学品之加工工作,为日已久;尤其职工宿舍离厂过远且不够使用,与和丰泰厂房空地剩余情况恰正相反,两厂合并,以上困难便可解除。

3. 我厂丝光车现只开一班,有较多时间空闲着,如和丰泰染缸加入生产,就可充份利用该项设备,又可节约蒸气,对生产及设备方面都可得到适当安排。

综上情况,我处对和丰泰要求合并合营一节,原则上可予同意,为此摅陈事由,抄具和丰泰来信,申请钧局鉴核,至祈给予指示,以便遵行。

(上海市档案馆,档号:Q195 - 1 - 297)

协新厂申请与祥兴达记铁工厂合并经营申请书*

(1957 年 9 月 21 日)

总号(57)公协秘字第 103 号

主送机关:国营上海毛麻纺织公司

事由:为请把公私合营祥兴达记铁工厂并入公私合营上海协新毛纺织厂的报告

我厂于一九五七年九月十日曾以(57)公协秘字第 97 号报告,申请上海市人民委员会(并抄送公司)核准合并事宜。今接上海市人民委员会电话联系,云"关于合并的申请手续,须首先由企业向领导公司申请合并,再由局向上海市人民委员会申请核准"。为此,我们俩厂鉴于生产之协作,确有符合合并生产之必要,特行联合申请公司同意合并,并向有关领导局办理合并申请手续。

申请单位　公私合营上海协新毛纺织厂　公私合营祥兴达记铁工厂

一九五七年九月二十一日

(上海市档案馆,档号:B206-2-25-58)

公私合营后协新厂技术改造申请及任务书*

(1963 年 10 月 29 日)

上海市经济计划委员会:

(一)为适应国外市场需要,争取更多的外汇,上海毛纺织品必须逐年扩大对资出口。对资产品的特点是:高支薄型织物比重大,花色多、批量小、质量要求高。目前上海拥有毛精纺锭6.2万锭,其中三分之二系英式纺锭,三分之一系法式纺锭。英纺设备较陈旧,一般在30~40年以上,所出产品质量较差,不受国外欢迎,历年来,在对资出口的选样定货中,以法纺设备的产品较多。法纺的优点:能纺高支毛纱,织物质量好,缩水率低。为此,拟将落后陈旧的英纺设备逐步更新为法纺设备。

(二)协新毛纺织厂是上海精纺毛织品三个主要对资生产厂之一,现有毛精纺锭3264锭,其中1664锭系英纺锭,使用已有30年之久,纺制的毛纱毛茸多,短粗节纱多,条干不匀,缩水率大;染整部分由于染整车间过于拥挤,工序不齐,我局□厂设备限于厂房过小,无法安装投产,且现有设备亦不能按工艺规程进行生产。因此拟予更新为法纺设备1632锭;同时利用原裕康袜厂旧厂房翻建约1300平方米作为染整车间,为充实与完整染整工序创造条件,投资额75万元。

(三)经济效果:(1)更新为法纺1632锭后,可以扩大对资出口精纺毛织品17万公尺/年,增加外汇收入81.73万元港币(以成品每公尺售价9元港币,剔除进口羊毛 0.262 公斤,合 4.19 元港币计算);(2)充实染整设备及改善条件后,质量可提高;(3)英纺改法纺设备后,有形损耗可由原来的 3.855%,降低到 2.501%,全年可节约 1 714.11 公斤,合人民币 1.76 万元。

兹呈报协新毛纺织厂技术改造设计任务书一式五份,请予核批。

附件:设计任务书一式五份。

一九六三年十月二十九日

抄报:纺织工业部、市工业生产委员会(附件一份)

抄送:城建局、建设银行、成套局、设计室(附件一份)、毛麻公司、协新毛纺织厂(无附件)

上海协新毛纺织厂基本建设设计任务书
(老厂改造设备更新)

Ⅰ.沿革概述

(一) 1938 年,无锡协新厂被日寇侵占后,当时资本家就利用上海租界的特殊条件,将刚从外国进口的毛纺设备在武定路英商别发印刷厂三楼租赁的八百平方米房屋,安装英式帽锭 1 664 枚临时开工生产的。此后,又购买现在的厂基四亩九分土地,建造两层厂房 2 959 平方米,安装法式毛纺环锭 1 600 枚,毛织机 48 台,染正[整]①设备一套。1954 年别发厂房全部为华通开关厂购买,为此,不得不因陋就简,在原有二层楼厂房内加搭三楼(系利用原房屋的气楼部位加建的),把别发厂中的英纺设备全部迁并到现在的厂房中进行生产。当时精纺呢绒年产量仅 19 万米;职工三百余人。

(二) 1956 年大合营之后,生产逐步发展,产品由内销转向外销,生产的品种,90% 以上是对苏新国家出口的。1958 年以后,又进一步扩大对资出口,争取自由外汇。几年来,对资出口数量频频增加:1961 年我厂对资出口数仅占总产量的 9%,1962 年增加为 28%,今年增加到 37%(预计全年对资出口达 25 万米),而成为上海精纺毛织品三个主要对资生产厂之一;生产任务亦由 1955 年初的 19 万米上升至目前的 65 万米;职工人数亦由过去的三百余人增加至八百

---

① 原档案仅有一处写作"染整",其余均写作"染正",故后不再标注更改字样。下文"平正"一词同样处理。

多人。加以对资产品的特点是:批量小,最小的批量仅 35 码,一般在二百至二千码之间;每季纱批达 160 批以上,花型色泽多的薄型织物,质量要求高,交货要求急,这样对设备性能与平衡半制品储备、厂房条件、工艺要求、温湿度管理等方面的矛盾就更形突出了。

II. 改建理由

(一)产品特点与我厂英纺设备性能不相适应

近几年来,由于不断要求对资品质量精益求精,并趋向于高支纱紧[经]纬密的高精方向发展。我们现有的法纺设备,成纱光洁,毛茸少,缩水率一般仅 1% 左右,纺毛纱支数经常在 60~66 支,制成的产品,具有挺爽、滑糯、呢面平正[整]光洁的独特风格,适宜于生产对资出口品种;而我厂的英纺设备,系 1936 年所造,使用已成 30 年之久,针梳不够,纺制的毛纱,毛茸多,短粗节纱多,条干不匀,缩水率大,这就影响到呢面平正光洁和手感光泽等的实物质量。其次英纺产品有形损耗高达 3.855%(法纺的有形损耗仅 2.501%),比法纺高 1.354%。

历年来,在对资出口的选样定货中,都是法纺产品,承接订货后,由于法纺设备不足,而使用英纺设备生产,所交产品,引起国外反映质量不好,影响信誉。如我厂法纺产品 87204 薄型花呢,深受香港客户的欢迎,1961 年至今先后接踵而来的定货有 13 次,总数达十万米,这次安排一批在英纺设备上生产,国外就反映质量不好。因此造成"法纺任务吃不了,英纺任务接不到"的困难,最近香港订购 36027 薄花呢一万米,但要在十一月上旬交清,由于法纺吃不了,英纺设备又不能承担,就此不敢承接。

由此看来,要使呢绒的品种、质量赶上国际水平,争取扩大对资出口,除了我们必须从主观上提高思想认识和鼓足革命干劲,踏踏实实努力下功夫之外,在客观上也需相适应地对老厂老设备进行必要的更新与改造。

(二)质量要求与生产厂房的矛盾

我厂厂房原来是就 1600 锭的生产规模设计建造的,此后,并入 1664 锭全套的英纺设备,产量又较合营前增加 3 至 4 倍,半制品储存周转量大大增加,因此,进一步形成了厂房的十分拥挤。特别是转向对资小批量、多品种、多色泽、多花型的需要,染正加工整理对资质量要求的矛盾更形突出:贡呢、条染、蒸呢、电压设备都与当前对资生产的要求不相适应。最近我们曾把 14 个品种(其中12 个是对资的)的实物与国内外的样品进行质量对比,在 67 个单项中有 31 项落后于国内和国际水平,其中与日本、美国样品对比28个单项中,有17项落后于国际水平,主要是由于染正工艺的影响,如我厂电压时间规定每次八小时,但由于厂房高度仅3.05米以及工作面积狭小,因产量关系纸[只]能缩减电压时间,一般压在4至6小时(电压每批应放16匹,现在纸[只]放12匹,主要房屋高度不够),这样影响了产品质量。其次,有部份对资高档品种,生产过程中需经复精梳工艺,以减少毛粒、短粗节、提高条干均匀度和光洁度,目前在三个主要对资生产厂中,就是我厂由于缺乏厂房而没有复精梳设备。第三,蒸刷工艺,缺少刷毛设备,影响剪毛光洁程度等。再有,出口产品均须在恒温恒湿试验室中曝露24小时后试验其物理指标,我们厂亦无此设备,在一定程度上影响试验结果的准确性。

市纺局和公司领导上,早已看到了这些矛盾,在1961年以来把新的条染机、蒸呢、贡呢、复洗机等分配到厂,但由于厂房未得介[解]决,至今无法安装投产。在1962年初,又设法将毗邻的裕康袜厂厂房并给我厂,准备改建后作染正工场及安装新机之用。但由于该屋系属超龄的二层楼的砖木结构的危险房屋,对安装酸碱性高温高湿的染正设备,若不于翻建是不适宜的。

综上所述,归纳起来是二个矛盾:第一,是英式纺锭设备,必须相应的更新和补添复精梳,以提高毛纱质量;第二,染正设备亦需补添与调正,原裕康袜厂砖木结构厂房不适宜安装染正设备,需要翻建为钢筋混凝结构,以提高染正质量,达到适应扩大对资产品的需要。

Ⅲ. 设备更新技术改造计划

(一)翻建原裕康袜厂旧厂房为染正工场,采用二层气楼式钢筋混凝土建筑结构,面积为1300平方米,以安装生产对资品必需的染正设备;其余420平方米为大修理,作为修补工段。

(二)将原有的英式1664锭设备,更新为国产定型的法式毛纺1632锭设备一套,以适应生产具有挺爽、滑糯、平正光洁等独特风格的对资产品。

(三)增添复精梳混条设备及染正工艺中必需的关键性设备。

(四)改造恒温恒湿试验室一间。

(五)设备更新与增添清单:①

---

① 该表格为编者依据原档案绘制。

设备名称		单价	投资金额
法式毛纺精纺锭1 632锭一套	1. B 411 2×1 混条机(一台)	12 100 元	12 100 元
	2. B 421 2×2 头道(一台)	12 600 元	12 600 元
	3. B 431 2×4 贰道(一台)	16 600 元	16 600 元
	4. B 421 4×4 叁道(一台)	14 600 元	14 600 元
	5. B 451 4×8 肆道(二台)	25 100 元	50 200 元
	6. B 451A 9×18 伍道(二台)	27 100 元	54 200 元
	7. B 461 10×20 陆道(二台)	14 600 元	29 200 元
	8. B 581 408 细纱机(四台)	31 000 元	124 000 元
复精梳设备	重精梳机(六台)	10 600 元	63 600 元
	B321 成球机(一台)	18 200 元	18 200 元
小计金额			395 300 元

Ⅳ．建设条件

由于这次基建性的设备更新,主要是对提高质量而不增加产量的条件下进行,因此对:

1. 原料、材料的供应量均无增加;

2. 用煤量估计一年增加 40 吨耗用量约 2％;

3. 用电,仍使用原有的 325^{KVA} 方棚,英纺更新法纺后,可减少 30 瓩,重精梳设备,增用 6.5 瓩;染正补缺机台需增用 22 瓩,这样,增减相抵还可比原来多余 1.5 瓩;

4. 用水,仍可由原有 Φ4″供水管道供给,每月水量平均是 11 000 立方米,高峰时达 14 000 立方米,不需增加用量。

5. 蒸气〔汽〕亦仍可由原有的贰座兰开夏锅炉(每座容量贰吨)供应,实际平均用气量为 1.4 吨,最高达 2.2 吨;

6. 劳动力方面,经过设备更新和改造,工艺路线布局比现在合理,染正虽有新增机台,而劳动力尚可内部平衡,英纺改调法纺后可节减 6 人调济到复精梳工序,因此,不需向外增补劳动力。

Ⅴ．建设进度

(一)染正工场房屋:委托市纺局设计室或房修队设计组,在今年四季度进

行设计,在 1964 年第一季度施工结束;

（二）机械设备:在不影响生产任务的前提下,二季度迁装染正设备,三季度安装国产定型法式精纺设备及复精梳机;并调正准织车间;动力、照明、空调等工程同时进行。

Ⅵ. 投资估算

总投资额:75 万元。由上海市基建性技术措施费用中拨款。投资项目是:

(1) 专用设备:395 300 元

(2) 染正车间翻建:(1 300 m²)182 000 元

(3) 按[安]装运输:52 000 元

(4) 动力照明:21 000 元

(5) 给水及消防管道:7 600 元

(6) 蒸汽管道及回水利用:10 700 元

(7) 通风降温:12 000 元

(8) 保暖消雾:6 000 元

(9) 货运电梯:25 000 元

(10) 污水卫生管道:4 400 元

(11) 恒温恒湿室:10 000 元

(12) 未预见费用:24 000 元

Ⅶ. 经济效果

（一）充实关键性染整设备及改善条件后,质量可以不断提高。

（二）英纺设备更新为法纺 1 632 锭后,可以扩大对资品出口,预见可由现在的 25 万公尺增加到 42 万公尺,以增加 17 万公尺的对资品计算(以成品每公尺售价 9.00 元港币,剔除每公尺用进口羊毛 0.262 公斤,合 4.19 元港币后计算),可创造外汇收入 81.736 0 万元港币。

（三）英纺设备更新为法纺设备后,有形损耗可由原来的 3.855%,降低到 2.501%,全年可节省 1 714.11 公斤,合 17 600 元人民币。

（四）把英纺更新为法纺设备后,可以保持原有产品风格,有利于统一按[安]排生产品种,减少纱批,有利于加强管理,减少机材物料的浪费。

（五）可改善安全生产条件:

1. 本来限于厂地狭小,厂房四周仅有的太平通弄(二公尺半宽)也搭满了违章建筑,染正应用的硫酸、醋酸等有害的化工物品也只能放在狭小的走弄两旁,常有打破的事故,历年人民代表下厂检查,均批评我们处在危险环境中生产的,但过去又一直无法介[解]决。老厂改造后,可以相应得到改善;

2. 原来生产车间屋高仅 3.05 公尺,纺纱车间就在染正车间上面,夏天染正车间温度经常达 104～110℉,纺纱车间亦在 100～104℉,既影响车间温湿度管理,又影响工人的健康。老厂改造后可以相应得到改善。

(上海市档案馆,档号:B257-1-3277-4)

丽新纺织印染整理股份有限公司简史①

（时间不详）

本公司系一九二〇年在无锡创立,资本最初为三十万元,厂址设在无锡惠商桥塅,购置英国织布机及漂染整理机器,专营机器染织事业,为国内用机器染色整理的先行者。最初名称为丽新染织整理股份有限公司,一九三一年增设纺部,添置纺锭一万七千枚,变更登记更改名称为丽新纺织漂染整理股份有限公司,一九三四年至一九三六年间又先后增设透平机,成立原动部自发电力,并添购英国印花机两台及其他附属机器,完成纺织印染连续工作,即变更登记改为今名,嗣后又络续扩充纺织染整机器,资本增至四百万元,纱锭增至四万枚,布机增至一千二百余台,产销俱见猛进,因从棉花进厂,经过纺织、印染连续工作,至成品出厂,成本减轻,得与帝国主义的出品竞争,产品行销遍及国内各大省市及国外南洋群岛等地。

抗日战争爆发后,一九三七年十二月无锡沦陷,本厂即为敌寇所占,当时因我公司坚决拒绝敌寇引诱性的合作或出租,被敌寇故意将无锡本厂的各项机器破坏,所有大小马达七百余只及各种机件物料均被搬走,所受损失甚为严重。抗战胜利筹谋复工,最初只能开纱锭三千余枚,布机百余台,经一面修理,一面络续开工,因破坏程度相当严重,修理工程暨添配原动设备及机件等费用甚巨,

① 写就时间不详,编者根据原档案内容判断,应在 1954 年后。

历时三年方将纺织印染机器大部修好，但仍有纺锭四千余枚，布机六百余台已无法修理，不能应用。解放后积极恢复生产，于一九五一年添购自动布机二四〇台补充。

在无锡沦陷时，我公司不甘心忍受帝国主义的侵略与压迫，为了继续发展民族工业，爰由董事会决定在沪另设新厂，取名昌兴，资本总额定为三百万元，由丽新投资百分之七十，其余另募新股，在一九三九年五月正式成立，先租赁思南路基地六亩余（现已购置自有），自建织厂一所（即今上海二厂），装置织机二五〇台，继在江宁路购置基地八亩余，兴建印染厂（即今上海三厂），置有印花机两台，漂染整理机器全套，一九三九年底开工。又在长寿路购地十亩余建造纺厂（即今上海一厂），装置纱锭一一四〇〇枚，一九四〇年正式开工，一九四二年敌伪统制，纱布、电力及原棉均受到种种限制，各厂无法生产，均先后陷于停工。一九四五年抗战胜利后，方络续恢复生产，纺织机器亦有扩增，纱锭增至二一〇八〇枚，织机增至二七四台，惟因在反动政府统治下，通货恶性膨胀，经济不安定，并以原料供应关系，未能全部开足。解放初期尽力维持生产。二六轰炸后因电力关系，产量曾一度降低，惟嗣后即逐渐恢复正常。一九五〇年本公司董事会提请股东会通过将昌兴公司组织归并入我公司统一管理，原属纺、织、印染三个工厂改称为上海一、二、三厂，并经呈准上海市工商局备案。

两公司合并后，一九五〇年底重估财产，调整资本为人民币一八〇〇亿元。一九五一年自政府颁布纱布统购法令后，我公司所属上海及无锡厂全部产品均由中国花纱布公司统购或委托加工，原棉亦由过去的自购、联购方式而发展到由花司统一供应，产销稳定，年有盈余。上海一厂又增装纱锭设备二千枚，上海二厂增装布机廿二台。

一九五二年无锡丽华染织厂因与我公司无锡厂厂址毗连，股东大部相同，过去两厂在业务及生产上又均有悠久密切的连[联]系，为促进生产，由该公司董事会商请与我公司锡厂合并经营。经我公司事会详加考虑，以合并经营为进步方式，符合国家政策，一致同意接受，经通过两厂劳资协商会议，由丽华造送全部资产表册，双方议定依照我公司重估财产总值与股额同样的折算比例，作为我公司股额六十亿元，连同我公司原有资本合计现有资本总额为人民币一八六〇亿元，复经股东会一致通过，并奉无锡市工商局批示，准予先行合并经营在案，现正向上海市工商行政管理局办理变更登记手续中（现在我公司各厂的生产设备等情况另详于后）。

近年来，由于中国共产党和人民政府正确英明的领导，大力帮助棉纺织工业的发展，暨通过了土改、镇反、五反、民改等各项伟大运动，我公司已由私人资本主义的经营方式进入国家资本主义的中级形式，由于生产关系的改变，职工同志积极性的发挥，我公司所属各厂成绩正在不断提高，设备运转率及生产质量均达到前所未有的高峰，现各厂正在增产节约委员会领导下继续发掘潜在力量，争取更进一步提高质量产量，为逐步走向国家社会主义工业化而努力。（后略）

（上海市档案馆，档号：Q195－1－297）

二、企业经营与管理

丽新公司与英国祥兴洋行有关购买漂染机器的合同*

（1920 年 8 月 20 日）

立合同无锡丽新染织公司（以下称买主）

上海祥兴洋行（以下称售主）

一、议定买主向售主订购英国直姆司法门厂所制漂染机器全副，其机器部数及尺寸详细情形准照另附机单购备。

二、议定所订购之机价计英金贰万壹千镑正，英国海口轮船交货，装船、打包等费在内，装船应由售主负责，由英国运沪之水脚保险费应归买主自给，惟估计不得过机价百分之十五分至二十分。其未付款之利息一项，由装船日起至付款日止，亦应由买主照付。倘遇外洋工料涨价时，此机价不在增长之例。

三、此项全副机器及附属各件当照单运沪，毫无缺少，祥兴洋行愿负担保责任，并保所来之机均系上等之品，工作精良，以备将来出货实见奇效。

四、议定由直姆司法门厂自订立合同日起六个月将所订机器装船，九个月装运完全。

五、所订交货期内如发生战事、罢工及风波不测等情，以致交货迟延者，彼此得准情熟商，惟无故不能按期交货，则售主应负赔偿损失之责。

六、付款分为三期，第一期于订立合同日买主先付价款百分之念伍分，计英金伍千贰百伍拾镑作为定银，第二期于每批货到上海日，按照货价付百分之肆拾分，并须将按批水脚保险费一并付楚，第三期百分之叁拾五分，于机器完全到上海后四个月付楚。惟此项未付之款，买主应予售主以相当之保证品，其利息照周年七厘结算。至每批所到之货价，应结先令，或照到货日镑价，或愿预结，听买主自便。其货到沪埠应付税饷及码头捐，可由售主先行填付，再由买主给还。

七、售主应派优等之工程师，于装机必要时间到厂督装机器，该工程师之薪水由售主自理，惟装机之工人应归买主雇用。

八、合同签字后买主应将厂基、房屋图样绘交售主，俾可将全副机器绘成排装图样寄交买主,以昭妥慎。

九、此项漂染机器每一点钟可整理布捌拾匹,每匹四十码,倘不足此数,由售主派工程师校准,惟买主须雇优等工人管理。

十、立华、英文合同各两份,各执一份存照。

无锡丽新染织公司(印章)

中华民国九年

西历一千九百二十年八月二十日立合同

上海祥兴洋行(印章)

(上海档案馆,档号:Q195 - 1 - 791)

纱厂与染织厂之试机期

(1922 年 5 月 6 日)

绅商唐保谦等在周山浜合股创办之庆丰纱厂,现已营业告竣,将于午节前后试机。又唐骧廷等合资开办之丽新染织厂,亦已建筑工竣,日内正在装置织布之铁木等机,月底月初,亦可从事试机云。

(《申报》,1922 年 5 月 6 日,第 10 版)

丽新染织厂试机*

(1922 年 5 月 21 日)

唐骧廷等创办之丽新染织厂,自去年动工建筑,现已竣工。前日开始试机,进行甚利。漂粉机约端午节亦可开工,其他全部铁木机,下月中旬,均可开齐,并闻木机雇男工,铁机用女工云。

(《申报》,1922 年 5 月 21 日,第 11 版)

丽新厂机器开工*

（1922 年 7 月 24 日）

唐骧廷等集资百万创办之丽新染织厂，曾于去年先将木机二百部开工，所出各种布匹，大受各界欢迎，即小吕宋等埠，亦均有订购，并在沪锡等处，设有批发处数家，该邑各绸布号，亦均有寄售。上月间铁木机百部，亦已开工织布，出品颇为精良。现定本月二十二日将漂染机、筒管机两种先行开工，闻全部铁机开工，为期亦不远云。

（《申报》，1922 年 7 月 24 日，第 11 版）

国货织布机器之畅销

（1922 年 11 月 5 日）

法租界珍记铁木机器布机厂，设立以来，已垂十载，所出机器，巧小玲珑，织工迅速，无论何种花式，均可织成。此机专销售于各大布厂，如本埠大南门外振新布厂、三新厂，及无锡丽新布厂，皆购置百数十部，现云南、四川、新嘉［加］坡等处，亦纷纷来函定购云。

（《申报》，1922 年 11 月 5 日，第 17 版）

丽新染织厂添置机器

（1923 年 3 月 1 日）

　　本邑通惠路惠商桥丽新染织厂，所出各种丝光布匹，莫不花样合宜，颜色美丽，以是销行甚广，营业殊为发展。兹于本月十一日（夏历）①下午，假座无锡饭店开董事会，到会者为唐水成、张孟肃、唐屏周、张趾卿、陶雪侯、夏伯周、徐湘臣、王峻崖、邹季皋、唐骧廷、沈锡君、蒋金海、钱保华、程敬堂、王钰泉、程颂嘉、唐君远等诸君。三时开会，由总董唐骧廷主席，述开会辞，经理程敬堂报告帐略，旋即会议本年度进行事宜，议决添办铁机一百部，及煤气元机（染色用）一部，以便增多出品，推广营业。而比机拟向上海祥兴洋行购置，当时该洋行买办贺君，适与洋人在锡，因即与之磋商一切，业已商妥云。又闻近以纱布叠涨，布价亦当随之而增，该厂存货甚富，以是颇能获利云。

（《无锡新报》，1923 年 3 月 1 日，第 2 版）

丽新厂建闸□布告

（1923 年 12 月 26 日）

　　县公署因通惠路惠商桥丽新染织整理公司定期建闸蓄泄秽水事，特于昨日发出布告云，为布告事，案准无锡市董事薛翼运等函称（见前报）等由到署，据此合行布告，仰北里居民人等一体遵照。须知丽新厂及公民陈廷镛等集资建闸，系为归束浊水，裨益公众卫生起见，勿得稍事阻扰，倘敢故违，定干查究不贷，特此布告。

（《新无锡》，1923 年 12 月 26 日，第 3 版）

---

① 指农历正月十一日，为公历 1923 年 2 月 26 日。

丽新染织厂之新发展

（1924 年 3 月 6 日）

北门外惠商桥下丽新染织厂，近年营业异常发达，南洋群岛如新嘉[加]坡，及哈尔滨等处，均纷纷来锡订购。现该厂为应社会之需要，特添布上丝光机一种，所出之货异常精美，故自今正出货以来，大为各界所欢迎。并闻该厂元色机，原只有普通一种，现更精益求精，增添上等元色机一种，"煤气元[机]"日内正在装置，不久即可出货云。

（《无锡新报》，1924 年 3 月 6 日，第 3 版）

丽新纱机将开工

（1931 年）

无锡惠商桥丽新路丽新染织整理厂，近数年来出品日多，内容亦逐步扩充。该厂经理程经[敬]堂，为提倡国货自纺原料起见，特就厂旁购地十数亩，建造纱厂房屋，决定自纺细纱，于上年冬间，向上海济生纱厂购得纱锭一万六千枚，专纺十四、十六、二十、三十二、四十等支纱，早于本年夏间运锡，现在房屋业已竣工，□正排车装机，所聘纺织专家，业已来锡任事，定于年内开工。

（《纺织时报》，1931 年第 845 期）

济生纱厂机件由无锡丽新布厂承购

（1931 年）

前年上海反日会,鉴于中国纺细纱工厂缺乏,乃对于日纱抽收救国基金,筹设大规模之细纱工厂,定名为济生,设厂于军工路,有细纱锭一万枚,旋以股本不敷,迟迟未能开工,经股东会议决出售。兹闻无锡丽新染织整理厂创设十余年,感于细纱原料缺乏,乃由该厂派员来沪与济生接洽,决定购买济生全部机器,计二十五万元,于废历年底正式成交,各项机件即将运锡,于该厂左旁另建新屋,约本年六、七月间可以开工云。

（《纺织时报》,1931 年第 775 期）

纺织业积极改进

（1933 年 2 月 21 日）

吾邑工商向极发达,丝纱两业,称雄苏省。年来丝厂失败,而纺织业则颇见起色,邑中现有纱厂,计申新三厂、振新、豫康、业勤、广勤、庆丰等六厂,而丽新布厂,亦已购置纱锭,自纺细钞。申新等六厂,亦为适应需要起见,均购置布机,自行织布。纺织两项,双管齐下,故营业颇为发达,但各厂纺纱锭子,除丽新外,其余均为粗纱锭子,不能织细布。现广勤纱厂,有鉴于斯,拟将原有五十架织布机,改换为细布机,并再添购细布机一百五十架,及细纱锭子六千四百个,俾以前之纺纱,仅二十支者,今后可纺三十二支至六十支,所织布匹亦可精良。

（《申报》,1933 年 2 月 21 日,第 8 版）

全国纱厂实行减工后本邑五厂同时减工

（1933 年 4 月 26 日）

申新、庆丰、广勤、振新、豫康等五厂减少锭子，丽新、业勤等二厂因急于轧现，稍缓即实行，决定自四月二十二日试行一个月。

全国华商纱厂联合会，以国内各纱厂存货山积，价格步跌，无法倾销，远瞻前途，无转机之望，爰经决议减工办法，全国各纱厂一致实行，其情迭志本报。兹悉本邑各纱厂亦已于本月二十三、二十四日起，一致减工，并定试减期一个月，兹将续得消息纪之如次。

减工原因：日纱贬值倾销，华纱生产过剩。

此次华商各纱厂减工之惟一原因，以年来社会金融紧缩，购买力薄弱，需要减少。在华日厂，更将纱布贬价倾销。华厂纱布，销路大减。本年以来，衰落益甚，各厂积存之纱布，亦达空前未有之巨量，原料棉花，则以国产供不敷求，价格并不随纱布而同跌。购用外棉，则因金贵而价高，故原料与制品之间，亦毫无调剂补救余地，因此目前救急之方，维［唯］有减少生产，以维生存，此为华商纱联会决议减工之主要理由。

本邑五厂：同时实行减工，二厂稍缓实行。

自沪上各纱厂于二十二、三两日实行停工后，本邑各纱厂曾迭次接到沪上华商纱厂联会电促实行，兹经调查，本邑各纱厂，自二十三日起，络续减工，但尚未一致。至二十四日，始渐趋同一步骤，计实行减工者，有申新三厂、庆丰、广勤、振新、豫康等五厂，其减工办法，均系减少锭子百份之二十三，其他如业勤、丽新等二厂，据闻因轧现（即限期解清抛出花）关系，急于出货，故暂时尚未实行，但将来当可同样办理。此次减工期，经全国纱联会议决自四月二十二日起，至五月二十一日止，以一个月为试减期，本邑期限亦同。（后略）

（《锡报》，1933 年 4 月 26 日，第 2 版）

丽新布厂减少工作时间

（1933 年 8 月 9 日）

本邑广勤、豫康、申新等纱厂，前以天气炎热，相继减少工作时间或定期停工，各情均志前报。兹悉吴桥下丽新染织布厂，亦以天时热闷，定于今（九）日起，减少工作时间，日工至下午三时即停止工作（原至六时放工），晚工则照常工作云。

（《锡报》，1933 年 8 月 9 日，第 3 版）

无锡丽新厂购印花机

（1934 年）

丽新纱厂现有细纱锭一万四千枚、并线锭六千四百枚，新式布机千枱[台]、刮绒机一架、烧毛机两座，每日出产数量，可达二千余匹。该厂总理唐骧廷、经理程敬堂，鉴于潮流所趋，市上需要之印花布，尚付缺如，为供求相应起见，又向英国定购一色至八色印花机多座，复向德国购二千一百启罗华脱最新式发电机一座，瑞典锻炉两只，需款三十余万，约于十月间运华，至明年当可一律装齐。

（《纺织时报》，1934 年第 1102 期）

丽新布厂订购发电机

（1934 年 3 月 10 日）

吾邑丽新、丽华两布厂，营业发达，为同业冠，该厂等因工作繁剧，每年销耗电力费达二十余万元,近拟再事扩充,爰特自向上海某洋行订购发电机两具,价值三十余万元,业已由英起运,日内即将来华云。

(《锡报》,1934 年 3 月 10 日,第 3 版)

丽新布厂招练习生*

(1934 年 8 月 12 日)

丽新布厂招考练习生五名,应考者达八十余人。

(《人报(无锡)》,1934 年 8 月 12 日,第 4 版)

平市商会主席冷家骥之谈话,平市经济恐慌紧张
时期已过,拟开办织布厂资本二十万元

(1935 年 3 月 13 日)

【北平特讯】开年以来,上海市面,突呈恐慌状态,群起呼吁,到处请愿,大有不可收拾之概。素号繁荣中心之上海,犹且如此,一般咸信其必致影响国内各地经济也。北平市商会主席冷家骥氏,上月终曾因出席中国农工银行总行行务会议赴沪,逗留半月,并一度赴东南实业区之无锡参观,日前始返平。记者昨特往访冷氏,就询一切,兹志其谈话大意如次:

上海为全国最大市场,上海经济恐慌,似乎定能影响各地,可是事实上,北平的紧张时期已过去了。去年十二月间,北平银根确甚吃紧,瑞增祥的不能维持,就是一例。当时瑞增祥若果实行倒闭,势必影响许多小商店同时歇业,所以商会一面协助政府禁阻其歇业,一面分途劝解各债权人勿过事逼迫,使该号仍维持至年终,则市面受影响较小。许多去冬不能周转的商店,今春多已活跃起来,还债的不少。这种结果,大部份是人为的,因为商家的生命,就是"信用",若

信用良好,有一万资本,至少可做五万买卖。商人总是喜欢多贩货,但因农村破产,购买者稀少,商家都是有货卖不出,而买货的钱,大都借自银号。银号的款,又多银行投资,所以银行对银号的款,若是认真的一收,银号势必向外行借款者催讨,于是压货过多之商家不得不牺牲利益,将货物八扣卖出,以图清偿债务。各银号再逼的紧一些,还有七扣赔本卖货的。这样下去,必致关门。存货出卖,不过五扣,于是银号的款,收不到手,银号周转不灵,对外信用失掉,银号不能不倒闭了。几家银号一倒闭,也会影响银行的歇业。银行、银号与外行,都有连带的关系,一家失败,大家都要吃亏的。北平的稳渡[度]紧张难关,就是商会早早有所预防。上海市面的恐慌,原因固多,但亦未尝不可说事先无预防。若各外行群集商会,请求钱庄银行放款,谓若不再放款,即不能维持,其结果这样公开地暴露弱点,钱庄深恐血本的丧失,更不敢放款,银行对钱庄,也不敢大量投资,于是群向政府请愿,通令银行放款救济。不知此事有关血本,政府何能强迫人家去牺牲。闻中央银行拟流通券数千万,以资救济,故上海市面,或可望于半年内恢复原状。

本市商会月前通过之官商合组一企业设计委员会,实行统制营业一案,业经正式具呈市府,尚未得到批示。余曾口头征询市政当局意见,原则上均甚赞同;惟实行上殊感困难。政府在未作切实调查与统计工作以前,确不便对商家开业有何限制,即商会方面,因全市商店尚未全体加入商会,故整个调查统计工作,亦不易进行,统制自谈不到。

商会前曾呈请实业部,请在平筹设大工厂,以资救济失业,实业部函市府酌办,市府训令商会筹拟募集基金及实施方案,因年来公司业务,多因经营者不善,纷纷失败,以致募集基金,创办公司,十分困难。前曾分函各地华侨商会,请劝侨商投资北平,筹办大工厂,对北平人工的低廉,原料的众多,销场的良好,交通的便利等,曾叙述甚详,但效果一点谈不上。余此次旅沪期间,曾赴无锡参观,无锡有一完全国人自办的大工厂——丽新纺织漂染工厂——资本发展达一二百万,营业甚好。所用棉花,大部份是河南灵宝出的,棉花进该工厂后,经过纺织漂染四种手续,即成布匹出厂。运至上海,分销各地。北平市上,已有间接运来该厂之货品。余在无锡参观之余,曾劝该厂当局,在平筹设分厂,以免运销之费,业蒙赞同,允于今春派员来平视察。将来商会拟与之合办一织布厂,资本约须二十万元,由该厂投资一部份,余由本市各方投资。想有该厂之经验与资本基础,此事似不难实施。若兼办纺纱部份,则资本过大,不易办到。俟织布厂办有成效,再图发展,则易举办也。

（《大公报（天津版）》,1935 年 3 月 13 日,第 6 版）

丽新自办发电机

（1935 年 6 月 9 日）

　　本邑丽新染织厂,为邑中实业界之巨擘,其规模之宏大,设备之完全,出品行销之□,求之苏省,无出其右。厂内各部组织,由花而纱、而线、而布、而染、而漂,已可完全不假厂外之力。全厂每日用电力之消耗,当然亦属可观。据上年度之统计,每月耗电消费,平均在一万五六千元左右。厂主唐骧庭[廷],经理程敬堂等,鉴于用电力消耗之大,特商由董事会方面同意,决于本年起,添置发电机一座,自燃电力较为节省。自经筹备以来,业已数月。兹悉全部机件,已于上月月底,由沪运锡,装置竣事,即于本月份起,与戚墅堰电厂解除合同,开始自燃电力。据悉该厂经自燃电力后,每月电费节省,预计可六七千元云。

（《人报（无锡）》,1935 年 6 月 9 日,第 3 版）

纱业前途之危机,纱贱棉贵营业周转不灵

（1935 年 6 月 23 日）

　　无锡各纱厂因纱贱棉贵,银根奇紧,经济周转不灵,经全体议决实行减工,西门外振新纱厂于十五日起实行减二[工]百分之二十五,北门外豫康纱厂亦于十七日起减工百分之五十,并将夜工全停,日夜班男、女工人每星期轮流各做三日,每月仍照前例停礼拜工四日,东门外业动纱厂决定于本月二十四日起全部暂行停工。西门外申新三厂定月内实行减开纱锭一万,此系裁减

工人工作时间,并不裁减工人。周山滨广勤纱厂每年于废历六月例须停工,借以装修锅炉,现闻该厂仍拟照常停工。其余丽新、庆丰两纱厂定下月起,亦拟减开锭子,现正在斟酌中。业勤纱厂全体工友自得全部停工消息后,异常恐慌,十九日下午特开紧急会议,经决议,函请厂方准予开放单班,轮流工作,俾维生计云。

(《大公报(天津版)》,1935 年 6 月 23 日,第 10 版)

戚墅堰电厂奉令备案电力合同

(1935 年 12 月 11 日)

(教育社)戚墅堰电厂,自本年七月间实行电力减价后,各大电力用户,即纷纷重订合同,以资信守。兹悉所有大成、泰隆、民丰、恒丰、协丰、广勤、恒丰成、永和、邹成泰、庚余、华昌、意诚、裕民、三新、利源等十五户,新订合同已由该厂呈请建设委员会,准予备案。又协新毛织二百二十马力合同,及丽新纺织漂染整理公司一千二百马力用电合同亦已成立,呈会备案云。

(《人报(无锡)》,1935 年 12 月 11 日,第 3 版)

丽新纱厂增锭二万五千

(1936 年)

丽新纺织公司染织厂出品销路甚佳,纱线不敷应用,新增纺锭二万五千枚。

(《纺织时报》,1936 年第 1322 期)

要闻一束：无锡丽新纺织印染厂

（1936 年）

无锡丽新纺织印染厂，为国内最完善之纺织印染工厂。有纱线锭约二万余枚，布机千余台。近年来采用科学管理，施行标准工作法，出品精良，畅销全国。近因纱线不敷应用，新增纺锭二万五千枚，布机二百台，以应需求云。（后略）

（《纺织世界》，1936 年第 1 卷第 10 期）

丽新电机损坏

（1936 年 3 月 21 日）

本邑惠农［商］桥畔，丽新纺织厂，于三年前向沪某洋行购用发电机一具，以供原动力部之用，讵该机突于日前损坏，故改用戚墅堰电厂之电流，但仍不敷应用，于工作上影响甚大，较平日产量，将减少十分之四。现该厂已与该承装机件之洋行，提出要求赔偿损失，但洋行方面，则称系厂方自己损坏，刻正交涉中云。

（《锡报》，1936 年 3 月 21 日，第 3 版）

英商赫德森洋行向丽新公司推销机器函*

（1936 年 4 月）

式梓先生大鉴：

敬启者，日前来锡得瞻尊颜，并蒙引导参观，畅聆数言，感甚，所谈软水问题敬悉。

贵厂原有设备不敷应用，敢特介绍敝行"水渣滤清器"一种，该器所占地位极少，每具只一尺半见，方二尺高，可装于普通之水池或水箱上，在沪上使用者已甚普遍，非但价格低廉，管理简便，维持费微细（每月每具约三元），且功效伟大而准确，对于高低压力之锅炉，均所适宜。

贵处庆丰纱厂已承采纳而试用矣，其详细情形可参阅附奉之说明书，且卖买条件公允，在试用满意前，贵厂一无损失也，兹附奉在海上已装该器之各处名单一纸以奉察核。查敝行服务目的以谋中华工业界之福利为前题，并非只图私利者可比，刻承沪上各处聘任为常年顾问工程师者三十余家（名单另附以备查询），以水、电、煤三项机器之安全、管理、设计、经济为主要服务，俟后倘有足供驱使之处，尚希勿吝赐教，敝行当乐为效劳也。专此即请公安。

（后略）

英商赫德森洋行启

四月　日

（上海市档案馆，档号：Q195-1-844）

英商赫德森洋行与丽新公司预订单*

（1936 年 4 月 22 日）

经理先生大鉴：

敬启者，为贵厂（厂址无锡丽新路）承装第三号"水渣滤清器"一具事，特将其一切买卖条件载明如下：

（一）价目：此第三号"水渣滤清器"包括所有一切附件（架子管及管子除外），共售国币肆佰捌拾元正。

（二）胡麻子：贵厂若托代办亦可每百磅价拾贰元正。

（三）付款：签订定单时，先付第一期全部货款四分之一，装置完工时再付第二期全部货款四分之一，其余四分之二可于试用三个月工作满意后付给之。

（四）交货：自签订定单日起，限四星期内交货。

敝行担保该"水渣滤清器"之功效完全以该器之说明书为标准，倘在试用期内未能达到标准效用者，买方得退货还款。自装置该机器后保用三年，除过失损坏外统归敝行免费修理。

贵厂若能同意，请将本信之英文正张签字盖章后，交还敝行，即作为定单。专此即请公安。

英商赫德森洋行启
四月廿二日

注：该"水渣滤清器"每廿四小时能制软水二万英加仑。

（后略）

（上海市档案馆，档号：Q195-1-844）

唐达源今日赴英留学

（1936 年 7 月 25 日）

丽新纺织漂染整理公司兼协新毛织厂创办人唐骧廷氏，第七公子达源学士，于今日乘奈悌拉轮放洋赴英国伦敦丽士毛纺织学校实习，研究技术，阐扬美化，洵工艺界破天荒之第一声也。达源学士家学渊源，年富力强，曾毕业于南通纺织专门学院，历届成绩，为诸生冠。此次出洋之目的，在学业上更上一层，将来造福于工界，贡献于社会者，正未有艾。兹闻无锡旅沪同乡会冯云初、孙祖基、王传璧、陆鼎揆、过守一、祝世康等假座国际饭店设筵祖饯，以壮行色。

（《申报》，1936 年 7 月 25 日，第 14 版）

陕县棉产运销奉令暂行结束，
举办粮食供给以应灾荒

（1936 年 11 月 27 日）

河南省农村合作委员会第一区特派员办事处，前以陕县产棉为大宗，特会同河南省第十一区专员公署，改组陕县农村合作杜[社]棉花运销处，自运自销，该棉运处曾于本年九月二十五日成立，十月廿五日开始业务，迄今已收集陕县、灵宝、□乡等县各合作社纯净棉二十余万斤，均经转卖无锡丽新纱厂竣事，每百斤价值五十五元五角，腾高市价三元有奇，挽回农村经济，改良棉花运销。现该特派员办事处以豫西各县棉花，行将休市，以陕县旱□为灾，民食堪虞，特饬令该棉运处于本月二十日截止收花，暂行结束，而举办粮食供给业务，以救饥荒云。

（《大公报（天津版）》，1936 年 11 月 27 日，第 10 版）

无锡纺织业近况，丽新等厂现均添设纱锭

（1937 年）

北门外丽新纺织厂，原有纱锭一万余只，本年决添设纱锭三万只。但工友极端缺乏，现已准备招收养成工，积极训练。

（《河北棉产汇报》，1937 年第 22 期）

丽新厂招收养成工*

（1937 年）

丽新北门外丽新纺织厂，原有纱锭一万锭，本年决添设纱锭三万锭，但扩充后工人极感缺乏，现已准备招收养成工六百名，积极训练。

（《染织纺周刊》，1937 年第 2 卷第 31 期）

丽新公司与太古昌报关行和解合同*

（1940 年 1 月 8 日）

无锡丽新纺织印染公司（以下简称债权人）

立和解合同人太古昌报关行（以下简称债务人）

缘债务人欠债权人垫款国币肆仟圆及自二十八年四月二十五日起至清偿日止，周年五厘之迟延利息不偿，由债权人诉经江苏上海第二特区地方法院，判令债务人应将本利如数偿还并负担诉讼费用在案。兹经双方约定，如债务人依下列日期、数额如数付清（付款以现钞或即期划头票为限），则全部债款作为清偿，如有任何一期迟误，不论任何原因，债权人仍得就江苏上海第二特区地方法院二十八年度诉字第七〇〇号民事判决主文全部声请执行（其债务人已交付者，在原本中扣除之），分文不让。付款日期及数额之证明以批明本合同，经债权人代理律师签名者为限，此系两愿，特立和解合同壹式两纸，双方各壹纸为凭。

计开：

民国二十九年一月三十一日国币贰仟圆正　民国二十九年一月三十一日收到现钞国币贰千元正　代理律师过守一

民国二十九年三月三十一日国币壹仟圆正　民国二十九年三月三十一日

收到现钞国币壹仟元正　代理律师过守一①

　　但债务人于上开期内出盘者，则视为均已到期，应一次付清，不得再享受上开期限之利益。

中华民国贰拾玖年壹月捌日

债权人　无锡丽新纺织印染公司

代理人　过守一律师

债务人　太古昌报关行

法定代理人　詹泰来　印

（上海市档案馆，档号：Q195－1－249）

丽新公司与信昌洋行迁出机器函*

（1940 年 4 月 19 日）

　　径启者，敝公司业已获取日本军事当局之许可，将订货合同第贰乙乙八号及贰乙五八号，敝公司解供之纱厂机器搬运来沪，现正派遣职员赴锡搬运。特函奉告，届时尚希贵厂于能力范围内予以各种协助是荷。

　　此致丽新纺织印染整理公司。

英商信昌机器工程有限公司启

廿九年四月十九日

（上海市档案馆，档号：Q195－1－24）

---

① 此两条"计开"所列日期、数额为不同字迹，前者为和解合同正本，后者为过守一律师签章，由此编者推断其为收到现钞的证明。

八月份华方纺织界状况

（1943 年 10 月 28 日）

华中方面，纺织业因原料物资不畅，故未能满意进行，今棉布收买后，对于生产机构方面，当有具体确定。兹悉华方纺织界，在八月份中营业状态，平均为百分之一二·六。营业厂家，计有申新二、三、五、六、九；保丰；合丰；德丰；荣丰；勤丰；民丰；嘉丰；永安；安达；新裕；鸿章；新生；大同；昌兴；广勤；公永；恒通；统益；崇信；中纺；信和；苏纶；大成；通城；丽新；利泰；利用等三十二家云。

（《申报》，1943 年 10 月 28 日，第 3 版）

华商纺织厂陆续开工

（1945 年 11 月 29 日）

日方在沪纺织工厂如内、外，公大，大康等，已由经济部战时生产局驻苏浙皖特派员办公署纺织组主持之下，全部恢复生产。本市华商纺厂，亦已次第开工，全部已恢复生产。现各厂开工者，达三十家之多。计有申新纺织第二、第五、第六、第九等四厂，永安纺织公司，保丰纱厂，安达纺织公司，合丰纺织厂，德丰纺织公司，新裕纺织公司，鸿章纺织染厂，荣丰纺织厂，新生纺纱公司，大同纱厂，昌兴纺织印染公司，广勤纺织公司，公永纺织厂，勤丰纺织厂，苏纶纺织公司上海厂，恒通纱厂，信和纱厂、中纺纱厂，统益纺织公司，崇信纺织公司，纬通纺织公司，永安纺织第一厂，永安第二、四厂，上海纺织公司，鼎鑫纱厂，恒大纺织公司，共计复工纱锭一·一〇八·一三八枚，线锭一一〇九六五枚，布机一八·一一五台。

外埠各厂闻苏州之苏纶纺织公司，常州之民丰纱厂、大成纺织公司、通成棉毛纺织公司，无锡之丽新纺织公司、申新第三厂、庆丰纺织公司、振新公司,太仓之利泰纺织公司,江阴之利用纱厂,嘉定之嘉丰纺织公司,南通之大生第一纺织公司,海门之大生第三厂,崇明之大通纺织公司、富安纺织公司,杭州之杭州纱厂,浙江鄞县之和丰纺织公司等十七家纱厂,均亦次第开工出货应市。又沪西周家桥申新一、八厂,"八·一三"后即遭日方攫夺,一部且毁于炮火,现由敌伪产业处理局接收后发还原经营者,不久亦可开工出货(该厂原有纱锭七万余枚,现仅剩三万余枚)。据纱厂业负责人告称,各厂之开工率,约为原数之一半,因目前招工不易,一俟定购之美棉来沪,即可大量生产云。

(《大公报(上海版)》,1945 年 11 月 29 日,第 3 版)

丽新公司有关更换用电缴费方式的函[*]

(1946 年 5 月 25 日)

径启者,接准贵公司锡厂函,为便利结算煤款起见,拟将锡厂应缴本厂电费在沪缴付,祈俯准,等由到厂。事属便利,自应照办,拟订缴款换据手续如下:"本厂于每月抄表结算后,将电费通知单一纸及敝总公司内部记账①通知单一纸送由贵锡厂核对后,寄请贵公司将应缴款项连同上项记帐通知单送交九江路二一九号,扬子电气公司罗处长孝胥核收,并于记帐通知单上盖章,交还贵公司寄回锡厂,持向本厂换取电费收据执存。"除分函知照外,相应函请查照办理为荷。

此致丽新纺织印染公司。

戚墅堰电厂启
中华民国三十五年五月二十五日
(上海市档案馆,档号:Q195-1-275)

---

① 本篇档案有"记账""记帐"两种写法,在其他档案中亦有体现。

恒信洋行关于定货新规致丽新公司函*

(1946 年 7 月 22 日)①

宝号台鉴：

兹启者，顷接敝总行吩示嘱，即通知所有客户，迩来罢工风潮昌炽，制造厂原料及听桶极感缺乏，在美制造费用逐渐增加，因此种种关系，敝总行认为接受订货之时须要按照下列规定办理：

今因原料供应、物品供应及制造工作情形，时有变迁，倘出卖人因任何政府政令（包括政府之采取分级优惠制度、配给制度或次第先后制度，或以命令规定各种优惠配给次序及/或划定各种价格），对于所定原料或物品或为制造此项原料或物品所需之物资加以限制，致出卖人不能交付或延迟交付时，出卖人概不负担任何责任。又倘出卖人因任何天然事变，罢工息工，原料或运输位置或出口执照或其他许可之不能获得，或因其他任何非出卖人所可抗拒之事由，而致出卖人不能交付和延迟交付时，出卖人亦不负担任何责任。又倘出卖人因上列任何原因致不能于本日起六十日内完成交付时，出卖人得随时行使选择权，将本定单撤销之。

各货价目系于接受定货之日起六十日内有效，倘所定货物系于接受定货后六十日外装出者，出卖人有改订价金之权。遇有此项情形时，出卖人应于装出货物前通知买受人。俾买受人对于其所定之各货中之改订价金部份，如不愿接受其新价时，得该部份取销之。

上海美商恒信洋行谨启

（中华民国三十五年七）月（二十二）日

（上海市档案馆，档号：Q195－1－855）

---

① 该函件中文档案并未标注订立时间，编者根据英文档案对时间进行补充。

无锡工业在不景气逆流中迈步前进（丁维栋）

（1946 年 12 月 12 日）

　　无锡工业化的程度，在京沪线上仅次于上海。工业用电的数字，足以证明这个事实。戚墅堰的发电厂每天输送八千匹马力的动力给无锡工业，数量不能算低，但是电力的饥馑依然是一个问题。大工业的动力是勉强有了，许多战时兴起的小工业，不得不以相当高的代价，自行装置发电设备，而据电厂的工程师估计，要满足无锡工业的全部需要，恐怕再要增加每日八千匹的动力！而且这仅是目前的情形而已。以今日纱厂利润之厚，加以锡人之勤勉务实，作扩充计划者颇不乏人；在海外订购纺锭者，今后一二年内将源源不绝的运来，如此生产力扩大，电力的需要更亟。我们如以此为尺度，可以看出无锡工业化的前途，实是未可限量！

　　无锡工业的台柱有三：纱厂、面粉厂、丝厂。这三类工业，因为客观环境的关系，今日荣瘁之间，相去悬殊。记者在短促的旅程中，与三业人士均有接触，对于各业之困难与展望，有一大概的了解，今试依纱业、面粉业、丝业的次序，作一综合的报导。

　　棉纺业在多难的中国工业中，今日无疑是天之骄子。需要量大而生产不足，黑市价高而原料相对的便宜，不管大厂小厂，只需经营得法，没有不大赚其钱的。无锡的棉纱没有限价，每包售价在二百三十万元左右，纱织业的繁荣可以想象得之。至于锡地之纱厂，其规模较大、产量较多者，有申新三厂等各家。请参看附表如下：①

厂名	设备数量		布机
	纱锭	线锭	
申新三厂	71 000	/	1 748
庆丰	55 920	4 024	752

---

① 该表为编者根据原文绘制。

厂名	设备数量		布机
	纱锭	线锭	
丽新	40 180	12 800	1 200
振新	19 648	400	252
新中	4 000	1 600	330

其余的小型纱厂,有一二千锭子者,尚有十多家。上表所列,是各厂的设备最高数字,事实上,战争中摧残甚多,若干尚在修理的过程中,今日开工的没有这样多。全无锡今日转动的纱锭是多少? 有两种估计:一是十万锭左右,一是十二万锭左右。这就是说现在纱的生产量,不过战前的 60% 左右而已。在抗战初起时,敌人占领无锡,他们对于妨碍"工业日本,农业中国"国策的中国纺织业是深深仇视的。申新三厂的七万锭子,被有计划的破坏,留下的不过一万锭子而已! 至于一四七八台布机,更是破坏得一无存余。申新的遭遇如此,其他各大厂的命运亦相类似。但抗战胜利一年后的今天,虽然国家多难,社会经济动荡不安,记者已能目击申新已能恢复到五万锭子,织布厂在烧焦的厂房中开始装备,十二月份可能有五百台布机转动。工人和职员在辉煌的电[灯]下,一样的热情工作;其他的厂家亦都有明日的展望和期待。过去的遭遇似乎仅是一场恶梦,一切随胜利而消逝了。我深深感到中国人忍耐力、生命力之强,是度过一切难关的最大凭借。

无锡纱厂的原料,主要是美棉,亦间有一部份巴西棉。在战前他们已能生产四十支、六十支的细纱,现在则机件受损,只能纺二三十支的粗纱。工人的待遇亦较各业为佳,大概自八万至三十二万,技工头子待遇亦可至五六十万元。他们的工资依生活指数计算,据一位在工厂的朋友告诉我大概是上海工资的八折。锡地的劳资纠纷,远较上海为少,原因有两:各大纱厂的主要技工,大多服务有年,共历甘苦,相处既久,渐生感情,即使有所要求,亦出之善意协商方式,很少以罢工的姿态出现。二是锡地不比上海,地方的情形较单纯,对于工人尚无大规模的组织和操纵的企图,故情况较为安定。最近锡地工人,鉴于生活费高上涨,要求将底薪提高一半,此事资方将采拒绝的态度,故将来劳资关系是否能如以往,很难预言。至于技工的效率,一位厂主说,只有战前的七八成。并不是身体衰弱,而是心理上起了变化,觉得技工到处受人欢迎,"此地不留爷,自有留爷处",因此纪律荡然,效能减退。记者平时深感以目前我国工业情况而言,除畸形繁荣的棉纺业外,工资的负担实将窒息民族工业;但今日要减低工资是谈不到的,因此唯一的补救办法是如何提高工人的责任感,使他们能自发的提高工作效能。(后略)

(《申报》,1946 年 12 月 12 日,第 9 版)

美商美和洋行因延迟交货与昌兴公司协商函[*]

(1946 年 12 月 19 日)[①]

径启者,尊处与敝行所订第(986、988、1178 全部以及 498 部分)号契约订购(染化料)货品,兹因敝行不可抗力之事项,如罢工等及非制造厂家所能控制之延迟或其他原因,该货迄未运出,现时尚无法预计装船之确定日期。

因上述不可抗力之事项,敝行不能依照原来所立信用证书输入尊处定货,且此项定货现受修正进出口贸易暂行办法之拘束,依法应向输入临时管理委员会申请输入许可与官定外汇。

尊处前缴中国国币之保证金曾由敝行收受在帐面上折算为美金,系依当时官定汇率计算此项保证金,敝行今已在帐面上依照现在官定汇率,每美元等于国币叁仟叁百伍拾元计算,改为中国国币。

在现状下,敝行今特提供下列两项办法以便抉择:

一、请驾临敝行面洽以便修订上述契约;

二、俟至制造厂家事实上能交货时再行装运,惟尊处必须同意及承认该项定货,须向输管会取得许可与官定汇率,上述国币保证金再依照该时官定汇率折算支用之。

兹请尊处于七日内示覆,过期未覆作为接受上述第二项办法,相应函达,即

---

① 该函件的中文档案并未标注订立时间、合同编号及订购货物种类,编者根据英文档案进行适当补充,文内补充处用"()"表示。

希查照示复，以便遵行为荷。

此致。

美商美和洋行谨启

中华民国（三十五）年（十二）月（十九）日

（上海市档案馆，档号：Q195－1－864）

毛纺业公会成立原料分配委员会

（1947 年 3 月 24 日）

输管会限额分配处对本年二月至四月之羊毛输入限额，业已规定为美金一百四十万元，该项羊毛，且已包括羊毛、毛条、毛纱三种在内；而分配对象，则又包括全国中外国民营毛纺厂在内。故限额分配结果，尚不足全国各厂需要量十分之一。全国中外毛纺界，有鉴及斯，特于日前下午四时，在本市毛纺业公会，成立羊毛类原料分配委员会。到程年彭、唐君远、唐伟章、吴善赓、陈元庆、劳勃生、凯世威等十五人。讨论经过，决定：一、关于原料分配，拟调查各厂实际开工之需要量，俾便根据供给原料。据调查：全国天津、兰州、上海、重庆等地毛纺厂，共约八十家（沪占五十余家）。现因精纺原料，需要羊毛，粗纺原料，需要毛条，织机则需毛纱，而毛纱实系毛条与羊毛最后之产品，故一百四十万元之限额，将根据该项关系，而定配给之优先次序。二、需要量之规定，精纺锭以十小时工作为准，每锭需毛条〇·四磅，粗纺锭需〇·六磅，纺绒线锭需一·五磅。三、决定四十五支毛条每磅扯价作五十五便士计，六十四支毛条作一二五便士计，六十支洗精羊毛作六〇便士计。各厂所需外汇，可根据该项数额折算美汇云。

（《申报》，1947 年 3 月 24 日，第 6 版）

羊毛原料限额配委会请输管会放宽尺度

（1947 年 3 月 26 日）

羊毛类原料限额分配委员会，于廿四日下午四时，在本市毛绒纺织整染业工业同业公会会址召开会议。到委员程年彭、王云程、张似旅、唐伟章、吴善赓、华印椿、陈秉衡、叶莘康、唐君远、郑树章、陈元庆、劳佩绅、凯敦等。讨论迄七时许始散会。讨论经过及议决案，有如后列：

一、根据各厂设备及运转数，呈报输管会限额分配处每一厂应得之限额，由分配处决定之。二、纺建纺锭所需原料，照六十便士计算。三、上海毛绒安乐振丰等厂提出绒线及粗纺锭子需要原料甚多。上次本会所规定标准，实际不敷甚巨，应请更正。议决：仍照原案，但在呈报时，应详为说明。四、本业羊毛原料限额二至四月份仅一百四十万美金，为数太少，依照实际需要，仅及百分之十五。拟请求分配处将国营厂需要外汇，另行设法，不在上述范围之内，以济眉急，而维工作。五、本业需要外汇，每月约需三百五十万美金。而现在仅有四十余万元，无米之炊，如何维持，根本办法，应迅呈输入管理委员会请求宽放尺度，以资维持。

（《申报》，1947 年 3 月 26 日，第 6 版）

协新毛纺织染股份有限公司联合发起通融进口的函*

（1947 年 3 月 27 日）

径启者，接奉贵会什字第一九二号大函略开"顷准输入管理委员会限□第七一四号函开，信昌洋行由'Hindustan'轮自澳装运来沪之毛条拾万〇八仟余磅，系本年一月装船，目下暂不能准其进口，至现章如有变更，自属另一问题"等语借悉，查敝厂等于去年向英商信昌洋行订购之毛条，此次由'Hindustan'轮运到之一部份计拾万〇八仟磅,迄未提得,今输入管理委员会以该轮于一月十日离澳,格于定章暂不能准其进口,但敝厂等因原料不济,已有停工减工等情事发生,亟待该批毛条补充。今到埠已将匝月,搁诸码头,而厂中因原料亏绝,将普遍停工,天下宁有是理? 此为工业必需原料,亦即敝厂等赖以延续之生命线,非与贩卖之商品可比。且该货款敝厂等均早已于去年付讫,想政府当局救济工业,维护生产尚且不遑,必不致格于硬性法令,不顾情理,断然拒绝,特再迫切领恳贵会呈请输管会,俯察下情,予以特别通融,□给外汇,准许进口,俾救济燃眉之急,勿使作无米之炊而影响工人生活,实为幸甚。临款不胜迫切之至。

此致上海市毛绒纺织整染工业同业公会。

中华民国卅六年三月廿七日发出

中国毛绒纺织厂

上海裕民毛绒线厂股份有限公司

协新毛纺织染股份有限公司

上海仁立公司

元丰毛纺织染股份有限公司

上海毛绒纺织股份有限公司

(上海市档案馆,档号:S31-1-17-19)

丽新公司郑州分庄收花信*

(1947 年 4 月 15 日)[①]

沪字第一号

径启者,钱、吴二君已于昨晚抵郑,现寓饮马池拾壹号,兹叙事于后:

一、郑电信均迟缓异常,沪郑航空信件须三天至七天方能寄达,加急电报亦需二日之多。

二、郑市陕州花今日做开陆拾捌万,惟因收购商行及厂方有四拾捌家之

---

① 原档案无年份,编者根据内容及同卷其他档案内容推断为 1947 年。

多,故均抱看涨态度,中纺每天放价自数千至万元,午后洛阳已抬至柒拾余万。

三、近因黄河堵口工程及军事费用之关系,郑市银根突紧,押款及押汇均已停做,如欲收购则需储备大量款项以资周转。

四、本市打包厂已在修复中,昨由纺建郑主任胡坤索君来告约需旬日即能开工。

五、四月十二日由汉提现款伍仟零念伍万元已收入尊册。

六、本月十四发出电报谅已到达。

七、以后汇款可介[解]入郑州中国银行贰佰伍拾号丽新户。

余事再叙,即请总公司台鉴。

郑庄谨启
四月十五日

(上海市档案馆,档号:Q195－1－87)

毛织业公会要求配售行总羊毛

(1947 年 5 月 11 日)

毛纺业公会于昨日下午二时召开会员大会,出席会员五十余人,由程年彭、葛杰臣、吴瑞庚、唐君远、童双扬等任主席团,除由该会理事长程年彭及秘书杨立人相继报告会务进展情形及会计收支情况外,并通过要案如下:

一、该会定名改为上海市毛绒纺织工业同业公会,简称为毛纺织公会。二、第二期羊毛类输入限额美金二百万元,仍属不敷甚巨,应请公会据理力争,放宽第三期限额,以维各厂开工,否则决请准予停工。三、在本年二月十七日以前,已付价款之原料,应请公会从速向输管会请求准予进口。四、行总所有现在羊毛,应由同业公会函请该署全数配售与公会,转配与各会员厂,以维开工。至会员配售办法,根据各厂消用量公允分派。五、会员会费由每一单位一万元递增为每一单位五万元。六、会员入会费改为中级四百万元,乙级三百万元,丙级二百万元,丁级一百万元。

(《申报》,1947 年 5 月 11 日,第 6 版)

本年五月至七月份限额外棉核配告竣，
各纱厂应尽速向进口棉花商订货

（1947 年 5 月 25 日）

输管会外棉核配委员会，顷对本年五月至七月份之限额外棉，业已根据各纱厂开工锭数，核配竟事。据该会某主管人员谈此次核配外棉，应注意之点有三：一、二季限额外棉分配原则，（甲）系以限额美金二千万元，折购外棉十万包为准。（乙）设备在三千锭以下，而不纺廿支棉花或以上之纱厂，概不核配外棉。惟此类纱厂所纺之棉纱，亦不予收购。二、已核配外棉之各纱厂，望速向已登记合格之进口棉花商订货。至外棉核配证，可照数填发各厂，以便申请输入许可。三、美政府现规定美棉在本年六月卅日以前起运者，给予特别津贴，以资奖励。该日以后起运者，非但无津贴，尚须罚款，故望从速进行订购起运手续。

各厂核配外棉包数

该会此次核配外棉，以开工总锭数四·〇〇〇·九四四枚比例核配。此中中国纺建公司开工一百八十万锭，配棉四四九五〇包。永安一、二、三、四、五厂开工二一四·六九六锭，配五三五〇包。申新九厂开工十三万锭，配三二〇〇包。新裕一、二厂开工八七七四四锭，配二一五〇包。

大生一厂开工七万六千锭，配一八五〇包，庆丰开工六六四二〇锭，配一六五〇包。统益开工六三一八四锭，配一五五〇包。申新二厂开工六万锭，配一四五〇包。申新六厂开工五六〇四〇锭，配一四〇〇包。申新三厂、五厂各配一三五〇包。申新一厂、中纺一、二厂、汉口第一纺织厂各配一三〇〇包。

苏伦配一千包。信和九五〇包。大生三厂九百包。申新七厂、崇信、恒丰各八五〇包。丽新、华新青岛厂各八百包。荣丰一、二厂，纶昌、启新各七五〇包。鸿章、安达、民丰、华新唐山厂各七百包。鸿丰一、二厂五五〇包。恒大、新生、大通、恒源、大兴各五百包。

鼎鑫、昌兴、利泰、裕中、振新、北洋各四五〇包。保丰、仁德、福澄各四百包。德丰、恒通、广勤、公永、富安、杭州第一厂（该厂外棉核配证，应俟纺管会验纱合格,再行发给)。新毅、大丰各三五○包。华阳、泰山各三百包。大同、怡和、嘉丰、广州、台湾省、中华第一各二五○包。

源康三厂、兴中、兆丰各二百包。海麟、中新、丹阳、利达、达生各一五○包。合丰、勤丰、和丰、国光、和新、华康、大中、杭江、天目各一百包。公泰、惠民、同仁、永嘉各五○包。

(《申报》,1947 年 5 月 25 日,第 6 版)

毛纺业审委会决定本季限额分配原则

(1947 年 5 月 29 日)

羊毛类原料限额分配审议委员会第四次会议,于廿七日下午五时,假本市毛绒纺业公会举行,出席程年彭、唐晔如、郑寿章、吴善赓、叶荪康、唐君远、唐伟章、陈秉衡、张修旅、劳勃逊等,列席胡家驹、王介元、李乃铮等,由程年彭主席,讨论至七时许散会。兹将会议经过详情摘志如次:

报告事项:一、第一季分配经过情形。二、历次请求增加限额经过情形。三、承天津各同业补助本会经费五百万元,表示感谢。

讨论事项:一、上海毛绒厂提议:调整分配标准,请原提议人加以申说,如何请公决案。议决:仍照第一季分配标准办理。二、绒线锭生产量,拟由一·五磅调整为二·五磅,价格由五五便士调整为六五便士,如何请公决案。议决:绒线锭生产量改为二磅,价格改为六五便士。三、粗纺环锭,拟由一·○磅调整为一·五磅,走锭○·六磅调整为一·○磅,如何请公决案。议决:粗纺生产量照改,价格仍照六○便士,细纱锭生产量及价格照旧。四、新锭子及扩充锭或新织机及扩充机,应否同样予以外汇,请公决案。议决:扩充锭扩充机不在分配之列,新锭子新织机照实际开工三分之一计算。五、重庆、西北各厂粗纺锭,向用本国羊毛,无需外汇,第二季限额应停止分配,如何请公决案。议决:重庆、西北各厂粗纺锭第二季限类停止分配。

(《申报》,1947 年 5 月 29 日,第 6 版)

工业界代表谒张总裁请宽放结汇办法

（1947 年 8 月 26 日）

橡胶、毛绒纺织、造纸、丝织、水泥、皮革、驼绒等十工业同业公会代表洪念祖、程年彭、唐君远、金润庠、蔡昕涛、史乃修、奚正修、张善璋、陈有运等，为一、二两季限额输入品结汇问题，特于昨日下午五时卅分，联袂晋谒国行张总裁，当荷接见。代表中推洪念祖、金润庠两氏，向张总裁陈述晋谒主旨，并望为顾全工业界生产成本，及生产工具之继续进口起见，对各工业已得之一、二两季限额输入品，仍请照官价结汇。

张总裁当表示：目前主要关键，尚在政府外汇来源困难。渠称过去国行与工业界缺少联络，处兹环境下，实应互相合作，研究如何渡过目前之难关。最后决定，先派国行秘书林纪庸，负责拟一解决办法，以凭核办。并嘱各公会推代表与林秘书经常联络，俾作拟定合理解决办法之参考。各代表认为满意，当于六时四十五分告辞云。

（《申报》，1947 年 8 月 26 日，第 7 版）

第三季毛纺原料输入限额尚未拟妥分配办法

（1947 年 9 月 13 日）

羊毛类原料输入限额分配审议会，昨假毛纺织公会召开第六次会议，讨论第三季限额分配办法，以总值二百万美金，只敷全国需要量百分之十五，而目前毛纺锭已较前增多，新设毛纺厂亦增加，是否允许此项新增厂锭参加分配，颇费斟酌。外商厂对此表示坚决反对，结果决推程年彭、唐君远、唐晔如、杨立人四代表，下周一往谒输入限额处沈奏庭处长，研商详细办法。

（《大公报（上海版）》，1947 年 9 月 13 日，第 6 版）

毛纺业拟五项办法，吁请救济原料恐慌

（1947 年 10 月 8 日）

本市毛纺业公会原料抢救委会，于日前举行会议，为抢救该业目前原料恐慌计，当拟具急救办法五项，派代表唐君远、陈元钦、唐晔如、吴善赓、叶莘康等五人，于昨日上午，往谒国行张总裁。张氏对该业原料短绌情形，颇表同情，允于今日下午四时，另召开小组会议，商讨解决办法。兹先探志该业所提急救办法如次：紧急救济办法：一、各厂在本年八月十六日以前，已到埠及已启运之自备外汇原料，应即准放行。每厂所提原料，以不超过其三个月之实际需要量为准。二、业外人之羊毛类原料定货，已到埠或已启运者，应责成所有人，在二星期内，悉数售予无定货或定货不多之毛纺厂，价格得由买卖双方自行洽定。三、各厂已付自备外汇，一部份或全部之定货，搁置国外或香港者，拟请给证输入。四、请转饬行总，将所存羊毛约七十万磅，迅即交与该会公平配售。五、请当局尽量放宽第四季羊毛类原料进口限额。

（《申报》，1947 年 10 月 8 日，第 7 版）

救济羊毛缺乏，请放行到埠原料，
毛纺业代表昨谒张总裁

（1947 年 10 月 8 日）

本市毛绒纺织工业同业公会以各会员厂羊毛原料已濒枯竭，恐慌异常严重，特于昨晨十一时推理事长程年彭，理事唐君远、陈元钦、唐晔如、吴善赓、叶莘康等请谒中央银行张总裁，报告：一、毛纺织业概况。二、毛纺织设备。三、限额分配情形。四、呢绒生产概况。五、采用国产羊毛之困难。六、目前危急情形。七、原料恐慌原因，并提供紧急救济办法，计为：一、各厂在本年八月十六日以前已经到埠及已启运自备外汇原料，应立即准予放行，为普遍救济起见，每厂所提之原料应以不超过其三个月之实际需要量为标准，多余由公会公平配售与无定货之各同业；二、业外人之羊毛类原料定货已到埠，或已启运者，应责成所有人在两周内协商价格，悉数售与无定货或定货不多之毛纺织厂，其配售办法由公会根据分配限额百分比派售；三、各厂已付自备一部份或全部之定货搁置国外或香港者，拟请给证输入；四、请转饬行总将所存羊毛约七十万磅迅即交与该会公平配售各厂以救眉急；五、请当局尽量放宽第四季羊毛类原料进口限额。

张总裁聆悉各情后，对毛纺织业处境甚为同情，允于今日下午由输管会与该业代表举行会议，商讨解决办法。

（《大公报（上海版）》，1947 年 10 月 8 日，第 6 版）

丽新公司收花被劫案*

（1947 年 10—11 月）

丽新振新沙洲收花，白昼遇匪被劫巨款（1947 年 10 月 19 日）

常熟沙洲系产棉地区，本年本邑各大纱厂均在该处收花，丽新、振新两纱厂，分别在南丰、乐余两镇设立收花处。昨日①上午八时半，该两厂有现款三亿元，由虞属东来镇沈源昌花粮行，转送该二收花处，当由沈源昌方面在镇商拨自卫队员二人，携带短枪，并由该行职员，亦携自卫枪同时押运，现款三亿元，分载小车数辆，自卫队员及花行职员分乘自由车而行，迨至该县南丰镇庆凝乡二号桥附近，突有匪徒四人，各持短枪，埋伏田间，待押款之武装人员行近，四匪一跃而出，即将枪口各各对准自卫队队员，喝令不准动，自卫队员等虽图发枪还击，卒以土匪之短枪，业已对住，无奈身佩之短枪，乃为匪徒缴去，另一盗则以所带

---

① 原文无误，依据后文报道分析，该报道形成时间应为 10 月 18 日，但出刊延后了一天。

之刀将捆扎于小车上之钞票,砍断绳索后劫去,幸后数辆距离尚远,未被劫去。被劫者计九千五百万元,自卫队员所乘之自由车亦被劫去。事后,自卫队员即分头就近报告自卫队,及军警机关追缉,各方当分派车骑出追,同时常熟刑警队,适有组长王有余,暨探员多人,亦在乡下工作,乃协同追缉,无如匪已远逸,未能追获。据悉匪徒一名,已为追缉者捕获,并在身畔搜出一部分赃款,惟迄晚未能证实,此案现由虞县当局继续追缉中。

(《江苏民报》,1947 年 10 月 19 日,第 3 版)

常熟拦劫案花商损失九千余万(1947 年 10 月 20 日)

常熟沙洲系产棉地区,本年无锡各大纱厂均在沙洲收花。有丽新、振新两纱厂,分别在南丰、乐余两镇设立收花处。十七日上午八时半,该两厂有现款三亿元,由东莱镇沈源昌花粮行转送该二收花处,当由沈源昌方面在镇商拨自卫队员二人,携带短枪,并由该行职员亦携自卫枪同时押款。现款三亿元分载小车数辆,自卫队员及花行职员则分乘自由车而行。迨至南丰镇庆凝乡二号桥附近,突有匪徒四人,各持短枪,埋伏田间,待押款之武装人员行近,一跃而出,喝令不准行动。自卫队员等虽图发枪还击,卒以匪居优势,只得任令缴械。嗣匪等即将小车上之钞票劫去。幸后数辆距离尚远,匪未发现,故仅被劫去九千五百万元。自卫队员所乘之自由车,亦被劫去。事发以后,自卫队员即分报就近各自卫队及军警机关追缉,各方当分派车骑出追,同时刑警队组长王有余暨探员多人,适亦在乡下工作,乃协同追缉,无如匪已远逸,未能追获。(前十九日寄)

(《大公报(上海版)》,1947 年 10 月 20 日,第 5 版)

收花被劫案经过*(1947 年 10 月 21 日)

沙洲区东来镇沈源昌花行,受无锡丽新、振新两纱厂之委托,划解花款三亿元至南丰及乐余两镇收花处,分装三车,商由自卫队员随行护送,讵抵南丰、庆凝间之二号桥地方,突遇匪徒四名,将车上现钞九千五百万元,及该员所佩之短枪一枝劫去,跃上藏于田间之自由车,从容逃逸。自卫队立即出动,追捕至奚浦附近,始发现匪踪,遂开枪射击,四匪亦还击拒捕,双方展开格斗,历十余分钟,匪徒不支,且战且退,分四路逃窜,自卫队员仍穷追不舍,匪徒为欲逃命,当将所携劫得之大票七千余万元,丢弃路旁,绝尘逸去,因地处树木丛杂,以致未能截获,现正严缉中。

(《申报》,1947 年 10 月 21 日,第 5 版)

申新振新丽新被劫巨款案,真相查明主犯就逮,
盗匪均具特殊身份(1947 年 11 月 1 日)

本邑申新、振新、丽新等纱厂先后往常熟沙洲区收购棉花,并于本月七日、十七日①,解款时在沙洲遇盗,购花款二亿元被劫案,均为该区自卫队警察分局等追回,原□损失甚微,旋常熟县府接获报告,以此案内情复杂,着令警局黄局长限五日内破获。黄局长奉令后,即饬刑警队缪队长下乡侦缉,警局督察长宋嵩亦亲莅沙区督办,七日之申新厂购花款劫案经数日来之详细访查,业已将主犯袁振德一名逮获,另一名主犯季淦泉已逃往江北,另一名蒋俊天亦已被当局监视。据警局方面宣称,该案主犯均系沙洲区有特殊身份者,并均持有公用短枪,参与抢劫时,即为用其公用枪者,现已经自白不讳,同时由当时押款之常境安、顾阿梅等指认无误,已为警局逮获之劫犯袁振德,于昨日上午自沙洲区由黄局长等亲自押提至局,据袁振德供,年三十六岁,又名袁雨林,原业屠夫,住福鸿乡公善圩,参加抢劫购花款,系由季淦泉嘱他同去,声明劫得款项后,拨一成,他并供当时劫得款项,因自卫队警察等追赶颇紧,乃将钞票掷下,至蒋俊天亦为同时参加抢劫者,案发后曾为青年军因另案被捕,现已由其任职之机关予以保释(按现已由该当局看押),季淦泉则已逃往江北,据黄局长告记者,已破获之一案,自应依法办理,至第二次之劫案,亦已获有线索,日内亦可破获云。此次警察局黄局长、宋督察长,刑警队缪队长等在乡办案,因关系特殊身份者行劫,侦缉颇费周折,卒能顺利完成,亦属幸事。

(《大锡报》,1947 年 11 月 1 日,第 3 版)

---

① 原文无误,七日被劫案主体为申新厂,十七日被劫案为丽新厂,即本报道"第二次之劫案"。

收购国产棉花

（1947 年 11 月 7 日）

　　四联总处六日晨举行第三五六次理事会议，由张群主持，通过要案如下：一、协助加强交通运输事业，计核定湘贵黔铁路及陇海铁路等赶工贷款与首都电厂，重庆市公共汽车公司等周转贷款八件。二、协助增强工矿生产事业及核定资委会收购滇锡贷款、广东顺德糖厂、上海天利淡气厂、青岛同泰胶厂、四川农业制造公司等周转借款，廿余件。三、核定向内地收购国产棉花，运供口岸各纱厂纺制需要，以押汇方式办理之。借款计有上海公永、大丰、大生、申新、信和、永安及青岛华新、无锡丽新、重庆豫丰、常州民丰等纺织厂计卅七件。四、协助食盐运销，以裕民食，计核准川准各区盐贷款十七件。此外各省普通农贷，因原定贷额不敷，经会议决定增加，计有绥、鲁、黔、豫、晋、冀、陕、察、甘、苏、桂、粤、闽、赣、浙、鄂、湘、滇、川、康等廿省。

　　　　　　　　　　　　　　　　（《申报》，1947 年 11 月 7 日，第 1 版）

毛纺织工业公会昨举行成立大会

（1947 年 11 月 23 日）

　　工业同业公会昨下午假市商会举行成立大会，到会员六六厂代表一五六人，主席团程年彭、唐君远、吴善赓、童双扬等，通过该会章程草案，并选举理监事。按第二区毛纺织公会地域范围包括苏浙皖三省及京沪二市，惟事实上各厂均集中上海，仅无锡有协新（毛纺锭一千七百枝），天元（二千四百锭）二厂，正在办理入会手续中。

　　　　　　　　　　　　　　（《大公报（上海版）》，1947 年 11 月 23 日，第 6 版）

毛纺业理监会议决设立原料审议会，研讨四季限额分配

（1947 年 12 月 4 日）

第二区毛纺织工业公会前日下午举行第一次理监事会议，推定理事长程年彭，常务理事程年彭、唐君远、葛杰臣、陈元钦、吴善赓、张似旅、童双扬等七人，常务监事李耘孙。又讨论决议成立原材料分配审议委员会，劳工问题研究委会，财务委员会，第四季羊毛正常限额交原材料分配审议会先行研究。

（《大公报（上海版）》，1947 年 12 月 4 日，第 6 版）

中国安利有限公司致协新公司推销颜料函*

（1947 年 12 月 22 日）

敬启者，兹将敝公司在国外能供给之染料胪列于后：

一、美国安图美染料厂（Otto B. May, lnc.）出品之各种纳夫妥，盐，培司类染料（属于未列名化学原料配额）。

二、英国莆立明染料厂（A. B. Fleming Dyestuffs & Chemicals Ltd.）出品之各种拉披达染料（属于安尼林染料配额）。

三、英国鲁滨荪染料厂（James Robinson & Co., Ltd.）出品之各种硫化染料（属于安尼林及硫化元配额）。

四、英国沃克司雷染料厂（J. C. Oxley's Dyes & Chemicals Ltd.）出品之各种盐基酸性媒介直接染料（属于安尼林染料配额）。

五、美国碧克颜料厂（Bick & Co., Inc.）出品之各种直接酸性媒介染料（属于安尼林染料配额）。

敝公司为上列各厂之全中国总代理，贵公司若执有输管会输入配额委托订

货,无任欢迎,并竭诚服务,如蒙垂询价目,索样及一切手续,请即赐函,以便台洽。

此上协新毛纺织染公司唐君远先生台鉴。

中国安利有限公司谨启

中华民国卅六年十二月廿二日

（上海市档案馆,档号:Q195-1-878）

六区棉纺公会对管理案提出意见

（1948 年 1 月 8 日）

六区棉纺织业公会昨召开常务理事会议,商讨五日临时会员大会决议各厂所提对花纱布管理办法的意见书,该意见书的要点共有:一、代纺棉纱应先由政府拨付棉花,勿令厂商以纱易花。二、代纺棉纱之工缴利润及棉花质量,应以行总配棉质量及行总代纺定案时之工缴为计算基准。三、代纺工缴应按照上月份工缴指数分一日及十六日两次拨付,以资周转。四、代纺棉纱之棉花送到棉纱厂。五、设备陈旧之厂工缴成本较大,政府应酌情贴补。六、协商花纱布管委会设立纱布检验联合机构及原棉公断机构。以上各项意见决交棉花及纱布两小组会审查修正后呈花纱布管委会,两小组会定今日召开,棉花小组会召集人为韩志明、唐君远,纱布小组会召集人为童润夫、唐君远。

（《大公报（上海版）》,1948 年 1 月 8 日,第 6 版）

棉纺公会要求细则暂缓公布,
在未领到棉花前棉纱暂缓登记

（1948 年 1 月 30 日）

六区棉纺公会昨日下午二时举行临时会员大会,因事关同业生存,到会会员特别踊跃，推唐常务理事星海主席，讨论目标为纱管会实施细则未经同业有参加研究贡献意见机会，今遽行公布，其中窒碍难行之处甚多，群情惶惑，各会员对理事会过去未能注意，忽略同业利害，大肆抨击，对各常务理事责难尤烈，各会员纷陈意见反覆讨论，历四小时之久，至七时始散，决议下列七点：

一、代纺代织应以契约行之，凡超越代纺代织范围之办法，概难接受。

二、公推吴漱英、诸尚一、韩志明、汪竹一、唐晔如组织宣言起草委员会，将本业现状及危机发表宣言。

三、公推荣鸿元、荣尔仁、唐星海、郭棣活、刘靖基、汪竹一六位代表向袁主委陈述意见，要求：1.在各厂未领到棉花，实行代纺前暂缓棉纱登记；2.本会前提六点意见，请予实现；3.驻厂员无设立必要，以免徒耗国帑，而滋流弊；4.一切实施细则在本会未有研究贡献意见前请缓公布。

四、各代表向袁主委要求不得要领时，全体会员晋京请愿。

五、各厂原棉枯竭，急待补充，如纱管会不得及时供给，以致各厂被迫停工，其严重后果，应请纱管会负其全责。

六、函请全国纱厂联合会召开会议一致主涨[张]。

七、公推袁国樑、朱扶九、荣广亮、薛祖恒、张文魁、诸尚一、韩志明、王维驷、张文潜、吴昆生、刘丕基、唐晔如、邵宝虎、唐君远十四人为代表向市政府、警备部、社会局陈诉本业严重情形，吁请注意，并向市参会、市商会及有关各方呼吁。

最后临时动议请由会通告会员各厂对一切办法静候本会与纱管会洽商办法，以求一致。

（《大公报（上海版）》，1948年1月30日，第6版）

战后丽新公司请善后物资总库拨出马达函及回函*

（1948年7月3日、7月12日）

径启者，敝厂于去年十一月廿七日向前行总请购马达一批，共计七十二只，计付总价五亿柒千零拾捌万贰千伍百捌拾[万]元①,执有行总财务□物资购销总处发票 M－3105,收据 NO. 4985 在案。查上项马达中有 3H. P. 十四只,当时因船名不符,未曾提到,经向行总屡次咨□遵嘱,向□华浜碉头仓库等处查询,均无着落,徒劳往返,对时间及车资所□不□嗣后行总改组期内亦曾屡次催询,并无结果。查敝厂战时马达均被敌搬走,上项马达之采购纯系补充战时损失,亟待应用以冀恢复生产,时隔数月仍未提到,对敝厂损失□□重大,兹附奉储运□缺货证明单壹纸,至希察收。查上项马达确未收到,务请贵库迅将 3H. P. 马达十四只即予拨出,以应亟用,而□工业,无任感缘。

此致善后事业委员会保管委员会善后物资供应总库。

丽新纺织印染整理股份有限公司谨启
卅七年七月三日

准贵公司七月三日函嘱补配 3H. P. 马达十四只等由,并附前上海储运局证明单一纸。查此项马达已于六月三十日填单补配(C. R. D 50658),相应函后,即希查照为荷。

此致丽新纺织印染整理股份有限公司。

善后事业委员会保管委员会善后物资供应总库启
中华民国卅七年七月拾二日
(上海市档案馆,档号:Q195－1－161)

民营纱厂产销会昨开代表会议

(1948 年 9 月 19 日)

苏浙皖京沪区棉纺公会民营纱厂同业,为遵行政府经济施策,加强同业间产销之联系起见,特发动组织苏浙皖京沪区民营纱厂联合产销委员会,于昨日(十八日)下午三时半,举行民营纱厂代表会议。出席代表刘靖基、汪竹一、程敬

---

① 第二个"万"应为误写。

堂、王子建、刘丕基等七十余人，首由常务理事刘靖基主席致词，秘书长汪竹一报告最近会务，继即讨论联合产销委员会组织章程，修正通过。并推定刘靖基、荣尔仁、郭棣活、唐星海、荣一心、王子建、吴昆生、刘国钧、韩志明、张文潜、童涧夫、邵宝虎、郭琼、荣广亮、唐君远、薛祖恒、严欣淇、吴漱英、董春芳、王统元、王云程等二十一人为委员。

（《申报》，1948 年 9 月 19 日，第 6 版）

呢绒联合配销

（1948 年 10 月 27 日）

关于呢绒联合配销事，毛纺织工业同业公会前日下午举行第七次理事会，决定组织"呢绒联合配售委员会"，推定程年彭、吴味经、唐君远等七人为委员，并通过联配办法。其要点为：一、每星期分配一次，暂以四星期为试办时期，配货总数由小组会讨论，大约每期配各式呢绒五万码，四期总数共约二十万码左右（昨报载每期六十万码不确）。二、凡在本埠之国营民营洋商□厂不论是否会员，如获输入羊毛配额者都须参加配货。三、各厂认配货额根据第六季羊毛限额比例计算。四、各厂在联配试办期内所有定货，一概延期交货。五、各厂货价悉照统一价格办理，但不得超过限价，如遇调整时依调整价格办理之。六、配售对象由社会局核定，交呢绒商同业公会配售。

闻本市各毛纺织厂呢绒存货不过一百十万码，内纺建公司存六十余万码，民营各厂存五十余万码，现市上羊毛已无法买进，呢绒每码限价仅抵所需原料羊毛价格的二分之一。

（《大公报（上海版）》，1948 年 10 月 27 日，第 5 版）

美商上海电话公司致歉丽新公司信*

（1949 年 4 月 26 日）①

敬覆者，关于贵处来函申请装置对讲电话一事，敝公司现因必需器材均极感短缺，以致目前及此后相当时期内无从遵办，良深歉仄。且因现时向国外购买材料之种种困难，故贵处所需要之服务何时始可开始供给，敝公司亦不能预告，惟敝公司对于是项情形现正力求减除，一俟所需器材到达，即当设法遵命装置。贵处之申请书，现已予记录，一俟敝公司力能供给贵处服务时，当即另函奉告，先此奉覆，即祈鉴察为幸。

美商上海电话公司

营业部主任

（上海市档案馆，档号：Q195 - 1 - 31）

解放战争时期徐万根为收棉事复唐斌安、唐君远信*

（1949 年 5 月 3 日）②

斌安、君远二位先生钧鉴：

敬禀者，生自前月十八日返锡接洽收棉事务，于二十日回抵东莱镇，观当时情形，已在作战状态。生在此趋势下即催行方速归划款，以清手续，一面各处寻船，到廿二日方找到小船一搜，装就棉后须待潮运锡。那知在廿二夜间四时，沙区国军已全部后撤，五时地方部队亦已退完，此时沙地已成蒸［真］空。当时行方负责者与生述及在此环境中，厂存乡棉决可负责，维［惟］厂派员之安完无能

---

① 原档案中文译本无时间，编者根据英文原本补充。
② 原档案无年份，笔者根据内容推断其写成年份为 1949 年。

保护。生想行方纪[既]然能负吾厂存棉之责,吾等亦无留乡之必要矣。故于廿三日叫到小船离沙返锡,在张泾桥宿夜。廿四日抵万安桥,已见共军到达,经过详细检查,到廿五日即放行抵厂耳。今将锡情奉禀于下,锡地自国军退时因有工商自卫队之维持,秩序良好,亦未混乱,共军达到,因纪律极佳,所[有]市民均甚正静。目下人民票已开始收兑,不果每户人则可兑换人民票二百元,一次为限。比率为一对□,此为优待工人及人力车夫,菜贩除外,兑换须一与□之比矣,至本月五日截止,逾期作废。目下锡地物价,20s 纱每件十一万六千元,米□银元□,此项价目均系规定,各市场已告停顿,前二日菜场及人力车均以米计算。日前吾厂工人多数回乡,机器转动者,则有十分之一,最少之日则有百分之五。今日起已大为增加,商店已在复业耳。今附上收棉报单二纸,内中装出之棉三十二担,犹存留于乡。目下杨库镇已有人来锡,据云沙区情形尚佳,祈请二位先生勿念,特此奉禀,敬请尊安。

　　诸翁先生钧鉴。

生徐万根谨禀

五月三日

（上海市档案馆，档号：Q195－1－89）

镇江无锡秩序恢复，各项公用事业完好无损，大小工厂均已大部复工

（1949 年 5 月 9 日）

　　中共方面消息：(迟到)京沪线上重要城市镇江、无锡自四月二十三、二十四相继解放后,市内秩序均已迅速恢复。镇江市军管会和人民市政府在镇江解放当日就随军入城办公,前国民党军政机关、市政企业、工厂以及其他公共建筑物在解放军保护看守下完好无损,电灯厂、自来水厂、面粉厂、□讯局、火车站、气象台等大部照常工作。全市中等以上学校二十五所,小学七十六所均照常上课。市区电灯、电话、自来水迄未中断,邮政局于解放次日即收受寄往长江以北及江南新解放区邮件。京沪路南京至常州段已通车,镇扬轮渡已于解放次日恢

复,长途电话除通扬州的水屿电线遭国民党匪军破坏有待修复外,对南京、无锡、常州等地的线路已告畅通,现军管亦正按原定计划进行接管工作。京沪线上重要工业城市无锡,在解放后四天,包括申新、贻新(均公私合营)、丽新、广丰(均私营)四大纱厂在内的各业三百余家工厂,在解放军保护下已大部复工,工人们在解放前夕曾组织许多护厂小组或纠察队,保存了器材物资免受国民党匪帮的破坏,全市电力供应及邮政迄未中断,锡澄(江阴)公路长途汽车在无锡解放后第三天即复恢通车。

(《大公报(香港版)》,1949 年 5 月 9 日,第 1 版)

条条大路通梁溪,无锡百业复苏

(1949 年 9 月 5 日)

江南谷仓涌起生产热潮 无数青年投革命熔炉锻炼

江南谷仓的无锡,光荣地解放了,红旗插在城墙,猎猎的响,无锡开始在新生。

领导苏南人民建设新苏南,人民的政权,开始建立。苏南行政公署,以无锡为所在地,行署主任管文蔚,副主任刘季平、陈国栋,管辖一个直辖市(就是无锡市),及镇江、苏州、武进、松江,四个行政区,直属市设人民市政府,行政区分设专员公署,无锡城区为直属市,市政府市长顾风,副市长包厚昌,乡区定名无锡县,由武进行政区辖属,县长薛永辉,在军管时期,无锡市由军管会领导,军管会主任委员是管文蔚将军,人民的政权建立了。依据"不打乱原来企业机构"的原则,开始接管,不到半个月,接管工作完毕了。治安机构,也早确立,军管会公安部,领导六个公安分局,六个警察派出所,大批警察人员,经过教育后,被留用保卫人民的城市。反动派遗留下来的"宵禁""戒严",完全废除。无锡的对外交通,三日后,就完全恢复,邮电公用事业,在原有职工的热情保护下,完好无损。京沪在线著名的戚墅堰电厂,从"真空"到解放,发电从未中止,照常供应锡、常、丹三县的用电,对各地社会的安定起了重大的作用,公路、水路,四通八达,"条条大路通梁溪"(梁溪是无锡的古名),新生的无锡,改变了旧貌,新的血液,在脉搏里跳动。

解放以后，人民解放军的纪律，着实使老百姓惊奇了好久，街头巷尾，到处传说着解放军的故事，"真奇怪！管司令怎么同士兵一样的衣服""出门也不坐车""他们乘车也付钱"，这是惊奇的新闻，他们看戏也买票，这也是奇怪的事……这年头，解放军没有来的时候，遭殃军买东西不付钱，乘车、看戏，是"瞪眼票""巴掌票"，人们心理久已歪曲，解放军的纪律，真够新奇，解放军的纪律，在人民群众中，普遍的留下了一个好的印象，有时候，人民向他们说："你们对人民真好！纪律真好！""我们是人民解放军，为老百姓打天下，不对老百姓好，还成吗？"对的！人民的军队，不比反动的军队，应该有明确的纪律。

（《大公报（香港版）》，1949 年 9 月 5 日，第 7 版）

经济特务作乱，政府严厉镇压

（1949 年 9 月 5 日）

为着照顾人民利益，金圆券由政府收兑。五月二日，人民银行苏南分行，在无锡成立，金圆券的收兑，使人民从金圆券的灾难中解脱出来。从五月六日到十三日七天中，伪币逐渐绝迹，无锡的市容恢复了，与解放以前不同的，就是许多投机市场都没有了。以前的纱布、面粉，作了投机者的筹码，投机市场消灭，物价踏上正轨，跟着大江南北的货运畅通，城乡物资交流趋于正常，人民币的信用，渐渐在人民中建立。解放时，白粳米三千三百元一石，一度跌至二千八百元，物价下跌，人民无不眉开眼笑。就在这时候，匪特们在阳光下面蠢蠢的动了，银元在他们操纵下，叮叮当当，一日数涨，哄抬其他物价，人民刚刚松了口气，又要受物价的威胁了。政府接受了人民的要求，决定对银元贩子加以管制，最先指定银贩登记，划定市场作正常的交易，一面劝导他们改业。但是部份匪特份子犹不悔改，政府为了维护人民利益，毅然的决定取缔银元卖买，开始收兑，商店中普遍的拒用银元，成千的学生在街头宣传，揭露经济特务的阴谋，无锡的学生们出动街头宣传。经过一星期的取缔银元宣传运动，在人民面前，匪特份子的扰乱金融，就此惨败了，无锡的物价，由此再踏上正轨。

"全市职工团结起来，树立国家主人翁思想，树立新的劳动态度，遵守劳动纪律,团结全市人民,共同为恢复城市生产,首先为解决目前的复工就业问题而努力!"这是无锡职工总会筹委会在无锡解放后向全市工人提出的号召,由于政府的正确领导与职工的努力推动,各大公、私营工厂业已先后开工。在解放前后,伟大的工人阶级,献出了他们英勇的力量,当人民解放军向江南神速进军时,无锡万余产业工人,他们在"不准敌人破坏,保护工厂,就是保护我们自己的生命"的口号下,普遍组织护厂委员会,日夜巡逻。工人们把藏在丽新纱厂的一挺机枪、一支卡宾、四十支长短枪,和三十多个手榴弹拿出,武装了自己,集中在最大的工业区一带进行防护,保全了无锡有名的棉纺和面粉工业。解放后,又协助了政府的接管,经过军事代表到各厂召开职工大会,讲解接管原则及各项城市政策,并通过个别谈话、小型漫谈、座谈等方式进行政治时事教育,确立工人们做主人翁的思想,由此大大提高了工人们的阶级觉悟,开始积极的生产。公营无锡农具制造厂工人决定生产计划,在五月份制造了两部引擎(未解放前,每月一部都很困难)。私营振新纱厂,在匪机不断的侵扰下(这是五月初的事),还保持一定的生产效率,全市四百多家公私营工厂,全部投入了生产的热潮。苏南行署工商局的扶植生产,调剂供应,解决私营工厂原料的困难,收购各纱厂的成品,并代他们到苏北去采购棉花,又从贾汪煤矿运来大批燃料。私营工厂的原料、燃料困难解决后,更提高了各厂负责人生产的勇气。最近上海方面,又配给无锡各纱厂原棉一万担,消息传来无锡,申新、广丰纱厂等负责人都说:"这真是发展生产,繁荣经济,从此我们不愁原料恐慌了。"工人的生产率提高了,学习精神也高涨起来,申新、广丰、丽新、振新等四个大纱厂,工友们出了板报,组织了歌咏队,每天下午六时,各厂都洋溢着一片歌声。京沪铁路无锡站的工人,并且替新华社写稿,工友吴金森写的《我们得到了自由》,在《苏南日报》上登出后,他们的同伴都很羡慕,工友陆志锡说:"工人的稿子,能够登在报上,我从来没有听见过,今后我也要写稿,让大家晓得我们的生活。"职工会的领导同志,也不放松学习机会。六月廿一日,职工会组织赴沪参观团,由王家扬同志领导,带了三十多个代表,到上海去学习各"老大哥"们(这是无锡职工会称呼上海工友们的代名词)的英勇护厂恢复生产的经验,现在他们已经回来了,带回了不少关于生产、组织、学习等经验,正在把他们宝贵的心得传播给全无锡的职工。全无锡的职工们,正在加强工作强度,迎接"七一"的伟大节日。

(《大公报(香港版)》,1949年9月5日,第7版)

私营纱厂参加联购国棉

（1949 年 9 月 13 日）

参加联购国棉的私营纱厂五十五家代表，昨下午在南京西路棉纺织工业公会召开第一次筹备会议，到各厂代表六七十人，计有纱锭一百四十万锭，会内推出刘靖基、荣毅仁、郭棣活、王子建、韩志明、张重威、吴明然、邵宝笾、朱扶九、吴中一、董春芳、李天真、李慰农、任卓群、唐君远、黄首民、史子权等代表十七人，参加国棉联购委会。并决定分组开会，研究有关购棉技术问题，提供联购委会参考。

（《大公报（上海版）》，1949 年 9 月 13 日，第 4 版）

毛纺织工业考察团即将北上调查

（1949 年 10 月 15 日）

本市毛纺织工业为求自力更生，争取国内原料，维持生产起见，特组织上海市毛纺织业国产羊毛考察团，定二十日启程，前往开封、郑州、洛阳、西安、兰州、青海、宁夏、太原、北京、张家口、包头、天津、济南、徐州等地，调查各处羊毛的产量、质量、价格、运输与产销状况，及宜于开设拣毛、洗毛、打包、毛纺工厂之地点。该团由中纺公司第四毛纺织厂厂长邱陵任团长，协新毛纺织厂工务科长唐文波任副团长，团员钱彬衡、王为礼、陶君毓、沈荣伯、徐祖伟、宋绍宗、赵钰、陈书性、张树堂等九人，均为各厂选派之技术人员。工商局已致电各地政府当局予以协助。昨日下午毛纺织同业公会特开联席会欢送，由常务理事唐君远、理事王得民、杨立人等致词，谓："过去毛纺织业依赖外国羊毛，产品专供有钱人享受，是错误的政策，今后应面向国内，面向大众。现敌人封锁，外国羊毛来源断绝，正是促进我们自力更生的好机会，中国羊毛质地较差，产量亦无正确统计，故必须先经实地调查，国产羊毛考察团是中国毛纺织业求取自力更生的第一步工作,助勉该团完成此一重大任务。"

（《大公报（上海版）》,1949 年 10 月 15 日,第 3 版)

公私营毛纺织业国产羊毛联购会成立

（1949 年 12 月 6 日）

为解决原料羊毛供应,毛纺织工业筹划联购国产羊毛,业已组织了公私营毛纺织业国产羊毛联购小组委员会,推定委员十五人,内公营厂三人,私营厂十二人,并推刘鸿生、陈元钦、吴味经、唐君远、吴善赓等五人为常务委员,由刘鸿生担任主任委员,吴味经任副主任委员。在决策机构下,并拟设立国毛联购处,推动业务,嗣决定将此项业务由同业公会兼办。现已计划联购国产羊毛五千公担,并已委托亚北羊毛考察团邱团长会同兰州西北毛纺厂办理联购。

该业为进一步谋取自力更生计,并拟拆迁打包、洗毛及纺毛条机器,运往西北,设立加工厂,借以减轻运费成本。

（《大公报（上海版）》,1949 年 12 月 6 日,第 5 版)

丽新纺织印染公司上海一厂增产节约合同

（1952 年 12 月 31 日）

我厂劳资双方,为了响应毛主席增产节约的号召,巩固和提高现有的生产成绩,进一步发挥潜在力,节约原物料,提高品质,增加生产,降低成本,改进各种制度,并改善劳动条件,以贯彻"发展生产,劳资两利"的方针,来迎接国家大规模生产建设,兹经双方协议,根据一九五一年增产节约捐献六个月的原有成绩,结合本厂具体情况,签订增产节约合同。今将双方议定各条开列于后,俾各自遵守,以期胜利完成光荣任务。

（一）双方保证事项

（甲）资方保证下列各项：

1. 履行合约各条款；

2. 按月详细订出生产计划；

3. 健全各部各种原始纪录，逐步作出结论；

4. 原料、机物料如期供应；

5. 渗用斩抄回花，以不影响品质为原则；

6. 尽量在本合约期内准确原棉收付账目；

7. 做好推广先进工作法的机械上必要设备；

8. 建立检查制度。

（乙）劳方保证下列各项：

1. 履行合约各条款；

2. 保证产量不低于定额标准；

3. 执行请假制度；

4. 执行先进工作法；

5. 做到爱国公约，推动生产。

（二）定额

（1）产量

棉纱产量以本厂增产节约捐献六个月的平均数字为基础，再提高 1/100 作为定额标准，其因机器改良而效率提高者另行规定。

（2）质量

棉纱质量以增产节约捐献六个月的平均工缴等级，20s 乙级、40s 甲级、42/2s 甲级为定额标准，2□s 23s 因捐献期间未纺过，现在双方协议以一九五二年八月至十月平均等级，21s 乙级、23s 乙级作为定额标准。凡因品质提高，经花纱公司提升等级工缴，自提升日起，所提加之工缴作为提高品质的超额所得，其原来已得甲级工缴者，每件纱提两个折实单位，作为超额所得。

（3）原棉

1. 用棉量以花纱布公司实际配棉量每件 395 斤为定额标准；

2. 原棉规格以含水 10%，含杂 1% 为标准。

（4）回花回丝

各部份回花回丝，以增产节约捐献六个月的平均数量为定额标准。

（5）物料

以六个月增产节约捐献的每千件纱扯用各项物料平均数量为定额标准。

（6）用电

用电以增产节约捐献六个月中扯廿支纱的平均数字（包括照明及事务用电），再减低千分之五作为定额标准。

（7）事务费用

事务费用以增产节约捐献六个月中膳食费用的平均数字为定额标准。

（8）保全人工

保全人工以增产捐献六个月的实际工数为定额标准。

（三）计算方式

（1）因产量质量的提高超过定额，及用棉、回花回丝、用物料、用电、事务费用、保全人工的减少低于定额时，所有增产节约所得均作为超额收入；

（2）超额收入的计算，以按月分项为原则，每项目内有几种分项者，互相统扯，但质量、回花回丝两项除外。除原棉一项逐月结算，三个月内统扯计算外，其余各项概不统扯。

（四）分配比例及支配办法

超额收入除应缴所得税及附加税外，按照下列比例分配之：

（1）百分之四十作为扩大生产资金用以扩大生产事业，由资方管理；

（2）百分之三十作为职工集体福利金用以举办职工集体福利事业，由劳方管理；

（3）百分之二十作为职工奖金；

（4）百分之十作为资方利润。

（五）结算及缴款办法

（1）规定每月结算一次，由劳资双方各推代表所成立之结算小组担任之。结算结果，经劳资双方同意后实行之；

（2）职工集体福利金及职工奖金两项经劳资双方同意后，一星期内交清，其余两项除外。

（六）合同期限

暂定为三个月，从一九五二年十二月一日起至一九五三年二月廿八日止。期满后，得由劳资双方协商延长或续订之。

（七）附则

（1）本合同第二条、第三条内各项数字与计算方式，另订细则实行之；

（2）本合同正本一式两份,劳资双方各执一份,副本五份,分送上海市人民政府劳动局、工商局、华东纺织管理局、中国纺织工会上海市委员会及上海市棉纺织工业同业公会备案。

劳方代表(略)

资方代表　沈哲民　邹颂丹　程君颐　王效文

一九五二年十二月卅一日

（上海市档案馆,档号:Q195－1－446）

公私合营上海协新毛纺织厂关于合营过程中有关几个问题的请示报告

（1955 年 12 月 5 日）

合营过程中有关几个问题的请示报告

（一）有关大成厂顾问工程师邬象桢的工资问题

大成资本家创办大成厂时在技术上是得到维新股东邬象桢的帮助,因而聘邬象桢为顾问工程师,每月薪金为底薪 150 元（每元 1.8 折实单位）,但不常到厂办公,只是在技术上有困难时请邬指导解决而已,自从大成创办至今未曾中断顾问的关系,我厂合营过程中,大成资方曾一再提出这个问题,同时并说明邬因肺病开刀,□期□病,负债数千元。根据邬的要求,希能仍予照顾职位的安排,我们曾把此问题请示程局长,承局长作如下三点指示:第一:征求唐君远意见,通过唐系同叶[业]公会副主任的关系打通汇通资方,把邬在大成的待遇加在汇通邬的工资之中,即邬象桢在汇通增加 150 元底薪,如不可能则第二:唐如同意可在协新厂继续支付。我们和唐协商之后,唐表示:他系同叶[业]公会副主任,大成又系并入协新,此事难以启齿,且邬象桢目前在汇通交薪 200 多元,为了照顾其身体每日只办公二小时,而原汇通厂长陈紫航底薪只 150 元,恐不会同意,至于在协新继续交薪,唐表示他无问题,只是认为领薪而不工作对合营企叶[业]也不合理,因此他提议作为一次照顾,而且愿由协新、大成私与支付,并经征求大成老板娘之后同意从 1 000 元至 1 500 元予以一次照顾。

(二) 有关协新厂的董、监事经费问题

协新厂合营前董、监事每年有车马费的支付,董事和监察每人每年车马费400 个折实单位,董事长和常务董事每人每年 800 个折实单位(在国外的不支付),现在在国内的常务董事和董事长三人,董事和监察五人,今年共需付董、监事经费 4 400 个折实单位。唐君远已提出由私方支付,是否可以请我们考虑。

(三) 大成无锡厂看管厂房工人的工资问题

大成在无锡有厂房和棉织机等财产约二万余元(未曾开工生产),系上海大成厂的固定资产的一部份,因此此次清估时作为待处理财产,但该项财产原大成厂雇有工人一人在看管,每月工资福利膳食等由上海大成厂支付,大成既已合营,该看管厂房的工人原则上应归合营企叶[业]负责调派工作,但该项资产尚系待处理,在未处理完毕之前,系资本家所有,因此该看管厂房工人的工资是可以由企叶[业]支付? 如不由合营企叶[业]支付则资本家私人每月要负担无锡厂厂房的地价税、工人的工资福利等 100 余元,恐不妥当,故未敢决定。

(间略)

(六) 关于唐斌安的工资问题

本厂前营叶[业]主任唐斌安自把他安排为常务董事之后非常满意,因此从来不到协新的唐斌安也于协新庆祝合营大会时到厂参加,之后曾通过唐君远来表明政府照顾职位,对工资不应再继续支付,我们以为是表面客气,故发工资时把工资送去,但唐不收退回来,唐君远代其表示,即要支付待遇也只从董、监事车马费的标准支付,我们未敢决定,特请示如何处置。

(七) 大成厂原在河南路广东路有事务所一处,系二层双开间房屋,装修得很好,每月房租只 50 余元,但离本厂太远,派不了大用场,是否由公司统一调拨,请指示。

以上几个问题未能决定,请予指示。

谨致程局长。

公私合营上海协新毛纺织厂

1955. 12. 5 日

(上海市档案馆,档号:B206－1－15－31)

三、企业与市场

实业界之小交涉，丽新与炽昌

（1922 年 3 月 3 日）

周新镇炽昌砖瓦厂为邑绅周舜卿君所开设，所制红色砖瓦销行各处，颇能取信于人。惟去年水灾时有红瓦累万在窑，为水浸湿，致烧成后出售各户，盖诸屋面后，一经雨淋即纷纷消融剥落，无一完全者。惠商桥丽新布厂去冬曾购该厂瓦一万八千块，即以之盖机间。今正雨雪后，果然发现前弊，顿时满屋皆水，且适在装机时代，致工作停止，损失不资。双方已屡起交涉，尚未得有要领。闻此项货价约需银一千数百两，业经交付清楚，不知将来若何了结也。

（《新无锡》，1922 年 3 月 3 日，第 3 版）

水浸瓦交涉未已，丽新厂函述原委

（1922 年 3 月 15 日）

本邑惠商桥丽新路丽新染织整理厂，前因建筑漂染工场曾向周新镇炽昌窑厂购得红瓦一万八千块，价值约需银一千四百余两，当将价银如数付讫。讵该瓦在乡时，已备受大水浸湿，原质已松，致盖屋之后一经雨雪，即纷纷消蚀。雨水淋漓，遍屋是水，所装之机亦遭水锈。当向炽昌严重交涉，无如该厂经理蛮而无理，旋因无可饰词，始派司到丽新换去四百块。事实确凿，曾志三日本报，未几炽昌厂又投函本社，要求更正。本社当然循例为之披露，兹又得丽新厂来函一通，对于此事之原原本本，言之甚详，爰录其函稿于下，以昭翔实。

敬启者，本月初五日，贵报新闻栏内载敝公司因购周新镇炽昌窑厂红瓦，一经雨雪，即纷纷消融，致起交涉等情。采访翔实，无任钦佩，所有在窑曾受水浸，致发生以上情弊诸语。该厂司来敝处验着,亦曾言之,且当时良心发现,送来四百块赔偿损失,无如敝公司所购之瓦有一万八千块之多,四百块何济于事? 该厂目观情形,明知瓦已无一完全,称须有完全之瓦,方可退换。敝公司则以瓦已残碎,约该厂雇工登屋,眼同易去,以明数目,乃舌敝唇焦,徒以货价业经付清,置之不理。敝公司开机在即,不能久停,另易他瓦,一面再与交涉,如无结果,拟将此项瓦下之瓦特别保存,送往各处商品陈列所,为该厂揄扬,使一般工业家为保全自己信用计,对于出品知所研究。因读该厂更正函,素仰贵报主持公道,乞再将此函,登入以明真相,此请《新无锡》报主笔先生著安。

丽新机器棉织漂染整理有限公司启

(《新无锡》,1922 年 3 月 15 日,第 3 版)

无锡丽新机器染织厂广告

(1922 年 9 月 1 日)

此染织界之明星,何谓而发生乎? 盖欲简省资本,利益劳工,发扬国货,挽回利权。上列诸端,维丽新机器染织整理工厂得独到之精神,缘本厂置备之织布、漂染、丝光、上浆、整理各种机器,完全仿照英国最著名之染织厂同样办法,并延英国染织专家□□汤姆司先生为技师,各式出品非常美。备如斜羽绸,直贡呢,线呢,哗叽,丝抢提花缎等,以及三十二支,四十二支,六十支,一百支等丝光线,均能漂染,颜色鲜艳,光彩夺目,实驾舶来品上之。凡各大织布袜厂,能以白坯布之线袜,漂染各种颜色,购办丝光纱线,交货迅速,各大洋货号需用花色,可以门市,不定外货,先令上落,毋须注意。如蒙惠顾,请认明本厂商标,毋任欢迎,总厂惠商桥丽新路发行所北塘财神弄口。电话二百五十八十六号。

无锡丽新机器染织厂启

(《无锡新报》,1922 年 9 月 1 日,第 4 版)

丽新机器织布染色整理公司广告

（1922 年 11 月 2 日）

本公司所出布匹如线呢，直贡呢，斜洋缎，提花缎，丝抢缎等，均经加意研究，故有下列特色：铁机织布，身分匀净，质地坚实，特色一；经过机器烧毛，上光，整理，自能精采焕发，特色二；花色翻新，务求合时，使国人有爱用国货之观念，特色三；各部计师除英国汤姆司君外，其余均为中国高等工业专门人材，特色四；颜料选用英德老牌，不用劣货，故能色艳耐久，特色五；兼做丝光纱线，应用化学药品，悉心配合，不惜工本，故能光彩夺目，特色六；纱线直接向中外各厂定货，价照沪市便宜，牌子、颜色任凭选择，均可照理，特色七；客家自备纱线，自织布匹，委做丝光染色以及上光整理，交货迅速，力矫逾期延误诸弊，特色八；以上各点，举其大概，如蒙惠顾，无任欢迎。总厂惠商桥丽新路发行所北塘财神弄口，电话二百五十八十六号。

（《无锡新报》，1922 年 11 月 2 日，第 1 版）

丽新商标续请备案

（1923 年 3 月 12 日）

吾邑通惠路惠商桥丽新染织整理股份有限公司，前将布匹，纱线商标样本，备文呈送农商部查核备案。经该部查核，除布匹用之"鲤星"商标准予备案外，其纱线商标一种，核与曾经备案常州纺织股份有限公司之"仙女"形似，批驳不准。兹该公司特将是项商标，加印"天孙织锦"四字，改作布匹商标之用。所有纱线商标，则改用"双鲤"。业经将"天孙织绵"商标五份，"双鲤"商标五份，并遵令补送之"鲤星"商标，函送县商会，请转县公署，转呈省公署，咨请农商部备案。县商会据函，昨已转函县公署矣。

（《无锡新报》，1923 年 3 月 12 日，第 3 版）

纽约国际丝绸博览会之报告及评论*

（1923 年 4 月）

纽约国际丝绸博览会之报告及评论（唐炳源）（1923 年 4 月 2 日）[①]

自汉武帝遣张骞使大月氏，通西域诸国，西至安息，南求身毒，频年征伐，威震国外，东西陆路，商业开通，而吾国丝绸出品，从此运销世界。十九世纪，海道通商以来，中国丝绸出品，操霸权于海外市场者，又复数十年，每岁生丝为出品货之最大宗，达海关银百二十一兆余，绸缎出品，且逾三十兆。吾国丝绸，虽未有退步，而日本丝业日旺，销路远驾吾上，其生丝出口，今已五倍于吾，浸浸乎有席卷之势，此岂在乎天意，实则人事未尽之故耳。夫商业之盛衰，全视销路之滞畅，而销路之滞畅，又视乎市上之需要。若不问社会风尚，不察人民习惯，贸然以非时宜之商货，求售于市，则鲜有不失败者也。记者因无锡丝茧公所之推举，由江浙皖三省丝茧公所委赴纽约第二次国际丝绸博览会，代表厂丝业，陈列吾国厂丝出品。今会期告终，回忆此次赴会之经历，益觉吾国生丝业前途之可虑。若欲及早自图，群谋改良，使吾国丝业，在国际上贸易上，有立足余地，端在猛力进行，不可以失败自馁，猛进之道，在有比较观念，力求上进，以科学方法，改良出品，且必研究市场需要，推广贸易。语云：失败者，成功之母。苟丝业同人，读此报告，能翻然憬悟，从事猛进，则吾国现时凋残之生丝业，尚有望他国相颉颃之日也。（未完）

（《无锡新报》，1923 年 4 月 2 日，第 3 版）

纽约国际丝绸博览会之报告及评论（唐炳源）（1923 年 4 月 3 日）

（一）博览会本身。美国之有丝绸博览会，实创议于美国贩丝绸业联合会，所以陈列商货，以广招徕也。因美国丝业会之赞助，且邀请中日□意法等国，赴

[①] 该报道共连载五日，其前三日的报道作者为唐炳源，后两日报道作者为唐增源。

会参与,遂有国际丝绸博览之名称。距今两年前,第一次国际丝绸博览会,设于纽约,此次会场,似在纽约大中宫,大中宫者,为纽约城各种博览会之地点,即临时博物院之谓也。宫有楼房十二层,以有升降机之便利,同日每有数种博览会之举行,而观客往来各层,不相妨碍。第二次国际丝绸博览会,原定于二月五日开幕,后因便利纽约丝商起见,特提早日期,于二月三日售票供游者,是日入场券,每张美金五元,二月五日至十五日,为正式会期,每券取价七角五分,计前后十日内,游客入场者,总数在二十万人左右,其盛况不言而喻。会场占大中宫之层,美国陈列品,几满充于第一、二两层,各色缎带绢绸,新式花绸等,无一不备。而丝袜,丝手套,染丝,染带,看丝灯各项,亦附入会场之陈列。商店有用青年女子,服新式装束,缓步于台阶者,此亦广告之一法也。游客到会者,虽事过景迁,而此种迹象,往往留印于脑中,曰此为某店货也,曰某店货最良也。广告所贵〔费〕不资,而将来收效实大也。中日两国陈列品,均在第三层楼上,日本陈列,仅限于生丝蚕茧,中国虽携有绸匹,亦未受美国丝商与游客之欢迎。(未完)

(《无锡新报》,1923 年 4 月 3 日,第 3 版)

纽约国际丝绸博览会之报告及评论(唐炳源)(1923 年 4 月 4 日)

(二)美国丝界,对于中国生丝业前途之观念,美人羡意法丝织之发达,亦曾从事于植桑育蚕缫丝,奈因工值昂贵,工人性躁,屡试辄败,故每年需用生丝,皆仰给于外人。日人乘机猛进,骤增其出品,而美国生丝业,遂为日本人所垄断。美人苦之,每欲借第二产丝国,设法减杀日本丝业之势力。中日生丝,若在市价上互相竞争,则日本丝价必跌,而美国丝织业之原料,更望诸中国,可无穷尽之虞。是中国生丝之改良与发展,直与美国丝织前途,有莫大关系。固已明了,况吾国生丝,具天然之特长,若改良缫丝,扩充厂业,其出品之质量,均当较优于日本。而吾国植桑之田,数倍于日本,苟用科学方法栽培之,其推广更无限量,此美人对于吾生丝业之前途,所以抱绝大好希望也。

顾中国人普通劣性,每欲不劳而获处之,凭借外人,其结果则客卿洋员,将永握中国财政与关税之命脉,外国公使团,将永为中国之太上政府,代庖政策之施行于中国,实咎由自取,而不能尤人。今也美国人如陶迪等,借一二华商之名,公然设立国际生丝检查所于沪上,一面津贴金陵、岭南各学校蚕桑科,求出产品之进步,一面又抵制中国生丝出口之自由,使华产必由美人检查,必由美人运输，必由美人独享廉价而后已。现美国丝业视察团，已到吾国，闻将有谋设立模范缫丝厂之举，如此反客为主，越俎代庖，非吾国丝业前途之幸福也，凡吾同人，其深思而猛进乎？

（三）中国生丝业改良之研究。观于美国丝商，对吾之态度，吾同人急宜投袂直追，发奋自谋也明矣。细察今日整顿生丝之法，其要点大概有六，以限于篇幅，略述于左。

（甲）曰蚕桑改良之宜研究也。蚕桑为生丝之本，故讲究蚕桑，即为根本问题，如植桑之谓推广地亩，如育蚕之必求选种，如害蚕病虫之设法防范与隔离，如何造就重大茧子，如何讲求饲蚕良法，如何散□强健种子，此等问题，蚕桑学校，虽会讨论之，诵习之，试验之，而尚未能使多数农村中业蚕桑者，一概仿行，苟蚕桑科之知识，仅限学生，而未普及于农民，则收效甚迟，生丝仍难有进步也。（未完）

（《无锡新报》，1923 年 4 月 4 日，第 3 版）

纽约国际丝绸博览会之报告及评论（唐增源）（1923 年 4 月 5 日）

（乙）曰农民育蚕时之资本问题也。日本缫丝厂与生丝贸易公司，每年多有津贴农民资本，或借予款项，取利息亦甚廉，此制吾国极应照办，常见江浙等处育蚕者，累月经营，不遗余力，及蚕将作茧，徒以无资得桑而倾蚕于野，功亏一篑，可惜莫甚。若厂家能津贴，或有银行代垫，则债务之利息低廉，而农民之资本，从此可以运用矣。

（丙）曰缫丝之宜改良也。中国丝多不匀，一丝之中，忽粗忽细，细处力弱易断，加以美国摇丝机器旋转之速无比，机上引力亦甚大，故生丝由第一轴摇至第二轴，一遇细处，立即断折。□胶点太多，遇机上转角处，丝中胶质，结为硬块，捆住附近丝条，而硬块性又坚脆，摇丝时最易断裂。吾国厂丝，昨多纠结不净之品，纺丝时，复须重费清理。美国工价太昂，若用不洁净之华丝，岂不易于亏？生丝出口，号数不定，亦为大缺点，往往一路之中，轻重不等，一批之内，绺各相异。若以织绸，则原［厚］簿［薄］不匀，不能得细软轻簿［薄］之结果。今日厂丝改官［观］问题，注重蚕桑而外，各工人之如何训练，如何优待，与夫缫械之如何改革，如何应用，厂中之烂茧，如何利用，纺丝之如何制造，厂内生丝之如何检查，厂主经营之如何能成永久，皆重要之点也。

（丁）曰自设检查所于上海，广东，大连，重庆及烟台也，检查所每处开办费,约四万元,最好由各该处丝商与厂家集资为股东,自购黑色看丝版,看丝后验测器合力、韧力、坚力及伸长度,各测量机与测胶机,烘干茧、经纬织线测验器等,吾国生丝出口时,庶又免外人之干涉也。(未完)

(《无锡新报》,1923 年 4 月 5 日,第 3 版)

纽约国际丝绸博览会之报告及评论(唐增源)(1923 年 4 月 6 日)

(戊)曰国外直接贸易问题也。吾国生丝出口,全赖日本,美国或其他欧洲各国洋行公司为贸易,每年损失之巨,当以百万计,今欲挽回权利,非从建设直接贸易公司不可。即资本薄弱,不能大举时,驻美之华商贸易公司,如华昌与大中华,兴业等,或可联合成团,共谋恢复中美间生丝之商权。再不然,吾国丝业同人,亦宜派人常驻纽约,探听商情,调查市面,将来筹备直接贸易,即可望有把握。

(己)曰国内丝业团体组织之急应研究□,内地丝茧公所之局面,多限于一乡或一省,迄今吾国尚无全国丝业会之组织,故百事瓦解,整顿乏术,局部之人,徒劳而无功,丝商之政策,欲贯彻而不能,如奖励人民,对于丝茧蚕桑之普通知识也,如派遣专家分赴各国著名丝厂练习也,如专办丝业杂志以通世界丝业之消息也,如丝货陈列所之设备也,诸事待举,而无适当之团体,无完善之组织,则莫能有为也。苟吾国丝业会先是成立者,即选派代表,赴国外参与丝绸博览亦当较易措手,代表团选派得人,而后赴会时,方有具体政策,不至自辱而受人欺侮也。

(《无锡新报》,1923 年 4 月 6 日,第 3 版)

军警学界团体公鉴(广告)

(1923 年 5 月 13 日)

本厂所织花素布匹,色泽鲜艳,洗□不退,已蒙惠顾者交口称许。兹备□军衣黄色,水警灰色,以及学校操衣,团体制服,各色俱全,斜纹线呢,哔叽直贡,任从指定,如荷订购,尤所欢迎,且定价之克己,早有口皆碑,毋再赘述焉。

总发行所:北塘财神弄口;总厂:通惠路惠商桥丽新路;电话:八十六号,二百五十号。

丽新染织整理公司

（《无锡新报》,1923 年 5 月 13 日,第 1 版）

无锡丽新染织公司广告

（1923 年 9 月 11 日）

本公司鉴于外货之充斥,国货之幼稚,缘是特向英国著名工厂定造漂染整理机器及新式织布机器,在惠商桥丽新路,建筑极大,工厂占地七十余亩,聘用英国专门技师并本国工业学校染织专门科毕业生充任助理,染织直贡呢,羽绸,哔叽丝,罗缎,斜纹缎,提花锦缎,文明胶布,各种麻纱,各色丝光厂布,丝光纱线等,出品优良,花色新颖,分销各埠,布满全国,定价克己,出货迅速,如蒙贵客光顾,暨各大布厂委托漂染整理纱布等件,毋任欢迎,特此露布。总发行所:光复门外汉昌路中。

（《新无锡》,1923 年 9 月 11 日,第 1 版）

丽新布厂发行所失窃

（1923 年 10 月 10 日）

被失提花丝抢布匹　值洋一千余元

光复门外汉昌路丽新染织公司发行所,于八日夜三时左右,有窃贼从后门掘洞而进,窃去提花丝抢布匹等共计八十余匹,约值洋一千余元之巨,待至天明始悉。昨由该厂经理函报县警察所,请求踩缉①。李警佐据函后,昨已训令各

---

① 踩缉指缉捕、捉拿。

分所分驻所长警,并侦缉队一体严缉,务获解究云。

《无锡新报》,1923 年 10 月 10 日,第 3 版)

丽新染织整理公司（广告）

（1924 年 3 月 3 日）

　　本公司机器漂染整理布匹纱线,为中国最新事业,凡经本公司漂染各货,颜色艳丽,光彩夺目,惟孜求不厌精详,以冀造诣上乘,故再续购最新式精炼丝光及元青等各种特别机器,玩[完]已次第装置工竣,此后出货,务臻完备,用副爱国诸君期望之盛意,并购置铁机,自行织造各种新样布匹,花色繁多,不及备载。如荷光顾,请赐玉各发行所及分销处接洽,无任欢迎。

　　总厂:无锡惠商桥丽新路,上海北京路庆顺里。

　　发行所:无锡光复门外汉昌路,南京下关二马路升和里,湖州久丰夏布行内。

　　分销处:镇江源大夏布行内,南京椿源祥纱号内,济南庆祥茂纱号内。

（《苏民报》,1924 年 3 月 3 日,第 1 版)

无锡丽新染织整理公司（广告）

（1924 年 9 月 5 日）

　　本公司购置英国漂染整理织布机器,延聘漂染专家,悉按化学原理精制布匹,如羽绸、泰西缎,丝罗缎,直贡呢,毛哔叽等类,布身冠正,色彩鲜艳,均能与舶来品匹敌,兼制粗细丝光纱线,并营代客漂染整理纱线,布匹。行销以来,深荷国人赞许,倘荷赐顾,请认明下列商标,庶不致误。

　　总公司:无锡光复门外汉昌路中,电话六百二二号。

　　商标局注册:鲤星牌、天孙织锦牌、双鲤牌、千丰[年]如意牌。

工厂：无锡惠商桥丽新路，电话二百五十号。

发行所：上海江西路三和里，电话中五二二二号；南京下关二马路升和里，电话下关五五三号。

（《无锡新报》，1924 年 9 月 5 日，第 1 版）

无锡丽新染织整理公司征求广告稿件

（1925 年 6 月 24 日）

本公司自民八国耻发起购置机器，织染各种布匹，均属仿照外国货品，为中国实业界开新纪元，花色类别有百数十种之多。际此外患，孔亟同胞努力提倡国货，不有广告，虽使尽人皆知，为特登报征求广告稿件，如蒙爱国同志惠赐稿件者，不胜欢迎，一经采用，当赠以价值十元之本公司出品，借酬雅谊。（拟稿须知）

（一）本公司经农商部注册发给部照，财政部税务司核准只完正税一道，免纳沿途厘捐。

（一）本公司商标有四种，为"鲤星、千年如意、双鲤、天孙织锦"，均备有小锌板。

（一）本公司曾得上海总商会商品陈列所，江苏第二次省地方物产展览会，天津观摩会最优等奖励。

（一）本公司拟登阔度工部尺四寸，长度七寸地位之广告。

（一）本公司广告体例，格式不拘，务以简明清晰，易起国人注意，庶能坚持到底，始终不懈。

（一）惠稿请于夏历五月四日前寄无锡光复门内映山河丽新发行所，过期不收。

（一）本公司工厂在无锡惠商桥丽新路无锡发行所，暂设光复门内映山河丽华布厂，上海在江西路三和里，南京在下关三马路中，市分销处［在］南京城内，镇江，济南等埠。

无锡丽新染织整理公司启

（《锡报》，1925 年 6 月 24 日，第 1 版）

中华国货展览会开幕盛况

（1928 年）

（前略）会场之布置：会场前之国货路南北入口，各搭彩牌楼一座，四周并由公用局分置进出停车等指示牌，会所门口新建之牌楼，亦已髹漆完工。入门为大礼堂，门口交悬电灯国旗，礼堂可容数千人，内有半圆形之大演台一。开会后，聘请名人演讲，以及各种游艺舞蹈电影等，均在该处举行。礼堂之右为东院，院前广场，绕以竹廊，场心有中国水泥公司赠建之喷水池，四周满植花木。礼堂之左为西院，则为儿童体育游戏场，中有音乐亭，四周分置秋千、滑板、荡木等，以供儿童游戏之用。陈列物品各室，均经编制号码，自东院下层右编起首为一零一至一零二为事务室，次一零三号至四号为电汽机械部、一零五泰山砖瓦公司、一零六中国水泥公司、一零七昌五金号、一零八开滦公司，一零九至一一一号为毛革建筑工业用品部、一一二张元春木器号、一一三至一一五饮食品部、一一八至一二〇广东室、一二一楼梯、一二二至一二四北平特别陈列室、一二五至一二八河北特别陈列室、一二九会议室。一三〇会客室、一三一至二委员办公室、一三三至五职员办公处。东部第二层编起二零一至二食用医药原料部、二零三至五商务印书馆、二零六至七江南造纸厂及教育医药品、二零八南洋兄弟烟草公司、二零九至一一中华书局、二一二益中机器公司、二一三至一五艺术品、二一八至二二〇日用品部、二二二至二四纬成公司、二二五至二八机丝织同业公会、二二六至二九无锡丽新染织厂、二三〇申新纱厂、二三一华新纺织公司、二三二至三五染织品部。礼堂前楼为上海市政府陈列室，后楼为福建部。以上均为陈列部分。西部第一层礼堂侧，一三八五洲固本皂厂，一三九为陶石斋、三乐真茹培德售品部，一四〇都锦生丝织厂，及南洋兄弟烟草公司售品部、一四一恒兴糟坊、振宇牙刷厂、德和丰布号售品部、一四二五三中国货社、兄弟工业社、民生化工社、利民公司售品部，一四三至四六上海银行特设会场临时分行、一四七、八中华书局售品部、一四九沽之哉、一五〇先施化妆品公司、一五一广生行售品部、一五二楼梯、一五三、四商务印书馆售品部、一五八益丰搪磁售品部、一五九中华搪磁、一六〇大华铁厂、一六一顺昌永料厂、华德呢帽售品部、一六四、五冠生园茶点处。西部第二层二三八至二四二浙江陈列品,二四三以下均为售品处。二四三胜德,二四四久和、五和二厂,二四五祥泰建新双轮,二四六三友社,二四七美亚,二四八新亚,二四九经纬,二五〇上海皮货,二五一天福绸缎,二五三纬成公司,二五四胜达,二五五本会寄售部,二五八振华染织、启文丝织及两湖茶叶公司,二五九孔雀领带公司、庆成绸缎厂,二六〇华东织造厂,二六一益中电气及伟特电池厂,二六二纬纶毛织厂,二六三冠生园,二六四达丰染织厂、永安堂及春华绸厂,二六五广生行。东第三层均为陈列室,计三零一至二家庭日用品、三零三至五号锡器特别陈列室、三零六至七古玩、三零八苏绣、三零九至三一一磁器、三一二杨庆和银楼、三一三至一五丝业、三一八至二〇华茶公司、三二二至二五先施公司、三二六至二九永安公司、三三〇至三三新新公司。各该会项陈列布置,大致如此。(后略)

(《商业杂志》,1928 年第 3 卷第 12 号)

丽新帐纱（广告）

（1928 年 3 月 14 日）

第一优点:花样美观;第二优点:身质坚牢;第三优点:透凉爽快;第四优点:颜色鲜洁。人人欢迎,价目低廉,本邑各大绸缎庄均有出售。电话:六二二,地址:通运路。

(《锡报》,1928 年 3 月 14 日,第 1 版)

丽新染织公司广告

（1928 年 7 月 12 日）

无锡丽新染织公司用最新式机器,织布、漂染、丝光整理各种完备。

(《申报》,1928 年 7 月 12 日,第 13 版)

工商部调查国货呢绒表，通函各省市令人民购用

（1928 年 10 月 15 日）

　　查近来市上服用短装者，触目皆是，惟察其质料，多半系采用洋货，金钱外溢，殊属可惜。工商部有鉴于此，特就调查所得之国货，如苏、沪、广州等地各工厂所仿制之呢绒哔叽，暨其他替代品，种类甚多，编制成详表，函送各省市政府，通令所属人民一体购用。闻其通函，日内即须发出，吾人爱国情殷，自易按图索骥，是于国计民生两有裨益。事关提倡国货，非徒托诸空谈，而该部遇事精细，又深得施政之要术焉。兹为觅得原函稿与调查表式，抄录如左，以供众览，俾各于治装之先，有所取法借镜。

　　径启者，查近来社会采用中山装、学生装及西装者，日见增多，惟所用质料，大半系舶来品，金钱外溢，殊属堪虞。苏、沪、广州等地各棉毛织品工厂所仿制之外国呢绒哔叽，暨其他替代品，种类尚属不少，且出品优良，与外货不相上下。兹就调查所得，将厂名出品及商标等，暂印简表，函送查照，即希贵政府通令所属人民一体购用，以挽利权而维国产，至纫公谊，云云。

国货哔叽呢绒织品最近调查表品[①]

厂名	地址	出品	商标
先达纺织厂	上海	条子驼绒	先达、骆驼
胜达呢绒厂	上海	驼绒、呢绒	
维一毛织厂	上海	驼绒、毛绒线	双鹿、蝴蝶
九如公司	上海	哔叽	九如
纬成公司	上海	纬成呢	

[①] 该表为编者根据原文绘制。

厂名	地址	出品	商标
天衣织绸厂	上海	银河缣(代华达呢)、璧棉(代哔叽)、天衣绢(代羽纱)	
锦华丝织厂	上海	素华绒	
三星棉织厂	上海	中山呢	
华东织造厂	上海	华东绉呢	华东
广经纶黄埔织造社	广州	各种棉织布	女子织布
三友实业社	上海	自由布、各种棉织布	三角
达丰染织厂	上海	各种线布	孔雀、四喜等
启明染织厂	上海	哔叽、毛呢	双童、五子
华阳染织厂	上海	中山呢、斜文布、素哔叽	太阳图
大森染织厂	上海	绒呢哔叽	独立全球
丽新染织厂	无锡	哔叽绒呢、中山呢、自由布	双鲤等六种
振华仁记染织厂	上海	线呢	亨
勤丰染织厂	上海	各种线布	勤、七巧会、进财图
鸿裕染织厂	上海	线呢、哔叽	单凤
中华染织厂	上海	丝光、线呢	
三新染织厂	上海	线呢、哔叽	三星、五星、七星
大通染织厂	上海	哔叽	
五福染织布厂	上海	线呢、雪花呢	五福
厚生滋记纺织	上海	各种纱线、布匹、哔叽、直贡呢	五福、红蝶、蓝蝶、红鸡等
华彰厂	上海	丝光线呢	
正新厂	上海	丝光线呢	
成丰余记布厂	上海	各种绒布	
复裕恒布厂	上海	在山呢、斜文布	

厂名	地址	出品	商标
成章布厂	上海	线呢哔叽	
广德织布厂	上海	线呢哔叽	
德泰丰棉织厂	上海	线呢哔叽	
宁水织布公司	广州	各种棉织布	塞厄牌
民生布厂	广州	各种西衣土布	西施浣纱
元通布厂	上海	直贡呢、哔叽线呢	
华大织布厂	上海	线呢哔叽	
惠元布厂	上海	线呢	
精勤布厂	上海	线呢、十字布	
绪元织布厂	上海	丝光线呢	
聚昌布厂	上海	直贡呢	
同盛布厂	上海	线呢哔叽	
振丰布厂	上海	线呢	

（《大公报（天津版）》,1928 年 10 月 15 日,第 8 版）

丽新公司新出自由呢（广告）

（1928 年 11 月 14 日）

丽新公司新出自由呢,幽雅美观,秋冬咸宜。地址:通运路中。

（《锡报》,1928 年 11 月 14 日,第 4 版）

一年来商业之回顾

（1929 年 1 月 1 日）

今日为元旦日，调查十七年度之邑中各业状况盈亏，因社会上仍多沿用旧历，故账目尚未完全结束，盈亏尚无标准。兹经调查得布厂、碾米两业营业状况如下：布厂：业邑中如丽新等布厂，近年虽无巨利可图，但足敷开支。本年因仇货不能入内地营销，民间大多购买国货代替，布厂业因此获利较往年为佳，丽新、丽华、劝工等厂，均有盈余，尤以丽新为最。（后略）

（《申报》，1929 年 1 月 1 日，第 23 版）

染织业盈余概况

（1929 年 2 月 13 日）

邑中染织业，去年因时局平靖，兼□抵制劣货关系，故各厂营业，大见发达，北门外惠商桥下丽新染织厂，为邑中最大之厂，其资本约有百万，去年可获利六七万元，其余光华、丽华、劝工等厂可获利万元左右，其余恒丰、竞华、南昌、怡盛等厂均可获利六七千元不等。

（《申报》，1929 年 2 月 13 日，第 12 版）

赠送样本

（1929 年 3 月 23 日）

敝公司新出自由呢,花式新颖,洗洒[晒]不退,为各界所赞许。今为便利惠顾诸君研究起见,特备样本多种,欢迎选购,各界函索请附邮票一分,当即寄奉也。

丽新公司门售部谨咨;地址:无锡通运路;电话:六二二。

（《锡报》,1929 年 3 月 23 日,第 1 版）

各业出品审定等级

（1929 年 8 月 14 日）

润丰红屑豆饼、积馀堂白粳、丽新府绸、申新纱、锦记丝　均特等奖

县政府近奉建设厅训令,所有本省各县各种出品,业由中华国货展览会审定应奖等级,制发奖章奖状,以示鼓励而昭激励,并随发奖册及纳费清册到县,昨由孙县长令行县商会,转饬获奖各厂号知照,令文如下。

为令遵事,案奉江苏省建设厅第一四〇八号训令,内开:案准中华国货展览会函开,查本会审查完竣,贵省各种出品,应奖等级,业经审定,其奖章奖状,亦经分别赶制,兹特检同审定奖册,及纳费清册,一并函送,即希查照,分别转知,并希先将章状费汇汇来沪,一俟前项章状制备,另行邮寄,相应函达,即希察照办理,并盼函复为荷,等由。准此,除函复外,合行检发出品等第奖册及纳费清单,令行该县长分别转知各该商号或厂家,如需领取章状,仰即备齐费银,汇交原征集出品机关,径寄该会请发可也。此令,等因。计发奖册一本,纳费清单一纸,到县。奉此,合行抄发原函,令仰该会转饬该商号或该厂家,如需领取章状,仰即备齐费银,汇交本政府,以便转寄该会请发。此令。

计开特等奖:润丰油厂出品红屑豆饼,积馀堂白粳,丽新染织厂府绸,申新纱厂之纱,锦记丝厂之丝。优等奖:老裕仁银楼所制银质奖章,李万生花烛,广勤纱厂之纱,大生之花边。一等奖:龙源盛之泥人,三乐之蜜桃,恒德油厂之油。

(《新无锡》,1929 年 8 月 14 日,第 3 版)

国货展览会出品给奖

(1929 年 8 月 15 日)

中华国货展览会,各地出品,均经审查完竣,评定等次,分别给奖。无锡出品之得奖者,计(特等)润丰油厂红屑豆饼、积余堂白粳米、丽新染织厂府绸、申新纱厂纱、锦记丝厂丝;(优等)老裕仁银质证章、李万生花烛、广勤纱厂纱、大生公司花边;(一等)龚[龙]源盛泥人、三乐社密桃、恒德油厂油。此外得二等奖者为数更多,业由建设厅令行县政府转行县商会分饬各该出品人备费具领证章奖状。

(《申报》,1929 年 8 月 15 日,第 10 版)

丽新染织整理有限公司出品

(1929 年 9 月 29 日)

本公司痛心于洋货之充斥,利权之外溢,以中国之人民因无良好之布料,致不得不仰求于外人,同服舶来洋布所制之衣服,故本爱国精神,集资建造宏大工厂,装置新式机器,聘请专门技师悉心研究数载,于兹所出货品,花样新奇,项目坚韧,颜色鲜艳,历久不退,久蒙各界人士所称许,现正值爱国志士提倡国货之期,本公司自当对于出品精益求精,对于价地格外克己,以副惠顾诸君之雅意。

各种出品名目列下:直贡呢,华达呢,线呢,绉地呢,条格花呢,格哗叽,条府绸,各色斜纹,羽绸,十字布,条格洋纱,蓝条斜纹,自由布,冲毛葛,中山呢,丽新蓝布,尚有其他名目不及备载。

商标:鲤星牌,司马光牌,天孙织锦牌,双鲤牌,惠泉山牌,千年如意牌。

(《国民导报(星期增刊)》,1929 年 9 月 29 日,第 3 版)

查禁仿冒丽新商标

(1930 年 1 月 23 日)

本邑丽新纺织厂所出之货品,均极精良,商标有"鲤星、天孙织锦、司马光、惠泉山、千年如意、双鲤、菱角式"七种,均经商标局注册。近因上海益泰洋行,专贩日本布匹,为避免民众抵制目标起见,仿冒该公司"千年如意"商标图样,改名"年年如意",意图影射。经该公司查得,呈请商标局查禁。昨日该公司接奉商标局训令云:

为令知事。案查该商□请查禁益泰洋行冒仿"千年如意"商标一节,当经本局据情呈请工商部转咨查禁,并批仰即知照,各在案。兹奉工商部商字第七六四三号指令,内开:呈件均悉,已据情转咨江苏省政府上海特别市政府,分别饬属查禁矣,仰即知照。此令,等因。奉此,合函令仰知照。此令。

(《锡报》,1930 年 1 月 23 日,第 3 版)

往岁商业之回顾

(1930 年 2 月 2 日)

自国府厉行国历以后,商家以一时尚难更改,仍于阴历年终结束账务。兹就各业红盘调查所得,撮要录下:

（前略）厂布一业，以东货解禁，多数布商，竞进东货。加以年岁荒歉，时局不靖，故销路大受影响，惟丽新染织厂出品既精，花色亦多，销路区域极广，年终红盘，约可盈余数万金，余如劝工、丽华、光华，均平平而已。

（《申报》，1930 年 2 月 2 日，第 10 版）

马路上丽新门售部国历六月十日起举行大赠扇

（1930 年 6 月 22 日）

本公司特备精美团扇，男、女折扇五千把，赠送各界，多购多赠，送完为止，机会难得，幸勿失之。

（《锡报》，1930 年 6 月 22 日，第 1 版）

工业物品实验所添办织物试验

（1930 年 9 月 8 日）

本市市立工业物品试验所（地址霞飞路和合坊四号，电话三七二六三号），自前年开办迄今，已将两载，受理市内各厂商委托试验及研究事件，合计已二百数十件，深得社会信仰，声誉卓著。本年度又添办织物试验，向外洋订购□器，派员分赴各厂，征集出品。经陆续送所者，如通成纺织公司之绒布，上海织造厂、同济袜厂等之纱丝袜，锦云、美亚、物华等绸厂之绸缎，达丰、丽新、鸿新、三新等染织厂之各色布匹，求安、恒丰、厚生、振泰等初织公司之粗布，三星棉铁公司之各色棉织品，五和织造厂之各种汗衫、卫生衫、裤料，华成帆布厂之帆布，垦荒花绸厂之北绸，章华大华呢续厂之毛织物等，统计已有三百余件。其他正由机制国货工厂联合会、绸缎同业公会、针织业同业公会等代行征集，目下所购机械，已陆续到所，装置完毕，不日即可开始试验。同时拟采集各种舶来品,作同样试验,探求优点,为改良国货之借镜。凡市内各织造厂,欲辨别其出品(布、绸、呢、绒、哔叽、袜、汗衫裤、卫生汗衫等)质量之优劣、强力之大小、颜色之坚牢与否,或与同样舶来品比较质量,均可遵照该所章程,委托试验,出具证明书。其他如各机关、各学校或个人采办衣料呢□毯等类,欲求判别优劣,或鉴定解交货物,与样子是否符合,该所均可代行试验,取费极廉云。

(《申报》,1930 年 9 月 8 日,第 14 版)

染业同行纠纷,丽新等十一店铺联合控诉老正和,吁请县商会纠正

(1931 年 8 月 17 日)

登报抑价,不独欧战以前所无,全世界亦无此贱卖,若不救济,势必次第倒闭,同归于尽。

本邑丽新、英明、伦敦、亚美、振新、竞亚、美丰、美华、美利、老信太、新兴等洗染店,为杜同业老正和染厂擅私廉价,招徕生意,特联合本邑洗染业公叩县商会纠正,借敛纠纷,兹录吁文如后。

谨函者,窃敝同业等所用原料,均采自外洋,际此金潮澎湃,生活高腾,而成本日高,售价依旧本已岌岌可危,朝不保夕之势,不料近有老正和染厂,在露华街内从事装修,登报抑价。观其所定价格,仅占市场十之三四倍,在工食亦不能保本,不独欧战以前所无,即全世界亦无此贱卖,实属有意破坏安全,扰乱市面。若不吁求钧会救济,将来势必次第倒闭,同归于尽。矧此情形,敝同业等惟有停工以待,则数百工人一旦失业,来日纠纷何以善后?为特检呈邑报,及市上原价表各一份,吁求钧会察核情由,俯念艰困,准予传知该号经理到会,予以纠正,以免纠纷,至纫公谊。

(《无锡报》,1931 年 8 月 17 日,第 3 版)

国货匹头沪市销场甚佳

（1932 年 4 月 11 日）

上海六日讯。国产匹头，系包含仿洋货机制各品，年来销路，颇呈孟晋之势，以前已有显著之成绩者，前首推达丰厂，对于本客方面，销路俱有相当势力。近来则以上海印染公司出品，大有蒸蒸日上之象，花布一项，日销达百件左右。无锡之丽新及庆丰纱厂，出品亦突见改良，若八四原布衬绒等品，均为是次抵制后所织造者。常熟江阴二埠，为规模较小之厂家荟萃之区，上年所出之直贡呢细哔叽二项，亦颇不少。鸿章厂年来专营染色一门，申新纱厂除织棉布外，上年添织花布坯及绒类，可于国产界放一异彩。此外织造线呢、条斜府绸等品之厂，在本埠者亦达百余家，现在租界方面，已陆续开工。闸北尽毁于炮火，南市在观望中，迩来以上海花布去路，最为畅达，兹将各价列左。（后略）

（《大公报（天津版）》，1932 年 4 月 11 日，第 6 版）

海外侨胞关心祖国，征求棉织物样品，
菲律宾华商会来函

（1932 年 6 月 6 日）

抵制仇货，必有国货为之替代；丽新等厂，纷将出品寄菲陈列。

自暴日侵沪后，抵制仇货，益形剧烈，而抵货又以倡销国产为先，东南数省，及海外群岛侨胞，爱国热忱，尤形蓬勃。最近本邑丽新，光华，三新，丽华等各布厂均接得菲律宾岷里拉中华商会许友超主席来函，征求样品，以备陈列展览，兹录原函如下：

敬启者，自暴日侵我东北，占我淞沪，我海外侨胞闻讯之下，热血喷涌，除募捐接济前敌,赞助国防外,抵制仇货运动,亦随之而风起云涌。惟是抵制仇货,必有国货为之替代,方声持久有效。查我国近年,工业进步,其制造品,足与外货竞争者,亦颇不乏。本会为提倡国货起见,特拟征求各种货样,分类陈列,借资公鉴,而利推销。素仰贵厂出品精良,蜚声遐迩,用特具函奉达,务希将所出品各种货样,检齐寄下,并将品名,商标,数量,价格,出品人姓名,地址,详细开列。本会已专备展览室,当即陈列,供众观览,并尽力设法介绍推销,事关抵货救国运动,想台端必乐与襄助也,云云。各该厂□□后,业已检集各种样品,备函交邮寄去,以备陈列展览,发扬海外贸易,同□尚有爪哇华侨里汶埠中华商会,特派代表郑蔀备君回国,调查国内产品,俾可运往国外,竭力推销。凡我国货商人,正宜及时请求出品之改良及增加,以冀不负侨胞关怀祖国,推销国产品之热忱云。

(《新无锡》,1932 年 6 月 6 日,第 3 版)

国货绉布汗衫大贱卖

(1932 年 7 月 8 日)

每件只售四角五分,每打批售五元,欲购者请至马路上丽新门市部,并兼售西装、内衣,定价非常便宜。

(《人报(无锡)》,1932 年 7 月 8 日,第 4 版)

丽新纱货特别贱卖

(1932 年 7 月 18 日)

本邑丽新公司门市部所售之国货麻纱布匹,销路奇畅,近因时届夏令,纱货为各界所必需,并为提倡国货计,今日起,实行平尺平价大贱卖,价格在本报今日广告栏披露,并欢迎各界仕女,前往参观云。

(《锡报》,1932 年 7 月 18 日,第 3 版)

丽新纺织漂染整理公司启事

(1932 年 8 月 5 日)

本公司设立纱厂、布厂、染厂,连续工作,制造精美细纱、股线、布匹,达到自纺、自织、自染,完全国货目的。际此提倡国货时期,一律廉价出售,以副爱国同胞之盛意。

(《人报(无锡)》,1932 年 8 月 5 日,第 1 版)

丽新门市部特设服装部

(1932 年 11 月 3 日)

各式西装,内衣,各种奇异童装,一律廉[价]出售。地址:通运路中。

(《人报(无锡)》,1932 年 11 月 3 日,第 4 版)

丽新门市部今日指定发布,推广国货,空前大牺牲

(1933 年 3 月 21 日)

丽新公司,为吾国著名之染织厂,出品精美,夙为各界人士所称道。最近该公司门市部,为优待顾客起见,不顾血本,将布呢零段,削价出售,价廉物美,实

属空前大牺牲。故昨日上午往购者,争先恐后,蜂涌如潮,不下数百人。门市部职员有限,有应接不暇之势,遂发给小票,定今日上午十时至十二时,下午二时至五时,假长康里商圈第四支会楼下验票发布,此举全属推广国货,印象深入民间,殊可嘉也。

(《锡报》,1933 年 3 月 21 日,第 3 版)

丽新布厂零头布大减价

(1933 年 3 月 21 日)

每一丈仅售二角　拥挤得不堪言状　今日在长康里票票发布

马路上丽新染织厂门市部,近将各色零头布配成一丈,分别纸包,于前日向各处散发传单,自昨日起规定正午十二时至一时,每丈仅售大洋二角。一般顾客认为每尺只合铜元六枚,真是羊肉当狗肉,买回去可做衣里子之用,于是不约而同于上午九时左右,即有人前往守候,渐来渐众,迨至十一时,已有六七百人,室内挤得已无插足之地,而后来者尚续续而至。该厂见人数过众,恐肇事端,遂将铁门关闭,并以时间,手续均感不及,决定在内者收款,分发小票一纸,翌日领货(见本报封面广告),其时门外尚有数百人,见铁门严□,即在外哗吵大骂,围聚不散。该管公安第二分局长朱念生闻讯,立派警长一名,警士四名,前往劝令散去,毫无效验,即由该厂用电话分报公安总局及县警察队,请派警前来解散。未几,警察队派来巡士一排,竭力劝说,几至舌疲唇焦,仍不肯散,时已下午四时左右,亦由大队长王次青续派一中队巡士,并命中队长率领赶到,好容易将众人劝散,未肇事端,尚为幸事云。

(《新无锡》,1933 年 3 月 21 日,第 3 版)

丽新门市部优待儿童，儿童服装及学生装四月四日一律八折

（1933 年 4 月 3 日）

四月四日为世界儿童节，全国各地，举行纪念大会，本邑各机关学校，亦经推定职员负责筹备，第一区区长钱钟亮、商会文牍李伯森两君，更热忱赞助，特于前日联名函致各业，转知各商店，对于儿童用品，减低价目，借资纪念等情，已志本报。兹悉本邑丽新布厂门售部，爰先热烈提倡，将该厂所由国货布匹制成之儿童服装及学生装等，是日（四日）一律八折廉售，借资提倡而重纪念云。

（《锡报》，1933 年 4 月 3 日，第 3 版）

无锡丽新纺织漂染整理公司新出防雨呢

（1933 年 6 月 22 日）

防雨呢，防雨府绸为本公司之新出品，虽久经雨淋，并不透漏，犹如荷叶擎露，浮珠不渗，以之制衣，晴雨可着，诚属最便利、最经济之衣料，价廉物美，经久耐用，颜色均备，整批、零剪，无不欢迎。如蒙赐顾，请至马路上本公司门市部选购，在此减价期内，定价格外克己。

总厂：无锡惠商桥丽新路，总发行所：无锡通运路。

（《锡报》，1933 年 6 月 22 日，第 3 版）

日纱倾销声中，无锡纱厂营业不振

（1933 年 8 月 28 日）

　　无锡为华商纱中心点，前因华纱销路倾跌，各厂存货山积，深感维持为难，曾有减工之举，以为出产过剩之消极救济。实行以来，未见有显明之效能，甚且进一步而停开夜工。其时本邑各纱厂，以居处内地情形不同，尚未感到若何影响，故减工一月期满后，各厂鉴于出纱需要，即不继续减工。但洎乎最近，全县七大纱厂，均渐感纱销阻滞，营业不振。兹据纱业中人所谈，纱市不振原因，及锡邑纱厂现状甚详，亟志之如次：

　　日纱倾销：本年各业萧条，纱厂一业，亦因社会经济之恐慌，而陷入不景气状态。查我国纱厂，以机械及技术之落后，华商细纱绝少在海外市场有角逐位置，纵华商需用三十二支以上之细纱，已大都采用外货，而外纱充斥于我场者，首推英日两国。自"九一八""一·二八"事变相继发生后，各地反日运动剧烈，日纱生路告绝，华纱顿形活跃，故上年各华纱商均大获盈余。洎乎今年，人民反日心理，渐见冷淡，日纱又乘机改头换面，倾销内地，跌价竞争，攫夺我纱销，影响殊巨。华商大半私人投资，政府不能作强有力援助，日纱商则政府予以经济之扶助，尽量充实其远东市场营业之发展，同一出纱，华纱开价二百三十元，日纱无论其成本若干，其售价为二百十或二百二十元。如此竞争，华纱遂大受打击，一蹶不振矣，此为纱市不振原因之一。

　　纱销呆滞：次言纱之销路，查华纱销路，既不能及于海外，在华去路，南以四川、广东、福建、汕头，北以济南、青岛等处。余如江西、汉口，亦为采购大宗之区域，但年来内地战争屡起，交通阻滞，各帮绝少巨量进胃。本邑各厂出纱，销行于外省者尚小，大部营销京沪线，如武进、漂〔溧〕阳、宜兴、丹阳等县及本邑四乡，采作小布厂纺织布匹，及粗纱洋袜等用。惟近来日纱倾销，固已侵夺我华纱市场，而日货布匹之对华倾销，我国布厂，亦同样遭受重大打击。布厂业之不景气，纱业营业连带的感受衰落，亦造成目下纱市不振之原因也。

　　锡厂现状：无锡纱厂，原有申新、广勤、庆丰、振新、振新、豫康等六家，现以丽新染织布厂，添置纱绽［锭］，纺纺自用，综计共得七家，纱绽共有二十一万六千枚。各厂出纱最多者，每日约可一百二十余件，少者约四五十件，其销路在两月之前，尚称发达，故均照常开工。惟最近以棉价上涨，纱价依然衰颓，销路反不流畅，至各厂莫不暗中亏折，深感维持为难，将实行减工。庆丰纱厂已决定第一工场，每周停工三天，第二工厂每隔一周工作，业于昨日起实行。此外业勤纱厂，以原料缺乏，又因修理机件，已停止工作。至开工之各纱厂，为维持工人生活，均勉强维持，但折合原料，每出纱一件，须亏耗十余元，故各厂咸感极大恐慌。盖纱市倘无转机，则此暂时局面，亦不能支持云。（廿四日）

（《大公报（天津版）》，1933 年 8 月 28 日，第 6 版）

无锡丽新纺织漂染整理公司出品广告

（1933 年 9 月 3 日）

　　本公司购置新式纺织、漂染、丝光、整理各种机器，聘请专门技师，自纺细纱及织制各种时新布匹，所出货品质韧色艳，光采充足，堪与东西洋货匹敌，历蒙江苏省地方物产展览会，工商部中华国货展览会，西湖博览会等发给特等奖章，财政部及税务处核准，照机制仿造洋货例，只完正税，概免杂征，如蒙惠顾，请认明下列商标及布头所贴国货证明书是要。

　　主要出品名目：直贡呢、华达呢、绉纹呢、格子呢、花线呢、冲毛葛、冲西缎、斜羽绸、条板绫、条府绸、条雪丁、十字布、自由布、黄斜纹、蓝细布、法蓝呢、中山呢、格子绒。

　　本公司出品永不退色。

　　商标：鲤星牌、司马光牌、千年如意牌、双鲤牌、惠泉山牌、天孙织锦牌。

（《国民导报》，1933 年 9 月 3 日，第 5 版）

丽新纺织漂染整理公司广告

（1934 年 5 月 3 日）

妇女国货年之大贡献,本公司最新出品现代化丽丽纺。

裁制单旗袍,既摩登,又经济。质地与颜色,最耐用,不褪色。奉送缝工一百件。

兹为新出伊始,暨普及起见,倘至本公司门市部购买者,代制工资一律免费,以示提倡,惟以一百件为限,捷足先得,幸勿失之。

各大绸庄均有出售。

丽新纺织漂染整理公司谨启

（《人报（无锡）》,1934 年 5 月 3 日,第 1 版）

丽新纺织公司敬告团体机关学校公鉴（广告）

（1934 年 5 月 13 日）

本公司此次新出品"丽丽纺",经久耐用,洗晒不退,为现代女界最摩登之衣料。兹为新出伊始及推广起见,于三日起代制衣服,缝工一律免费,以两百件为限,不料购者踊跃,限额早以赠满,然后至者纷纷而来。现有各女校及制种场等均来要求展期,以免远道之不及。敝公司为盛意难却,于今天起继续两天（十三、十四号）,惟须备有证章者,否则恕不代制,以资限止,特此敬启。

（《人报（无锡）》,1934 年 5 月 13 日,第 1 版）

民国二十三年的中国棉纺织业（王子建）

（1935 年）

（国立中央研究院社会科学研究所来稿）

由于近年来国内经济的衰落和农村的破产,中国棉纺织工业在民国二十一年的时候已呈现着初期的恐慌,到二十二年而恐慌益深,衰落益甚。一方面纱师之陷于收歇或停业者,时有所闻;一方面市场上存纱越积越多,找不着出路。四、五月间,全国纱厂议决一律减工一月,把运转的纱锭数减少百分之二十三,以求供需的平衡。然而事实上逆境并未因此而转好;所以在秋间又有由政府,金融界,和棉业界人士联合组织的棉业统制会的成立,想用"统制"的策略来解决棉业的恐慌,结果怎么样呢？ 棉统会的第一件实施工作就遇到了困难,使它的整个的计划不得不把"救急"的工作暂时搁下,而致力于"治本"的基础工作,民国二十二年的棉业界,就这样地始终沈浸于深度的恐慌中。

二十三年国内农村经济仍然未见复苏,一般的经济依旧深陷在不景气的氛围中,棉业当然也不能成为例外。棉业统制委员会既然专致力于治本的工作,目前的棉纺织业便只有随着环境的推移而自然演变,其结果,使二十三年的中国棉工业显然地现出了两种特殊的现象,一是纺锭和减工同趋于增加的矛盾现象,一是棉价和纱价不能趋于一致的不调协的现象。这两种特殊的现象究竟怎样表露出来的呢？ 为什么它们会演变成这样的局势呢？ 这就是本文所要叙述的。此外,棉货的贸易情形和棉业统制委员会的工作成绩,在这文里也附带的叙及。

一、棉纺业的矛盾现象

近年中国棉纺业的不景气,尽人皆知。据常人的推测,总以为在这种极度的恐慌之下,纱锭的减少一定是必然的结果,可是事实怎样呢？ 近年纱锭数非但未见减少,而且依然在继续增长。二十二年末全国实际开工锭数为四·六四〇·二〇六枚,二十三年六月底全国实际开工锭数增加为四·六七八·二七二枚,半年间实增了三万八千余锭。若以十九年末实开锭数当做一〇〇,二十一年末的实开锭数就应当是一一五，二十二年末的实开锭数就应当是一一九，二十三年六月底的实开锭数就应当是一二〇。从下表所列的华商纱师联合会的统计数字中我们可以把事态看得很清楚。

表一　全国纱厂实际开工纱锭数①

年别	华商	日商	英商	总计
十九年年底	2 194 928	1 541 058	169 228	3 905 214
二十年年底	2 180 544	1 678 400	169 228	4 228 172
二十一年年底	2 522 319	1 787 788	183 196	4 493 303
二十二年年底	2 642 718	1 812 580	184 908	4 640 206
二十三年六月底				4 678 272
比数（以十九年为100）				
十九年年底	100. 00	100. 00	100. 00	100. 00
二十年年底	108. 46	108. 91	100. 00	108. 27
二十一年年底	114. 92	116. 01	108. 25	115. 06
二十二年年底	120. 40	617. 62②	109. 27	118. 82
二十三年六月底				119. 80

　　表中指示得很明白，从十九年到二十二年的四年中，华商、日商、英商各纱厂的锭数都有增加。尤其值得注意的是，二十二年华商锭数较二十一年增十二万锭之多，二十三年的锭数统计没有按国别分开，因之无从与上年度就国别作比较，但就过去的趋势和这一年国内华商纱厂变动的实况来推测，比上年度仍有增加是无疑的。

　　然则这种纱锭的增加足以表示棉纺业的发达或景气么？却又不然。这一年中停业的工厂并不少于上一年，至于减工呢，虽然曾经一度协议而未实行，但各厂自由减工的仍然不少，截至六月底止，全国停工锭数达一·二二四·二六七枚，平均停工钟点为一·五八三小时，若换算为半年间，总锭数停工的周数到

———————————

① 该表为编者根据原文绘制。

② 数字存疑。

为三・八九星期。这数字是最近二年中最高的记录,见下表:

表二　最近二年纱厂停工统计①

年别	停工锭数	平均停工钟点	半年间总锭数停工周数
二十一年下半年	657 790	2 039	2.26
二十二年上半年	2 696 022	630	2.33
二十二年下半年	1 119 344	1 725	3.16
二十三年上半年	1 224 267	1 583	3.89

在这里,我们见到了棉纺业的矛盾现象,那就是:一方面纱锭不断地增加,一方面停工的情形更加深刻化。从上述的统计数字看来,固是如此。就是从各厂的变动状态看来也未尝不是如此。我们如果把一年间各华商纱厂的变动状态,按新开、复业、扩充、筹设、改组、停业等项来分别观察,可以很清楚地看出这种矛盾现象的实况来。如下表所示:

表三　二十三年度华商纱厂的变动状态(表略)②

表中新开和复业的纱厂共总增添了纱锭二一五・九三六枚,扩充纱锭的纱厂增添了纱锭三九・六○○枚,两项相加得二五五・五三六枚;而筹备中各厂之有确实锭数可考的五八・○○○枚纱锭尚未计入。猛一看,这现象似乎是一种兴旺发达的征兆。可是反过来看,停业的纱厂也有纱锭六六・二四○枚之巨,而因改组和短期停工以及因封闭纱锭而减少的锭数更是不可胜算,即如握有纱锭五十五万的申新纱厂,本年也因营业失败而闹起改组的问题来。这不是把矛盾的事实指示得很清楚吗?

至于外商纱厂,减工或则有之,停工或改组则在这一年中并未听到。而在纱锭的增加方面,却似乎还要胜过华商一筹。如上海日商的丰田和上海绢丝两厂,都已在青岛方面建造分厂,各备纱锭四五・○○○枚;同时青岛的日厂,也谋扩充,如公大和大康两厂,计划各增纱锭三○・○○○枚。就是向来扩张最

---

① 该表为编者根据原文绘制。
② 表三共包括四个分表:①新开及复业的纱厂,②扩充纱锭的纱厂,③筹备中的纱厂,④改组停工及歇业的纱厂。因无丽新公司相关记录,故该表从略。

慢的英商,也打算在上海设一细纱厂,已定名为纶昌。

此外还有可以附带叙明的一点,就是棉布加工事业——漂染印花——的趋向于扩张。这一年中,筹备创设的印染厂有两厂:上海环球印染织造公司和丽明印染公司,都设在上海;棉纺织厂准备添设加工部分的有四厂,上海方面是经纬,无锡方面是丽新、庆丰和美恒三厂。

现在我们非但可以看出这一年来国内棉纺业的动态,就是它的未来的前程,也已很清楚地展开在我们的眼前。关于将来的话且留在后面再说,这里所要探讨的是过去一年间棉纺业的矛盾现象,究竟是因何而发生的? 根据上述一年间的动态,再参酌别种情形,我们是不难把这矛盾的现象揭开来的。

我们首先要问,在这棉业深度恐慌中,纱锭为什么依然不断地增加? 要回答这问题,须得分几方面来讲:

第一,在原棉产地或棉纱消费中心就近设厂,一般企业家尚认为有利可图。本来,中国机制棉纱的供给原在不足状况之下,现在全国中外纱厂合计,共有纱锭不足五百万枚,以将近五万万的人口来平均,每一百人只分到纱锭一枚;以与英国的每百人一百十七锭、美国的每百人三十二锭、日本的每百人九锭,固不足比拟,就是同印度的每百人三锭相较,也觉得瞠乎其后,所以僻远省份和内地交通不便的地方,土法的手纺,仍有一部份保留着。棉业生产中心尽管存纱山积,但因运输困难和运费昂贵的缘故,没有方法流通到内地去。如果能就原棉生产地或棉纱消费中心就近设厂,原棉或成品的运费得以减少,再加以新式的设备,新式的管理,成本可望减至足与土纱竞销的程度。近年新设或筹设各厂,若按所在地分析,则如江苏的崇明和南汇、山东的济南、陕西的西安、江西的九江、河南的安阳、河北的保定都是原棉产地或集散市场,广州是销纱区域的中心,四川和云南的棉产多少虽一时未敢断定,然而至少也是销纱极多的区域,为什么新厂都分散在这些地方? 不是已经很明白地昭示给我们了吗?

第二,金融界为谋自身利益的保障,必得使停闭了的工厂复业,我们都知道中国的纱厂没有一家不是背了一身重债的,主要的债权人,就是银行界。单就中国银行和上海银行两家来说,二十二年度放给棉纺织厂的款额,前者达二千四百万元,后者达二千二百余万元。银行界的目的,在于将本求利。现在纱厂相继停歇,银行界没收了厂家所抵押的房屋和机器,若不使它运转生产,岂不是把资本呆搁起来么? 从第三表中我们可以看出如上海的永豫和隆茂,芜湖的裕中,都是在银行团手里复业的;又如江苏武进的民丰和通成,河南郑州的豫丰,都是因银行界的维持而免于停业的。

第三，因为关税增加，花色棉货的销路激增，一般漂染印花厂都乘此扩充纺织部份，以谋自给，如上海印染公司和中国内衣公司就是例子。

以上已经把纱锭增加的原因解说明白，现在再要追问的是为什么同时减工现象又仍然继续着呢？这问题也得从几方面说起：

第一，生产中心感到原棉供给的不畅，制成品又因日厂利用自身的低廉的成本和雄厚的资力，向市场倾销而价格低落，造成所谓"棉贵纱贱"的局面，因此出品售出不利，存纱壅积，不得不出于减工之一途。

第二，根本由于消费市场的缩小，如各省土布业衰落，河北的一部份土地沦为"战区"，四川的金融紊乱，汇水高涨，都直接地或间接地足以限制出品的减少——也就是生产工作的减少。

第三，有些纱厂本身的金融情形不好，负担利息过高，而同时本身的组织又不健全，管理松弛、工作效率低下，因此间接或直接提高了生产成本，终不免陷于停顿。

综观以上所述增锭和减工的原因，我们可得下面的结论：关于纱锭的增加，除了一部份因金融界自身利益所在而强使复业的纱锭是出于人为的处置外，其余都是自然演变的结果，可以说是必然的现象，而减工的继续，则除了一部自身经营不善的工厂外，大体可以说是造因于帝国主义之经济的及政治的侵略的。（后略）

（《东方杂志》，1935 年第 32 卷第 7 号）

去年商业回顾录

（1935 年 2 月 12 日）

无锡在苏省内地各县中，素以商业繁盛著称。然自"一·二八"沪战以后，感受不景气影响，丝茧极度衰落，农村经济，濒于破产，市面万分清淡。于此大结束期间，各业虽均能稳度难关，但捉襟肘见。今岁营业，一致主张紧缩。兹将各业状况撮要录下，借以测商业之消长焉。

（前略）纱厂业。在此极度不景气中间，各厂均注意内部改革，故出品愈见精良。去年营业，以丽新为最，计盈余十余万元，庆丰、申新亦各余数万元，次如广勤、振新、豫康、业勤四厂，则以花纱不能相比，仅够开支。（后略）

（《申报》，1935 年 2 月 12 日，第 11 版）

国际贸易局召集厂商会议

（1935 年 2 月 27 日）

设法推销国产漂布于南洋，会议日期定廿八下午三时

华侨寄居于南洋一带者颇夥，每年消费数目亦巨，而对于祖国怀念之殷，无时或忘，其日常需用之物品，每欲选购国产。最近实业部接外部消息，谓国产漂布，销于爪哇一带者为数不少，该局特定于二月二十八日下午三时，在该局召集上海鸿章、启明、光中、丽新、大同、仁丰、大公等三十余染织厂家，届时讨论国产漂布推销于南洋之办法。兹将该局通知各厂家之公函如下：径启者，本局奉实业部令，为筹议减轻我国出口南洋漂布成本以利推销一案，规定于二月二十八日下午三时，召集本埠各有关系商号，在本局开会讨论一切，届时务希贵厂派负责人员，莅局会议，是为至盼。

（《申报》，1935 年 2 月 27 日，第 13 版）

国际贸易局昨讨论漂布销南洋，
各厂商认须先研究汇价平衡

（1935 年 3 月 1 日）

实业部国际贸易局，据外交部消息，南洋一带华侨，怀念祖国，无时或忘，每思购国货物而无从购买。漂布一物，在南洋销数甚多，我国商人如能前往推销，

系良好机会。该局恐漂布商不谙南洋商情,特于昨日下午二时,在该局会议室,召开谈话会,到鸿章、勤丰、永丰、三星、达丰、新华、鼎新、启泰、利民、仁丰、中国、光中、光华、丽新、大公等十七厂代表严承法、朱镇海、何国桢、朱赓陶等十七人,由郭威白主席,季泽晋纪录。首由主席报告南洋状况,旋由各厂代表抒发意见。结果,鉴于汇价低落,如到南洋推销,亏蚀甚巨,须聘请经济专家研究汇价平衡,方能前往,其余如生产管理经济等,皆有讨论,直至五时始散会。

(《申报》,1935 年 3 月 1 日,第 13 版)

沪杭无锡北平十五绸布工厂联合在津展览

(1935 年 3 月 30 日)

在此煦和明媚之春,适为更衣时期,天津北马路国货售品所,为促起国人购用国货之兴趣,联合上海、杭州、无锡、北平等处十五大绸布工厂,在该所后场举行扩大联合展览,计参加者有上海三新、鸿新、达丰、民生、鼎新、泰东、瀛洲等织染厂,杭州有辛丰厂,无锡有丽新厂,北平有长兴、裕昌、英华、正记、华盛、祥聚等染织厂,唐山有华新纺织公司,其展览出品均系最时代之织品,现各该工厂参加展览之货,已完全到津,闻国货售品所决定该展览会,由四月一日起即行开幕云。

(《大公报(天津版)》,1935 年 3 月 30 日,第 16 版)

华商纱厂联合会昨开年会讨论救济纱业

(1935 年 5 月 24 日)

改善各厂技术管理以图自救,求政府救济注意税则平衡。

全国华商纱厂联合会,昨日下午三时,在爱多亚路会所召开第十八届年会,到会各地纱厂代表五十余人，通过决算、预算并救济棉业等案多起。该会并有详尽之报告书，缮述一年来棉业大势，兹分志详情如次：

出席代表：昨日出席者，计有上海、南通、无锡、汉口、天津、青岛、济南、河南等各地代表如永安郭顺，裕华苏汰余，恒丰聂潞生，振泰、宝兴王启宇，申新荣鸿三、荣伟仁、统益董春芳，豫康周继美，大通姚锡舟、苏履吉，天津华新、唐山华新钱贯一，大成刘靖基，振新蒋哲卿，广勤陶悟庄，大兴罗辉宗，庆平唐星海，利用钱缄三，富安杜少如，振华薛春生，苏纶李奇华，民丰江上达，严惠臣，丽新唐斌安，新裕黄延芳，宝成刘孟靖，青岛华新罗奉章，利泰朱静安，和丰姚季康，恒大许永清等五十厂代表约六十人。三时开会，行礼如仪，公推苏汰余主席，张则民、蒋迪先纪录。

致开会词：主席致开会词云，今日为本会二十四年年会之期，全国同业，聚首一堂，畅叙阔别，实堪欣快。犹忆上年年会，吾人曾以大难当前，共济时艰相勉。回顾一年，外则白银升腾，汇兑倾销，使我物价惨跌，输出困难。内则进口税则，骤见更张，原料制品，益趋倒悬，金融紧缩，营业愈艰，棉产虽增，其值未减。纱销虽佳，其价未涨，而增加外棉关税之议，又复相继发生。是不啻以宿疾未瘳之躯，更欲迎拒种种恶劣环境连续而来之侵袭，颠危困苦，实为欧战以后最盛之一年。吾人深信棉业为与民族经济并存之事业，值此举世经济激荡之时，拂逆之来，必所不免，负责之重，未许自馁。奋力以争生存，差幸又经一岁，瞻望前途，荆棘犹多，今后大计，自有待于研讨，尚祈各抒谠论，俾所遵循，云云。

会务报告：次由主席报告会务，略谓本会会务及会员状况，大略如左。本届共举行会员大会三次，执行委员会十八次，议决五十一案。自二十三年六月份起，执监委员，每星期举行叙餐一次，处理会务。至本会会员，除裕大一厂，声请出会外，其余一仍旧贯［惯］，共有纱线锭二百三十五万枚，占全国华厂纱线锭总数百分之八十二强。吾业困苦，日趋深刻，在过去一年中，会员之停工停业，时有所闻，停工已久者，有上海隆茂、同昌，天津恒源，武昌震寰，启东大生第二诸厂，现隆茂经苏纶收买，已改为苏纶分厂，其余均尚未复工。溥益一、二两厂，春初停工月余，改组为新裕纺织公司。天津裕元，自去春减工后，更于去冬停工，本年三月，宣告解散。上海民生纱厂，春初停工后，拟招新股，再图复业，奈以银根奇紧，募股不易，亦经宣告清理。上海申新七厂，二月间曾以债务关系，为汇丰银行非法拍卖，幸赖当局及各界援助，未致实行。其第二、第五两厂，以营运困难，暂时停工，目下在力谋复工中，云云。

经济状况：次由会计委员王启宇报告云，年来吾业，困难日甚，会费收入，不免稍减，一切支出，力求撙节，收支勉能相抵。棉产估计经费，本届略减，更得各方协助，由中华棉业统计会举办估计两次，业于二十三年八月二十日及十二月十五日公布，其修正估计，亦已于本年五月发表。本会创办估计，历有年所，近年益臻详确，世界各国农业机关，对于中国棉产数字，均已采用是项估计。本会会计年度旧章，自当年三月一日起，至翌年二月底止。本年新章，改为每年四月一日始，至翌年三月三十一日止，故本年度收支款项，为二十三年三月起，至二十四年三月止，十三个月之收支数。

讨论议案：一、上年决算议决通过。二、讨论本届预算案，议决照表通过。三、救济棉业问题，讨论颇久，直至五时半始散会。另据记者向其他方面探悉，关于救济棉业问题，曾有请求政府令中央银行举办低利贷款等决议案数件，但无从自该会方面证实云。又据另一报告，大会讨论后，通过议案：（一）上届决算，请大会追认案，议决，追认通过。（二）本年度预算请大会确定案，议决，通过。（三）纺织业衰落日甚，应如何设法救济案，议决，由各厂先将技术管理上充分改善，以图自救，一面请求政府机关注意税则上之平衡，以冀与外商竞争。其余尚有重要议案多起，事关内部，故未发表。

（《申报》，1935 年 5 月 24 日，第 10 版）

丽新门市部贱卖零头布

（1935 年 6 月 27 日）

马路上丽新门市部，于本月十八日起，举行夏季大减价，将各种夏令应时货品，削价贱卖，其中最便宜者，为该厂新出品之印花府绸，及麻纱零头，每段售价仅一二角，连日往购者，非常拥挤。闻丽新此次之贱，确开本邑迭次减价之新记录云。

（《新无锡》，1935 年 6 月 27 日，第 3 版）

无锡纺织工业概况调查

（1935 年 7 月）

全国纱业衰落声中，无锡纺织工业概况调查（1935 年 7 月 16 日）

无锡为工业发达之区，而丝纱、面粉等业更占重要地位，但年来丝业则海外市场多为他人所夺，以致销路停滞，丝厂大半歇业。纺织业受在华外厂之压迫。纱绽[锭]虽渐见增加，顾生产率仍极低微。更以纱价之频趋下游，维持颇感困难，各厂无日不在惊涛骇浪中勉支危局。今者已实行减工，间有停工者，事态愈陷严重，消息传出，各方震惊。记者为此，特将现有各纱厂概况，详加调查，兹作有系统之叙述，用告一般关心生产事业者。

纱厂沿革：自英领印度以机制棉纱输入我国以来，国人知手纺棉纱之不足以图存，乃有自办纱厂之建议。清光绪十六年，两江总督李鸿章首在上海创设洋布局，越时三年，始告厥成。讵开工伊始，即毁于火，迨光绪二十年始获重兴，是为我国机器纺织厂实行工作之嚆矢。无锡居运河中心，当水陆要冲，交通便捷，运输畅利，地方人士尤富于实业思想，故于上海洋布局复兴之翌年（光绪二十一年），即有邑人杨藕芳于东门外设立业勤纱厂，实开内地设厂之先河。故追溯锡邑纱厂之历史，盖距今已四十一年于兹矣，今之谈纺织史者，犹以李、杨并重，职是故也。厥后振新、广勤、庆丰、豫康、申新等厂相继而起，而丽新染织厂于民国二十一年复购反日会所定纱绽[锭]万余。全锡共有纱厂七家之多，各厂在十年前仅以纺纱为限，至织布除妇女手工外，各厂固尚无增添织机之计划也。迨欧战勃起，洋布需要愈增，销路愈广，申新三厂首先添设布机，同时庆丰、广勤二厂亦相率添置，而丽新亦以织布闻，风起云涌，盛极一时。近年丽新、庆丰两厂更向美国订购得漂染整理机器，兼营漂染整理工作。现查业勤纱厂在东外兴隆桥，今改名为"复兴"，由杨伯庚经理，资本额五十万元。振新纱厂创设于光绪三十一年，现任总理为蒋哲卿，资本额一百八十万元。申新第三纱厂在民国九年由荣宗敬、荣德生昆仲等组织，厂设西外太保墩，资本迄今已增足三百万元。豫康纱厂在梨花庄，创设于民国九年，总理周继美，资本额一百二十万元。庆丰纱厂在周山浜,民国十年由唐保谦等集资创办,资本一百五十万元。广勤纱厂在广勤路,建自民国五年,为杨乾[翰]西等所创办,资本一百二十万元。丽新厂在惠商桥,民国九年成立,由唐骧廷创设,资本一百万元。(未完)

(《大公报(天津版)》,1935 年 7 月 16 日,第 7 版)

全国纱业衰落声中,无锡纺织工业概况调查(1935 年 7 月 18 日)

各厂组织:纺织工业规模较大,非个人力量所能举办,故概为公司,各厂内部之组织大概分为四部:一、董事会,最高级者为股东会,下设董事会。二、事务部,设总理一人,经理一人,总管一人,总账房、工账房各一人,管理员十余人。总理有总管全厂支配工作之权,惟有重要事务则须经董事会之议决,总管及总账房管理一切银钱与事务,工账房管理工人之工资等项,管理员管理物料所及栈房等一切物料及产品之存储进出事项。三、工作部,有轧花间、清花间、粗纱间、细纱间、摇纱间、打包房,每间均有工头领导工人工作,并有职员随时督察,而关于全部份工作之支配,则有技术员为之负责。四、机械部,有引擎室、锅炉室、修理室等,而以工头总其事,另有木匠、铜匠、加油烧火等工人以辅助之。各部亦均分派职员管理一切。布厂方面之组织,因附设在纱厂内,无事务、工务等部之设,仅分经纬部、浆纱穿箷部、织机部、整理部等数小部份,实际上为纺纱厂之附属部份耳。

机器动力:机器方面以业勤纱厂为最老,闻多系一八九〇年前后出品(美国道勃生厂)。至于今日,多已不甚适用,引擎马力四百匹,每日夜用煤约在十五吨以上,现有纱锭一万三千八百三十枚。申新三厂之机器系向英国好华特,美国萨克老威尔二厂定造,其出品均在一九二〇年前后,共有新旧引擎二座,发电马力七千二百,除应本厂应用外,尚供茂新面粉厂及开原乡电灯之用,每日用煤一百四十吨,共有纱锭六万五千枚。庆丰厂之机械系向英国赫直林墩厂制造,亦系一九二〇年前后之出品,有发电机透平引擎一座,马力二千六百匹,每日用煤七十五吨,现共有纱锭五万五千只。(未完)

(《大公报(天津版)》,1935 年 7 月 18 日,第 7 版)

全国纱业衰落声中,无锡纺织工业概况调查(1935 年 7 月 19 日)

豫康厂机械亦系英国赫直林墩厂制造,引擎马力一千匹,每日用煤三十吨,现有纱绽二万三千只。广勤纱厂亦用英国赫直林墩之机械,引擎马力七百二十匹,每日用煤二十余吨,共有纱绽二万只。振新机械系用英国道勃生,爱昔利司两厂出品,在一九〇五年所造,去今有二十余年,多半亦不适用,故年来已重行添置,前年并添办最新式之清花机,现有发电机透平引擎一座,马力二千五百匹,每日用煤六十余吨,纱绽共三万零二百九十六枚。丽新机械为英、德两国出品,系最新式者,引擎马力一千匹,共有纱绽一万六千枚。各厂之附设布机者为申新三厂、庆丰、广勤、丽新四家,计申新有布机一千四百七十二张,庆丰布机七百二十台,广勤七十二张,丽新七百张,该四厂之布机多系英国狄金生及美国脑尔史等厂所制造,至附属机械,各厂均全,各厂机器价值如业勤一万三千八百三十二锭,当时购价约三十余万两,每锭平均不过二十五六两。庆丰纱锭每锭约需七十五元,布机每张约八百元,豫康纱锭每锭约合四十七元五六角,申新全部机械价值共四百六十万元,其纱锭每枚亦在六七十元之间,布机每张亦在八百元上下。振新购价一百十余万,每锭约不足四十元。广勤每锭亦在四十七元左右,布机每张七百八十元。丽新布机每张约七百二三十元,纱锭约五十余元云。

原料数量:锡邑各纱厂所用之棉花,以本省产者为大宗,国内他省如浙江、河南、陕西、湖北等省产者亦有,国外所产者,以印棉为多,美棉次之。本省产者以常熟、嘉定、太仓、江阴之花购入最便,各厂多购籽棉自轧花衣,惟常、太、嘉之花多运往上海,而江阴产量不多,故多数仍仰给于南通、崇明、如皋等处,及浙江一带所产者,至本省各地棉产,除通棉、常阴沙棉,可纺二十支纱外,其他如常熟、嘉定、太仓所产可纺十六支纱,外浦东花可纺十支至十四支,故凡纺十六支之纱,如南通等处之花不足用时,则以河南、陕西花及湖北之细绒花充之,至棉花之衣分,以江阴产者最佳,每百斤得三十七八斤,其他各地产者每百斤多在三十五六斤之间,平均每百斤籽棉约出皮花三十六斤,花籽六十三斤,外省购入之花均系皮花,其纤维以河南灵宝及陕西渭南产者为最佳,有时可纺至三十支上下之纱,国外所产者印棉纺至十六支纱止,美棉用以纺织细纱,至各厂每年用花数量,业勤约需棉花二万七千担,庆丰约需九万八千余担,豫康约四万七千担,申新三厂约需十三万三千二百余担,广勤六万余担,振新五万九千余担,丽新一万六千余担,总计约四十三万七千二百余担,其中采用美棉与印棉者约在十五万担,计值四五万金,一邑如此,全国之漏卮可知,此实急须谋有以补救而值得吾人注意者也。(未完)

(《大公报(天津版)》,1935 年 7 月 19 日,第 7 版)

全国纱业衰落声中,无锡纺织工业概况调查(1935年7月20日)

各纱厂工作程序,约如下述:有轧花车者(如申新)则多购买籽棉自轧花衣,无轧花车者即无轧花一部,其所用原料,即购整件皮花以充之。皮花之购入者,先用拆包机,以分析之,继经梳棉、清花各机之工作,借使棉之纤维松张,并清除其杂质,再经过棉条件之工作而成为条状,至后加以头二道粗纺之手续(粗纱间)。每经过一道粗纺,棉条之粗者逐次分成细线,最后入于精纺之手续(细纱间)而成棉纱。上述种种工作,各厂无不相同,惟支数之多寡则在精纺时预定之。纱经纺成后,再经过摇纱工作,仍扎成小包,其包装法每一小包计重十磅半,间亦有十磅六二五,与十磅七五者,其所含绞数,十四支以下每小包为二十四绞,十六支每小包为十六绞,又十四支以下每绞计五小绞,十四支以上每绞计十小绞。故以小绞言,每小包均为支数之十倍,近各厂为迎合购者心理起见,并每小包有加多二小绞或一小绞者,仅将小绞长度增加,其重量□仍其旧。然申新近更有纺用大扎绞者,包装手续将绞数点齐衡过后,用棉绳扎成一捆,然后用灰绿色纸包裹,加以商标,复用绳扎就。销于外埠者,复借水压机之力,将四十小包捆成一大包,裹以麻布,并以竹条夹于铁皮之下。恐纱受铁条损伤故也,销于本邑及邻近之纱,则径以小包出售,至各厂工作分日夜两班,日班时间自上午六时至下午六时,计十二小时,夜班自下午六时至翌晨六时,计十二小时,以一、八、十六、二十四日为交换日夜班时期,故逢换班日均停工休息,此为例假计共四日,每月工作为二十六日,每年约十个足月工作。布厂方面之工作,系经纬、浆纱、织布、整理等部,经纬部为做筒、摇纤、经纱等工作。做筒以纱线络于筒子(筒子草每部约二百四十五筒),每络一车约有纱十七、八磅,摇纤系以作纬用较细之纱,绕于纤子上,预备为梭织之用。经纱者系以多数筒子之纱并绕于经纱轴,每轴绕纱约六千码,重量约二百五十磅不等。浆纱部之浆纱工作,将经用之纱使经过于浆水之内(有浆纱车),借以增加韧力,伏贴毛头,浆纱经过而后,乃为穿筬之工作,穿筬而后,乃上织机织布。整理部有修括、印刷、折叠、打包等工作,庆丰、丽新两厂并设有漂染工作,如布经卸机而后先运到整理室,加以修括及漂白之工作。此项工作,皆在便布面平洁美观,然后上机折叠,加以印刷商标之工作,每二十匹打成一包,亦有三十包、四十包打成一大包者。(未完)

(《大公报(天津版)》,1935年7月20日,第7版)

全国纱业衰落声中,无锡纺织工业概况调查(1935 年 7 月 22 日)

产销情形:锡邑各纱厂所纺之纱,虽有六支、八支、十支、十二、十六、二十、二十四、三十二支等,但实际上三年前以十四支、十六支为主,近年社会需要日进,各厂所纺亦以十六与二十支为多,八支、十支仅作纺次等原料及下脚之用,三十二支、四十支纱,申新、庆丰、广勤等厂间亦纺制,然除应外埠或染织厂定纺外殊不常见。

各厂之生产率,均不一律,就大概言之,棉纱每一纱锭每二十四小时之产额,随纱之支数而异,十支纱自一磅七至二磅一,十二支纱自一磅四至一磅七,十四支纱自一磅一至一磅四,十六支纱自十分之九磅至一磅二,二十支自十分之七磅至一磅另五,三十二支纱自十分之四点磅至十分之六点磅,业勤(即复兴)机械老旧,出数约减为七八折,现就申新、庆丰等厂出品能力而言,平均每四百二十锭,日可出纱一件,则万枚之纱锭每一日夜可出纱二十四件。至各厂年产总额,据各该厂统计,业勤大约出纱七千余件,广勤一万四千余件,申新三万九千八百余件,豫康一万二千四百余件,庆丰一万七千九百余件,丽新八千余件,振新一万八千二百余件,总计十一万七千三百余件。各厂之商标申新为人钟、好做、四平莲、握手、宝塔,而以人钟为销行最广;豫康为月娥、九龙;庆丰为双鱼、牧童、鹿鹤同庆;广勤为织女、飞鹰;业勤为四海升平、双美、得利;振新为团鹤、球鹤、晨鸡;丽新为惠泉山、千年、司马光、鲤鱼等,产品之价格现在大多以元为单位,在上海以人钟为最著名,在内地则以月娥售价较高,例如十六支月娥每件现价可售一百七十元上下,二十支每件可售一百八十元,而人钟每件约看低六七元,其他各厂出品价格与人钟相符,其销路不仅苏省各县一隅,国内如两广、平、陕、甘、浙等省,国外南洋群岛、印度等处,均有销行,其二十支纱有销至四川者,在昔东北亦有交易,今则已断绝矣。布之出品四厂略有不同,申新之出品有花格、斜纹、平布、番布等各种;广勤出品均绒布,有白绒布、条子绒布两种;庆丰出品为粗布一种(即粗洋布);丽新出品为绒布、花洋布二种。平布与斜纹布每匹轻者六磅,递重至十五六磅。粗布轻者十一磅,重十六磅,普通十三磅。长度绒布三十码,粗布斜纹等布各四十码,每机每日多者可出两匹半,少者约一匹半,平均约日出二匹左右,惟广勤所织为绒布,每日产额较少,约每机日出一匹半,各厂所出之布销路甚广,几遍全国。至产额现在申新年可出布六十一万匹,广勤年产五万五千匹,丽新十五万匹,庆丰十六万二千匹。各厂营业总数在兴盛时代,业勤年约三百二十万,申新一千万左右,广勤三百余万元,豫康三百十万元,庆丰六百五十余万,丽新四百万元,振新四百三十万元云。

纱布成本:关于纱布之成本,分为原料及制造两部,原料费随花纱市价而异,其计算之标准,棉纱每包平均以棉花三百五十斤计,布则随其重量而定,每匹所用棉纱大约与布之重量相等,制造费棉纱随支数而有上落,布则每匹约需一元二角左右,兹将普通制造费列表如左以供参考①。按制造费包括职员薪水、男女工资以及物料、原动力、官利、保险、建筑、机器折旧等项费用一概在内:

项　　目	纱(十六支为标准)	布(十四磅为标准)
原动力费	洋四元九角	洋一角六分
薪工	十元〇二角	三角六分
储藏费	一元五角	五分
折旧及修理费	二元一角	三分
利息	十元	五分
捐税	八元六角	二角五分
浆粉	—	一角
物料	五元	二角一分
杂项	一元	三分
总计	四十三元三角	一元二角四分

工人工资:锡邑各纱厂雇用工人人数,据云申新三厂有四千一百一十八人、庆丰三千二百一十五人、广勤一千九百六十人、豫康一千六百七十人、业勤一千四百人、振新二千四百余人、丽新一千六百二十人,总计一万六千三百八十余名。工人之籍贯以本地人居大部份,外籍人由江北来者居多,上海、江阴、宜兴、常熟等处亦多来锡就工者。至各厂工人分配,清花间之工人大约每四人管清花机一副(头二、三号),钢丝车每人管八部至十部,棉条车每人管六眼至十六眼,头二、三号粗纱车每人或二人管一部,间有一人管二部者;细纱车每二人或三人管一部,间有一人管一部者;经纱机或浆纱机每二人管一部,织布每人管一部至四部,各厂男、女工别,除清花机、钢丝车及浆纱机为男工外,余均女工。(未完)

(《大公报(天津版)》,1935 年 7 月 22 日,第 7 版)

---

① 该表为编者根据原文绘制。

此外捐花卷，运粗纱揩车及打包间之全部工人均男工，余均以女工为主。捐粗纱，落纱，摇车头等旧时均用男工童工者，近年申新振新等厂则均用女工，至其工资计算标准初无一定，而其结付工资办法亦不一律。各部男工工资，大概为论月制，管理机炉之工人（名老鬼）最低者月给六十元（如豫康等），最高者月给一百元（如申新），普通则为八十元上下（如庆丰等）。其次为铜匠、木匠与清花、轧花、纲丝等间之男工头，每月约三十元至五十元，余则论工计算，若申新、广勤、振新等厂大部论货给资，粗纱以亨司为标准，细纱以木杆出数为标准，摇纱以车数，成包以包数，经纱以码数，织布以匹数等为标准，计轧花工资最大为三角（每日计），最小二角。拼花工资最大四角七分，最小三角五分。清花工资最大五角九分，最小四角。纲丝工资高至五角二分，低至四角二分。拼条工资高至四角二分，低至二角。粗纺最大七角五分，最小四角二分。精纺工资高者五角二分，低者三有二分。并线五角五分至三角三分。筒子自六角三分至四角。摇纱五角二分至二角二分。验纱最大四角最小三角二分。成包最高一元最低四角。行子最高五角五分，最低三角。穿口自四角至三角。经纱自一元至五角。浆缸自八角至四角。织布最大一元最小四角。整理最大六角最小三角。成包高者一元低者四角。试验及保全最高一元最低三角。照上面的工资予以平均，则每一工人每日可得四角上下，膳食俱行自备，工资支付时日，各厂均二星期发给一次，工人如有急用，得陈明理由，酌量预支，至红利并无规定，奖励亦无定。关于教育及娱乐室组织，广勤厂设有广勤小学、体育场、工人教育馆等，申新三厂有工人俱乐部、运动场及工人子女学校，并设有劳工自治区医院、阅报室等，庆丰、丽新两厂各设有工人学校云。

纱厂交易：无锡纱厂之交易手续，在原料之购进方面，大致各厂多于产花地设立收花处，派专员直接向乡民购买，时期约在每年九、十月间，一部份或托花行购买，并有向交易所购买者，但此项买进多系投机，故其向交易所收买者颇少。厂家需用洋棉时，则向洋行买进，至制成棉纱后均储栈待售。在本埠设有营业部及纱号，在外埠则设批发处专事推销事宜，批发处纱号中颇多捐客奔走其间，借佣金以维生活，佣金数额包约一二左右。各客帮甚多，就近前往交易。此外棉纱推销国外者，多由洋行办云。（后略）

（《大公报（天津版）》，1935 年 7 月 23 日，第 7 版）

两路管理局举行物品流动展览会

（1935 年 12 月 6 日）

（锡山社）京沪、沪杭甬铁路两路管理局，为发展业务，并使旅客明了各地土产品计，特发起组织各地出产物品流动展览会，业已着手筹备，并分令各大站征集各地土产，及进出口大宗货物。进口者如煤、黄豆、麦等物，出口者如布匹、面粉、米、丝、纱等物。锡站奉令后，已分函向各方征求，现应征者计有丽新（布）、申新（纱）、华新（丝）、茂新（面粉）等厂，其余各物，约于本月内均可汇集送局。闻展览日期，定于二十五年一月间实行，展览地点首在南京车站，次在镇江、常州、无锡、苏州等站，并规定以上各站待车室为陈列物品处所云。

（《人报（无锡）》，1935 年 12 月 6 日，第 3 版）

丽新纺织染印整理公司广告

（1936 年 1 月 1 日）

中国最完备，最新式之棉业工厂。设备合理化，管理科学化，工作标准化，售价大众化。棉花进厂，自纺、自织、自染、自印、自整，花布出厂。精制各种花色棉布，价廉物美，行销全国各省各市。

厂址：无锡丽新路；总发行所：无锡通运路；沪发行所：江西路三和里。

（《锡报》，1936 年 1 月 1 日，第 14 版）

协新毛纺织染公司宣言

（1936 年 4 月 2 日）

协新毛纺织染公司，中国最完备，最新式之羊毛纺织工厂，自纺、自织、自染、自整理，完全国货。

宣言：先总理有言，衣食住行，为人生四问题，而衣尤居首。吾国生产落后，衣服所需，大都仰给于外人，漏卮日巨，国弱民穷，莫逾于此。揆厥原因，非国人之不知爱国，乐用外货，实因国产无代用之品，或有之而未臻完善。即以纺织一业而论，除棉织、丝织外，国内尚无细纺毛织较完备之工厂，而数十年来哔叽呢绒输入品之指数，与夫外溢之金钱，殊足惊人。敝公司为力谋实业救国之计，不惜巨资，讲备最新式机械，专制各种粗细哔叽呢绒，自纺、自织、自染、自加整理，四部连续工作，务求设备合理化、管理科学化、出品现代化、售价大众化，努力为国产争光，矢志与舶来颉颃。至于质固耐用，物美价廉，敢求识者之评较，际兹服用国货之年，尚希爱国士女或予推销，或予采用，挽回利权，共塞漏卮，幸甚祷甚，谨此宣言。

注册商标：三阳开泰、五福临门、万宝聚来、双金鸡。

主要出品：直贡呢、马裤呢、华达呢、大衣呢、军装呢、制服呢、人字呢、西装呢、啥咪呢、螺丝呢、新生呢、汉立蒙、法兰绒、维也纳、厚哔叽、细哔吱[叽]、条哔吱[叽]、格哔吱[叽]、胖哔吱[叽]。

（《锡报》，1936 年 4 月 2 日，第 1 版）

内地工业中心：洋货重税压迫之下无锡工业现状

（1936 年 4 月 15 日）

本邑交通便捷，民智开通，工商业发达，为内地冠，而以工业为尤甚。逊清光绪中叶，邑中已有机械纺纱厂之设立，嗣后机器面粉及机械缫丝厂亦相继以起，及京沪路告成，交通更形便利，各种工厂风起云涌。欧战发生，洋货骤少，国货销畅，各厂营业蒸蒸日上，至于今日，非特为江浙两省所仅有，实足为全国最重要之内地工业中心。惟近数年来，则甚少进展，如纺纱业受在华外厂之压迫，营业一蹶不振，维持为难，减工频闻。丝业则海外销场长疲短俏，丝价时告下跌，以致销路停滞，大半停工。面粉一业，近年内地销路虽佳，而原料缺乏，全年开工时期，不足三分之二。总之，无锡各项工业现实在严重状态之中。记者为此特将锡地工业现状从事调查，今以所得各情，简述于次，借供关心无锡工业者之参考：

纺纱工业：关于锡邑纺织工业概况，业于去年详志本报，兹就其营业方面言，各厂出品在以前颇为畅旺，故营业异常发达。但最近三年，则日见衰落，除少数厂家实力雄厚，尚能勉强维持外，余多感难以支持，其衰落原因为：一、农村破产，人民购买力薄弱。二、外货涌进，削价倾销，市场被占。三、捐税繁重，负担较大。四、机械设备落伍，技术幼稚。基上种种原因，各厂营业颇多障碍，出品日趋衰滞，再以棉花歉收，不足供长期之需要，采用美棉，成本益重，兼之纱价下跌，营业上之损失更形不堪。去岁营业状况益形黯淡，各厂因亏折过巨，实行减工，业勤、振新两厂以无法维持，竟实行停工。至秋纱销突广，及冬更畅，市价亦扶摇直上，各厂在此时期，颇能获利，乃得以转缩为裕。惟以全年营业统扯，则仍属亏折，仅申新、广丰、丽新三家稍有盈余。今年新春以来各厂纱销较为起色，每日生产棉纱大致均能脱手，豫康厂为增加产量起见，近已订购新式细纱机四部，纱锭二千枚，闻新机上月底已经装就，至业勤、振新两厂则因股东无意经营，徇无复业准备。（后略）

（《大公报（天津版）》，1936 年 4 月 15 日，第 10 版）

中央党部向丽新订购布匹

（1936 年 4 月 24 日）

中央党部近规定所属办事人员，一律穿着黄色斜纹布制服，并为切实提倡国货起见，特派该部购料股干事邢乃康君，专程来锡，向邑中各厂方，直接选购。

邢君来锡后,当赴各布厂实地考察,出品质地,与数量价目,结果以丽新布厂所织之高等斜纹布,质料尚佳,价目亦较低廉,故向该厂先行订购五百匹(每匹价十二元),日内运京裁剪云。

(《锡报》,1936 年 4 月 24 日,第 3 版)

棉布平疲

(1936 年 5 月 3 日)

五月份棉布开盘,较之上月底仍多逊色,实销依然岑寂,白货价格,大致仍旧。客帮仅有零星去胃,本街批发庄略办花色布匹,均价疲跌,如桓丰白地花色丁前每匹价五元八角,现售五元五角;纶昌克罗绸,五元九角五分;光中条府绸,每码二角七分,光中素府绸三角二分;丽明素府绸前售三角七分,现跌售三角五分;公胜素府绸三角二分五厘;丽新千年素府绸三角一分五厘,鲤星素府绸三角七分七五;条子府绸三角二分二五。以上各牌虽有售开,销路寥寥,成交不旺。

(《大公报(上海版)》,1936 年 5 月 3 日,第 6 版)

棉布:白货稳定,花色续跌

(1936 年 5 月 6 日)

连疲多日之布市,虽以纱花稍形反动回升,而仍不能带高,白货因跌价已多,实销略增,市价已归隐定。但中外各厂出品之印花布匹,货底日见增加,而去化呆滞,供过于求,市价因之步步下降,尤以东货各牌白地印花色丁,跌势最厉,较上周最高价每匹竟跌去六七角不等,如福鹿等牌现仅售五元二角至三角左右。本街批发亦颇寥落,虽稍有添办,只零星大路货以应另拆,如丽新双鲤府绸每码售开二角七分半,四十码千年元素洋纱每匹十一元一角,杂色十一元五角;光中三子纱素府绸每码二角四分,五毒布每匹四元七角半;桃花坞纱素府绸每码二角五分七五;大成英雄条子漂布每匹八元;怡和五蝠条子漂布每匹七元七角半,以上价格另拆酌加。

(《大公报(上海版)》,1936 年 5 月 6 日,第 6 版)

花纱市场被大户操纵,陈棉轧空狂跃

(1936 年 7 月 25 日)

七、八月份涨过二次证、金停市　本月纱亦涨四元余

标纱:大户操纵下之标纱市况,昨市趋势愈显紧俏,尤以近期市况,与陈花之迭见高峰,互为表里。开盘之初,即一致上涨四五角,多头之坚持不放如故,益之以金、证两帮之极力拉提,日商复在旁助势,至二、三两盘,愈拍愈高,至午市收盘,本月期依然挺进,余月则以散户稍有了结,略见问松。而上午涨势,已有可观,各月上升达一元七角至二元五角。后市以现销良好,人心兴奋于前,原棉狂涨,陈花停拍,再经刺激,如醉如颠。四盘过程,前三盘步开步紧,收盘稍见回低,与前市如出一辙,续涨四角,至一元九角。两市猛升之结果,本月期独涨四元一角,余月亦涨二元六角至三元七角之多。场上多少陈线,买方二十二家,卖方三十四家,存帐数五九六·四〇〇包。

现纱:标准纱花疲后回涨之风甚劲,现货价格因亦上腾,人心良好。昨市由内地、天津、汉口、芜湖、安庆、长沙、江西、福州、广东等客帮及同业共购出现纱现货八百包,期货九十包,价大一元五角至二元。

标花:拥有实力之多方,准备陈花大量收货之消息,既已传遍市场。散空惊悸,买意奇浓。昨市初开,七、八两月期即跃起八角五分至一元一角五分,新花亦随涨二角半至三角,证券、金融两帮及宁商继续加码,市价大率迈步前进,纵在三盘中偶遭小挫,亦均于收盘时补足。迄上午收市,陈花本月期已涨一元九角,八月期二元七角,新花亦涨四角五分至五角。后市初开本月期继续猛涨一元五角,八月亦升六角,至是七、八两月均达五十二元五角,较前日均涨过二批追证、金之数。八月期在二盘中即告停拍,七月期亦只拍至三盘,至后市之所以

如此跳高开盘,究竟何因而致,恐个中人亦将瞠目无以置对。表面上似不脱纱花之互为表里,盖纱市又见坚昂,花市未许独异也。全日合计,陈花涨三元三角至三元四角,新花亦升五角至六角,场上多空阵线,买方二十三家,卖方三十八家,存帐数一·二九一·三〇〇担,至停拍之陈花存帐数,计七月期一四五·八〇〇担,八月期二六七·八〇〇担云。

现花:本埠原棉市况,以美棉尚称平稳,纱销亦略见抬头,虽实需依然清淡,较前已有起色。昨市公大厂进脱力司花八七件,裕丰厂亦进脱力司花一〇〇件,丽新厂进灵宝花二六〇件,码头到货姚花八八〇包。

外棉:纽约棉市坚定活泼,因西部棉区收成预测不佳,及同业买进而涨,期货涨一至五磅音,惟未得林现货跌二磅音。利物浦本年期货跌一至三点,明后年各月期货大部涨一点。孟买市况,晨初欧洲出口商及投机家买进,其后厂商卖出八月期,被多方吸收,操业者卖出,各牌跌三·二五至五·七五罗比。

(《大公报(上海版)》,1936 年 7 月 25 日,第 6 版)

丽新公司"长胜王"商标与华丰公司 "常胜图"商标纠纷案*

(1936 年 8 月—1937 年 6 月)

华丰公司为商标事致函丽新公司*(1936 年 8 月 9 日)

夫子大人尊鉴:

敬启者,关于商标注册,两承指导,感甚。查《商标公报》第四十六期华新纺织公司"常胜"商标,其名称与贵公司"长胜王"及敝厂"常胜图"均同一"胜"字,事属疏于审检。惟商标局概予批准。诚如尊谕,非厂商情感所虑,诸蒙见谅。或侯主管机关之裁定。专此敬复,不胜抱歉。顺颂大安。

斌安先生均□不另。

强锡麟谨上

(上海市档案馆,档号:Q195-1-185)

丽新公司商标异议呈请书*（1936 年 9 月 1 日）

异议人：丽新纺织印染整理股份有限公司

法定代理人：程敬堂

被异议人：华丰染织股份两合公司

呈为提出异议事。窃异议人注册第二九五三四号"长胜王"商标专用于《商标法施行细则》第三十七条第三十一项匹头类，兹见《商标公报》第一一八期公布审定第二三四四七号上海华丰染织股份两合公司"常胜图"商标使用于同类商品。

查两商标名称之文字"长胜"与"常胜"，读音相同，虽第三字"王"与"图"文字不同，然商场每简略以上二字连读呼唱，譬若"长胜王"商标□□只为漂布或蓝色布，到实际交易上每以"长胜漂布"或"长胜蓝布"相称，于呼唱上实有混淆之虞，为特依法提出《异议呈请书》，仰祈钧局鉴核，准予审查，将被异议人审定第二三四四七号商标撤销，以维法意为便。

附呈公费法币二十元。

（上海市档案馆，档号：Q195-1-185）

实业部商标局批（第 4028 号）（1936 年 9 月 9 日）

具呈人：丽新纺织印染整理股份有限公司程敬堂　廿五年九月二日乙件，为对于华丰染织厂股份两合公司审定第二三四四七号"常胜图"商标提出异议由。

呈及附件均悉。费款照收，所提异议，准予受理。业将异议书副本令发对方限期答辩矣。仰即知照！

此批。

中华民国廿五年九月九日

局长　陈匪石

（上海市档案馆，档号：Q195-1-185）

商标局异议审定书(第 520 号)(1936 年 9 月 26 日)

异议人:丽新纺织印染整理股份有限公司　程敬堂　无锡通运路中
被异议人:华丰染织股份两合公司
右代理人:潘序伦会计师　上海江西路四〇六号①

右异议人对被异议人审定第二三四四七号"常胜图"商标,提出异议,兹经本局依法审定如左:

【主文】异议人之异议不成立。

【事实】被异议人前以"常胜图"商标,使用于《商标法施行细则》第三十七条第三十一项匹头类之棉织匹头商品,呈经审定第二三四四七号登载第一一八期《商标公报》公告在案。嗣据异议人认为与其注册第二九五三四号用于同类商品之"长胜王"商标读音近似,提出异议。旋据被异议人答辩到局。

【理由】按商标是否相同或近似,应就文字、图形等通体观察,不能仅据文字或图形之一部分以为断定。本案异议人商标图样为一将士跨马横刀,马后两卒执旗相从,四周绕以金底彩花之边框,框上端书"长胜王"三金字,殊觉绚烂夺目。被异议人商标为青莲色横书"常胜图"三字。一为文字图形之联合式商标,一为文字商标,其截然不同,即异议人亦不否认,所争执者,厥为两商标名称之"长胜王"与"常胜图"之读音是否相同或近似而已。

查"长胜王"与"常胜图"系商标名称,非可分割使用,当不能以一二字相同,遂谓整个名称相混。且"王""图"二字读音迥异,自不致惹起交易上唱呼之混淆。至异议人所谓市场习惯每简称为"长胜漂布"或"长胜蓝布"等语,姑无论其是否事实,要之商标专用之效力,应以注册时审定之名称及图样为限(行政法院二十四年度判字第七十二号判决书参照)。该异议人此种论旨,不得谓有理由。

综上论断,异议人之异议,应不成立,爰为审定如主文。

局长　陈匪石

中华民国二十五年九月二十六日

(《商标公报》,1936 年第 125 期)

---

① 指华丰染织股份两合公司的代理人。

实业部商标局令（第 2000 号）（1936 年 10 月 2 日）

令　丽新纺织印染整理股份有限公司　程敬堂

查该商异议华丰染织厂股份两合公司之"常胜图"商标一案，兹经本局依法审定。除分令外，合将《异议审定书》令发该商，仰即遵照！

本案该商如有不服，得自文到之日起，三十日以内，依法请求再审查。

此令。

附发第五二〇号《异议审定书》一份。

中华民国廿五年拾月二日

局长　陈匪石

（上海市档案馆，档号：Q195－1－185）

丽新公司请求异议再审查呈请书（1936 年 10 月 23 日）

请求人：丽新纺织印染整理股份有限公司

法定代理人：程敬堂

被请求人：华丰染织厂股份两合公司

呈为请求异议再审查事。窃请求人对被请求人审定第二三四四七号"常胜图"商标异议一案，奉钧局第五二零号审定书主文"异议人之异议不成立"，伏读核驳理由，请求人情难甘服，爰再依法提出请求再审查

【理由】（一）按《商标法》第一条第二项：商标所用文字、图形、记号或联合式应特显著并应指定名称及所施颜色法意，并不以文字、图形或联合式并名称颜色全具相同，方得谓之近似。故请求人提出异议，单就"长胜王"与"常胜图"名称、读音相同，足以混淆，请求审查，若因名称近似，图形不同即不得谓近似，则凡要恶意影戤他人商标，只须取名称即可，任意仿冒似非保护注册商标立法原意。

（二）"长胜王"与"常胜图"读音起首二字相同，钧局以末字"王"与"图"读音迥异，不能以一二字相同遂谓整个名称读音相混。殊不知商标名称共只三个字，商场交易恒以起首二字连续呼唱，《异议书》业经举例，且"王"与"图"均为形容字，被请求人为文字商标，图形意义何在？显系恶意影射。

（三）钧局援引行政法院二十四年度判字第七十二号判例，查该案名称为

"无敌牌",别名"蝴蝶",未经注册,与本案比拟似欠适当。

综上理由,为再提出《异议再审查呈请书》并缴公费法币二十元,仰祈鉴核,准予秉公审查,实为公便。

谨呈实业部商标局局长陈。

具呈人:丽新纺织印染整理股份有限公司

连署人:程敬堂

廿五·十·廿三

(上海市档案馆,档号:Q195-1-185)

实业部商标局批(第 5371 号)(1936 年 11 月 7 日)

具呈人　丽新纺织印染整理股份有限公司　程敬堂

廿五年十月廿三日呈乙件为不服本局第五二〇号《异议审定书》之审定,请求异议再审查由。

呈件均悉。费款照收,所请准予受理。已将《请求书》副本令发对方限期答辩矣,仰即知照!

此批。

中华民国廿五年十一月七日

局长　陈匪石

(上海市档案馆,档号:Q195-1-185)

商标局异议再审定书(第一七七号)(1936 年 12 月 24 日)

请求人:丽新纺织印染整理股份有限公司　程敬堂

被请求人:华丰染织厂股份两合公司

右代理人:潘序伦会计师

右请求人不服本局第五二零号《异议审定书》之审定事项,请求异议再审查,兹经本局依法再审定如左:

【主文】本局第五二〇号《异议审定书》之审定事项维持之。

【事实】被请求人前以"常胜图"商标,使用于《商标法施行细则》第 37 条第 31 项匹头类之棉织匹头商品,呈经审定,列入第二三四四七号,登载第一一八期《商标公报》公告在案。嗣据请求人认为与其注册第二九五三四号用于同类商品之"长胜王"商标读音近似，提出异议，经本局依法审定："异议人之异议不成立。"分发第五二〇号《异议审定书》，去后请求人不服，请求异议再审查到局。

【理由】查商标之近似与否，应就其通体加以隔离观察有无混淆或误认之虞以为断定。本案请求人之商标，名称为"长胜王"，系一乘马武士之彩色图案，其上横书"长胜王"字样。被请求人之商标，名称为"常胜图"，系以青莲色普通字体之"长〔常〕胜图"三字所组成，别无其他文字、图形等与之联合。双方商标之意匠构造，迥不相同，通体观察，完全异致，自无混淆误认之虞。请求人于商标图形，□置未论，仅就名称一部分之读音，以为近似理由，显不足采。

至商品在市场交易上之习惯名称，是否相混，已难凭信。既未经请求人将该项习惯名称作为商标，依法呈请注册，自不得对他人主张专用权利。原《审定书》援以论断之行政法院判决要旨，并无不合，以为不服理由，亦嫌误会。

依上论结，本局第五二〇号《异议审定书》之审定事项，应予维持。爰为再审定如主文。

本案请求人如有不服，得于《异议再审定书》送达之日起，六十日以内，依法向实业部提起诉愿。

商标局局长　陈匪石

中华民国廿五年十二月廿四日

（上海市档案馆，档号：Q195‐1‐185）

实业部商标局令（第二六〇二号）（1936 年 12 月 24 日）

令丽新纺织印染整理股份有限公司　程敬堂

查该商不服本局第五二〇号《异议审定书》之审定，请求再审查一案，兹经本局依法审定。除分令外，合将《异议再审定书》令发该商，仰即遵照！

此令。

附发第一七七号异议再审定书一份。

中华民国廿五年十二月廿四日

局长　陈匪石

（上海市档案馆，档号：Q195‐1‐185）

丽新公司诉愿呈请书(1937年1月6日)

诉愿人:丽新纺织印染整理股份有限公司

法定代理人:程敬堂　年五十三岁　无锡人　商　住本公司

原处分官署:商标局

呈为商标□争,不服商标局再审查之处分,依法提起诉愿事。

缘诉愿人专用商标"长胜王"使用于《商标法施行细则》第三十七条第三十一项匹头类商品,于民国二十五年八月八日注册,发给第二九五三四号注册证有案。本年商标局第一一八期公布审定上海华丰染织股份两合公司使用于同类商品之商标名称为"常胜图"。诉愿人以该商标名称读音相同,易滋混淆,提出异议,经商标局审定:"异议人之异议不成立。"诉愿人不服,提起异议再审定,于二十五年十二月二十五日□□商标局第二六〇二号令,发第一七七号《异议再审定书》,主文内开:"本局第五二〇号《异议审定书》之审定事项维持之。"诉愿人仍不甘服,依法向钧部提起诉愿。谨将不服理由分陈如左。

【理由】查本案系商标名称读音相同之争,因交易呼唱易滋混淆,于《异议书》中曾详细陈述。盖注册商标,固不容因图样不同于名称,即可不受商标法拘束。原审定官署一再以图案不同,谨就名称一部分读音相同,认谓不足采取。殊不知商场抖揽交易,先认牌名,故名称呼唱,最为重要。至图样须见商品,方能知之。若专用商标因有图案而影射者,不用图案即可以其名称之文字注册,实足妨碍保护注册商标之法益。又原审定官署援引行政法院二十四年度判字第七十二号判例。查该案系呈注时之说明,"无敌牌"即"蝴蝶牌",故不能主张专用权,与本案注册商标□读音相同一条事实迥异,似难比拟。诉愿人仍不甘服。

为此依法检同附件,提起诉愿,《呈请书》除备具副本,径送商标局外,仰祈鉴核,准予法定,将原审定撤销,以维法意,实为公便。

谨呈实业部。

诉愿人

法定代理人

廿六一六

(上海市档案馆,档号:Q195－1－185)

呈为呈报提起诉愿并附呈诉愿书副本由（1937 年 1 月 6 日）

丽新纺织印染整理股份有限公司呈实业部商标局

事由：呈为呈报提起诉愿并附呈诉愿书副本由。

附件：诉愿书副本一件。

案查商公司不服钧局第五二○号《异议审定书》之审定，呈请异议再审查一案，奉［民国］二十五年十二月二十四日钧局第二六○二号令，发第一七七号《异议再审定书》一份。奉此，商公司仍难甘服，除依法于法定期间呈请实业部提起诉愿外，理合缮具诉愿书副本，附文呈报钧局，仰祈鉴核，实为公便。

谨呈实业部商标局局长陈匪石。

附呈诉愿书副本一件。

　　具呈人：丽新纺织印染整理股份有限公司

　　连署人：程敬堂

中华民国二十六年一月六日

（上海市档案馆，档号：Q195 - 1 - 185）

实业部诉愿决定书（诉字第二九二号）（1937 年 3 月 23 日）

诉愿人：无锡丽新纺织漂染整理股份有限公司，程敬堂，年五十三岁，男性，无锡人，商住无锡第一区黄巷乡丽新路本公司

右诉愿人为"长胜王"商标，不服商标局第一七七号异议再审定事项，提起诉愿，兹依法决定如左：

【主文】诉愿驳回。

【事实】缘华丰染织厂股份两合公司前以"常胜图"商标，使用于《商标法施行细则》第三十七条第三十一项匹头类之棉织匹头商品，呈经商标局审定，列入第二三四四七号，登载第一一八期《商标公报》公告在案。嗣据无锡丽新纺织漂染整理股份有限公司认为与其注册第二九五三四号，用于同类商品之"长胜王"商标读音近似，提出异议。经该局审定，"异议人之异议不成立"，分发第五二○号《异议审定书》。丽新纺织漂染整理股份有限公司不服，请求异议再审查，又

经该局以第一七七号《异议再审定书》维持异议审定之效力。该丽新公司仍不服，向本部提起诉愿。

【理由】按商标之近似与否，应就商标所用之文字图形等通体观察，不能仅据文字或图形之一部份以为断。观于《商标法》第一条第二项商标所用之文字、图形、记号或其联合式须特别显著之规定，法意已甚明显。本件诉愿人之商标图样，为一古装武士，跨马持刀，两卒执大小旗帜相从，四边缘以金底彩色花纹，特别显著，上端书"长胜王"三金字，系一图形与文字合组之联合式商标。而华丰染织厂股份两合公司之商标为青莲色横书"常胜图"三字，此外并无其他图形，系仅用文字组成之单纯商标。双方意匠构造，截然不同，通体观察，完全异致。

至就读音部分研究，"王""图"两字，读音完全不同。即"长""常"两字，形音均异，完全相同者，仅一"胜"字，自不能以一字相同，遂谓整个名称读音相混。商标局第一七七号《异议再审定书》之审定事项，实无不合。

基上论据，诉愿人之诉愿理由，殊欠充分，爰为决定如主文。

本案诉愿人如有不服，限于决定书送达之次日起，三十日内，向行政院提起再诉愿。

实业部部长　吴鼎昌

中华民国二十六年三月二十三日

（《实业部公报》，1937 年第 325 期）

丽新公司再诉愿呈请书（1937 年 4 月 26 日）

再诉愿人：丽新纺织印染整理股份有限公司　住无锡县第一区黄巷乡丽新路

法定代理人：程敬堂　年五十三岁　男性　无锡人　商　住本公司

呈为再诉愿人"长胜王"注册商标，不服实业部诉愿决定，依法提起再诉愿，请求将原决定及商标局审定之第二三四四七号华丰染织厂股份两合公司"常胜图"商标一并予以撤销，以维法益事。

【事实】缘华丰染织厂股份两合公司前以"常胜图"商标，使用于《商标法施行细则》第三十七条第三十一项匹头类之棉织匹头商品，呈经商标局审定，列入第二三四四七号，登载第一一八期《商标公报》公告在案。上项商标因与再诉愿人二十五年八月八日商标局注册第二九五三四号用于同种类商品之"长胜王"商标名称、读音相同,提出异议,经商标局审查,"异议人之异议不成立",分发第五二零号《异议审定书》。再诉愿人不服,请求异议再审查,又经商标局以第一七七号《异议再审定书》维持异议审定之效力。再诉愿人不服,依法向实业部诉愿。本年四[3]月十六[23]日奉实业部诉字第二九二号《诉愿决定书》:"诉愿驳回。"再诉愿人仍不甘服,谨向钧院提起再诉愿。兹将不服理由胪陈于左。

【理由】谨按原决定官署谓"按商标之近似与否,应就商标所用之文字、图形等通体观察,不能仅据文字或图形之一部分以为断。"查商标名称之文字,实为全商标之代表,与普通所用记号或联合式之一部份者不同,故虽全部图形不同,而单就名称近似,亦应受《商标法》之拘束。谨按《商标法》第一条第二项"商标所用之文字、图形、记号、或其联合式,须特别显著,并应指定名称及所施颜色"。法文系分别列举,并非各项相连成文,意旨甚明。再诉愿人商标名称"长胜王",确合特别显著之规定。原决定官署以再诉愿人系一图形与文字合组之联合式商标,而华丰染织厂仅用文字组成之单纯商标,认谓双方意匠构造,截然不同,通体观察,完全异致等云,原决定殊难适法。又原决定官署谓"至就读音部分研究,'王''图'两字读音完全不同,即'长''常'两字,形音均异,完全相同者,仅一'胜'字,自不能以一字相同,遂谓整个名称读音相混"云云。查"长""常"均七阳韵,□声,形虽不同,音实无异,商人恶意戳射,无所不用其极,抖揽交易,往往将起首"长胜""常胜"两字,连续呼唱,而于第三字每略而不呼,且"王"与"图"均属□字,业于《诉愿书》内详细陈明。谨援钧院二十六年三月一日诉字第七号《决定书》之决定,本案两商标实难谓于交易上无混淆之虞。

为此依法声叙本□□□□提起再诉愿,除备具副呈径送实业部外,兹特检同附件,呈请钧院鉴核,恳赐依法纠正,将原决定及审定之华丰染织厂股份两合公司"常胜图"商标,一并予以撤销,以维法益,实为德便。谨呈行政院院长王。

再诉愿人:丽新纺织印染整理股份有限公司

法定代理人:程敬堂

中华民国二十六年四月二十六日

(上海市档案馆,档号:Q195-1-185)

行政院决定书（诉字第六三号）（1937 年 6 月 16 日）

再诉愿人：丽新纺织印染整理股份有限公司　地址：无锡县第一区黄港［巷］乡丽新路

法定代理人：程敬堂　年五十三岁　男性　无锡人　商　住无锡第一区黄港［巷］乡丽新路本公司

右再诉愿人为商标争执事件，不服实业部诉字第二九二号决定，提起再诉愿，本院决定如左：

【主文】原决定及商标局所为之评定、再评定均撤销，并撤销华丰染织厂股份两合公司"常胜图"商标之审定。

【事实】缘华丰染织厂股份两合公司前以"常胜图"商标，使用于《商标法施行细则》第三十七条第三十一项匹头类之棉织匹头商品，呈经商标局审定，列入第二三四四七号，登载第一一八期《商标公报》公告在案。再诉愿人认为与其注册第二九五三四号用于同种类商品之"长胜王"商标读音近似，提起异议，经该局评决："异议人之异议不成立。"再诉愿人不服，请求再评定，复经该局评决，维持原评决事项，再诉愿人仍不服，向实业部提起诉愿，又被驳回，乃提起再诉愿到院。

【理由】查华丰染织厂股份两合公司向商标局声请审定"常胜图"商标，乃在再诉愿人"长胜王"商标已经注册之后，而"常胜"二字又与"长胜"二字，音义相同，易资混淆，实违背新《商标法》文字包括读音之规定，且无图而以图为名，尤属蓄意影射，有欺罔公众之虞，显与新《商标法》第二条第四款之情形相合，不得注册，自应将原审定撤销。再诉愿人先后请求评定、再评定及提起诉愿，该局及实业部未加纠正，均属不合。本案再诉愿应认为有理由，爰依修正《诉愿法》第八条第一项前段决定如主文。

院长　蒋中正

中华民国二十六年六月十六日

（《行政院公报》，1937 年第 26 期）

棉布参差，白货疲软色货仍坚，本街批发最为畅旺

（1936 年 9 月 17 日）

昨日棉布市况参差不一，趋势尚稳，东匹白货因纱花平疲影响，续现软象，而中外各档花色货品，市上仍供不敷求，依然挺秀，如"四君子"哔叽现售码二角五分半，直贡二角六分半，"叙贤村"直贡缎二角六分，"御花园"空花直贡三角二分二厘半、光中厂"松鹤"哔叽与直贡均售二角六分，达丰"四喜"直贡三角二分半，丽新"鲤星"华达呢三角七分半，"惠泉山"直贝缎二角九分七厘半，元羽绸元通"大得利"每匹十元○九角，公胜"先锋"拾一元五角，新华"新春图"拾元○九角半，其他印花绒、水浪绒、斜纹绒、白衬绒等货亦渐见旺动，尤以本街各批发庄走销最畅。

（《大公报（上海版）》，1936 年 9 月 17 日，第 11 版）

要买真真便宜货请到丽新门售部

（1936 年 9 月 23 日）

通运路丽新门售部出售各种棉毛织品，花色齐全，定价低廉。际此秋令，正值添置新装之候，特将协新毛织厂出品国货呢绒哔吱大廉价，并有"特别牺牲品"，颇合中西衣料，每人限购一件，售完为止，诚属良好机会，辛［幸］勿失之。

（《新闻汇报》，1936 年 9 月 23 日，第 3 版）

棉布需要旺盛，细布细斜继续坚升，哔叽直贡价亦步涨

（1936 年 9 月 26 日）

昨棉布市况因标纱花升腾，同业心思良好，东匹各货一致坚昂，十二磅龙头细布现货奇缺，猛涨一角，售七元三角，其余各牌亦涨起五分七分半不等，十二磅双龙珠、蓝飞鱼两牌，售七元二角，花鸟、阳鹤、彩球均售七元一角，蓝双鱼七元一角半，五福集祥七元二角半，细斜涨势亦烈，计升涨每匹五分与一角之间，双军人八元一角，阳鹤七元一角，龙头五福集祥均售七元〇五分，花色货哔叽、直贡亦涨每码二厘半，四君子哔叽现售二角五分七厘半，直贡二角七分，叙贤村直贡缎二角六分二五，光中、达丰、丽新等厂价亦步增，松鹤哔叽与直贡售二角六分二五，名利哔叽二角八分，千年哔叽二角七分半，各路实销活跃，市气旺盛，故业中人无不喜形于色也。

（《大公报（上海版）》，1936 年 9 月 26 日，第 11 版）

协新毛织新贡献

（1936 年 10 月 8 日）

丽新路底协新毛纺织染公司，为我国最完备之羊毛纺织工厂，自去年出品以来，各种呢绒哔叽，畅销全国，品质之精良，远胜于舶来。最近新出"双金鸡"牌毛绒线，质地柔软，颜色鲜艳。现悉该厂为普及群众，优待顾客起见，特别大牺牲，照原价每磅减去五角，每磅只售二元，每人限购二磅，是以各经售处购者，殊为踊跃，莫不称□□□□云。

（《锡报》，1936 年 10 月 8 日，第 2 版）

纱布供不应求

（1936 年 10 月 20 日）

邑中纺织厂，共有申新、广丰、广勤、丽新等四五家，内部设施，均极完善，故出品精良，颇受各地人士之欢迎。近半月来，本邑棉纱市价，突飞猛晋，为近年来稀有之现象，申标每件竟涨至近二十元左右，本邑市价，亦随之上升，各牌每件皆涨八九元之谱，市上人心，犹一致看高。十八日市价，每牌棉纱又涨起二元数角至□元不等。据棉纱业界中人谈，纱市日涨原因，近因棉希畅销，棉织厂商尽量购进大批棉纱，厂中所出现纱，供不应求，致市价飞黄腾达。至于棉布畅销之原因，为今庚秋收丰稔，农村经济渐苏之象。值此秋凉时节，农民皆添制新衣，又以本年各地举办壮丁训练，须一律穿着制服，故棉布又多一特殊销路。以后市价，尚有续涨之势。

（《申报》，1936 年 10 月 20 日，第 8 版）

无锡纱业各厂获利甚丰

（1937 年 1 月 21 日）

本邑纱业，素称发达，纺织工厂，有申新、庆丰、广勤、豫康、振新、丽新、业勤等七家，庆丰并设有第二工厂，全邑工人在十万以上。惟近数年来农村衰落，购买力锐减，加以外纱跌价倾销，销路遂一落千丈，存货由积，营业万分困难。前年业勤、振新两厂，相继停工，惟至去年，各地农产，多告丰收，社会经济，稍稍活动。农民购买力增加，更以获得西南及黄河以北等处销路，所出布匹，竟销售一空。他如纱价逐步飞涨，棉价反告低廉，成本减轻，各厂至去年更从事于技术上之改进，并减去三道粗纱，着手大牵伸之设计。工资方面，较前省去不少，同时对于物料上极力撙节改善，故各厂在二十五年年底结束，均获巨利，为近数年来所仅见。至其盈余数量，除业勤复工未久，振新方在筹备开工以外，申新、庆丰、丽新三厂，各有五十万元以上之盈余，广勤盈余二十万元，豫康十三万元。并闻庆丰、丽新两厂，现已添购机器，扩充车间，增加产量。（二十日）

（《大公报（上海版）》，1937 年 1 月 21 日，第 10 版）

纺织业好转，去年纱厂均有盈利

（1937 年 2 月 1 日）

中央社讯，我国纺织业去年因纱布之畅销，及原料之丰收，已呈转机。据记者向熟悉该业情形之某君探悉，去年各省均有盈利，如此种现象能维持一年，使基础巩固，则明年当有新的发展。惟在华日厂机器精良，资金雄厚，近且大事扩充，将予国厂以重大之威胁，则须国人善为自谋云。兹将各情分述如次：

去年概况：全国中外纱厂，在二十五年底止，共一四一家，都纱机五·〇五三·三一七锭，线机五〇五·七一〇锭，布机五三·二二一台，内以上海所设为最多，计纱机二·六五九·七五四锭，约占全国总锭数百分之五二·六，青岛次之，计有纱锭五六八·三八四枚，约占全国总锭数百分之一一·二，汉口、无锡、天津、南通又次之，其他各地则为少数。至华厂与外厂之比较，则国人经营者共八十九家，计纱锭二·六八二·五三八枚，线锭一五三·一一八枚，布机二三·九二一台。日厂共四十八家，计纱锭二一四·三六三枚，线锭三六四·二三二枚，布机二五·二七九台。英厂共四家，计纱锭二二七·一四八枚，线锭六·三六〇枚，布机四·〇二一台。就上述数字以观，华厂八十九家，平均每厂仅三〇·一四一锭，日厂四十八家，平均每厂有四四·六五九锭，英厂四家，平均每厂有五六·七八七锭。华厂与日厂总锭数之比，华厂虽较多五三八·九〇七枚，线锭则较少一九三·一一四枚，布机亦较少一·三五八台。而日厂产纱不独较华厂为细，产布亦较华厂为多，且日厂均集中于我国重要海口棉纺织业中心之上海，日厂既较华厂多一九六·一七〇枚。青岛纱机，华日约为一与十之比，几为日商所独占。天津自去夏日商收买华厂三家后，其纱锭亦超过华厂十万枚之多,近更在大量扩充中,喧宾夺主,殊可虑也。

渐趋复兴:自一九二九年世界经济恐慌波及我国,继以民国二十年之长江大水灾、东北四省之被占、沪战之发生与匪祸之蔓延,以致农村崩溃,工商衰落,沪市存纱最多时达十六余万包,市价惨落至一百五十八元九角。故纺织业之经营,倍感困难,益以棉产歉收,花价腾贵,亏累甚深,停厂减工之声,不绝于耳。迄二十四年底止,全国停闭之华厂达二十六家,都七七〇·五九二锭,约占华商总锭百分之二十七。去年承新币制实行以后,虽金融安定,市气稍苏,纱价已回至二百元左右,存纱亦大减少,然终以各厂频年亏累甚多,及上年棉产歉收之故,不独已停之厂,在秋季以前,仍未能开出。且天津裕元、宝成、华新三厂(一二八·七五二锭)均已出售日人,唐山华新纱厂亦由日人加股管理,斯业之衰,可谓已极。幸秋季以后,全国丰收,农村经济猝见活跃,而棉产之多,尤突破以前纪录,于是纺织业一面因原棉供过于求,市价难涨,解除频年所受花贵纱贱之苦,一面又因人民购买力增高,纱布供不应求,售价飞腾,获利殊厚,制纱一件,至少有三十元之盈利。于是已停之厂,除一二家因机器朽损者外,均于冬季先后复工。

棉产大增:在此期间设华之外厂,虽亦同受不景气之打击,然以其资金之充裕及机器之精良,并逐年提存公积金甚厚,故基础甚为稳固,停厂者殊少,至多不过短期放工而已。日厂且有扩展之计划,如在津收买华厂之举,迨冬季该业情势转佳,外厂之积极发展,自在意中。至于华厂亦多复工,惟以遭受欧战时过度拓展之教训,及自身负债过巨,故尚无余力以事拓展,惟在偿理债务之余,整理原有机器,以谋改善耳。其新设之厂,则仅常州之大成纱厂,约三万纱锭,及无锡丽新纱厂之增加新纱锭二万枚而已。去年棉产丰收,达千四百余万旧制担,为近年来所少见,计算国内所需年约九百万担,尚余约五百万担,可供外销。年来经棉统会之努力推广棉田及改良棉种,原棉成分甚佳,日本纱业纱制三十支左右之原料,亦向我国采购,是亦良好现象。

前途瞻望:工业之发展,有赖于金融界之协助,在我国尤为必要。年来国内银行投资于斯业者,在一万万元左右,以后当有增加,至于银行与该业之关系,以前甚浅,仅为一种借贷之关系,故颇多隔阂。自去年冬季起,则此种关系已有改进,如上海中国金城等银行均有与厂方订立委托经营,或设立银团,协助管理合约,使双方意见融洽,业务得顺利发展,实为良好现象。国人创办纱厂,在计划中者尚有多处,社会金融本年如能更活跃,或最低能维持至年底,则在明年中,各项计划,即可实现。且观察现情,将来之发展有向内地拓展之趋势。盖国内秩序既已安定,自可尽量利用当地之原料及廉价之劳工,以较轻之成分,低廉之成品,以供给内地之人民云。

(《大公报(上海版)》,1937 年 2 月 1 日,第 4 版)

无锡区纱布产量调查

(1937 年 2 月 1 日)

去年纱布销路畅旺,各厂出品激增,营业之发达为近数年来所罕见,记者为明了各厂产量起见,顷特往访财部苏浙皖无锡分区统税管理所统计员郑葭琯,承告二十五年无锡区锡、苏、虞、太各县工厂所产布纱数量如下:①

县别	厂名	产量		
		布(匹)	短布(公斤)	
苏州	苏纶	303 769	649 658	
无锡	丽新	493 001	7 884 610	
	广勤	35 613		
	振新	4 309		
	申新	720 746		
	庆丰	518 582	15 028 204	
嘉定	嘉丰	73 017		
		粗纱(公担)	细纱(公担)	坏纱(公担)
苏州	苏纶	39 524 855	714 206	439 991

---

① 该表为编者根据原文绘制。

县别	厂名	产量		
		布（匹）	短布（公斤）	
无锡	丽新	2 243 099	9 185 501	186 730
	业勤	3 113 886		
	广勤	41 991 484	7 096	257 808
	豫康	26 399 923		121 566
	振新	97 508	46 598	1 814
	申新	129 676 162	431 549	1 195 691
	庆丰	100 089 874	5 289 474	820 561
嘉定	嘉丰	59 105 965		50 774
太仓	和泰	129 479 229		207 747
常熟	裕泰	682 026		
江阴	利用	20 197 535	1 638 622	4 536

（《大公报（上海版）》，1937 年 2 月 1 日，第 11 版）

过去一年中无锡工业概况，各厂营业好转均获巨利，营业之发达为近年罕见

（1937 年 2 月 15 日）

本县工厂林立，已成为我国内地工业之中心，惜因天灾外侮不景气相继而来，近年殊少进展。去岁物价高翔，出品又能畅销，营□繁盛，各项工厂乃得以转衰为盛，顿现欣欣向荣之象，前途至可乐观。记者除已将厂业报告外，兹再将面粉、缫丝、榨油、织布等业状况调查如下，以告关心锡邑实业者：

（前略）织布厂：锡邑织布工厂，有丽华、光华等十九家，布机约三千五百余

台(纱厂布机在外),年产各种布匹总计约在五十万匹以上,近年因洋布充斥,各种布匹市场均为垄断,出品滞销,维持颇感不易。去年各厂对土布之花纹质料,力求改良,同时外货输入特少,加以一般人士注意于土布运销,各地销路大增。各厂受此良好影响,莫不营业发达,纷纷扩充范围,添设布机,增加产量。闻年终结帐,美恒、赓裕、丽新等厂盈余最多约各十二万元,光华、同亿、三新等约八九万元,他如竞华、恒丰等,亦均有五六万元之盈余。……协新毛织厂于去年开工,所出呢绒、哔叽等质量甚优,足与舶来品颉颃,故颇受国人欢迎,营业前途殊为乐观。

(《大公报(上海版)》,1937 年 2 月 15 日,第 11 版)

光货呢绒大感缺乏

(1937 年 3 月 23 日)

普通五六元一码之光货呢绒,本客帮大小西服店铺,俱有强健进胃。然因市货甚感缺乏,货价因之颇为坚涨,盖西货到申有限,东货虽有运到,而为数亦寡,国货只无锡协新厂尚有出品,但亦不敷需销,致近日稍有资金之店号及掮客,多在搜罗中。盖今春洋行到货,以火姆四本耐久呢、海力斯等毛货花呢为多,而光货则殊不多见云。

(《申报》,1937 年 3 月 23 日,第 12 版)

国货联营公司联营合作*

(1937 年 7 月 22 日)

昨下午三时为首次招待中国国货联合营业公司,定期分批招待国货工厂,在北四川路新亚酒店茶叙,洽商经销办法,已志前报。昨日下午三时,为该公司第一次招待之期,计出席各厂代表汉阳工业厂、天津东亚毛呢厂、安乐毛绒纺织厂、龙章造纸厂、三友实业社、溥益实业公司、大成纺织公司、丽新纺织公司、中国炼气公司、上海毛绒厂等七十余家。首由该公司总经理蔡声白、副经理王性尧二氏,说明联营公司之宗旨,及兴国货工厂合作办法,继由溥益公司袁文钦、中国炼气公司郭承恩、大成纺织公司刘靖基、上海毛绒广张嘉甫等,先后发表演说,对于联营合作办法,一致赞许,宾主极其款洽,当场并约定由各工厂日内与联营公司订结契约,开始办理联营业务,至五时三十分始,尽欢而散。

(《申报》,1937 年 7 月 22 日,第 14 版)

丽新公司与丽新织造厂厂名纠纷*

(1938 年 12 月)

　　径启者,顷据丽新纺织印染整理股份有限公司声称:本公司及上海分公司均曾向国民政府实业部登记,有实业部发给执照为凭,乃现有以丽新织造厂营业,既称织造,则与本公司营业显系同一种类,依《公司法施行法》第二十七条规定,即不得使用与本公司相同名称,应请贵律师代为去函该厂,要求即日更易名称,以免涉法,等语,前来。据去,相应代为函达贵厂,希即日更易名称并盼见覆为荷。

　　此致丽新织造厂胡松亭先生。

律师①

径覆此:

　　接准大函,聆悉一是,所称敝厂厂名与贵当事人丽新纺织印染整理股份有限公司相同,嘱为更易名称一节。按敝厂厂名系丽新棉毛织造厂,所出物品均系棉毛内衣及线袜等类,所用商标为"国力、兽王、国宝"三种,于名称上既已明

---

① 原文落款日期不清晰,作者不能识别,故未录入。

白,标明商标又完全不同,更非同种营业放示[方式],示所行《公司法施行法》第二十七条并无抵触之处,想因贵当事人不明敝厂情形,以致有所误会,相应备函奉达,即希查照转达,是所至感。

此致过守一大律师。

丽新棉毛织造厂

胡松亭启

中华民国廿七年十二月拾九日

（上海市档案馆,档号：Q195－1－15）

丽新"千年如意"商标与元盛棉布号
"财元茂盛"商标纠纷案*

（1939—1941 年）

丽新公司异议呈请书（1939 年 2 月 13 日）

异议人：丽新纺织印染整理股份有限公司　上海江西路三合里 B 十一号

法定代理人：程敬堂　年五十五岁　住同上

被异议人：元盛棉布号俞祥坤　住上海北香粉弄龙泉园善全里五十号

为提出异议事。查被异议人之"财元茂盛"商标专用于《商标法施行法》第三十七条第三十一项匹头类,业经钧局审查核准,列入第二七五五八号,并登载第一五二期《商标公报》公布。异议人以该"财元茂盛"商标名称固无利害关系,系其图案以"千年运"与"如意"为全图主要部分,与异议人业经注册第三五七○号同一商品之"千年如意"商标图案,意匠构造极相近似,实有影戥混淆之嫌。为此依法缴纳公费二十元,提出《异议呈请书》,仰祈鉴核,准予将被异议人审定第二七五五八号"财元茂盛"商标予以撤销,以维法益,实为公便。

谨呈经济部商标局局长程。

具呈人：丽新纺织印染公司

附呈公费银二十元。

连署人：程敬堂

副呈一件。

廿八、二、十三

（上海市档案馆，档号：Q195－1－189）

经济部商标局批（渝字第 2053 号）（1939 年 2 月 23 日）

具呈人：丽新纺织印染整理股份有限公司

二十八年二月　日呈一件，为对于元盛棉布号俞祥坤审定第二七五五八号"财元茂盛"商标提出异议由，呈件均悉，费款照收，所提异议准予受理。业将异议书副本令发对方限期答辩矣，仰即知照。

此批。

民国二十八年二月二十三日①

（上海市档案馆，档号：Q195－1－189）

商标局异议审定书（第六四八号）（1939 年 4 月 13 日）

异议人：丽新纺织印染整理股份有限公司

被异议人：元盛棉布号俞祥坤

右代理人：会计师潘序伦

右异议人对被异议人审定第二七五五八号"财元茂盛"商标提出异议事项，兹依法审定如左：

【主文】被异议人审定第二七五五八号"财元茂盛"商标撤销之。

【事实】被异议人前以"财元茂盛"商标使用于《商标法施行细则》第三十七条第三十一项匹头类各种色布、色斜漂布、棉织哔叽、贡呢、府绸等商品，呈请注册，当经审查核准，列入审定第二七五五八号，并登载第一五二期《商标公报》公告各在案。嗣据异议人认为该商标系仿冒其使用于同一商品之注册第三五七〇号"千年如意"商标，提出异议到局。

---

① 批示原文并无落款，落款日期为编者依据原档案公费收据落款而定。

【理由】查本案两造商标,名称各别为双方所共认,争执关键,在于双方图案是否近似问题。异议人商标,系以上插红花盛开之万年青花盆,置于紫色木架之上,木架后面地上横置一如意。被异议人商标,则以上插红花盛开之万年青花盆,置于金纹紫色三脚鼎形之盆上,在花盆周围缀以元宝十数个及一如意。若就通体观察,双方意匠构造,实如出一辙。虽两造商标用作陪衬之四周彩图及文字,确有不同,然此陪衬部份之各别,亦如元宝之有无,只能证明双方商标图案之非同一,不能掩蔽双方商标主体之相近似。故本案系争商标,若在市场交易,一般购买者于不能细加比对之隔离观察或普通注意之下,诚不免有混淆或误认之虞。异议人商标之注册,已达十年之久,被异议人之商标则甫经审定,后者自难以抗衡前者。

综上论究,异议人之异议为有理由,被异议人之审定第二七五五八号"财元茂盛"商标应予撤销,爰为审定如主文。

被异议人如有不服,得于《异议审定书》送达之日起,三十日内依法请求异议再审定。

局长　黄宗勋
中华民国二十八年四月十三日
(《商标公报》,1939 年第 157 期)

经济部商标局令(渝字第一二四一号)(1939 年 4 月 19 日)

民国廿八年四月十九日发

事由:检发第六四八号《异议审定书》仰即知照由

令丽新纺织印染整理股份有限公司

查该商对于元盛棉布号审定第二七五五八号"财元茂盛"商标提出异议一案,业经依法审定。除分令外,令行检发《异议审定书》一份,仰即知照。

此令。

附第六四八号《异议审定书》一份。

局长　黄宗勋
(上海市档案馆,档号:Q195-1-189)

立信会计师事务所(代元盛棉布号俞祥坤)
请求异议再审查理由书(1939 年 6 月 5 日)

事由:为不服钧局第六四八号《异议审定书》之审定,依法请求再审查由

请求人:元盛棉布号俞祥坤

代理人:立信会计师事务所主任会计师　潘序伦　住上海江西路四〇六号

呈为不服钧局第六四八号《异议审定书》之审定,依法请求再审查事。

窃请求人前以"财元茂盛"商标使用于《商标法施行细则》第三十七条第三十一项匹头类各种色布、色斜漂布、棉织哔叽、贡呢、府绸商品,呈奉核准审定,发给第二七五五八号《审定书》再案。嗣经丽新纺织印染整理股份有限公司提出异议,并经依法答辩,兹奉钧令渝字第一二四〇号①,附发第六四八号《异议审定书》一件,撤销请求人之"财元茂盛"商标,请求人殊难折服,为特具呈请求异议再审查,并声叙理由如左:

查本案两造商标名称各别为双方所共认,无庸争辩,而双方图案是否近似,自为争辩之关键,请求人之商标名称既为"财元茂盛",其图样亦系依照商标名称之字义而制,故顾名思义,当以"元宝"为其主要部份,而被请求人之商标名称系"千年如意",其图样则以"如意"为主体,双方商标主体已属不同,而用作陪衬之四周彩图及文字,确亦相异,一般购买者在指名购买时,于施以隔离观察或普通注意之下,殊无混淆或误认之虞。

双方商标名称既已绝不相同,商标图样之主体亦属互异,而用作陪衬之四周彩图及文字又毫无相同,诚不能仅以双方图样内一小部份之相似,置整个商标文字图样于不顾,而遽谓为近似,此请求人所以殊难甘服也。倘再以下列所举各例,两方商标一部份相同,而仍得各别注册者相较,更觉请求人之商标不应撤销也。

例如:

(一)注册第二九九九号永成厂之"龙鼎"商标,与注册第一三三〇五号广益染织厂之"鹤鼎"商标,双方商标同有一"鼎",但一则鼎上绘一"龙",一则鼎上绘一"鹤"。

(二)注册第二六六四号厚生纺织公司之"神鼎"与注册第一八三八三号久

---

① 原文如此,依据 1939 年 4 月 19 日所发经济部令,此处应为"一二四一号"。

成染织厂之"举鼎",其图样中均有一"举鼎"图样。

（三）注册第三四四二号永安纺织公司之"宝鼎"与注册第一八一九七号裕源恒号之"万年宝鼎",其图样中亦同有一"鼎"。

（四）注册第一八七六五号顺泰号之"金三鼎"与审定第二五六三〇号岸和田纺织株式会社之"三鼎",其图样及名称亦不免有相似之处。

观于上述各例,足证商标之所谓近似者,必须有通体近似之现象,苟其近似之处只为图样中之一小部份,则在各别注册之商标中其例极多,请求人之商标只有"万年青"之一小部份,与被请求人之商标相近似,但此近似之部份,不过占全部商标极小之地位,故证之其他商标之实例,实不能称为近似,在市场上交易,殊无混淆或误认之虞,为特请求异议再审查,伏乞钧局鉴核,准予撤销第六四八号之异议审定,维持原审定,以恤商艰,实深公感。

谨呈商标局。

附件:《请求书》副本。

异议请求再审查　公费国币二十元

请求人:元盛棉布号俞祥坤
代理人:立信会计师事务所会计师　潘序伦
中华民国二十八年六月五日
（上海市档案馆,档号:Q195－1－189）

经济部商标局令（渝字第 1686 号）（1939 年 7 月 27 日）

事由:饬依限答辩。

令丽新纺织印染股份有限公司

案据元盛棉布号俞祥坤为不服第六四八号《异议审定书》之审定事项,请求异议再审查到局,业经依法受理。除批示外,合将《请求异议再审查理由书》副本令发阅看,仰于文到二十日内备具《答辩书》副本呈候核办。

此令。

附发《请求异议再审查理由书》副本一份。

局长　黄宗勋
中华民国廿八年七月廿七日
（上海市档案馆,档号:Q195－1－189）

<h1>丽新公司异议再审查答辩书（时间不详）</h1>

被请求人：丽新纺织印染整理股份有限公司

法定代理人：程敬堂

呈为对请求异议再审查，遵饬依限提出答辩书仰祈鉴核事。

窃被请求人于本月二十六日奉钧局渝字第一六八六号令，发元盛棉布号俞祥坤为不服钧局第六四八号《异议审定书》之审定事项，请求《异议再审查理由书》副本一件，限文到二十日内备具《答辩书》正副本呈候核办等因。

奉此，查请求人所持理由：

（一）谓商标名称既为"财元茂盛"，其图样亦系依照商标之字义而制，故顾名思义，当以"元宝"为其主要部份，云云，被请求人按商标之主要部份，应就系争商标图案通体观察，于该商标特别显著之部份而言，钧局第六四八号《异议审定书》业经详晰指明其主要部份相近似各点，今请求人妄以图样之陪衬"元宝"为其主要部份，未免有意遁饰，昧于法理，其理由牵强附会，殊无足辩。再就"财元茂盛"与"千年如意"两商标图样观察，非但特别显著之主要部份同为"红花盛开之万年青及花盆与如意等"近似，即花盆上所绘之花纹亦相近似，其意匠构造实如出一辙，故无论近相比照或隔离观察，均可使顾客有混淆或误认之虞。况请求人对于主要部份之"万年青"亦自认与被请求人之图样相近似，无可争辩矣。乃一则妄以陪衬部份之"元宝"称为主要部份，冀乱□□；一则以自认相近似之"万年青"诿称占极小之地位，强词饰非，殊不知这足以暴露其有意影戤，欺罔公众之嫌。请求人又谓四周彩图及文字确无相异，一若近似他人之商标，必须全部相同，方是构成近似之条件者，此正一般贩运商人蓄意袭用制造商已著盛誉注册商标之惯技，于法亦□□□□狡饰也。

（二）请求人所举各别注册之例，因不涉本案范围之内在，钧局自有权衡，被请求人固毋庸予以答辩。

综上理由，为特遵饬依限提出《答辩书》正副本，呈请钧局鉴核，伏乞准予依法将请求人异议再审查驳回，并维持钧局第六四八号《异议审定书》之审定事项，以维法益，实为公感。谨呈商标局局长黄。

附：副本一件。

具呈人　丽新纺织印染整理股份有限公司

法定代理人　程敬堂

（上海市档案馆，档号：Q195－1－189）

商标局异议再审定书(第二四五号)(1939 年 8 月 12 日)

请求人:元盛棉布号俞祥坤

右代理人:潘序伦会计师

被请求人:丽新纺织印染整理股份有限公司

右请求人不服本局第六四八号《异议审定书》之审定事项,请求异议再审查,兹经本局依法再审定如左:

【主文】本局第六四八号《异议审定书》之审定事项维持之。

【事实】请求人前以"财元茂盛"商标使用于《商标法施行细则》第三十七条第三十一项匹头类之各种色布、色斜漂布、棉织哔叽、贡呢、府绸等商品,呈请注册,当经审查核准,列入审定第二七五五八号,并登载《商标公报》公告各在案。嗣据被请求人认为该商标系仿冒其使用于同一商品之注册第三五七〇号"千年如意"商标,提出异议到局,经审定将请求人之"财元茂盛"商标撤销,分发第六四八号《异议审定书》,去后请求人不服,请求异议再审查,并经令据被请求人答辩到局。

【理由】按商标之是否近似,应就图形文字等通体观察下,以其主要或显著部份是否有发生混淆或误认之虞为准。本案请求人请求异议再审查所持之唯一主要理由,为其商标名称既为"财元茂盛",而其图样又系依照商标名称之意义而制成,故顾名思义,当以"元宝"为其主要部份;至被请求人之商标名称系"千年如意",其图样则亦应以"如意"为其主体等语。惟查双方商标图样,请求人商标,系以插有红子盛结之"万年青"花盆,置于金纹紫色三脚鼎形之盆上,在花盆周围缀以"元宝"多枚及一"如意"。被请求人商标,则系以插有红子盛结之"万年青"花盆,置于紫色六脚木架之上,木架后面地上置一如意。是以双方商标予人之印象,同为红子盛结之万年青、花盆、如意,及相似之木架与鼎形之盆。易辞言之,双方商标意匠相同而其主要或显著部份确属近似也。请求人因其商标名称之故,主张以"元宝"为其商标之主要部份,但查"元宝"在其商标中并不居于特别显著之地位,可见请求人之见解显系牵强附会,殊不足采。本案两系争商标,除"元宝"及四周陪衬之彩色花纹,非主要部份之不同外,其主要部份之意匠构造既如出一辙,在市场交易,一般购买者,于隔离观察及通常注意之下,确不免有混淆或误认之虞,显难谓非近似。行政法院二十六年度判字第二十号《判决书》谓:"故凡商标,无论在外观上、名称上,或观念上,其主要部份近似,有足以惹起混同误认之虞,而其他附记之部分,虽不近似,仍不得不谓为近似之商标。"可见原异议审定认为双方商标近似,并无不当。至请求人所举种种例案,核与本案案情不同,自无论究之必要。

基上论结,请求人之请求为无理由,应不成立。本局第六四八号《异议审定书》之审定事项,应维持之,爰为再审定如主文。请求人如有不服,得于《异议再审定书》送达之日起六十日内,依法向经济部提起诉愿。

局长　黄宗勋

中华民国二十八年八月十二日

(《商标公报》,1940 年第 161—162 期)

经济部商标局令(渝字第二一七六号)(1939 年 8 月 15 日)

事由:检发第二四五号《异议再审定书》仰知照由

令丽新纺织印染整理股份有限公司

查元盛棉布号俞祥坤为不服第六四八号《异议审定书》之审定事项,请求异议再审查一案,兹经派员依法审定。除分令外,合行检发《异议再审定书》,令仰知照。

此令。

附:第二四五号《异议再审定书》一份。

局长　黄宗勋

中华民国二十八年八月十五日

(上海市档案馆,档号:Q195－1－189)

经济部诉愿决定书(诉字第九十三号)(1939 年 12 月 16 日)

诉愿人:元盛棉布号俞祥坤　年三十三岁　男　浙江海宁人　商业　住上海北香粉弄善全里北街

代理人:潘序伦会计师　住上海江西路四〇六号

右诉愿人与丽新纺织印染整理股份有限公司因商标争执事件,不服商标局第二四五号《异议再审定书》,提起诉愿。本部决定如左:

【主文】诉愿驳回。

【事实】缘诉愿人前以"财元茂盛"商标,使用于《商标法施行细则》第三十七条第三十一项匹头类之各种色布、色斜漂布、棉织哔叽、贡呢、府绸等商品,呈请注册,经商标局审查核准,列入第二七五五八号。嗣据丽新纺织印染整理股份有限公司认为该商标系仿冒其使用于同一商品之注册第三五七〇号"千年如意"商标,提出异议,经商标局审定,将诉愿人之"财元茂盛"商标撤销。分发第六四八号《异议审定书》。诉愿人不服,请求异议再审查,复经该局再审定,维持原异议审定事项,分发第二四五号《异议再审定书》,该诉愿人仍不服,提起诉愿到部。

【理由】按构成商标之图形,若隔离观察,其两商标之主要部份,足以发生混同或误认之虞,纵其附属部份外观殊异,亦不得谓非近似之商标。业经行政法院于二十七年度判字第十四号《判决书》著为判例。本案丽新纺织印染整理股份有限公司之"千年如意"商标图样之主要部份,为插有红子盛结之"万年青"花盆,置于紫色六脚木架之上,木架后面地上,置一"如意"之图形;诉愿人之"财元茂盛"商标图样之主要部份,亦为插有红子盛结之"万年青"花盆,置于金纹紫色鼎形之盆上,盆之周围缀以"元宝"多枚及一"如意"之图形,意匠构造,显无二致。若隔离观察,在交易上诚不免有混同误认之虞。虽双方图形中,其四周陪衬之彩色花纹与文字等各有不同,均不过附属部分之外观殊异,依上开说明,自不得谓非近似之商标。乃诉愿人徒以其商标中附属部分不同之点,从比例的观察,断断置辩,殊难认为有理。

基上论结,商标局所为之异议审定及异议再审定,并无不当,诉愿人之诉愿为无理由,爰依法决定如主文。

本案诉愿人如有不服,限于《决定书》送达之日起六十日内向行政院提起再诉愿。

部长　翁文灏

中华民国二十八年十二月十六日

(《商标公报》,1940 年第 169—170 期)

经济部商标局令(渝字第二七一三号)(1939 年 12 月 29 日)

令丽新纺织印染整理股份有限公司案事

经济部二十八年十二月十六日商字第四〇五〇一号训令,检发元盛棉布号俞祥坤为不服本局第二四五号异议再审定,提起诉愿一案,《决定书》到局。除呈复外,合将原发《决定书》作成抄本一份,令发该商,仰即知照。

此令。

附发经济部诉字第九三号《决定书》抄本一份

局长　黄宗勋

中华民国二十八年十二月二十九日

（上海市档案馆,档号:Q195 - 1 - 189）

行政院再诉愿决定书(阳诉一六三五三号)(1940 年 8 月 4 日)

再诉愿人:元盛棉布号　俞祥坤　年三十四岁　男性　浙江海宁人　业商
住上海北香粉弄善全里北街五十号

代理人:潘序伦会计师　住上海江西路四〇六号

右再诉愿人为与丽新纺织印染整理股份有限公司因商标争执事件,不服经济部二十八年十二月十六日诉字第九三号决定,提起再诉愿。本院决定如左:

【主文】再诉愿驳回。

【事实】再诉愿人前以"财元茂盛"商标使用于《商标法施行细则》第三十七条第三十一项匹头类之各种色布、色斜漂布、棉织哗叽、贡呢、府绸等商品,向商标局呈请注册,经该局列入审定第二七五五八号。嗣据丽新纺织印染整理股份有限公司认为该商标系仿冒其使用于同一商品之注册第三五七〇号"千年如意"商标,向商标局提出异议,经该局审定将再诉愿人之"财元茂盛"商标撤销。再诉愿人不服,请求异议再审查,复经该局维持原审定事项,再诉愿人乃向经济部诉愿,旋被驳回(诉字第九三号决定),仍不甘服,提起再诉愿到院。

【理由】查商标是否近似,应就两商标通体隔离观察,若其主要部分,足以引起混同或误认之虞者,即属近似,虽其附属部分稍有差异,亦不得谓两商标之不近似。本案双方两商标之名称各殊,无庸论究,惟彼此商标图样之主要部分,均以红花绿叶插于圆形盆器之内,盆之下端,又各置一如意,其花盆虽一则置于圆形紫色木架之上,一则置于三脚鼎形之上,惟骤视之下,鼎形与圆形木架,亦无大别,其意匠构造实无二致。虽彼此图样有花纹之不同,颜色有深浅之别,以及再诉愿人商标图样中有"财元茂盛"四字,然此只能认为两商标尚非完全相同,要不足减少两造整个商标近似之程度,于交易上自不免混淆误认之虞。商标局审定撤销再诉愿人之商标,经济部驳回其诉愿,均无不合。

据上论结,再诉愿为无理由,爰依《诉愿法》第八条第一项前段决定如主文。

院长　蒋中正

中华民国二十九年八月四日

（《商标公报》,1940 年第 171 期）

商标局通告(渝字第八十二号)(1940 年 12 月 31 日)

查丽新纺织印染整理股份有限公司异议元盛棉布号俞祥坤审定第二七五五八号"财元茂盛"商标一案,前经本局依法审定,将该商标撤销,兹已确定终结。除分别通知外,该第二七五五八号《商标审定书》应即作废,特此通告。

局长　马克强

中华民国二十九年十二月三十一日

（《商标公报》,1941 年第 178 期）

丽新公司呈请商标局查阅商标(1941 年 7 月 11 日)

查元盛棉布号俞祥坤以"财元茂盛"商标呈请注册,业经钧局审定列入第三〇九〇一号,并登载第一七八期公报公告在案。商公司因与[元盛棉布号]利害关系,请求查阅该商标实际图样,为特依照《商标法施行细则》第卅六条□□缴呈公费贰元,呈请鉴核,伏乞照准,实为公便。

谨呈商标局。

附呈公费贰元。

卅年七月十一日

（上海市档案馆,档号:Q195－1－189）

经济部商标局批(川审字第 5122 号)(1941 年 8 月 8 日)

民国卅年八月八日发

【事由】为准予查阅商标图样随批发给,仰于阅看后仍缴呈系局由

具呈人:丽新纺织印染股份有限公司

卅年七月十一日呈一件,七月廿五日到局。

为呈请查阅元盛棉布号俞祥坤之"财元茂盛"商标图样,附缴查阅费祈核准由。呈费收悉。兹将该"财元茂盛"商标图样一纸,随批发给该商阅看,准阅看,须将原图样缴局,仰即遵照!

此批。

附:"财元茂盛"商标图样一纸、商字第九六一四号收据一纸。

局长 马克强

（上海市档案馆,档号:Q195-1-189）

［丽新公司］呈为提出异议事（1941年8月22日）

异议人:丽新纺织印染整理股份有限公司 程敬堂 年五十七岁 无锡人住上海江西路三和里 B 十三号

被异议人:元盛棉布号 俞祥坤

呈为提出异议事。窃被异议人以"财元茂盛"商标使用于《商标法施行细则》第卅七条第卅一项匹头类棉布商品,呈经钧局审定列入第三〇九〇一号,并登第一七八期《商标公报》在案。查异议人前因被异议人审定第二七五五八号"财元茂盛"商标与异议人注册第三五七〇号"千年如意"商标图形近似,提出异议,经钧局决定将被异议人审定第二七五五八号"财元茂盛"商标撤销,并登第一七八期《商标公报》公告终结在案。今被异议人呈准审定第三〇九〇一号商标之图形与已撤销第二七五五八号商标图形其主要部份意匠构造完全相同,只于红花绿叶之间添着黄瓣似兰花,如意改作剑形而已,此种些微之修改在骤视之下难见区别,仍不足减少与异议人注册之"千年如意"商标整个图形近似之程度,于市场上易滋混淆误认之虞。

为此依法提出异议,随缴公费二十元,副本一件,呈请鉴核,仰祈准予决定将被异议人审定第三〇九〇一号"财元茂盛"商标撤销,以维法益,实为德便。谨呈经济部商标局局长马。

附呈国币二十元、副本一件。

中华民国三十年八月二十二日①

（上海市档案馆,档号:Q195-1-189）

---

① 因档案缺失,丽新公司"千年如意"与元盛棉布号"财元茂盛"商标纠纷后续的答辩及审定等情况不明。

一大铁厂因外汇昂腾请昌兴公司先付定金函*

（1939 年 7 月 25 日）

径启者，际此时艰，贵公司之创造精神殊足令人钦佩，敝公司亦以熬苦自矢，不敢苟安，此次蒙本相互合作之旨趣，赐订湿捻线机，敝公司深庆效力得所，受委之余，岂止感佩。于贵公司迈进前途，更深神往，故双方开诚，相与倾谈甚畅，约定之价只计成本，盈利观念非胸襟中应有之物，此则早已蒙贵公司洞悉者也。订制合同，承于七月十五日签就送下时，定银未荷同时惠付，乃七月十八日金融急变，外汇突由六办［便］半缩至五办［便］士，自有六办［便］半之水准以来，曾不几时，忽遭此剧变，殊出望外，人心惶乱，物价昂腾，以为外汇已失准绳，不知缩减伊于何底。有货者，咸不愿出售，心理若此，莫能强求，当以机器原料纯属舶来之品，影响造价，为数太巨，即面访贵公司唐君远先生，申述一切，蒙先将定银之一部国币贰万元于七月十九日送下，敝公司并立即饬员到统益测绘图样。孰料外汇又一连下跌，缩进五办［便］士而仍继续下降，故于廿一月再行走访拜陈外汇价格与订约时相差已达百分之四十四，配购材料已无从措手，即幸能购得，照契约价格差额过巨，原约殊觉难以继续等情，当蒙贵公司程、唐两先生告以现时汇市混乱，稍待或可回长，且厂中各种机器均经购齐，如此约不克维持，则殊多困难，云云。敝公司亦极不愿以当初精诚合作之精神付诸涣散，并不欲增加贵公司之困难计，故亦即尽其所能，紧急设法略付定银，罗致材料，以免万一外汇再缩而蒙更巨之为限，但总核成本须亏损国币贰万元之谱，且出货须款一时，实不易全数筹措，故又特派浦、朱二君向贵公司陈诉下情，并将全部所须工料详为面陈，想亦已在矜鉴中矣。敝公司用心颇肯自苦，以图在艰难之中有所振作，本拟为贵公司竭诚效劳，徒以创伤残余，每恨力不从愿，深觉惭赧，用再函恳贵公司曲谅下衷，慨允贴补，使敝公司经济仍能周转裕如，是诚厚赐，则感荷隆情，永铭心版，不独今此报效已也，再者所定材料约定月内现出，敝公司存款尚嫌不足，务恳先行惠□机价之六成，俾得如期出回，免得续增损失，机遇多舛，情非得已，缕布下忱，维希成全，临楮不胜迫切待命之至。

此致昌兴纺织印染公司。

一大铁厂股份有限公司

中华民国廿八年七月廿五日

（上海市档案馆，档号：Q195－1－138）

昌兴公司与合鑫棉布号包销合同*

（1939 年 12 月 15 日）

合鑫棉布号　买主

立买卖零布合同昌兴纺织印染公司（以下简称卖主），

今由双方同意，买主愿包销卖主工厂所出之各种印染花色零布，兹将商妥条件逐条开载于后，以资信守。

第一条　卖主所出印花染色漂白各种花纹布匹之零布统归买主包销，不得另售他人，但蓝布色斜原白各布零头不在此例。

第二条　卖主应随时通知买主出货，买主得到通知后即日备齐现款，向卖主指定之货栈出货，车费归买主自理。

第三条　买主缴与卖主保证金法币壹万元，由买主给以周息一分，不另立收据，至合同期满之日，如无别情，保证金连同利息一并返还买主。

第四条　零布价目按照正式匹头批价，惟有下列等级之折扣：

（甲）自十码起至十三码以内九折；

（乙）自四码起至十码以内八折；

（丙）自一码起至四码以内七折；

（丁）一尺以上至一码以内五折；

（戊）不满一尺之角布另议。

第五条　零布如遇破边，占洞幅十分之一以上，买主得要求卖主比例减让。

第六条　零布如遇通体色花及印坏者，买主得要求卖主酌改价目，其折扣仍照第四条办理。

第七条　买主得到卖主通知，如不立即出货，倘逾三日，卖主得将该货堆存外栈,栈租保险由买主负责,其货款总值照庄起息。

第八条 买主不依约定出货,其未出之货值如超过所缴保证金时,应由卖主通知买主加缴证金。

如通知后逾三日,买主不照缴或借词不缴者,卖主得不经买主之同意,将未出之货尽数拍卖,抵去货款,不足之数以保证金抵偿,如再不足,向买主追偿。

第九条 买主违约,卖主得不经买主同意,宣告本合同废止,并将订定期限内未出之货另行出售,倘有损失,除得将保证金抵偿外,不足之数仍得向买主追偿清楚。

第十条 本合同自签字之日起发生效力,至民国二十九年十一月底,终止无效。

第十一条 双方如有意继续展期,应于满期之前一个月商得同意,另订新合同。

第十二条 本合同一式二纸,买卖双方各执一纸为凭。

中华民国二十八年十二月十五日立买卖零布合同

买主 合鑫棉布号

代表 唐经国

卖主 昌兴纺织印染整理有限公司

代表 程敬堂

（上海市档案馆,档号:Q195-1-98）

国产泡泡纱出世

（1941 年 5 月 29 日）

丽新纺织印染厂最近新出一种夏令衣料泡泡纱,凉爽美观,花素皆备,而且永不退色。女士们采制新装,新颖得体,或做童装,均极相宜,已风行一时,闻各大公司绸庄均乐代经销。

（《申报》,1941 年 5 月 29 日,第 8 版）

成本增加销路涌旺，协新毛货步升

（1944 年 4 月 21 日）

毛织衣料，近年以外洋到源缺乏，价格致告飞涨，国货虽有出品，供应似见悬殊，涨势迄未少戢。本邑协新毛织厂，为国厂中佼佼者，所出毛织衣料，如海力斯、制服呢、格子呢等，以价格较诸舶来品低廉，销路极广，最近以原料开支在之增加，厂盘遂告步升，而门售价格前经物详会订定限价，今厂盘业已超过，如海力司限价每码七百二十元，厂盘已达八百余元，格子呢限价每码八百四十元，厂盘已达九百余元，门售店号，实难遵守。现正呈请经济分局，宽放限价，门售价格则依成本略予提高，以资维持，惟据厂方声称，成本增加过巨，依目今厂盘尚须亏折，故厂盘或将继续增加云。

（《无锡日报》，1944 年 4 月 21 日，第 3 版）

协新不蛀呢绒广告

（1946 年 9 月 30 日）

协新不蛀呢绒，协新毛纺织染公司荣誉出品。

（《申报》，1946 年 9 月 30 日，第 3 版）

丽新花麻纱广告

（1947 年 6 月 11 日）

丽新花麻纱,规模最大,出品最好,永不褪色。丽新纺织印染公司出品。

（《申报》,1947 年 6 月 11 日,第 2 版）

协新公司为民营企业配煤建议*

（1947 年 7 月 12 日）

径启者,接奉杂字第三二六号公函关于民营工厂配煤事所提出建议两则,甚为赞同,惟尚有补充者,关于所有民营工厂前因燃煤无有配得,或数量不够,临时改烧油类者,亦应照配燃煤,俾得仍将原有设备恢复用煤,以示公平,应请贵会提出,至为公便。

此致上海市毛纺织工业同业公会。

协新毛纺织染股份有限公司
中华民国三十六年七月十二日
（上海市档案馆,档号：S31 - 1 - 29 - 57）

丽新公司与善后救济署交换棉纱合约*

（1947 年 8 月 8 日）

行政院善后救济总署以棉花与丽新纺织印染整理股份有限公司交换棉纱

合约

　　行政院战后救济总署（以下简称署方）以棉花向丽新纺织印染整理股份有限公司（以下简称厂方）交换棉纱，订定合约条款如左：

　　一、数量　署方以外棉壹肆肆贰包（每包净重估计约五百磅）为七二一·〇〇〇磅（实重凭棉花公磅码单计算）估向厂方交换二十支棉纱九四八·六九件（每件净重四百磅），至厂方实际应交纱额凭棉花公磅实重结算，多退少补。

　　二、交换率　外棉七六〇磅（以每包净重五百磅，计一·五二包）交换廿支棉纱壹件（净重四百磅，包括统税、打包费），即外棉一〇〇包交换廿支棉纱六五·七九件，其中一〇·五件由署方依出售棉纱时之限价售予厂方〔上列一〇·五件系参照纺管会每一〇〇包（每包净重五百磅）棉花收回棉纱五五·二九件之原则而决定〕。出售时日由署方随时决定通知厂方交付即期现款换回棉纱栈单。

　　三、种类及等级

　　甲　外棉　署方依联总运到外棉之原品质及等级以能纺廿支棉纱为标准，由署方配拨，厂方不得要求指定等级或退换，但重水渍可以退还。

　　乙　棉纱　署方指定厂方以现时出品，曾向政府注册之各种正牌商标，合乎政府检定合格标准，取得证明书而在市场有行情之廿支棉纱为准。

　　四、交货期限

　　甲　外棉　自签订合约日起，厂方凭署方通知单，于十日内办理换单出货，其因厂方迟缓提货而发生之损失及过期栈租、保险费等，由厂方负责认付。如因署方出货拥挤而展延交货，其展延期内之栈租、保险等费免收。

　　乙　棉纱　厂方于署方签发棉花通知单时，应一次将署方指定商标之棉纱栈单交付署方，栈单日期规定如次：

　　第一期立约日起廿五日交棉纱百分之十五；

　　第二期立约日起四十日交棉纱百分之廿五；

　　第三期立约日起五十五日交棉纱百分之三十；

　　第四期立约日起七十日交棉纱百分之三十。

　　署方视事实需要，得于规定厂方交货期限后，迟延提货以厂方保管二十五天为限，免收栈租及保险等费。立约后如税额变动，其增加部份应由署方负担，如厂方逾栈单规定交货期不能交货时，应赔偿署方所受损失，并应每十五日增缴规定纱额百分之二·五包之棉纱，但如因厂方发生工潮或其他不可抗力之事故，以致逾期不能交货时，应照实际停工日数延长期延，惟厂方须具证明，于发生事故时通知署方。除上述外棉及棉纱交货期限内，遇不可抗力之事故外，在规定期内应由保管之一方负责，如逾期不提货而未得对方同意展期者，应由提货方负责，各不得推诿，厂方所交棉纱遇有不合标准，除应赔偿署方之损失外，应于十五日内改交合格之棉纱，逾期不交者，或交付仍不合格者，署方得向自由市场购买合格商标之棉纱，其价款由厂方负担照付，不得异议。

五、交货地点

甲　外棉　凭署方通知单向上海储运局换单提货，所有出仓驳运公磅费概由厂方负担。

乙　棉纱　在厂方仓库内由厂方用包布铁皮打成机包，凭署方背书指定之持单人验收。

六、其他货款

甲　厂方以本合约，将所换得棉花之制造情形，应于每月月终列表通知署方；

乙　厂方以本约所换得棉花之制成品，应与联线协定相符，不得供给军用；

丙　厂方以本约换得之棉花，不得转让他人；

丁　如厂方于提取外棉后不履行本条乙丙两款时，署方得酌情追回其未用棉花，并议罚其已用部份之百分之百，厂方不得异议；

戊　本合约一式三份，署方执二份，厂方执一份存证。

厂方　丽新纺织印染整理股份有限公司

地址　江西路三和里Ｂ拾壹号

电话　一五七〇四

厂方保证人　协新毛纺织染股份有限公司　丽华机器染织股份有限公司

地址　上海江西中路三和里四十九号　江西路四三二弄五十一号

署方善后救济总署财务厅

厅长　黄□□

民国卅六年八月八日

（上海市档案馆，档号：Q195－1－141）

丽新商品广告

（1947 年 9 月 7 日）

丽新深浅俱备，四季皆宜，花麻纱花布、印花丽光绸、印花同心呢。丽新纺织印染公司出品。

（《申报》，1947 年 9 月 7 日，第 6 版）

丽新公司为厂名相同事询工商部函*

（1948 年 7 月 17 日）

呈为请求解释法律，仰祈鉴核饬遵事。窃查公司法第二十六条"同类业务之公司不问是否同一种类，是否同在一省市区域以内，不得使用相同或类似之名称"，兹有同类业务之工厂而非公司组织使用商号名称与业经注册之公司相同，今举例如下：

棉纺织之公司与棉织厂或制造厂，其商号同名而业务同类，棉□品惟一为同一商品，一为非同一商品，是否均与上开条文抵触，为此请求钧部解释。伏乞指示祗遵。谨呈工商部部长陈。

具呈人　丽新纺织印染整理股份有限公司

连署人　程敬堂　年六十四岁　无锡人

住上海江西路三和里四九号

中华民国卅七年七月十七日

发京商字第七三四九二号

原具呈人丽新纺织印染整理股份有限公司三十七年七月十七日呈一件为公司与商号同名，请求核示由。

呈悉,查公司法第二十六条规定,公司间不得使用相同或类似名称,并非对于公司与普通商号使用名称之规定,在同一县市,公司与商号互受商业登记法第二十一条之限制,来呈所述经营同类棉织品,一为同一商品,一为非同一商品,但业务是否同类,仍应就其所登记之整个业务,而为判别,仰即知照。

此批。

中华民国三十七年 月 日

(上海市档案馆,档号:Q195-1-15)

卖给荷印现货棉布卅六万匹征齐待运

(1948 年 11 月 17 日)

美援棉花小组定今日下午三时开会,对定货事作最后决定永安、庆丰、鸿丰、鸿章、大成、达丰、丽新等八民营厂分缴,内包括各种坯布廿万匹,有双地球、五鹤、蝶球、四平莲、神鹰、大鹏、龙头、龙头细斜、金城细斜、无牌细斜等十种,其他为各种漂布和色布。各厂应于订约后六十天内交货,坯布即以美援棉换纱抵充,加工布布缴另计,但染料则照原值付给外汇。

(《大公报(上海版)》,1948 年 11 月 17 日,第 5 版)

沪布卅六万匹各厂缴齐待运荷印

(1948 年 11 月 18 日)

定货部份由纺建及永安等厂分摊,订约后六十天内缴清。

美援棉花纱布联营处售与荷印棉布九十三万五千八百匹,其中卅六万匹现货已征齐待运,内八万零二百匹印花布,四万匹印花麻纱,二万三千匹漂布,四千五百匹漂布,除纺建出品外,有一万匹是新丰麻纱,七千匹是同丰麻纱。另有定货五十七万匹,由纺建缴制十九万匹,其余卅八万匹由永安、庆丰、鸿丰、鸿章、大成、达丰、丽新等八民营厂分缴,内包括各种坯布廿万匹,有双地球、五鹤、蝶球、四平莲、神鹰、大鹏、龙头、龙头细斜、金城细斜,无牌细斜等十种,其他为各种漂布和色布。各厂应于订约后六十天内交货,坯布即以美援棉换纱抵充,加工布布缴另计,但染料则照原值付给外汇。美援棉花小组定今日下午三时开会,对定货事作最后决定。

(《大公报(香港版)》,1948 年 11 月 18 日,第 5 版)

输往荷印棉布无法如期交货,已去电请求延长

(1948 年 12 月 9 日)

美援花纱布联营处,输往荷印棉布定货五十七万五千匹,除十九万五千匹由纺建公司承制外,其余卅八万匹委托申新、永安、鸿章、庆丰、大成、丽新、荣丰、华阳等八大纺织染厂代制。已于昨日正式签订合同,并将美棉一三·四一六包,分配各厂作为纺织原料,现正提货中。闻荷印全部定货中,三五万匹系斜纹,七万五千匹漂布,十五万匹色布。又我方与荷印契约中本规定须于六十天后交货,但最近各纺织厂因停电,新年假期等原因,生产不足,恐无法如期交货,现联营处已去电请求延长交货期限。

(《大公报(上海版)》,1948 年 12 月 9 日,第 3 版)

昌兴、丽华纱厂代织布定合同*

(1949 年 1 月 1 日)

昌兴纺织印染公司　甲

立代织布匹合同

丽华染织公司　以下简称乙方

今甲方与乙方同意代织各种布匹,商定条件如下:

一、乙方愿意将设置之布机全部常年接受甲方委托代织布匹,乙方非经甲方同意,不得接受第三者委托同样代织或自料自售。

二、甲方应将委托制造布匹之原料,随时解交乙方,不得断缺,致有停工之虞。

三、甲方如延迟交纱,致乙方不及接济而脱盘头,致织机停止运转,以全部织机百分之十为限,超出百分之十以上机数,每一部机应由甲方赔偿乙方停工损失,照代织之费半数。

四、乙方代织布匹每月产量不得低于①定额百分之十,超过百分之十以上每满卅码作一匹,每匹赔偿甲方损失,等于一匹代织工缴费。

五、三、四项如遇天灾人祸以及特别情事,经双方同意认可者,免予履行赔偿责任。

六、甲方应随时将应需品名通知乙方更换花色,其已经经成盘头,其经纱粗细,每寸根数相同者,改织新指定之商品,如不同者,仍照原定商品织造。

七、甲方解交乙方之棉纱以解至乙方厂中交卸,其有缺少及一切费用与乙方不涉。

八、乙方解布应捆成整件交至甲方指定仓库交卸,其有缺少及一切费用由乙方负责。

九、代织工缴费每月双方同意定之。

十、棉纱每件以四百磅为标准代织之,各种商品以所含各支重量相抵,所耗下脚与浆份抵冲,彼此不计。

十一、乙方所垫工缴费于交费结账后照付,如预借款项应照轧利息,但不得超过一个月代织工缴费之数。

十二、本合同以三十八年一月至六月为有效,届期双方同意,另订之。

甲方　昌兴纺织印染公司

立代织布匹合同代表　唐静斋

---

① 原文如此,就档案本身内容看,应为"高于"。

乙方　丽华机器染织股份有限公司

程敬堂

中华民国三十八年一月一日

（上海市档案馆，档号：Q195-1-142）

丽新公司订购外国货物运输事项函*

（1950 年 12 月 23 日）

径启者，兹接中国银行上海分行本月十四日外指通字第一三〇号函，内称"自即日起，各指定银行开出信用状或购买证，应加注'货物不得交由驶经美国、日本、加拿大、菲列[律]宾之船只及交由美轮装运'之条款，其已开出而在国外尚未付款者，应补办加注手续，相应函达，即希查照办理"等由。关于经由敝处所开之购买证，均已由敝处分别电致各国外代理行通知办理在案，相应函达，即祈台洽为荷。

此致丽新纺织印染有限公司。

浙江第一商业银行国外部启

公元一九五〇年十二月廿三日

（上海市档案馆，档号：Q195-1-862）

协新公司与中国百货公司订生产力包销合约*

（1953 年 10 月）

生产力包销合约

中国百货公司上海采购供应站　甲

立生产力包销合约

协新毛纺织染股份有限公司上海厂（以下简称乙方）

兹因甲方为扶植乙方有计划生产起见，经双方协议，在自愿的原则下订立本合约，双方议定下列条例，以资遵守：

一、乙方同意所有生产品（自订约日开始）全部由甲方收购。（包括毛质精、粗纺织品及毛纺织染整全部生产力。）

二、乙方需在每季前五十天将季度原料及生产计划报告甲方，由甲方根据市场需要，结合原料情况，及生产设备情况，研究决定，将指定之生产品种于每季前一个半月交给乙方，乙方须严格遵照甲方所指定之品种进行生产。

三、甲乙双方在甲方指定品种后半个月内订立当季具体品名之包销或加工合约，及详细交货日期办法。（照甲方之包销或加工合约规定订约及执行。）

四、乙方所有存货在订约前抄清单一份交给甲方，甲方根据需要进行收购，如有不合需要者，经甲方同意后，得由乙方自行处理。

五、乙方应在每月底将当月生产成品（指上月厂存，本月生产已交数量，本月厂存）之名称、数量报与甲方。

六、交货日期及地点，照甲乙双方每季所订的季度合约执行。

七、价格按照原来经上级核准之价格执行，如因原料价格之升降，税率之调整，工缴之增减等，而必需调整时，须经双方同意后按实际成本并结合市场情况报请上级核准，自核准日起执行。

八、生产品规格及验收标准均须在季度合约上载明。

九、品质标准经中央纺织工业部颁布后，自颁布日起，按中央纺织工业部标准执行。

十、本合约有效期为一九五三年十月廿日起至一九五四年十二月卅一日止。

十一、本合约期满后甲方有优先续订权。

十二、本合约正本一式二份，由甲乙方各执一份，另附副本十份，由甲乙方分送各有关部门。

立包销合约人　甲方　中国百货有限公司上海采购供应站（盖章）①

　　　　　　　乙方　协新毛纺织染股份有限公司　上海江西中路三和
　　　　　　　　　　里四十九号

---

① 此处原档案确为印章形式，编者识别文字后以"（盖章）"标明。

电话一五七〇四

监证人　保证人（一）丽新纺织印染整理股份有限公司

　　　　保证人（二）寅丰毛纺织染股份有限公司

见证人　上海市毛纺织工业同业公会

（上海市档案馆，档号：S31－4－118－47）

四、企业与政府

丽新公司呈请财政厅免征税函件

（1921 年 1 月）

呈为援案请免棉织机器沿途厘金，恳予鉴核转咨事。窃商等于去年九月在江苏省无锡县境创设丽新机器棉织股份有限公司，曾于同年十一月呈由管辖官所转呈钧部，恳赐注册公告给照在案。查此项事业志在仿造外人棉织各品，如泰西缎、羽绸、印花布之类，冀与外货抗衡，兼以推销华纱，故织为主而染为附，并附以印花、上光之手续，在东南各省尚属首创，将来营业发达，不特抵制外布，且为屏绝外纱。较之现在纺织各厂规划为难，而收效独巨。

钧部提倡棉业，不遗□力，向有免征此项机器内地厘金，等同一律，公司需用机件，业向外洋订购，分批运华，亦有向英国司法门厂订购之漂染整理布机，并买雪而生司厂订购之引擎锅炉等类，约于本年四月□以抵沪，为特开具清单，伏乞钧部准照昔年华商纺织机器免征沿途厘金成案，咨请财政部令行江苏财政厅给予护照，并饬知自沪至锡沿途各卡免征验放，借示体恤而利进行，实为公便。谨呈农商总长王。

计附□清单一□。

具呈人　丽新棉织公司董事　唐□镇　邹呈桂　唐渠镇　夏茂焞　邹发
郭赞嵩　王□崇　张思敬　唐殿镇
中华民国十年一月
（上海市档案馆，档号：Q195‐1‐218）

丽新染织厂备案问题

（1923 年 3 月 12 日）

本邑天五图惠商桥下之丽新染织整理公司，因扩充营业起见，特与顾姓订立合同，在马路上同春药店间壁建筑宽大门面三间为批发处，详情已志昨日本报。昨悉县商会为该厂备案问题，特公函县署，并将各种商标样本送县，请予转呈备案。原函略谓：

径启者，案准贵公署函奉令准农商部咨无锡丽新染织整理股份有限公司所呈布匹、纱线、商标样本，呈请援照机制洋式货物免税一案，除布匹用之"鲤星"商标，应准备案外，其纱线商标一种，核与曾经备案常州纺织股份有限公司之"仙女"商标相类似，应饬改呈送，等因。由县转函过□，准此。当经转知，去后兹据该公司函称，敝公司所呈纱线商标系"天孙织锦"，与普通仙女形似而实不同，惟付印时漏列"天孙织锦"四字，致义欠明显。现拟将纱线商标改用"双鲤"，其"天孙织锦"商标因敝公司所出布匹种类甚多，向未用于他种布匹，信用卓著，拟加注"天孙织锦"四字，以资区别，专作布匹商标之用，与"鲤星"商标并行。为特呈送加注"天孙织锦"商标五份，"双鲤"商标五份，另遵饬补送"鲤星"商标样本二份，请会送县转呈，等情。据此，敝会查核无异，除将商标各存一份备稽外，相应检同商标暨样本，据情函请准予转呈备案，以资遵守，实纫公谊。（后略）

（《新无锡》，1923 年 3 月 12 日，第 3 版）

丽新购运机器请求发给护照*

（1923 年 7 月 16 日）

无锡县知事公署公函第八六号

径启者，本年七月十三日奉江苏实业厅训令第四九一号内开，案奉省长公署训令开，案准财政部咨开准咨，据南京下关商埠局商会呈称，据无锡丽新染织整理公司驻宁分销处报称，敝公司所购各种机器由沪运锡，曾蒙前省长王发给护照一纸，现因各税所加盖验戳满□□烂，全照已无空隙，窃敝公司又有续购机器存沪待运，若不请换新照，不足以利运输，兹特备具呈文，并附续购机器清单一纸，旧护照一纸，新照印花税银二元，呈送贵会转呈省长，换给新照，等情。据此查该公司营业发展，出品丰富，驻宁分销处所售物品亦皆色泽精良，商界乐为购用。据报续购机器，请换护照系为扩充商业，便利运输起见，合将送到各件备文转送，仰祈省长鉴核，俯准换给新照一纸，并予令行财政厅转饬各税所，将该公司续运各种机器照前查验放行,以利运输而兴实业,等情。并附该公司呈文旧照各件,应咨请查核办理见复,等因,并附该公司呈文机器清单前来,除令行江苏财政厅照案验放外,相应咨复查照,等因,准此。合行令仰该厅查照转知此令,等因,奉此,合即令仰该县转饬该公司遵照此令,等因,奉此,相应转函,即希查照。

此致丽新公司。

中华民国十二年七月十六日

(上海市档案馆,档案号:Q195-1-218)

市公所致丽新布厂函,为取缔色水排泄入河事

(1923 年 8 月 25 日)

丽新路丽新布厂,以色水排泄入河,妨碍公众饮料,旋经附近居民,组织临时清洁饮料委员会,迭开会议,设法取缔,并公函无锡、景云两市公所,请予转函该厂,设法改良等情,已志本报。昨日无锡市公所,又函复丽新厂云,径启者,顷接覆函,祇悉种切,北塘临时清洁饮料会,所指贵厂以染色残液排泄入河,妨碍公众饮料,覆函未有表示若何处置方法。查此事已不洽地方舆情,若再各走极端,转恐多生枝节,为筹允恰地方舆情,兼顾卫生起见,似应仍请贵厂,磋商妥善计划办理,并盼函复是荷。

(《锡报》,1923 年 8 月 25 日,第 6 版)

会勘丽新厂建闸详情,双方谅解,不日兴工

(1923 年 9 月 9 日)

无锡、景云两市公所,因北里临时清洁饮料委员会要求处置丽新厂排泄残余色液一事,于阴历二十七日经无锡市公所副董钱镜生、杨乾卿二君,会同景云

市董事朱云亭、一四图图董蔡吉晖、陈翰翔等诸君,约齐清洁饮料委员会代表陈伯贤、糜乾卿、李栋珊、归起翔,黄巷上居民代表黄和泰等,在同善社送诊局会合,略谈片刻。至下午二时出发,钱、杨两副董因有要事,特委市公所工程员张子明君为代表,会同前往。当雇小艇至丽新厂沿河一带察勘,由黄和泰报告出水管地点两处,并指建闸之处,经朱董事详细察勘,过视良久,以黄和泰之言可以采用,准其筑闸启闭,于农事、卫生两有裨益。张子明君亦赞成其说,继由张君诣丽新厂与该厂总理唐君骧廷面晤,述明来意。唐君招待甚殷,对于建闸一节,允为照办。厂左之出水阴沟亦允归并,使一处排泄。张君因已得要领,即返船报告接洽情形,并谓丽新厂方面须俟各方手续完备,即可兴工。各代表闻之,金云须请两市董事速促其早日兴工,双方有益。旋乘原舟鼓棹而返云。

(《新无锡》,1923 年 9 月 9 日,第 2 版)

江苏财政厅训令丽新制品应照机制洋式货物税办法办理*

(1923 年 12 月 28 日)

江苏财政厅训令第四六八八号:转省令准税务处咨无锡丽新染织公司
所制布匹纱线,应照机制洋式货物税办法办理

令各局所(不另行文)

案奉省长公署训令内开,案准税务处咨开,案查民国九年六月间,曾经本处根据呈咨各案,编订机制洋式货物税现行办法,分行知照在案。兹查有无锡丽新机器染织整理公司所制之布匹纱线,经本处审核,应视为机制洋式货物,准照前办法办理,除分行外,相应开列该公司设立地点及货物种类、商标等项,咨行查照,饬属遵照可也,等因。准此,除分行外,合行令仰该厅长转饬遵照,此令。计抄单,等因,到厅。奉此,合行通令各该局、所长遵照此令。

计抄单。

中华民国十二年(1923 年)十二月二十八日
财政厅长严家炽

商厂名称	设立地点	货物		附记
		种类	商标	
无锡丽新机器染织整理公司	总厂设立无锡惠商桥地方发行所,分设上海英租界北京路及南京下关二处	布匹、纱线	布匹用"天孙织锦、鲤星、千年如意"三种;纱线用"双鲤"一种	此案系准农商部转准江苏省长咨来咨,并检送该公司货样、商标咨处核办

(《江苏省公报》,1923年第3578期)

财政厅训令丽新公司制品按照
机制洋货现行完税办法办理

(1924年12月19日)

训令各省区财政厅、常关监督、税务监督、津浦货捐局:

无锡丽新机器染织公司所制各种布匹纱线应准

按照机制洋货现行完税办法办理,仰即遵照文

案准农商部咨开,准江苏省长咨,据实业厅呈,据无锡县知事呈称,据县属商会函称,据丽新机器染织整理公司略称,窃公司于民国九年,在本邑惠商桥地方,建筑工厂,购置机器,经营染织整理事业。兹为推广营业,特设发行所于上海英租界北京路、南京下关二处,将来出品运销他省,由上海、南京报关出口。为此检呈商标、色布、色线样本,恳烦转呈农商部,俯赐转咨核准援照机制洋式货品成案,完纳关税一道,沿途关卡免予重征,并令行上海、南京税关,准由敝公司发行所就近报税给单,等情。理合检同原呈"天孙织锦"等商标四种,并样本各件,具文呈请鉴核,转咨施行,等情。据此,除指令外,相应咨请查核办理,等因。查该公何所呈之"天孙织锦、鲤星、千年如意"三种商标,均用于布匹类,其"双鲤"商标一种,系用于纱线,均经本部审定核准在案。检同原送商标一分,及样本五册,咨请核办见复,等因,并准税务处咨同前由,

各到部。查所送该公司自制之布匹及纱线等，业经部处审核，确系机器仿制洋货，应于前项货品运销时准予援照机制洋式货物现行完税办法办理。除将货样商标备案，并分令各厅关局遵照办理外，合即令仰该厅长、监督局转令遵照办理可也。此令。

（《财政月刊》，1924 年第 11 卷第 121 号）

后援会处置水月纱

（1925 年 8 月 10 日）

议决条件四条　丽新全部容纳

吾邑外交后援会各委员对于调查仇货进行颇为严厉，除日前查获周源盛大英牌香烟及邓聚隆日货搪磁面盆，分别开会处置外，前晚又查得老公茂轮船装来丽新布厂水月纱十件，原拟运至会中保管，嗣由老公茂输船局出据保存各节，业志本报。兹悉丽新厂已于昨晨派员至该局，撕去纱上封条，将货提运而去。事经该会闻悉，随于上午十时开紧急会议。石建华主席议决各条如下：（一）调查该厂提去之水月纱是否作原料之用，如果确为原料，应即准令提去。（二）是纱如非原料，应责成该厂局将货交还，由本会保管。（三）丽新厂所派厂员辄敢撕去封条，认为侮辱，应令降级、罚薪，并向国旗行礼谢罪。（四）须令该厂登报道歉，议决以后即推举王启周等携同上项议决案，要求该厂履行。是日下午三时，该厂特派代表王峻崖到会接洽，对于上项条件全部容纳。惟水月纱确系原料，要求发还，该会已允为照办矣。

（《锡报》，1925 年 8 月 10 日，第 3 版）

后援会查货之反响

（1925 年 8 月 14 日）

无锡沪案后援会，近日对于查货一事，严厉进行，后援会查获丽新公司所进双股线十箱，经该公司说明系属原料，要求将货取回，而后援会复要求丽新履行登报道歉，其撕破后援会封条者，向国旗行礼，及以后改用国货等三条件。惟丽新公司，以商人贸易自由，不受外界干涉，因于翌日登报声明，各商家以后援会无扣留处罚商货权，今长此不已，实损害人民贸易自由权，连日纷纷集议，拟由各大商号联名具呈官厅，质问后援会之宗旨及职权若何，其扣留商货之权，究竟何人赋予。苟官厅无切实答复，则呈请省署救济，而邑绅薛南溟，昨亦函请商会会长于各业召集大会时，将后援会之销毁商货，与处置惩罚之权，究竟何人赋予一层，详细研究，一面请示官厅，如官厅以为应罚应毁，商民自当依法遵办，俾免冲突扰乱，云云。商会接函后，已预备于各业大会时，提出讨论。再后援会前次查获之香烟所缴爱国捐八百元，原定送交市公所转汇上海，讵送至市公所，市公所不允收受代解，不得已由后援会直接汇沪，致出捐之周源盛以变更原议，向调停人孙复儒交涉，刻尚未有解决。

（《申报》，1925 年 8 月 14 日，第 11 版）

函请保护丽新厂筑坝

（1925 年 9 月 11 日）

北门外三里桥一带立昌祥等商号，前因丽新染织公司放色水入河，妨碍饮料，曾经函由市公所派员查勘，令该公司将门前小浜建筑石坝，阻止色水入河，事始解决。近日该公司已购办石料，定期动工筑坝，特函由市公所转函警所，请于开工时派警到场照料。函云：接丽新公司函称，立昌祥等反对敝公司总厂出水一案,蒙勘饬将门前小浜用石筑坝,中填泥土,并发下县公署警察所会衔布告一件,遵即购办材料,定于九月十二日动工,相应函请察照,并恳转函警察所,届期酌派干警到场弹压,免滋事端,无任感荷,等语,到会。查此案前准贵所函嘱,当经转知各该公司在案,准函前情,相应函转,即希察照,转咨商埠警察署,届期遴派干警到场照料,免滋事端,是所至企。

（《新无锡》,1925 年 9 月 11 日,第 3 版）

函催加认国库券

（1927 年 6 月 15 日）

无锡县政府奉令派销国库券五十万元,除已先后汇解十二万元外,其余亦已分头进行。商民协会亦已将各业认销额数,函报到县,县政府以该会所报各业认销额数,仅二万零一百元,当不足应派额数十分之二,昨又函致商民协会,催令召集各业重行加认,并单开下列各业,及应派额数,不得推诿短少。其所开各业如下:丝茧堆栈一万八千元,震华、耀明两电气公司各八千元,丽新染织厂、电话公司各一千元,应再加认者,典业、米业各七千元,绸布三千元,碾米业三千元,米业、纱布各二千元,油厂、洋油、洋广货、袜厂业各一千元。

（《申报》,1927 年 6 月 15 日,第 10 版）

商协会调查国货出品

（1928 年 6 月 16 日）

县商民协会,前奉国民政府工商部训令,为改良国货,挽回利权起见,调查各地纺织工厂出品。该会奉令后,昨日致函纺织厂联合会,暨厂布业公会,并申新、广勤、庆丰、豫康等纱号,及丽新、丽华、劝工、新华、南昌、光华、瑞生等布厂,将货品等送会，以便分转。

工商部批准丽新公司国货证明书*

（1928 年 9 月 13 日）

国民政府工商部批（工字第二一八号）具呈人无锡丽新染织公司
呈一件，为请将出品货样迅予审查发给国货证明书由

呈悉该公司前呈出品各件已交国货审查委员会审核，仰即知照。此批。

工商部长　孔祥熙
中华民国十七年九月十三日

附原呈

呈为请求迅予审查，发给国货证明书，以利销行事。窃公司前曾遵章备具
出品货样二十八种，并随缴证明费银五十六圆，手续费一元，请求大部审查，准
予发给国货证明书。嗣于七月下旬无锡县政府奉令颁发调查表二十八份，转行
发下，并派员莅厂监对填写，转呈在案。际此提倡国货之候，各地检查甚严，不
有证明易起误会，为再渎请迅赐核准，发给国货证明书以利销行，实为公便。谨
呈国民政府工商部部长。

（《工商公报》，1928 年第 1 卷第 5 期）

阎总司令莅锡参观工厂，与各报记者有重要谈话

（1929 年 1 月 4 日）

三日无锡通讯，国民革命军第三集团总司令阎锡山氏前日赴镇江游览，并

因吾邑工厂林立,商业发达,特定于三日□锡,参观工厂,游览太湖名胜。由工商部长孔祥熙,派定本部司长邑人张轶欧,随同阎总司令来锡参观。元旦日并致电本邑县政府、县商会知照。孔县长□电后,即于昨日公函县商会委员荣德生、唐星海等,转函各厂,妥为准备。阎总司令二日在镇江焦山游览后,今日(三日)上午,在镇乘宁头班车来锡,抵锡时已近十二点左右,第九旅部尹副官长,孔县长,徐区长,包公安局长,商民协会陈常务,县党务刘行之,厂商荣德生、荣鄂生、唐星海、陈品之,及申新三厂总管薛明剑等,暨各报记者、水陆军警等,均在军站欢迎。阎总司令下车后,由荣君等陪同赴工运桥下大有栈码头蒋氏画舫,先由各报记者在岸上摄影,阎氏即下船由茂新汽油船拖带,直赴黄埠墩龙浜茂新第二粉厂门首停泊。记者等下船后,阎总司令即招待谈话,兹记其谈话如下。

□余在北边,即听说无锡发达,早拟来参观一下,今天到锡后,看见各厂烟囱很多,名不虚传,交通亦很便,无锡实业,将来还要发达。发达之原[元]素,每一亩地有二三十元之收入,社会上自然发现好现象,对于无锡,希望很大。这次到无锡来,因在京开编遣会议,所以迟来。编遣军队,是强国富民最重要的事,因兵多人心不定,工商不能发达,编遣后国际上对我们,亦必表示好感。今日虽未开会,预料希望很好,现定五日开会,鄙人明日即须回京,云云。记者问四川战事如何,阎云,政府未便有一定主张,因其原因现在尚不明了,双方各执一词。政府明了真相后,当再下一个办法。记者问,总司令何时北旋,阎云,俟会议开完后,再行回去。此次和南边同志,见见面,谈谈国事,实觉欣慰。记者云,山西村制,办得非常完善,阎氏云,山西比南方,在二十年前尚赶不上,因政治方面,幸无军事,军阀大战时,未经加入,乃有此成绩。盖战事无益于国家,徒苦人民,云云。并云,山西村制,比较稍好,因全省多有电话,有事只须由省令县,县令各村长,全省两天之内,消息即可达到。这次大战,能收如此效果,因村间邻长,全省有八十万前敌,有十五万武装同志,打仗后首有八十万人运粮草接济,前敌不愁没饭吃。此种编制,在历史上亦可称有价值,并对于国中常备军,亦有意见表示。次谈《山西日报》,全省仅销三千多分[份],较诸上海、无锡之报,尚相去甚远,云云。对于党务,亦颇关心,殷殷询刘行之君甚详。

阎氏随行人员,有第三集团总司令部副官长陈效愚,参议梁丕之,交际处长梁巨川,卫队司令杜仙洲,电务处科员张冠三,驻京办公处主任张云卿,秘书王尊光,副官韩仁斋、陈国栋、刘信斋,及卫兵十五人。

午刻船抵茂新第二面粉厂码头后,即由荣德生君等陪同阎氏等,到厂参观,参观毕,即至船中午餐,餐毕复乘汽车赴丽新染织厂、庆丰、豫康、广勤等纱厂,及乾牲丝厂、恒德油厂、申新第三纱厂,即在该厂晚餐,当夜住居梅园太湖饭店。预定今日游览鼋头渚等,下午即须返京。阎总司令头戴瓜皮平顶西缎帽,身穿玄色哔叽马褂,灰色哔叽棉袍,足穿旧线袜、绒头绳鞋,态度非常和蔼。

（《申报》,1929 年 1 月 4 日,第 11 版）

丽新厂布在赣被扣业已发还

（1929 年 4 月 6 日）

　　本邑丽新染织公司,上月间有厂布十四匹,运往南昌,被该地反日会认为日货,即行扣留,节经该公司电呈国府工商部,请予转饬发还,去后昨已接奉该部指令知照,业经转饬将前项货物完全发还,文云:为令知事,案查前据铣代电陈南昌反日会扣留该厂出品一节,当经咨行江西省政府饬查办理,并批令知照在案。兹据复称,当经令行南昌市政府遵照办理,去后,兹据呈复内称,遵经今据公安局查复呈称,当即饬召怡丰源负责人到局询问,当据面称去年十二月间,由无锡丽新染织公司寄来敞号布五包,每包两匹,共计十四,于是月二十九日被反日会调查认为仇货,扣留充公,现有该会收条为据,等情,并检同反日会收条一纸,暨丽新染织公司唐骧廷来函一件,呈送到局,另有江苏内地税局税单一纸,暨包裹收据两纸,亦经送局验明,仍由该号带回存查。缘奉前令,理合将调查此案情形,并检同反日会收条暨唐骧廷来函各一件,一并备文呈复鉴核前来,职府复查属实,除指令该局转知该会,速将前项货物发还具领外,奉令前因,理合具文呈请钧府俯赐鉴核,指令祗遵等情。据此除指令外,相应咨复查照等因,合行令仰知照。此令。

（《新无锡》,1929 年 4 月 6 日,第 3 版）

被扣布匹令行发还

（1929 年 4 月 7 日）

无锡丽华[新]染织公司,于上年阴历岁底,运往江西南昌之布匹,被该地反日会误认为日货,扣留三十匹。经该公司先后电呈工商部,请予转饬发还,已由工商部咨行江西省政府,令行南昌市政府转饬公安局查明真相,转行该反日会将扣布立即发还,昨已由工商部令饬丽新厂知照。

（《申报》,1929 年 4 月 7 日,第 9 版）

反日会误扣丽新厂货物*

（1929 年 4 月 22 日）

工商部训令（商字第三〇九一号）:令无锡丽新染织公司

为令知事。案查前据该公司呈以各地反日会将国货误认仇货,任意扣留,请予救济一案,关于南昌反日会误扣该厂出品一节,业经咨准江西省政府咨复,已转知该会,将误扣货物发还具领等因,复经令行知照各在案。至称运沪布匹屡被误扣等情,前经函请上海特别市政府转令社会局,并令饬本部驻沪办事处会商办理,去后兹据本部驻沪办事处呈复称,遵经派科员王家骧、卢培安,会同社会局派员前往办理,兹据呈复,原呈所称各节尚属实在,当即商由反日会派员赴锡调查。据查确系国货,并经准予放行等情。据情呈复到部,除指令外,合行令仰知照。此令。

工商部长　孔祥熙
中华民国十八年四月二十二日
（《工商公报》,1929 年第 1 卷第 12 期）

丽新染织公司特种工业奖励

（1930 年 10 月 2 日）

工商部指令照吴桥丽新染织整理公司,开办迄今历有年所,该公司所出货品,精究耐用,素为各界人士所乐用。兹该公司主人,特呈请工商部,依照特种工业奖励法,予以奖励,昨奉指令呈悉。查呈报各节,核与该公司原呈大致相符,已发交奖励工业审查委员审查矣,仰即知照。此令。

（《大公报（无锡）》,1930 年 10 月 2 日,第 4 版）

实业部咨复财政部关于丽新所用商标及制品情形*

（1931 年 1 月 17 日）

咨财政部（工字第一八三号）:咨复查明无锡丽新染织整理公司
所用商标及制品情形,并已转饬该公司暨天津华纶机器染织工厂,
将制品货样商标及事项表径行呈送,请查照办理见复由

为咨复事。

接准大咨关于前工商部核准天津华纶机器染织工厂暨无锡丽新染织整理股份有限公司之出品,各按照机制洋式货物税办法办理一案,以无锡丽新机器染织整理公司所制"天孙织锦、鲤星、千年如意"三种商标布匹,及"双鲤"商标棉纱,曾于民国十二年间呈准前税务处按照机制洋式货物完税办法办理有案,该丽新机器染织整理股份有限公司如即系无锡丽新机器染织整理公司,而所用商标及制品,均与以前呈准原案仍属相同,自可毋庸再行通令。除天津华纶机器染织工厂应将制品货样商标及事项表照例送部,以便通令转发外,相应咨请查明见复,并饬各该公司遵照,向例将应送各项即行径送来部等因。

准此。查丽新机器染织整理股份有限公司即系无锡丽新机器染织整理公司，其所用商标及制品，据原呈请书内所开，除以前呈准之"天孙织锦"等三种商标布匹，及"双鲤"商标棉纱外，尚有新出之"司马光、惠泉山、L. H. CO."缀成花字及图三种商标布匹，依照议决原案，此项制品亦应一律按照机制洋式货物完税办法办理，除令饬天津华纶机器染织工厂遵照办理，并仍饬丽新染织整理股份有限公司将新出之"司马光"等三种商标制品货样及事项表径行呈送外，相应咨复，即请查照。俟各公司应送各项费到后，通令各厅、关、局一体遵行，并希见复，此咨财政部。

部长　孔祥熙
中华民国二十年一月十七日
（《实业公报》，1931 年第 3 期）

丽新公司布匹在沪被扣*

（1931 年 7—8 月）

丽新国产布匹在沪被扣（1931 年 7 月 28 日）

运沪厂布十五箱为反日会检查扣留，本邑县商会电沪证明国货请予发还

本邑丽新厂布公司，日前运沪国产布匹，在沪忽被反日会检查扣留。昨日该公司，函请本邑县商会云：敬启者，敝公司于念五日交无锡通益转运公司装沪本厂出品布匹拾五箱，共计六百三十六匹，顷据敝申庄电话报告，念六日下午，该货到沪，正在驳运，被上海反日会闸北检查所扣留，理说无效，殊深骇怪。查日货偷运，只有海私至上运内地，无由内地装沪之理。反日之对象，为提倡国货。敝公司出品，均经呈请前工商部核给国货证明书，并登报公布，咨行各省市令县购用在案。该会检察员，漫不加察，使国货运输发生障碍，为此函请贵会，乞赐证明，迅予电请上海市商会，转请反日援侨委员会，即予发还敝申庄。并设法避免以后不再有此不幸之事发生，以利国货。无任祈祷之至。

当由该会据函，即代电致上海市商会，并转反日援侨委员会公鉴，感代电转

无锡丽新公司,函请发还,被扣该厂出品,计布匹十五箱,共六百三十六匹,谅达,敝会养代电曾沥陈苏省内地,日货无不由上海进口,如果沪市日货查扣尽绝,内地自无问题,且于商业保全实多,当邀鉴察。该公司原函所称,日货偷运,只有上海私运内地,断无内地装沪之理,反日对象,正宜积极提倡国货。今因稍不加意,反使国货销运发生障碍,实于反日前途,大有影响,洵属言之有故。该厂出品,前经呈奉工商部核给国货证明书,并揭登公报,通行各省市,一体购用,实系完全国货,亦为人所共和,贵会反日经济,具有热忱,对于提倡内地国货,当抱同情,务乞查明该厂出品,迅予发还,并转知各检查所注意,以后对于内地运沪国货,幸勿轻有扣留,致碍国货销运,反为仇我者所快,并望赐覆为盼。无锡县商会叩。沁。

(《大公报(无锡)》,1931 年 7 月 28 日,第 3 版)

国货布匹被扣之呼吁(1931 年 7 月 29 日)

丽新染织公司,于二十五日托通益转转[运]公司,将本厂出品布匹十五箱,共六百三十六匹,装赴上海分公司出售。不意到沪后,被闸北反日会检查所指为日货扣留,辩说无效,该公司以该厂出品,前已历奉工商部核给国货证明书,并揭登公报,通行各省市一体购用。且日货偷运只有上海私运内地,断无内地装沪,而反日对象,正宜积极提倡国货,岂能反使国货销运,发生障碍?昨特函请商会电致上海市商会,转知上海反日会,将该货查明,迅予发还,以免阻碍国货销运,而为仇我者所快。

(《申报》,1931 年 7 月 29 日,第 11 版)

反日会扣货报告(1931 年 7 月 31 日)

反日援侨委员会检察科,发表截至七月二十八日止,扣留货物如下:一、七月二十三日慎泰转运公司福禄金鸡牌等洋布绒布十一箱,又公昌公司直贡呢两箱,又清记公司花洋布六包,又清记公司洋布三包;二、二十四日清记公司洋布绒布等一零六件,又维大绸厂人造丝三十包,双线三大包,直贡呢洋纱等十三件;三、二十五日卢阳公号洋布三百十二件,又日新洋行喜鹊牌洋纱二十件,又万兴号洋纱一百三十件;四、二十三至二十四日各种日货四百九十二件;五、二十五日日纱四件(水月二件、立马二件),又隆太厂轧花皮棍三十箱;六、二十六日瑞大木厂松板十件,又恒兴号琴伞一件,又丽新号布十五箱,富丰号纸一件,新新号热水瓶三打,蓉记棉纱二件计二十小包,又润勤号纱线四件,又鼎新号黑石板一箱,又宏大源白铅皮四十件;七、二十七日东洋白松板一船,又麻袋五十五件,又红绿油光纸七件,又味之素八箱,又杂货四箱。

（《申报》,1931 年 7 月 31 日,第 14 版）

丽新被扣布匹业经发还(1931 年 8 月 2 日)

沪市商会函复本邑商会

本邑丽新公司,出品国产布匹,行销各地,上月运沪布匹十五箱,突遭上海反日会检查扣留。本邑县商会,前据丽新函称,当代电上海市商会,转反日会,查明发还,其情已志本报。兹悉该项布匹,已经发还,本邑县商会,昨接上海市商会王晓□诸君来函云:径启者,七月二十八、二十九两日,接贵会感沁两代电,以丽新厂有布十五箱,交通益公司转运来沪,被反日会检查员,疑为日货,予以扣留,请转函该会迅予发还,嗣后勿再查扣等由。经敝会两函该会,声明丽新出品,确系国货,且销行遍于各地,沪市尤为转运要口,请其查明,迅予发还,并饬知各检察员,勿再怀疑妄扣在案。兹于本月三十一日,接反日援侨委员会复称,业经派员查明,并提经第四次常务委员会议,议决准发还在案,除函知检察科,转令饬遵外,相应函复,希查照转致等由前来,相应备函奉复,即请查照为荷。

（《大公报（无锡）》,1931 年 8 月 2 日,第 2 版）

丽新国产布匹昨奉实业部令,准予保护(1931 年 8 月 22 日)

本邑丽新染厂、布厂国产出品,于上月运沪布匹十五箱,被沪反日委员会检查扣留,经本邑县商会函上海市商会,转反日会,已经查明发运等情,已两志本报,而丽新于运沪布匹被扣后,乃电呈实业部,请求对于该厂国产出品布匹,予以保护,昨奉部令已咨行各省政府,饬属一体准予保护矣。

（《大公报（无锡）》,1931 年 8 月 22 日,第 4 版）

部令保护丽新布匹(1931 年 8 月 22 日)

无锡丽新染织厂,自万案起后,该厂出品运至上海,遽为反日会认作日货扣留,虽经辨明,即行发还,而辗转需时,所受损害已多。该厂于事后以现值积极提倡国货之时,货品上虽有商标名称可以识别,诚恐再有发生误扣情事,特呈请实业部予以保护。兹奉部批,呈悉,已通咨各省政府转饬所属,对于国产布匹运销,予以便利,俾资维护,云云,同时并由省府令行各县遵照。

(《申报》,1931 年 8 月 22 日,第 11 版)

省政府训令:准实业部咨请转饬保护无锡丽新纺织漂染公司出品等由, 仰转饬所属遵照由(1931 年 8 月 27 日)

为令饬事。

案准实业部商字第六七一六号咨开,案据无锡丽新纺织漂染公司呈称,商厂于民国八年(1919 年)集资开办,购置新式机器,出品均仿洋货。兹为预防各地反日团体误认商厂出品布匹为日货扣留起见,请转咨饬属对于该厂出品运销时妥为保护,等情,到部。查国产布匹,前工商部以调查所得种类尚属不少,且出品优良,与外货不相上下,并列为简表,于十七年十月间通咨各省市政府,通令所属人民一体购用在案。现在各地反日团体检查,自应加以审慎,以免影响国产布匹之运销。据呈前情,相应抄附原呈暨十七年(1928 年)十月咨送国货织品调查表,咨请贵省政府查照,转饬所属对于国产布匹运销时予以便利,俾资维护,至纫公谊等由,附抄原呈调查表各一份到府,除咨复并分令外,合行抄发原附件,令仰该厅遵照办理,并转饬所属一体遵照办理为要,此令。

计抄发:原呈暨调查表各一份。

主席　何成濬

抄:无锡丽新纺织漂染公司呈

呈为国货布匹足与外货倾销,请求咨行各省市政府饬属保护,仰祈鉴核示遵事。窃商厂前鉴于外布充斥市场,土布日渐销减,而纺织厂出品类皆粗布、粗斜,虽有染织布厂,又多木机、手织,色泽、光彩均难与外货相竞争。若言抵制,徒托空言,甚至贸易之徒预囤日货,反与日人以出货机会,每念及此,殊堪浩叹。爰于民国八年集资设厂,购置新式织布漂染整理机器,内容务求完备,出品均仿洋货,加工制造精益求精,为我国新创之事业,亦抵制洋货之劲敌,所出货品四十四种,曾于民国十七年呈准前工商部审核,发给国货证明书,并登报公布,咨行各省市令县购用,并蒙前工商部中华国货展览会、国货陈列馆、棉织品展览会、西湖博览会、无锡国货展览会等评列优等,给予特奖在案。商厂犹不敢自满,年加扩充。现在日可出布四万码,于本年复添设细纱厂,以冀棉花进厂,至成色布出售,无须仰给外人,春初增加股本时呈报有案,此商厂创办之历史及苦心经营之大概也。鲜案发生,举国愤慨,各地纷组反日援侨团体,检查人员既无识别能力,而反漫不加察,致商厂于本月二十五日由通益转运公司装沪布匹四十五箱,共计六百三十六匹,于廿六日下午正在驳卸之际,被上海反日会闸北检查所扣留。当以日货偷运,只有由沪私运内地,断无由内地装沪之理,反覆深说,迄无效果,仍被扣去。除声请无锡县商会证明,电请上海市商会转向反日援侨委员会交涉发还外,窃查十七年济案之役,商厂货品曾被上海反日会误扣,即经呈请前工商部救济,蒙派驻沪办事处会同上海市政府社会局前往办理调查,确系国货,准予放行,然辗转稽时,扣留几及匝月,同时南昌反日会亦曾扣留商厂布匹,由前工商部转咨江西省政府饬属调查确系国货,而货色已毁损无着,继经叠呈请求转咨江西省政府,勒令负责人员赔偿,去后,迄尚悬案未决。今兹鲜案开始,正奖励国货,加增生产之时,不意反遭波及。上海为物质文明之区,对于国货尚无鉴别能力,若于偏乡僻壤,其受害何堪设想。商厂鉴于既往江西反日会之损失,至今不寒而慓[栗],为预防损害计,不得不沥陈经过缘由,呈请钧长鉴核,准予查案,转咨各省市政府转饬所属对于商厂出品布匹运销时妥为保护,以资提倡而利行销,无任感戴,谨呈实业部长孔。

具呈人　无锡丽新纺织漂染整理股份有限公司

住无锡通运路中

经理人　唐骧廷　年籍在卷

(《湖北建设月刊》,1931 年第 3 卷第 9—10 期)

丽新运沪厂布又被误扣,厂方函请县商会证明

(1931 年 10 月 2 日)

本邑丽新布厂,出品精良,营业鼎盛,本年七月间曾有运沪本厂布十五箱,

被沪反日会误扣,迭经本邑县商会再三证明解释,始得放行。兹闻该厂又有运沪厂布三十七箱,被抗日救国会闸北检查处误扣,昨日该厂函请县商会援助证明,文云:径启者,顷据敝沪庄电称,敝厂交由通益公司装往上海本厂布匹三十七箱,被抗日救国会闸北检查处误认为仇货扣留等情,敝厂前于七月念六日,曾被误扣十五箱,函请贵会证明,电请上海市商会转函反日会,查明发还在案。际此对日紧张,提倡国货之时,不幸又发生前项误会,为此函请贵会,迅予证明,电请上海市商会,转请上海各界抗日救国会发还。

(《大公报(无锡)》,1931 年 10 月 2 日,第 2 版)

江浙电气事业概况(续)
及中国电气事业之前途(周仁斋)

(1931 年 10 月 7 日)

(前略)无锡系工业中心区域,现在高尖为四千五百启罗瓦特,用之于电力约百分之六十至七十,即丽新染织整理公司一厂,即用一千匹马力。还有许多厂家尚自备动力,故无锡之需用电力,尚有增无已。(后略)

(《大公报(天津版)》,1931 年 10 月 7 日,第 4 版)

丽新公司彻究日纱贿放谣言*

(1931 年 12 月)

各界抗日救国会悬赏一万元,征求告发谣传三万元贿买
放行丽新布厂自沪运来大批日纱之事实(1931 年 12 月 4 日)

近来社会盛传,本邑丽新布厂,曾私运大批日纱来锡,当被某方查获,以□

价共值银十六万元左右,故被该厂以三万元贿放等语,茶坊酒肆烟铺浴室等处,均可得而闻之,资为谈助者,神乎其说,一若真有其事。抗日救国会得此消息,认为案情重大,虚实均有澈究之必要,乃于第十一次常务委员会议定办法四条,其第三条为登报征求告发,兹采录□广告全文如下:

无锡县各界抗日救国会,县[悬]赏一万元,征求告发,连日市上纷传,请本邑丽新布厂自沪运来日纱,不知在何处被何人发觉,以三万元贿放,此种流言,本难置信,惟人言□□,恐非无因,本会认为此种骇人听闻之传说,与抵货运动及本会前途关系至巨,无论虚实,均有澈究之必要,除已函召该厂负责人来会严询,并分派干员严密侦查外,特此登报,县[悬]赏一万元,征求负责实在之报告,倘有人能指明于何时地发觉何人行贿受贿,确系事实,而愿负法律上之责任者,本会即以一万元实给。倘此事纯系奸人造谣生事,冀图破坏抵货运动及本会工作者,本会亦认为此项奸人有严惩之必要。倘有人能指明是何人首先说出,而亦愿负法律上之责任者,本会亦以五千元赏给之,特此公告。

(《国民导报》,1931 年 12 月 4 日,第 2 版)

丽新纺织漂染整理股份有限公司重要启事(1931 年 12 月 4 日)

阅本日邑报载市上谣传本厂运到大批日纱,被人发觉以三万元贿放,经抗日救国会议决,详密侦查,并招本厂负责人员到会询问等情,曷胜骇异。查敝厂自创立以来,惨淡经营,悉心研究出品,以冀抵制外货,提倡国产。历蒙前农商部暨国民政府工商部核准立案,通饬各省市政府保护,并得各地赛会优等奖,凭敝厂犹未敢自满,复于上年购置细纱、机锭,自纺原料纱线,庶得成功完全国货,而与舶来品相竞争。现在纺纱部分已在试机,不日即可出货。敝厂同人正自庆幸,乃外侮之来,竟有造作蜚语,希图中伤国货工厂,摧残实业,此种奸徒不独为社会蟊贼,抑亦为国民公敌。虽食肉寝皮,不足以蔽其辜。敝厂同人爱国之忱自问未敢后人,故自万案起后,即行停进日纱,至沈案发生,虽领有上海救国会通行证之日本纱线,均经自动封存沪地,未敢稍有运锡。以上情形,有册籍单据以及统税单足资证明。固毋唐断断白辩者也。兹恐淆惑听闻,致堕匪人奸谋,除派员向抗日救国会声明,并请党政各机关严查澈究外,特此郑重声明,维希各界公鉴。

(《小上海(无锡)》,1931 年 12 月 4 日,第 1 版)

丽新厂澈究贿放案（1931 年 12 月 5 日）

本邑抗日救国会检察部，连日市上谣传丽新布厂，自沪运来大批日纱，不知被何处发觉，以三万元贿放等语，爰特提出常会，议决侦查，以究虚实在案。丽新厂阅报后，致函县商会核办，昨日该会分函县党部县政府澈究，以明虚实。

（《申报》，1931 年 12 月 5 日，第 10 版）

县商会函党政机关，澈究丽新布厂行贿谣传（1931 年 12 月 5 日）

责令检察部出具实究虚坐切结；函复丽新厂自出愿甘封厂切结
分送党政机关，以凭彻究理办

本邑丽新布厂，近以市上谣传，该厂运到大批日纱，不知被何处发觉，以三万元贿放等情。当以事关重要，诚恐其中系受日人指使，破坏国货，有意捣乱，昨特函请县商会，转请党政机关查明，以白真相。县商会准函后，特行据情函请县政府暨县党部，转饬抗日救国会检察部，实究虚坐，并复函该厂，具结送会，以昭郑重，兹将原函并录如下：

商会致党政机关：径启者，顷据丽新纱织漂染整理公司函称（中略），当经检阅本月二日邑报，均载各界抗日救国会开第十一次常会内，讨论事项第十二条，检察部提，连日市上谣传，本邑丽新布厂，自沪运来大批日纱，不知被何处发觉，以三万元贿放。查此事案情极大，不问有无此项事实，本会均有彻究之必要，如何办法，请公决案。决议：一、函该厂负责人来会询问；二、由本会详密侦查，以究虚实；三、四等略，等语。查此案既系抗日救国会检察部所提，必有负责之人，而所谓市上谣传，究系闻诸何人？ 以应先请饬由抗日救国会检察部，举实所闻之人姓名，责令出具实究虚坐切结，分送党政机关，澈究办理。如有虚诬，或不肯负责出结，非仅破坏国货运动，抑亦扰乱反日工作，难保非受日人阴谋指使，应即予以严厉制裁，除函复该公司，亦自出具，如有证实，愿甘封厂切结，再行分送核办外，合先专函奉达，希即查照，迅赐转饬办理，以维救国运动，而免奸人捣乱，并祈赐复为盼。

商会复丽新布厂：径复者，贵公司本月三日函照悉，经已函请党政机关，转饬抗日救国检查部，举实所闻之人姓名，实令出具实究虚坐切结，分送党政机关备核，贵公司亦请自出如有证实愿甘封厂切结送会，以凭核办，是为至盼。

（《大公报（无锡）》，1931 年 12 月 5 日，第 2 版）

澈究丽新私进日纱谣言（1931 年 12 月 6 日）

各界抗日救国会，于本届第十一次常会时，检察部提议，市上谣传丽新染织公司，运进大批日纱，不知被何处发觉，以三万元贿放，请求澈究一案，已由抗日会严密侦查，并悬赏一万元，征求告发。而丽新公司，亦已函请商会转函县党部县政府，转行抗日会检察部，举出所闻此语姓名之人，责令出具实究虚坐切结。昨日丽新公司，已具有切结，声明如有私进大批日纱情事，愿甘受封厂及最严厉处分。当经商会分函县党部县政府，查照备案，如果举发之人，不能负责，则显系任意造谣、破坏国货运动，及救国工作，应请严厉制裁，以儆乘机捣乱。

（《申报》，1931 年 12 月 6 日，第 11—12 版）

丽新纺织厂私运日纱事件正在缜密澈究办理，
将来自可大白（1931 年 12 月 6 日）

检察部具实究虚坐切结万无此理　抗日会常委兼检察部长王次青之谈话

自丽新布厂私运日纱被人发觉，以三万元贿放之传说，经抗日救国会第十一次常会提出讨论，揭载报端后，各方对于此项骇人听闻之传说，均极注意，丽新布厂除竭力声辩外，抗日会亦以一万元征求告发，并以五千金征求传说之第一人，另派干员在外严密侦查。昨日本报揭载经商会函致县政府县党部，应先由抗日会检察部举出所闻人之姓名，责令出具虚坐实究切结等语，该会常务委员兼检察部长王次青氏，特发表谈话如次。

揭发经过：关于丽新布厂时有种种传说，迭次根究，均无实据，本部□以丽新厂为规模宏大，出品精良之国货工场，在此时期，不无奸人掀风作浪，冀图破坏，故关于各种传说，均未公开揭发，本人亦曾会同该内厂经理程敬堂亲赴该厂参观一次，该厂情约略知悉，关于该厂运十六万元之日纱被人发觉以三万元贿放之传说，数周前即有所闻，此种不切事实之传言，本难置信，迨至最近流言益炽，且谓本会所为，而本会负检查责任者为本部，故于流言益炽之时，为唤起社会之共同的注意，冀于公共揭发中能寻觅些须线索，更以促成案情之大白，则将来自有水落石出之时，乃于本会第十一次常会中公开提出，当经决定办法四项，除三项办法业已公布外，其余一□法则尚未至公开发表之时期，此为本部揭发该案之经过。

处理方针:该传说经本部揭发后,社会自极注意,该厂态度亦甚公开,此时本会已派员澈查该厂自抗日救国运动以来所用之纱为何产,丽新因确有八百件日纱已在沪缴纳细纱厂基金而仍封存在沪之事,在此两月余中,该厂所用何纱?有无运来日纱之事?一查即可大白。倘此事大白后,当可断定传言之为真为假,倘流言非真,则更当澈究传说之来源。盖此时破坏抵货运动,破坏国货工业,破坏本会信誉者,固不乏其人,在本会暨本部自身均觉非澈究不可也。

　　具结问题:昨日阅报悉商会致县党政机关函中,有一面令该厂□□,一面令本部负责具结之办法,□□认为万无此理。因本部自身尚在□□,征求告发及告发人中,此告发人□□,出以前,本部亦不能认为真确。□□部在十一次常会中亦仅提及"市上谣传"及"虚实均应澈究",又并未□□此传言为真实,至于传说的何人,□□有传说,当有其人,而此□人之□□,亦谓系闻之传闻,此种闻之□□□□人,又不能负责,试问结何自具□□,非儿戏之要求。

　　共同澈究:在本人之意此□□,需大家之共同努力,丽新厂及本会□应各自澈究传说之由来,不必斤斤□□具结,盖保证亦保障事实者,惟有事□,亦续有事实方可以破坏也,且此事更无须烦党政机关之函牍,大家切□注意于探究工作,将来案情必可大□,在案情未大白以前,斤斤于无效□□工作,亦无俾事实,云云。

(《锡报》,1931 年 12 月 6 日,第 2 版)

财政部令江西财政厅制止对丽新公司
重征棉布税并退还税款*

(1932 年 7 月 13 日)

　　代电江西省财政厅:据无锡丽新纺织漂染公司电称,
运销已完统税绵布被九江产销税局重征,请饬制止,
并将税款退还等情电仰查明分别办理

　　江西财政厅长□统税署案呈,据无锡丽新纺织漂染公司有代电称,商厂运

销江西已完统税棉布,顷据客户报告有九江被产销税局重征,转请令饬江西省财政厅制止,并将重征税款核退,以苏商困等情。查该省创办特种物品产销清匪善后捐,并未准省府咨部审核,该厅遽在九江设局开征,于法无据。且此事先据申新纱厂电请制止到部,当以该省开征此捐,既未经中央核准,复将已完统税之棉纱等项列入在内,尤与统税条例抵触。经电请省府饬局查明取销在案。兹据电前情,合行电仰该厅长迅即查明停征,倘有重征税款,应凭原给收据,悉数退还,以维税制而重功令,并将遵办情形电复为要。

财政部长　宋元　印

（《财政日刊》,1932 年第 1303 期）

丽新厂函请改正国产品运照期间

（1932 年 7 月 26 日）

单纯织品,应与棉纱一律待遇;函华商纱联会,向统税署力争

本邑丽新公司,昨致华商纱厂联合会函云:

径启者,前接贵会通告,内开接准财政部统税署统字二三八八号函开,查本届统税会议,对于棉纱统税各项照单议决,严定行用限期,并规定国制棉纱完税照、进口棉纱完税通运单、棉纱直接织成品完税照、棉纱直接织成品运照四种,均自填发日起,计以一年为有效期间。又棉纱及织品原帮、分帮改运证明单,单纯织厂专用棉纱直接织成品运照两种,均自填发日起,以三个月为有效期间,逾期一律作为无效。倘有单照期满而货未销清,准由持照单人将未能销售之原因,报由当地统税机关查明,货照相符,得酌予延期使用,即在该原照单上批注明白,加盖各该机关关防或钤记,以昭慎重。该项议决案,系为限制旧照、预防弊混起见,事关整理税政,于本年八月一日起照案施行,所有上年七月三十一日以则[前]填发之改运证明单、单纯织厂运照等,自本年八月一日始作为无效。倘各该单照护运货件确尚未销清者,并应限至本年七月内,查照上开议决办法,由各地统税机关查察情形,准予延期行用,以符定案,除分行所属各局所遵办,及函请关务署通饬各海关注意查验外,相应函达(下略),等因。准此,敝厂以单

纯织厂专用棉纱直接织成品运照限期迫促,窒碍孔多,自应申述原因以谋改善。查单纯织厂因出品花色繁多,比之原色粗细布,走销呆滞,而情形亦迥不相同,冬货夏存,春货秋售,往往有堆存一年半载不能销售清者,更有春间所织棉布,须俟八月间锁[销]售,堆置半载完全未动者,若照新章规定三个月期满,实际万来不及。虽新章规定有持单照人得将未销清之货,报由当地统税机关查明货照相符,酌予延期一节,究嫌手续繁琐,况各厂每日运往各地批发处分销之货,均须待时而沽,而非当时可销罄者,将来三月到期时,各地批发处势必逐日向该各地统税机关报请延期,不但商人万分痛苦,即官厅亦必感觉繁琐,不胜其扰。单纯织品虽非直接完税货物,而间接实为负担统税之品,似应与棉纱一律待遇,一旦变更旧章,商人偶有疏漏,罚则随之,殊失政府维护国货之旨,迫不得已用特函请贵会查照,迅予转呈财政部统税署力争,请将新章所定之棉纱及织成品原帮、分帮改运证明单,单纯织厂专用棉纱直接成品运照两种,改正以一年为有效期间,逾期仍得将未能销清之原因,报由当地统税机关查明货照相符,酌量延期,公私两便。

(《新无锡》,1932 年 7 月 26 日,第 3 版)

章义愤等检举绸布业贩运仇货,绸布公会复函并
无私进仇货,丽新布厂申明勿中奸人之谋

(1932 年 8 月 4 日)

(前略)

丽新布厂近见报载,有邑人章义愤①等,投函县商会,举发协大森等商号,贩运仇货一节,并涉及该厂乘机提高售价等情,昨特致函县商会,申述事实,兹将原函照录如下:

径启者,阅本邑《民报》载,贵会据章义愤君等投函,摘发三数商号贩运仇货,并由会转函绸布同业公会查照办理各节。惟查原函尾称,涉及敝公司一遇

―――――――――

① 人名。

抵制，即行提价，甚至每匹可得利十余元，西货瑞士国府绸每码四角一分，丽新府绸每码六角一分等云。该函所称，不但事实不符，抑且迹近淆惑社会观听，虽章君等爱国心切，未加考察事实，遂申抑平国货价格之请，然国货工厂无故受诬，经此不利宣传，认为有代外货张目之嫌，义愤过于偏激，着笔似欠考量，爰将事实分别申述如左。一、原函称，一遇抵制，即行提价，每匹可得十余元一节。查布厂之原料为纱线，布价之涨落，全视原料成本为转移。查去岁四十二支线，价常在三百二十两，二十支纱价常在一百七十余两。自万案发生，四十二支线价几涨至四百两，二十支纱涨至一百九十余两，布匹成本，每匹以三十码计，须增价二两左右。然证以敝公司市单，每匹只涨数钱，当时各布厂以难于维持，曾由同业公会函请贵会救济，并由会转函上海市商会，抑平纱价。本年战事结束，敝公司细纱厂亦经开工出货，布价逐步回跌，照现市与去年比较，竟有跌去二两、三两者。以上事实，均有市单可复按，至称每匹得利十余元一节，查敝公司普通货每匹在十二三元左右，最贵者每匹值洋亦不满二十元，证之价值，尤属荒诞不经，明眼人当亦为之哑然也。二、原函称，西货瑞士国府绸每码四角一分、丽新府绸六角一分一节，查府绸以前向只英国、德国出品，价在规元五六钱一码，自民十四敝公司首先仿制，始有国货府绸，售价每码六角左右，至民十七方见日货。然质地粗松，易于辨认，大都销售乡区。今岁府绸一项，外货充斥，并受沪战之影响，销路锐减，不惜贬价求售。然最次之货，全纱每码在三钱许，以现在厘价合洋四角二三分，较好者三钱六七，线经纱纬者四钱二三分起至八钱左右止，敝公司府绸亦有二种，均属线经纱纬，一为"惠泉山"商标，二月间售价三钱六分，现市售三钱二分；一为"鲤星"商标，二月间售价四钱四分，现市三钱九分，均批发盘。等级既有上述之差别，市价亦有随时之涨落，惟均以货物盈虚、原料贵贱为依归，从未以抵制仇货而借以渔利者也。且即就章君等所称，西货瑞士国府绸每批四角一分，敝公司府绸每码六角一分，货质苟属相类，瑞士乃西货，不在民众抵制之列，贩运商人舍贱购贵，如能照此爱国，断不致有私运仇货情事，且我国之强亦可立而待矣。否则敝公司货价提高，势将无人问津，抬价不啻自杀，又何益哉？总之商人真心提倡国货者，素不多观，每遇仇货检查严厉，无法贩运之时，始注重国货。国货虽贱，究不及仇货倾销之价廉，于是饰词聋[耸]听，冀售其术，章君等偏听一面，未加审填[慎]，适中奸人之谋，殊为遗憾，为此陈请贵会鉴核，请予公布社会，以释群疑，而正观听，敝公司幸甚，国货前途幸甚。

（《大公报（无锡）》，1932年8月4日，第3版）

丽新布厂仍然搭用日纱

（1932 年 8 月 13 日）

血魂除奸团投函警告——子弹一枚借表敬礼，新新书局、万生三阳等——该团亦将提出警告

血魂除奸团近查得丽新布厂有购用日货行为，特函警告，函中并附子弹一枚。该团并以北门万生蜡烛店，城申〔中〕三阳南货店、新新书局等，均有贩卖日货行为，不日均将予以警告。该团昨致本报函云：民报馆鉴，顷致丽新一函如下：径启者，顷据探报，贵厂进来出品布匹，仍然搭用日货纱线。查自抵货以来，贵厂年获巨利，应如何惕励，改造国产。今竟于国家水深火热之中，甘冒不韪，胡丧心病狂，一至于此。兹先奉赠子弹一枚，借表初次敬礼，望注意，并转告程锦〔敬〕堂先生，无锡血魂除奸团启。

附告：北门万生，城中三阳、新新书局，均有贩卖日货行为，不日将予警告。

（《民报（无锡）》，1932 年 8 月 13 日，第 3 版）

丽新纺织公司如能查得日货纱线
一丝一缕者，愿受最严厉裁制

（1932 年 8 月 16 日）

表示坦白起见致函商会转请党部澈查 否则应将实情宣示大众并予提倡维护

丽新纺织公司，近来迭接血魂除奸团、铁血救国团函称，该厂昧于大义，仍然私进仇货，先后予以警告。该厂接函后，为表示坦白起见，特函致县商会，转请县党部，如澈查得有私进日货纱线一丝一缕者，愿受最严厉之裁制，其原函云：

径启者，敝公司前接铁血救国团来函，略谓敝厂昧于大义，仍然频进仇货等情,当以事出无因,业将敝厂内部组织声明,系包含纺、织、染三部,表示毋庸再讲日货纱线,通告邦人,以为可怯群疑,乃近又接血魂除奸团来函,谓据探报,近来仍然搭用日货纱线(原文见邑报不赘)云,殊属骇异。查敝公司昔年创办织染厂仿制匹头,原为抵制外货起见,环顾当时全国尚无是项事业,中经挫折,几频危殆,幸同人不稍灰心,奋斗成功,布机自二百台,增至七百台,染机凡最新式者,莫不搜罗齐备,日夜班能出布千余匹,均可抵销东西匹头。前年又以原料关系,布厂根本问题,购置细纱锭万枚,并线锭六千枚,于去年十一月间,陆续开工纺制,嗣并添购纱锭六千枚,并线锭一千枚,现亦装置舒齐,陆续出货,所纺细纱股线,非但自用织布,并将余额供给别厂,凡此种种,均属事实,虽不敢自诩实业救国,然亦可告无罪于邦人。惟因事业之扩充,未免招外人之嫉视,难保无汉奸受日人利用,造作非语,希图中伤,使国人自相猜疑,遂其打倒我国工厂之奸谋。铁血救国团、血魂除奸团等团员,一腔热血,爱国心切,骤闻谣言,不加细察,遽予警告,殊不知适中奸谋。惟敝厂为坦白表示起见,为此函有自二十年(1931年)十月一日后私进日货纱线一丝一缕者,愿受最严厉之裁制,否则亦应将实情宣示大众,并予提倡,而维护之,临颖无任翘企之至。

(《大公报(无锡)》,1932 年 8 月 16 日,第 3 版)

实业部准予发给丽新公司国货证明书批文*

(1932 年 8 月 22 日)

实业部批(工字第四八五一号):原具呈人丽新纺织漂染整理

股份有限公司呈一件,为呈送新出品纱线布匹二十七种

样品及事项表费银等件,请发给国货证明书由

呈件均悉。据该公司呈送新出品纱线、布匹样品二十七种,暨事项表费银等件,请发给国货证明书等情,当经发交国货审查委员会审查,结果据称该公司所制各品,均尚优良,按照中国国货暂订标准,与第二等尚属相符,拟准予发给国货证明书等语。经覆核无异,合行填发国货证明书二十七纸,仰即具领呈报

备查。此批。

附：国货证明书二十七纸。

部长　陈公博

中华民国二十一年八月二十二日

（《实业公报》，1932 年第 85—86 期合刊）

税务总局同意丽新公司变通办理税照填报*

（1932 年 9 月 17 日）

批丽新纺织漂染整理公司：为该运销各种色布凑配装件，

准予察酌情形量为归纳，已令主管所酌办仰知照由

呈表均悉。查织品完税，出厂税照上须填列品名，原为便于查验起见。该公司运销色布以营业关系，须凑合多种配搭成件，税照内不易将各该色布品名尽为详列，亦系实情。嗣后出厂布匹，如系将重量、尺度、纱支、商标及税率皆属相同者归纳成包，自不妨察酌情形，准予变通办理，以利商运。除令行无锡分区统税管理所查明酌办具报外，仰即知照。此批。

（《税务公报》［南京 1932］，1932 年第 1 卷第 3 期）

税务总局函复同意丽新公司布匹退回复染*

（1933 年 5 月 9 日）

笺函无锡丽新纺织公司：据请变通布匹退回原厂

复染办法，尚属可行，应予照准希查照由

径复者，据贵公司江代电，请将布匹退回本厂复染办法酌予变通，除照章报

经管理所验明押运进厂,由驻厂员盖印证明外,俟布匹复染工竣,即凭原照出厂,申请管理所发给改运单护运,以免退税之烦等情,察核尚属可行,准予照办。除分行苏浙皖区统税局暨无锡分区统税管理所遵照外,相应函复查照。此致无锡丽新纺织公司。

(《税务公报》[南京 1932],1933 年第 1 卷第 11 期)

孙元良师长昨抵锡,今日上午检阅童子军露营,
下午参观丽新、庆丰等工厂

(1933 年 5 月 14 日)

八十八师长孙元良,定于十三日来锡参观华新丝厂、丽新纺织厂、茂新面粉厂等情,已志本报。兹悉孙师长于昨日下午六时偕同周秘书抵锡,寓居华盛顿饭店第五号房间,定于今日下午偕周秘书,由县党部委员李惕平、徐用楣陪赴公共体育场检阅童子军大露营,午刻赴丽新纺织厂唐骧廷、程敬堂之宴会,午后即参观丽新、庆丰等厂,再乘庆丰汽油船赴茂新、华新各厂参观云。

(《锡报》,1933 年 5 月 14 日,第 2 版)

实业部批发给丽新公司国货证明书*

(1934 年 3 月 22 日)

实业部批(工字第九四二九号):原具呈人丽新纺织漂染整理股份有限公司呈一件,为呈送货样暨事项表费银,请发给国货证明书由

呈件均悉。费银照收。当将所呈各件发交国货审查委员会,审查结果,该公司所制摩登呢等布匹二十六种,核与国货暂订标准第二等均尚相符,应准予

分别发给第二等国货证明书,以资证明,经覆核无异。合行填发第二等国货证明书二十六纸,仰即具领呈报备查。收据附发。此批。

中华民国二十三年三月二十二日

部长　陈公博

（《实业公报》,1934 年第 169—170 期合刊）

青［岛］市市长来锡参观

（1934 年 3 月 29 日）

青岛市长沈鸿烈,偕同国府秘书高凌百,于前日由京抵镇,参观工商教育各重要机关。昨日上午十时,由镇至戚墅堰电厂参观。下午二时四十分抵锡,下榻新世界旅社,严县长先期已接上海市商会主席王晓籁电告,适因晋省,由叶秘书代表,偕同商会主席杨翰西等到车站迎候,并由杨君公子现任实业银行行长杨蔚章陪同,在丽新纺织漂染整理厂、庆丰、广勤两纺织厂、乾甡丝厂、省立民众教育院等处,详细参观,当晚即由商会设宴洗尘。今日（二十九）尚须继续参观。

（《申报》,1934 年 3 月 29 日,第 8 版）

工厂检查积极进行

（1934 年 4 月 18 日）

实业部为改善工厂管理,增进工厂生产起见,决定分期实施工厂检查,限以五年为期,并以无锡为苏省内地工厂最多之县,推行尤难再缓,特派中央工厂检查处秘书韩锡衡,偕同由部分发苏建厅工厂检查专员程启元来锡,与严县长、张建设局长一再洽商,已定先从纺纱、面粉两业入手。先期会同商会,函约两业各厂推派负责代表,于十七日下午,在县商会开会,筹商实施手续。昨日午后,由张建局长陪同部省两委,莅会出席,纺织业则有申新、庆盐、广勤、振新、豫康、丽新、业勤等七厂代表,面粉则有茂新一、二两厂,九丰、泰隆等四厂代表。先由韩君说明工厂检查之制度,首先试办者,厥为英国,已有百余年历史,嗣后世界各国,相继效法,均已收得良果。我国政府,以关系国际地位,与发展工业计划,爰制定工厂检查法,以期次第实施。现在各省市政府,均已积极进行,上海华界各工厂,已由市政府派田和卿等实行检查工作,至浙江、山东、河南、云南、青岛、天津、汉口、威海卫等处,亦均由各该省市政府努力进行,成绩亦佳。无锡为工厂区域,中外观瞻所系,此项工作,实在不能再缓,应详审目下环境之需要,制定工厂检查实施程序,按其缓急难易,以厘定实施之先后,庶几易于推行,而收实效,云云。最后并商定各厂检查入手方法,即行散会。

(《申报》,1934 年 4 月 18 日,第 9 版)

工厂检查无锡开始实行

(1934 年 5 月 13 日)

实[业]部前为明了工厂状况,并改进机械,增加生产起见,于上月间特派中央工厂检查处秘书长韩钧衡,会同苏建厅工厂检查员程启元来锡,与县府商会接洽实施工厂检查,并由严县长召集各工厂代表在商会集议进行办法。兹悉程氏昨来锡,决定自八日起开始视察各厂,并由县府通知广勤、庆丰、丽新、申新、振新等各纱厂,及美恒、九丰、泰隆、茂新等各面粉厂,俟检查员到达时,予以便利。(八日)

(《大公报(天津版)》,1934 年 5 月 13 日,第 9 版)

丽新公司等反对增加棉纱统税[*]

（1934 年 7—11 月）

请减征统税[*]（1934 年 7 月 19 日）

本邑申新、振新、庆丰、广勤、豫康、复兴、丽新等纺织厂,昨(十八日)电南京行政院、全国经济委员会、财政部、实业部、南昌行营蒋委员长等,请减征统税,电文略谓棉业受日货倾销影响,濒于破产,已非一年。农村衰落,影响尤巨,输入关税骤减,国商纱厂,益属难支,恳乞减征统税,以图补救,嘶竭呼吁,伏祈怜察。

（《申报》,1934 年 7 月 19 日,第 10 版）

无锡纺织业吁请免增统税,电呈行政院及财实两部（1934 年 10 月 16 日）

无锡函,本邑棉纺织业同业公会,因闻政府有于本年十一月一日起,实行增加统税之说,爰于昨日下午三时,召开临时紧急会议,议决即席起草,电呈行政院、财政部、实业部,及上海棉业统制委员会,呼吁免增,原文云:

顷谂棉纱有增加统税之讯,道路传言,同业惶骇,查属会申新第三、振新、庆丰、广勤、丽新、豫康、复兴七厂,因棉业受日货倾销,农村衰落,濒于破产,于本年七月十七日,具电吁请减征统税,未邀俯准,正在徬徨,乃惊讯飞来,政府反有加税之举,是无异扼垂死之吭,而速其生命。顷阅报载上海华纱厂联合会,及湖北分会,具电呼吁,属会各厂,以设在内地,于近年纱厂之大不景气,尤感痛苦。如政府果有加税之意旨,务恳垂念国内棉纺织业创巨痛深,万难再加负担,立赐打消此议,否则厂商之生业既隳,政府之税源亦涸,两俱不利。属会各厂,于情亟势迫之下,为特驰电哀恳,如不得请,势必停业待命。临电祷切,伏希矜察。无锡县棉纺织同业公会主席蔡缄三叩。寒。(十五日)

（《申报》,1934 年 10 月 16 日,第 10 版）

华商纱厂联合会昨开全国代表会议，议决反对增加棉纱统税发表宣言请求各界援助（1934年10月29日）

华商纱厂联合会，昨日下午三时，召集全国纱厂联合会议，对于政府将增加棉纱统税一案，议决发表宣言，并推代表入京请愿，兹分纪各情如下：

出席代表：昨日出席者，除本埠各纱厂代表外，并有天津、青岛、通州、无锡等各地代表，如申新卢赞廷、张继明，复兴张趾卿，统益董仲生，宝成刘栢森、刘孟靖，民丰杨天游，振泰、宝兴王启宇，大生李升伯、沈燕谋，振华薛春生，庆丰唐星海、蔡缄三，永安郭顺、华剑纫、徐采丞，利用钱缄三，裕华苏汰余，大兴罗辉宗，申新荣宗敬，大成刘靖基，恒丰聂潞生，协丰金润庠，华新罗奉章，振新蒋哲卿，纬通郭顺，丽新程敬堂，鲁丰、仁丰、成通祝燮臣，和丰、利泰朱静安，豫康周继美，溥益黄首民，苏纶李振之，三友计健南，华新钱贯一，协丰陈树章，广勤杨翰西等四十三人，公推郭顺、聂潞生、荣宗敬为主席团，总干事张则民纪录。

主席报告：首由主席郭顺报告，略谓频年水旱兵灾繁兴，农村几于破产，国人经营之纺织业，亦以购买力之薄弱，而日趋危殆，加以外力压迫，工潮牵掣，几无一非束缚吾事业者。顾吾人犹勉自奋进，不断的努力者，聊尽匹夫之责，为民族生计延一脉，为贫困社会尽棉力耳。国人宜如何爱惜，政府宜如何维护，以度此难关，顾一稽事实，竟大谬不然，民二十政府施行统税，骤增吾业负担，而两级税率制之颁行，尤予外厂以莫大之利益，本会请求纠正，案牍盈尺，呼号再三，政府终以种种关系，未克修改。迨至本年七月一日，政府修改海关税则，于棉类修改，则减低进口棉货品税，使国产品受外货之倾挤；增加进口棉花税，使纺织成本加重，国人莫不骇怪。吾人奔走呼号，终不能挽回政府坚决之心，近且有退还棉货出口时之所增棉花进口税之说，吾业痛定思痛，念来日之大难，正惶悚之未安。讵最近政府又有增加棉纱统税之议，似此一年之中，两遭大劫，即在健者，恐亦难支。矧吾业垂危，何以堪此，瞻念来兹，不寒而慄[栗]。关于此次棉纱增加统税，本会呼吁再三，声嘶力竭，其结果如何，殊难预测。十月八日，税务署吴署长，告以财部将增加棉纱统税，当即去函请吴署长婉陈部长，予以免增。同日并分函津锡汉三会，请为声援。十月十一日，召集第八次执委会，议决关于增加统税，候各地复函到后，再交会公议。十月十五日，接津锡汉三会复函，并各附抄致政府文电。十月十六日，闻政府对于增税之议，甚为坚决，当由郭顺、聂潞生、王启宇、张则民面谒孔部长，陈述本业艰危情形，万不容再受打击，请罢增加统税之议，并请设法救济，惟未有若何结果。十月十七日，本会电请中央，请免增棉纱统税。十月十八日，召集第九次执委会，议决定于本月二十八日下午二时，在本会召集全体会议，并公决。本业衰落已极，对此次政府增加统税，绝端不能负担，请大会共同讨论挽救步骤。除通告各厂外，并分电津、锡、汉三会，请各厂推派负责代表出席。十月廿一日，闻财政部拟将增加棉统税办法，提出廿三日行政会议，由郭顺、唐星海、张则民赶赴南京，代表本会，分向行政院实业部请愿，并面陈节略。十月二十四日，接奉实部批复，略云：当以所传加税之议，是否属实，事关财部主管，经咨请核复，云云。除实部外，余均无批复。十月二十四日，奉实部工业司敬电，谓关于棉纱统税事，奉谕请速派代表来京面商。十月廿五日，召集第十次执委会，议决先复实部电，"敬电奉悉，拟候勘日大会，推定代表后，再趋前候示"，并派张则民先以私人资格，于二十五日晚赴京，查询一切，得知增加统税及退还进口外棉税两案，已经行政会议通过，提交中政会核议。十月二十七日，接山东鲁丰、成通、仁丰三厂来电，以济南各厂，年来损失颇巨，其主要原因，实以税制不良所致，贵会请政府撤销加税之议，修改统税为四级制，敝公司实深赞同，务恳坚决主张，冀达目的，云云。此本会办理此事之经过也，云云。

议决要点：闻大会中所讨论者，一为推举代表即晚晋京请愿，代表人数，规定八人，连同总干事张则民计九人，于当晚（即昨晚）十一时，包卧车一辆赴京。代表人选，会场中除郭顺、聂潞生允予晋京外，其余尚须临时接洽。次并议决发表宣言，当场起草，立即送发各报广告拦［栏］登载，旋于五时半散会。

发表宣言：全国华商纱厂反对增加统税请求政府救济宣言：近年农村破产，纱业凋疲，已达极点，全国纱厂，朝不保暮。忽闻政府有增加棉纱统税之议，群情惶骇，特于本月二十八日，召集大会，决议一致反对增加统税，请求政府救济，以维垂毙之棉业，免再增亏累，特此宣言，敬希全国各界予以援助，不胜祈祷。全国华商纱厂联合会。

请愿呈文：兹觅得郭顺等晋京请颐呈文如下：谨略者，晚近政府，对于棉纱统税，忽又筹议增加，属会前上洽电，请予免增，迄今未蒙批复，窃我国棉纱纺织一业，自施行统税后，因负担之骤增，尤以税率等级不良，使华商处于不利地位，固已日趋衰危，几难挽救。最近海关修改进口税率，对于原棉进口税，则又增加，对于棉货进口税，反为减少，使华商成本加重。而产品受外货猛烈之倾挤，华商危机，乃益严重。讵道路传闻，政府对于销用外棉最多之日厂，又将许其退还棉货出口时所增之进口外棉税,外厂成本愈轻,则其打倒华厂之力乃愈厉。华厂处此危急万分之际,正惴栗不安,而增加棉纱统税之说,又随之起矣。顾纺织一业之艰危,为国人所共鉴,频年几经呼吁,力竭声嘶,而政府虽洞悉民瘼,救济声浪,亦喧腾中外报纸,乃事之表现者,几无一不得其反。诚恐棉纱统税实行之日,国厂虽欲勉为支撑,亦不可得矣。素稔钧座维护实业,无微不至,务恳俯念厂业危迫,不绝如缕,为实业留一线生机,即为国家保一分元气,恩允免增棉纱统税,并迅施急切有效之救济方案,以解倒悬,毋任惶悚待命,谨略。

(《申报》,1934 年 10 月 29 日,第 11 版)

全国纱联会昨开临时全体会议讨论
棉花统税问题(1934 年 11 月 14 日)

全国华商纱厂联合会,昨日下午二时,在爱多亚路会所开全体厂商临时会议,到上海(永安、申新、恒丰、纬通、统益、溥益、民生)、无锡(豫康、庆丰、丽新、振新、广勤)、青岛(华新)、天津(裕元、大兴)等九十二厂,代表郭顺、荣宗敬、聂潞生、王启宇、董仲生、沈伯琴、刘柏森、徐来丞、刘[靖]基、钱贯一、邓楚衡、罗辉宗、钱缄三、严惠臣、徐懋棠、姚李康、程敬堂、孙北薆、许文烈、李淇华、卢宠之、黄首民、陈尔同等三十二人,郭顺主席,张则民纪录,由上次赴京代表报告请愿经过外,并闻对财政部加征二成棉花统税问题,有所讨论。据熟悉该业者称,纱联会对财部征棉花统税二级征收制,于昨会议中,一致主张请财部分级征收,直至五时余始散会。

(《申报》,1934 年 11 月 14 日,第 11 版)

厅委莅锡检查工厂

(1935 年 10 月 20 日)

苏省建设厅,为明了各县工厂内部设施,以资改进起见,特派工厂检查员程启元,分赴各县调查。程奉派后,前日由镇来锡与县建设局长会晤,并会同建局工厂检查员王友方,赴申新三厂调查,继赴丽新布厂调查。

(《申报》,1935 年 10 月 20 日,第 10 版)

繁荣锡澄工商业计划

(1935 年 12 月 15 日)

　　江阴据长江要冲,物产丰富,近自锡澄、镇澄两路先后告成,黄田港亦于上年开浚成功,交通益见便利,商业日臻繁盛。二年前镇江关特在该县设立分关,惟商轮码头,在江阴对岸之靖江,所有江南各县所需要之桐油、煤油、杂粮、纱花、糖、麻等货,仍不能直□进口,曾由澄邑商会商,请现任上海招商局总理刘鸿生,转请开滦煤矿公司,在澄□筑码头,地位优良,足可停泊一万吨以上之商轮。凡锡地各工厂需用之燃煤,均由江阴运锡,不再绕道镇江,业已成效大著。最近财政部以南通并非通商口岸,决于明年一月一日,将该处海关分卡实行裁撤,同时江阴商会,亦呈请财部将江阴改为货物堆栈场所,所有商轮统在江阴南岸停泊,借以繁荣商市,其码头即假开滦公司码头。财政部据呈,特派镇江关税务司李规荣,暨秘书陆秉尧,致江阴视察分关,及黄田港开浚工程,并由江阴商会主席吴濑英,陪同李税务司等,于昨日来锡,先至商会详询无锡工商业状况,及物产出品,继至丽新、庆丰两厂参观,当晚返澄。

(《申报》,1935 年 12 月 15 日,第 8 版)

阻塞普济桥风潮解决

(1936 年 5 月 7 日)

　　锡邑北塘三里桥一带居民,近以该处河水变黑,且有臭味,前曾函请第一区公所,转函吴桥东西一带有关工厂,如丽新染织厂、协新毛织厂、利用造纸厂等,将出水改善设备，并经新运视察团及县政府、建设局、公安局等会同前往查勘，而丽新已早将水管改置浜内，并将浜口堵塞，协新亦已添筑浚水池储蓄，放出污水。乃近日水味仍臭，该处一带居民，于四日下午，纷纷赶至北塘镇镇公所，商请设法清除，未有办法，旋即携带民众卫生团旗帜，赶赴普济桥河干，将沙泥石子及黄石乱砖，将河填塞筑坝。公安第五分局劝导无效，六日仍群往阻塞，经公安局长陈育初亲往劝阻，始于午后停止。惟该处系澄锡及城乡交通要道，一旦阻塞，群起恐慌。昨日上午，县府特召集公安、建设两局局长，第一区区长，北塘镇镇长，县商会等到府开紧急会议，决定责成北塘镇镇长先将该处河道交通恢复，并由建设、公安两局会同查勘黑水来源，设法改善，风潮始告解决。

（《申报》，1936 年 5 月 7 日，第 9 版）

布厂业改选大会，唐君远当选常务

（1936 年 5 月 11 日）

无锡布厂业同业公会昨开第二次改选职员大会，到会员代表二十九人，县党部委员萧若倩出席指导，县政府代表汪钝吟监督，由程敬堂主席，行礼如仪，主席报告本会自民廿三年三月办理第一次改选后，迄今任期届满，除留任委员王树三、方子雄、华逸峰、王乐水、朱公权等五人外，兹应行改选执委六人，旋即推定徐子洲、蒋诵先，散发选举票，华逸峰监选，方子雄、徐菊粹检票，袁云裁唱名，王耀文写黑板。开票结果：唐君远二十七票、吴仲炳二十五票、沈嘉乐二十三票、王秉钧二十二票、华逸峰二十一票、黄敦复十八票，当选执行委员。徐子瀛十一票、任士雄十票、蒋镜海五票，当选候补执行委员。即席召开第一次执委会议，计签到新选留任委员十人互选常务委员，结果唐君远九票，吴仲炳六票，王树三、沈嘉乐、王乐水各三票。复经重行决选，王树三七票当选，复选唐君远为常务主席委员，选毕散会。

（《国民导报》，1936 年 5 月 11 日，第 3 版）

建局调查协新纺织公司制造情形，列表呈报建设厅

（1936 年 8 月 14 日）

北门外惠商桥丽新路协新毛纺织染公司最近呈请财政部对于本厂出品请求援照机制洋式货物税法待遇，以推广国货。财政部据呈后，当以该公司所有"万宝聚丰、三羊开泰①、五福临门"三种曾否呈准实业部注册，其毛织［匹］头与纱线两种出品是否精良，尚未查悉，乃咨请实业部转令本省建设厅，于日前令饬本邑县政府迅即查明该厂制造情形，列表填报。县府奉令后，已令饬建设局于昨日查填，呈报建厅备案云。

（《国民导报》，1936 年 8 月 14 日，第 3 版）

各省县长来锡考察

（1937 年 1 月 13 日）

本邑工商业发达，县政建设，亦堪为各县模范，故时有外方人士，来锡考察，以资借镜，云南、贵州、湖南、湖北等省，专员及大批县长，曾先后来锡考察，计有湖南第一区行政督察专员陆军少将罗寿、醴陵县县长贺笠青、安乡县县长张余汾、武冈县县长张之觉、城步县县长黄绍琼等，前日复有湖南郴县县长钱绍起、云南昭通县县长李时、贵州第五区行政督察专员刘乾俊、清镇县县长李大光等来锡，当由陇县长分别招待，参观丽新染织厂、工艺机器厂，及庆丰纱厂等处。

（《申报》，1937 年 1 月 13 日，第 9 版）

---

① 丽新染织厂另有一商标名为"三阳开泰"，二者或为同一种商标。

闻承烈莅锡考察

（1937 年 1 月 14 日）

前济南市长,现任山东省政府雇问陆军中军[将]闻承烈氏,于前日由镇抵锡,考察本邑农工事业。县长龙体要得悉后,即派田赋主任方国定,陪往东门工艺机器厂参观。午后至蠡园宝界长桥鼋头渚一带游览,并参观协新、丽新毛绒纺织厂,及永盛丝厂。昨(十三)日清晨,赴东亭参观农民银行农业仓库,下午由薛明剑君伴往申新劳工自治区、茂新二厂、利用造纸厂、恒德油厂、华新制丝厂等处参观,当晚闻氏离锡赴沪考察。

（《申报》,1937 年 1 月 14 日,第 9 版）

协新毛织厂出品呈请奖励

（1937 年 6 月 12 日）

实业部令县切实调查协新毛绒纺织染厂股份有限公司,以所制羊毛、匹头、纱线等商品,呈请实业部依照工业奖励法,准予工业奖励。

（《锡报》,1937 年 6 月 12 日,第 4 版）

云南省政府训令丽新公司附有标识存货应准放行*

（1940 年）

云南省政府训令（秘财字第七一八号）：准经济部代电，
送据丽新纺织印染股份有限公司呈准，嗣后关于该公司
无锡厂存货等，如已附有标识，应准放行一案令仰知照

令各县局督办案准，经济部有商字第五六○四号代电开，案查，送据丽新
纺织印染股份有限公司呈略称，本公司无锡厂因债务关系，已被英商信昌洋
行诉请上海第一特区法院确认质权判决执行，并未被敌攫夺利用。复工堆置
上海布匹二万八千三百三十七匹，均系二十六年"八一三"以前存货，现另在
上海与兴昌公司合作，于租界地面重建新厂，所有出品每匹布尾封面及木箱
箱盖俱印有上海新厂印记，恳予仍准沿用原注册"双鲤"等十八种商标，以利
销行各等情。附赍存货清册，上海市商会证明单暨已加具标识招纸等件到
部。查该公司无锡厂出品，曾经本部指定查禁有案。此项册列存货，即据呈
明原厂迄未开工，又经上海市商会查实，确系遗存货品，给予证明，应准销售。
至请沿用原注册商标一节，核与查禁敌货条例施行办法第三十八条之规定，
尚无不合，并应照准，嗣后关于该公司无锡厂存货及上海新厂出品使用原商
标运销各地，如已附有标识，应准放行。除分电并批示外，相应电达查照，转
饬遵办为荷等由。

准此，应即令财、建两厅，经济委员会，抗敌后援会，腾龙边区行政监督署，
各督办署，各市县局知照，除分令外，合行令仰知照！

此令。

主席　龙云

中华民国二十九年四月□日

（《云南省政府公报》，1940 年第 12 卷第 33 期）

抗战时期丽新公司重新加入上海市商会函*

（1940 年 2 月 5 日）①

谨呈者,窃敝公司向在无锡设立纺织印染整理厂,已历廿年,自二十六年十一月间,国军西撤,无锡继陷,公司亦即迁移上海租界江西路三和里,业经呈报经济部核准变更登记并发给商字第六十五号执照有案。兹因在上海另建新厂,继续出品行销国内,仍用敝公司原注册商标,诚恐各省市县机关团体道远,不明真相,误会沦陷区出品情事,除呈报经济部备案外,为将敝公司无锡工厂未被敌方利用复工,及在沪另建新厂,出品仍使用原商标暨厂址、设备详□胪陈于左:

无锡工厂损害及现状:查锡厂因战事□频繁,缺乏运输工具□货物,大部货物未及撤出。战后为日军驻占,所有厂内之已印染布匹及坯布、纱线、颜料抢掠一空,仓库内存棉万担,则至二十七年九月,始被日军攫取没收。厂内房屋、机器战时曾遭敌机两度轰炸,损害尚轻,至二十七年三月间竟被故意破坏极重,马达亦被偷窃殆尽,先仍禁止入内,此敝公司无锡工厂受损害惨重及现状情形也。

日方谋占未遂经过:查二十七年春,日商大康纱厂觊觎敝厂,屡次利诱□□,均予拒绝,彼乃宣称已得军部之命,与庆丰同归其管理,凭借军力,迭加威胁,仍以美商关系而罢。遽于十一月间径至敝厂攫窃机件数十种,值五万余金,搬运至庆丰,于是敝公司债权人英商信昌洋行向日领抗议交涉再三,日领以□□□驳,始允令大康纱厂与信昌洋行结价偿还(闻至今尚未偿还),并保证以后不再有类此种事件发生之诺言。不意二十八年八月间大康纱厂修复庆丰布机间,以该厂准备机器已毁于战火,窃夺之念复炽,□称兴亚院准许,派大批工人至敝厂,将浆纱、筒子、纬管、经纱等车,大量折卸候[后]搬□。信昌洋行质问日领违背诺言,□日领答复,查系大康私自行动,已严令即日停止□退工人□□□,仍被窃去电汽部开关、钢丝圈等十余件,此为敝厂迭被日方谋占□□□未遂之径[经]过情形也。

---

① 原档案为手记,删除及补充地方较多,编者仅录未画线删除及补充部分。

信昌债权人关系:查敝公司于二十五年冬向信昌洋行添购纱锭二万三千八百七十六枚,线锭六千四百枚,以及大牵伸装置,钢丝车等机器,订定机价在三年之间分期缴付,并订定以敝厂全部房屋、机器、生财作为担保质权,不幸新机甫经装竣,战祸骤起,致不克逢期履约缴付款,该行遂向上海第一特区法院诉追并请求确认质权,于二十七年八月四日判决照准原告所请求,复于十月十二日发第四二八八号命令,敝公司遵照将无锡工厂全部房屋、机器、生财与有关一切文件一并交债权人接收管业,作为清偿本案全部债务,此为信昌洋行与敝公司债权关系及接管锡厂经过之情形也。

在上海另组新厂与公司之关系:查敝公司资产以无锡工厂为最巨,损害基〔极〕重,力难重振,而处境又不容以原名义恢复,惟多年养成之技术人员,一旦散置,废弃可惜。故另集股国币一百五十万元组织昌兴纺织印染股份有限公司,业经依法呈请经济部登记在案。所有新厂出品均由敝公司督送承销,使用原商标,为示区别起见,已于容器之木箱,包装之招贴,均加印"上海新厂出品"标识,兹又奉到一月二十三日经济部第五一四一三号批示,"倘因营业关有使用之必要,应将原商标加以显明标识,并将式样呈部核定,以凭办理",亦经遵照呈复。此为敝公司另组公司,由□□□□□告承销出品之关系也。

上海设厂地址及设备情形。查上海新厂计有三处:

(一)纺纱厂在租界劳勃生路东京路口,系自置基地十一亩零,建筑水泥钢骨楼房,正在建筑中,预计本年五月间开工出品,设备机器细纱锭一万一千四百枚,线锭三千二百枚,并清花、钢丝车,全部系英国司买莱厂出品,已有大部份机器到沪,又并线锭二千一百十二枚系国货一大铁厂出品。

(二)织布厂在法租界马斯南路,租地六亩余,自建厂房,设备织布机三百二十台系英国逊金生厂出品,准备部份机器系国货永生、锦昌两厂出品,已于二十八年六月开工出货。

(三)印染厂在租界戈登路,自置基地八亩,建筑厂房,设备印花漂染整理机器全套系英国泼辣脱厂及国货兴鸿昌、源兴昌两厂出品,已于二十八年十一月开工出货。此为上海设厂地址及设备之情形也。

右陈列梗概仰祈贵会鉴核,恳赐俯察,敝公司处于环境艰难之中,继续努力之苦衷,据情转函各省市县机关团体,俾明敝公司之实情,借免误会而维国货。

不胜恳切感祷之至,谨陈上海市商会。

丽新纺织印染整理股份有限公司

经理　唐骧廷

协理　程敬堂

二十九年二月五日

（上海市档案馆，档号：Q195 - 1 - 17）

上海市商会接受丽新公司申请函*

（1940 年 2 月 6 日）

径复者，顷接贵公司送来节略一扣，胪陈锡厂损失及被占经过，以及在沪另建新厂情形，具征贵公司于艰难困苦之中具有百折不挠之气概，实为民族工业复兴之曙光，可歌可泣，良深感佩。

贵公司染织部份现已加入染织业同业公会为会员，惟纺纱部份现时尚无同业公会之组设处。请依法以商店会员名义加入本会，兹附奉入会声请书及会费标准各一纸，请为查照办理是企。

此致丽新纺织印染整理股份有限公司。

上海市商会敬

中华民国二十九年二月六日普字第 9635 号

（上海市档案馆，档号：Q195 - 1 - 17）

西康省政府令丽新公司之货验明放行*

（1940 年 7 月 11 日）

准经济部代电，关于丽新纺织印染整理公司之货验明放行由

审□□字第○六六八号

二九・七・一一发（公报代令）

令各县政府、各设治局、各区署、宁属屯垦委员会准经济部商字第六一□八六号代电开：

案查前据丽新纺织印□公司，呈以该公司无锡厂迄未复工，上海存货系二十六年"八・一三"以前出品，及另在上海创设新厂，请准沿用注册商标，并通知各省市政府，查照转饬放行，等情。业经核准，并于二月二十五日以商字第五六零四四号代电，请查照转饬□办在案。兹据该公司呈送加印标识式样，恳予分发各省市政府，转发所属，以资验放，并称在未奉核准以前，所售出之货，均无此项标识，且因运输阻梗，间有积滞中途，尚未进口者甚多，伏乞咨明，予以分别办理，等情，前来。查该公司已加印补缴该公司出具证明文件，验明放行，除分电并批示外，相应检同上项标识式样二份，电请查照，转饬办理为荷，等由，附标识式样二份。准此，除分令外，合检附原标识一张，令仰核遵照。此令。

附原标识一张：丽新纺织印染整理公司上海新厂出品。

主席　刘文辉

建设厅长　刘贻燕

（《西康省政府公报》，1940 年 7 月 11 日，第 32 期）

"税务总局"准予丽新等"双鲤"牌棉纱登记及核定税率*

（1941 年 2 月 5 日）

指令上海第八统税管理区：据报昌兴公司、丽新纱厂新出"双鲤"牌二十八枝棉纱一种检附表样，应准予登记，仰将核定税率转饬知照由

呈件均悉。昌兴公司、丽新纱厂新出"双鲤"牌二十八支棉纱一种，既据派员磅验，核与表列各项，尚属相符，应准予登记。兹核定该项棉纱税率，每包应征统税国币拾肆元零陆分，仰即知照，并转饬该驻厂办事员暨厂方一体知照，此令。

（《税务公报》［南京 1940］，1941 年第 2 卷第 2 期）

第六区机器棉纺织工业同业公会
1946年会员代表委任书（唐君远）

（1946 年 1 月）

会员代表委托书

兹委托本厂厂长唐君远君一人为本厂代表，遵章出席会员大会，特具委托书，请予鉴核为荷，此致第六区机器棉纺工业同业公会。

中华民国三十五年一月　日

具代表委托书　昌兴纺织印染公司

代表人　唐君远

计开

一、代表人姓名自[字]号　唐君远

一、代表人年岁籍贯　年四十六岁，无锡人

一、代表人通讯处及电话号码　江西路三和里 B 十一号　电话一五七〇四

一、代表人略历　协新毛纺织厂经理，本厂厂长

（上海市档案馆，档号：S30‑1‑100‑76）

制革毛织化妆三业联合抗议货物税

（1946 年 9 月 27 日）

自上海货物税局通告十月一日起开征麦粉、水泥、茶叶、皮毛、锡箔迷信用纸，及饮料品、化妆品等七种货物税后，除麦粉、水泥战前即征统税，锡箔迷信用

纸战前亦有专税,此次系恢复开征外,其余均系新税,已遭各业纷纷反对。茶叶财部允将装运出口者退还货物税,茶商为减低应纳税款之利息负担及节省缴税退税手续,尚在与税局磋商中。而制革、毛纺织、化妆品各业,因迄来受外货倾销压迫,已感不易支持,如再征重税,无异雪上加霜,前途危殆,故大声疾呼,猛烈反对,昨下午该三业同业公会负责人特假红棉酒家召开联合会议,商讨对策,到全国工业协会田和卿,皮革工业张善璋、徐雪尘,化妆品业胡伯翔、钱梦渭,毛绒纺织业叶莘康、唐君远、杨立人等十余人,与会者对于政府自胜利以来,非但不救济帮助民族工业,反一再压榨剥削,苛征税项,咸觉异常愤慨,且货物税之原则系以税源丰富,征收便利为主,现新征皮革、毛纺织、化妆品各税,均为规模幼稚挟小之工业,据代表所述各该业现状如下:

制革业:上海共有皮厂作场三百六十余家,内十之七八为小型之家庭手工业,系夫妻弟兄亲自操作,每月营业额不过百千万元,平均工人二三十人者仅数十家,工人在五十人以上者绝无仅有,且目前因受外货竞争影响,大部不胜亏累停顿,生产率不足二成。现澳洲及美国之底皮大批涌到,每磅成本仅二千余元,市售三千元,而国货上等货则售三千七八百元,而成本在六千元以上,且制造过程恒须三月至半年,高利盘剥实堪惊人,如再征百分之十五的货物税,则成本愈高,而售价却因外货压迫,无法提高。该业理事长张善璋说:"货物税开征后,我可担保目前勉强维持的皮革[厂]至少有三分之二要关门。"

化妆品:工厂全沪百,余家中绝大部份亦系家庭小工业,亭□间,小里弄房屋都可制造,产品种类繁复,价值均极琐微。据该业理事长胡伯翔云:政府所以不嫌繁琐,开征化妆品货物税用意,似因化妆品系属奢侈类之故,但其指定范围内,润肤霜、香皂、爽身粉、花露水亦在内,而以上数物均系日常生活卫生用品,绝非奢侈用品,其税率高至百分之四十五,实系鼓励舶来化妆品走私输入,而国货化妆品业则永无抬头之日矣。

毛纺织:工业上海共五十七厂,内自纺自织者不过十家,其余大部没有数百纺锭或三五架织机,规模极为窄小。目前因外货尚未大量来华,而国外定货因须加运费关税及定货期间之黑市利息,故尚能勉维竞争,如女式呢国货成本二万二千元,加利润约售二万五六千元,外货成本仅一万元,加关税及六个月之定金利息共二万元,再加进口商利润亦售二万五六千元,惟货物税开征后国货须照二万二千元抽征,而外货则照一万元成本抽征。税率虽同,而底价悬殊,国货将何以与之竞争耶?凡此均系立法者不谙实际情形,闭门造车,事前又不从事调查,广征民意,致订出摧残民族工业,帮造外货倾销之货物税条例。

以上三业昨交换意见结果,决议联合受外货倾销影响之同业,反对货物税,并分别豁免、缓征或减低税率三种辨[办]法,呈请行政院、立法院及财经二部采纳,必要时并派代表赴京请愿,未达目的前对货物税局要求缓征,内毛纺织工业已召开会员大会,决议不与货物税局合作,并拒绝调查登记,其余二公会亦决于日内召开会员大会抉择方针,如税局强迫开征,或将罢厂停工,表示抗议云。

(《大公报(上海版)》,1946 年 9 月 27 日,第 6 版)

协新呈请缓征毛织业货物税

(1946 年 10 月 29 日)

协新毛纺织染公司无锡工厂,为缓征毛织业货物税,函请县商会转呈财政部暂缓开征,并分述理由如后:该厂制品系属棉毛交织,其中所用原料之半数棉纱部份,早经遵章纳税,按之一物不二税之义,自应予以剔除,以免重征,其余半数毛类部份,理应静候税政当局对于上海市毛织业继续请愿,予以确定后,循例遵章一体纳税。基上理由,相应覆请商会转呈财政部暂缓开征。

(《大锡报》,1946 年 10 月 29 日,第 2 版)

要求修改货物税,毛纺织业代表晋京请愿

(1946 年 12 月 10 日)

本市毛绒纺织整染工业同业公会理事长程年彭,理事唐君远、葛杰臣、唐晔如、叶弗康、吴善赓;秘书杨立人等一行七人,昨晚乘夜快车晋京,代表该业分向行政院、立法院、经济部、财政部、税务署等请愿两点:一、对该业开征之货物税,原以毛织品为对象,现拟请改为毛绒线。二、毛绒线之货物税率,高达百分之十

五,而棉纱则仅百分之五,两者同属衣服原料,故拟请对开征之税率,亦应平等待遇。闻各代表一行,将在京逗留二三日云。

(《申报》,1946 年 12 月 10 日,第 7 版)

第二区毛纺织工业同业公会成立*

(1947 年 11 月 25 日)

(第二区毛纺织工业同业公)会于廿二日成立,选举理监事名单已揭晓,计理事程年彭、叶莆康、王云程、葛杰臣、吴善赓、王云甫、杨立人、唐君远、李润生、邓仲和、唐晔如、陈元钦、张似旅等;监事华尔康、王得民、吴衡山、张方佐等。

(《大公报(上海版)》,1947 年 11 月 25 日,第 5 版)

处理仓库抄获物资

(1948 年 7 月 28 日)

社会局昨日下午三时到五时半在会议室召开检查仓库会报,由顾炳元处长主持,出席严谔声(代表市商会、参议会)、周克(市府参事室)、王子良(金管局)等四单位代表,讨论上次查获未呈报仓库的处置问题。其中有十二个单位囤货已超过三个月,当时决定处置办法如下:

一、长盛堆栈:惟存鼎记烟行边纸一五〇件,货主不是本业商毛人,自卅六年一月堆存起,至今已经囤了一年多,限业主在七日内到社局申述堆存理由,不来申述理由就没收。

二、利泰仓库:1. 码头仓库凭来人提货,无货主姓名堆存机花一五一件、米四四六包、黄豆四十包,限令仓库叫执货人来提货,并呈报社局办理。2. 建中行堆存的白煤廿吨,限七天内到社局申述理由,不然就没收。

三、荣兴仓库：新中报社堆存白报纸五十卷，自卅六年十二月起堆存，货主新中报社迄未登记及出版，限七天内申述理由，不然就没收。

四、中国营业公司仓库：昌兴纱厂唐君远堆存大埃及棉花七十三包、小埃及棉花十五包，已经同业公会及纱管会证明，并未囤积居奇，准许移动；另细布二〇八件，限七天内申述理由，否则查收。

五、江苏省银行仓库：1. 现代会计月刊社堆存白报纸三十五令，不算囤积居奇，准许移动。2. 大生纱厂堆存单连布二二五件，双连布二〇〇件，已得纺织品外销委员会核定，准许出口以调取印棉，准许移动。

六、顺享堆栈：1. 绸业银行堆存布四件，限七天内申述理由，否则没收。2. 大茂公司堆存裙布十七件，土裙布一〇五件，经中纺公司证明是代中纺公司出口换取外汇，准移动。3. 盛绅福堆存土布十件，限七日申述理由，否则没收。4. 平津铁路局堆存面粉一千包，限七日申述理由，否则没收。

七、恒德堆栈，鸿成煤号：堆存大同煤八十九吨七八八公斤，限七天内申述理由，□然没收。

又：关于以后查获仓库有囤积居奇的事情，昨日会□也规定了四个原则：

一、由社局通知执货人，限文到七天内，书面申述理由，如逾期不来申述，就呈请市府查收。

二、执货人如经查明确实没有囤积的嫌疑，仍准移动。

三、凡经营本业的商人，其查获物品超过了他全年营业额三分之一，得呈请市府，限令应市销售。

四、凡未经营本业的商人或非经营商人，其查获物品，呈请市府没收。

（《大公报（上海版）》，1948 年 7 月 28 日，第 4 版）

协新公司等联合组建
"上海市毛纺织工业毛织品外销联营处"*

（1951 年 11 月 1 日）

呈为拟以西装花呢、华达呢甲乙种凡立丁等向国外推销，易取羊毛原料，组设"上海市毛纺织工业毛织品外销联营处"，并成立委员会，以期符合国家财经政策，检同组织规程等件，请鉴核示遵由。

一、案查，政府为鼓励毛纺织品之出口，以期易取进口羊毛、毛条，前经制订"出口毛织品退还原料关税货物税办法"，于本年五月八日由财政部、海关总署联合公告规定，凡自一九五一年三月一日起报关进口之羊毛与毛条，经加工织成西装花呢、华达呢甲种凡立丁及乙种凡立丁等四种毛织品出口者，准予退还其原纳羊毛、毛条之进口关税、货物税及毛纱货物税的全额等项在案。

二、又查上述各种毛织品颇合国外市场之需要，而毛纺织业之主要原料——羊毛——毛条——一部份须向国外采购输入，以补不足。

三、各厂商等有鉴于此，爰拟以上述各种毛织品向外推销，建立国外市场，争取外汇，易进国外原料，并为达到此项任务，又为免除同业间零星销售，漫无计划，而谋合理经营，以期符合国家经济政策起见，在上海市毛纺织工业同业公会鼓励辅导之下，特筹组"上海市毛纺织工业毛织品外销联营处"。

四、上述外销联营处先由章华毛绒纺织公司、协新毛纺织染公司、寅丰毛纺织染厂、元丰毛纺织染厂、新华毛纺织染公司、润丰毛纺织染厂、大陆毛纺织染厂、华纶毛纺织染公司、永明毛纺织染厂、华美纺织染公司、正大毛纺织染公司、光大毛织厂等十二家联合组设，将来其他各厂亦得申请参加。

五、上述外销联营处为划一事权计，并已成立委员会（一）通过《上海市毛纺织工业毛织品外销联营处组织规程》；（二）推定润丰毛纺织厂代表吴善赓为主任委员，章华毛绒纺织公司代表陈祥龙为副主任委员。

六、上述外销联营处暂设于本市延安东路二七四号三二——三四室（电话一六七二五）。

七、兹当并立伊始，相应述明筹设宗旨，检同（一）组织规程、（二）委员名单各一份备文。

呈请函达，鉴核示遵，谨呈察照，

此致上海毛纺织工业同业公会。

具呈人　章华毛绒纺织公司、协新毛纺织染公司、寅丰毛纺织染厂、元丰毛纺织染厂、新华毛纺织染公司、润丰毛纺织染厂、大陆毛纺织染厂、华纶毛

纺织染公司、永明毛纺织染厂、华美纺织染公司、正大毛纺织染公司、光大毛织厂（印章）①

（上海市档案馆,档号:S31-4-116-27）

上海市推销一九五五年国家经济建设公债委员会
工商界总分会聘请唐君远先生等廿六人为公会委员*

（1955年3月16日）

总务科:上海市毛纺织工业同业公会(1955年3月16日)

来文处所	五五年公债总分会	别文	函	收文号数	总字第142	收到日期	1955年3月16日
事由	聘请唐君远先生等廿六人为公会委员由				附件	名单乙份	
拟办	拟转知各委并定三月十七人[日]召开委员会						
批示	□□　□						
备考	发文(55)总推(55)字第136号						

上海市推销一九五五年国家经济建设公债委员会
工商界总分会②

受文者:上海市推销一九五五年国家经济建设公债委员会工商界总分会毛纺织工业分会

　　兹聘请唐君远先生等廿六位为上海市推销一九五五年国家经济建设公债委员会工商界总分会毛纺织工业分会委员,并以唐君远先生为主任委员,陈元钦、刘念智、许鹤汀、孙同钰先生为副主任委员,特此通知,即希查照。

---

① 原档案各公司均加盖印章。

② 本节为函文正文。

附:委员名单一份。

上海市推销一九五五年国家经济建设公债委员会工商界总分会启

一九五五年三月十六日发文　联推工(55)号字第二○○三号

上海市推销一九五五年国家经济建设公债委员会
工商界总分会毛纺织工业分会委员名单

主任委员:唐君远

副主任委员:陈元钦　刘念智　许鹤汀　孙同钰

委员:方毓慈　王才甫　王乐水　包鞠庭　朱学义　沈辑丞　孙　琦

　　　袁惠庆　高士愚　张履生　陆梓樵　陈永利　陈星文　陈紫帆

　　　项荣宝　黄盛昶　黄锦篆　杨立人　葛兴江　钱锦堂　萧学镛

(上海市档案馆,档号:S31-4-128-75)

中共上海市纺织工业局委员会提高唐君远工资的通知

(1990年4月9日)

中共上海市毛麻行业工作委员会:

　　接中共上海市委组织部沪委组(90)发字第50号文通知,唐君远同志的工资额由512.24元升为562.24元,(另发副食品补贴、行政经费节支奖各5元)。

　　根据市人民政府办公厅沪府办发(89)23号文的规定,升级增资时间,从1988年10月1日起执行。

　　特此通知。

上海市纺织工业局干部处

一九九○年四月九日

(上海市档案馆,档号:B134-8-1265-52)

五、企业与社会

女界加入无锡学会

（1922 年 4 月 30 日）

无锡学会，自筹备以来，进行颇见顺利，并已推举至四十余队，该会近又得裴蕴琪女士为队长，专以征求女界同志，闻唐、朱、石、冯诸君颇表赞同，并悉凡女界欲加入者，可径函圣公会裴女士处接洽，男界有志加入者，可径函惠商桥丽新厂唐增源、辅仁中学朱树卓、普仁医院吴亮、申报分馆石清麟、上海宝隆医院周绪君等处索取简章，以期会务之发展云。

（《申报》，1922 年 4 月 30 日，第 11 版）

无锡协会选定理事

（1922 年 7 月 17 日）

无锡协会，自十二日起至十五日止，接到各地选举函件百余封，十六日下午三时，在县教育会开会，届时共到会员约八十人，公推唐君远为主席，报告经过情形毕，即开票。结果：周含茹、唐增源、石清麟、冯国钧、过持志、廉谏钟均当选为理事，朱树卓、唐发源、王实恨均当选为候补理事。主席即报告推举书记及会计员。经众讨论，暂举冯国钧为书记员，唐增源为会计员，议毕散会。

（《申报》，1922 年 7 月 17 日，第 11 版）

参观实业观摩会记

（1922 年 10 月 13 日）

实业观摩会，此次为第三次开会，原名工业观摩会，因扩充其范围，改名为直隶实业观摩会，纯以比较成绩，督促进步为主旨。故该会搜集直省各项出品，到会陈列。且征各省各国之工艺品陈列，借以参考。该会提倡实业之热忱，可以概见矣。兹将此次会中最堪注意者，分志于下：

特色之出品：该会特色之出品，为云南商品陈列所出品之各种茶叶、药材等。无锡绣工会，及中西刺绣女学之绣件，无锡丽新机器棉织公司之丝光线、提花绸缎，南通大生织物公司之线毯，上海中国蓄电厂之蓄电池，上海江南造船所之机器图，杭州张小泉之仿西式各种剪刀，南通军山气象台之测候用具，北京印铸局之各式印钮铜章，北京各画家之图画，北京财政部印刷局之西法油画，北京中央公园之全园一览图，天津北洋大学之矿山样型，第一师范出品之管弦乐器等，均为此次之特色云。（后略）

（《大公报（天津版）》，1922 年 10 月 13 日，第 10 版）

中华国货维持会议决案

（1925 年 8 月 30 日）

中华国货维持会，于前日开评议常会，汪星一主席，决议案如下：（一）大丰原料公司运椰子油被扣，请证明案，决俟调查后再行证明。（二）鸿兴厂编刊国货大观，请题辞，决照准。（三）上海总商会商品陈列所来函，据南洋侨商乐永祥，函请征求国货货样，决函复，述明客岁乐君经办国货，尚未结束情形，此时未便征集。（四）本埠鸿大制罐厂徐宾南函请介绍各种改良铁罐出品，决代介绍。（五）本埠总商会函送实业布告，为省垣第三次展览会事。又宝山县征集员徐春荣,函请征集物品案,决保留,待十三日大会公议办法。(六)恭送王前会长太封翁祭礼,会中已备谍词,俟大会时再征询诸同志,公送祭品。(七)温州学生救国会,函请调查某牌人造丝,决复函非国货,未便调查。(八)扬州第五师范沪案后援会,函请介绍出品,决请根据国货调查录目,向各工厂直接函征。(九)庞会长介绍嘉沪烟草公司入会,决欢迎。(十)镇江学生会,函请调查中法药房经售之肥儿代乳粉,决容调查明确再复。(十一)会员耀明桅灯,函请登报介绍出品,决准所请登报提倡。(十二)黄五云君介绍民生工厂出品国货,墨请提倡,决容调查后再办。(十三)本埠国货汇报,函请维持月助,并介绍广告,决准代介绍。(十四)青浦县陈广辰乡各界五卅后援会,请调查中南牌、双美人牌香烟,决调查再复。(十五)公和来号沈君介绍无锡丽新染织公司加入本会,决准加入。(十六)本埠戈登路史鹤记机器厂,请为提倡,查该厂制造各种新式机器,及零星机件,均称精良。近又新造改良卷烟机器,并连带各机全备,制品精巧,出货迅捷,所出烟数,较之舶来品,不相轩轾,决当通知华商烟公司一致提倡云。

(《申报》,1925 年 8 月 30 日,第 15 版)

唐君远参观民丰纱厂*

(1932 年)

无锡美恒纺织公司经理朱公权先生,丽新纺织漂染厂厂长唐增源先生、总工程师沈卓民先生、副工程师陈玉夫先生,于本月十八日往常州参观民丰纱厂,颇见赞许。

(《纺织周刊》,1932 年第 2 卷第 46 期)

中国纺织学会二届年会

（1932 年 6 月 20 日）

到各地会员二百余人，在梅园秋丹阁开会。今日招待程序排定，游鼋头渚、蠡园、小箕山；程敬堂、荣德生昨在惠山公园梅园设宴款待。

学会组织

中国纺织学会，为全国纺织学家所组织，于民国十九年开成立大会，成立迄今，已有三年。现有会员三百七十四人，大都为全国各纺织厂之工程师及职员，以其业余之暇，作改良纺织事业之研究。全国纺织学界之最大集团，其组织概况：会员分为五种：一、正会员；二、仲会员；三、学生会员；四、特别会员；五、名誉会员。推举执行委员、组织执行委员会、执行干部，内分总务、会计、研究、编辑、审查、介绍六组。该会会址设上海华商纱厂联合会内。

本届年会

纺织学会成立后即定每年开大会一次，一以谋推进会务，一以谋会员间之相互联络，今年为第二届年会。上届开会于上海，当定本届年会开会于无锡，本邑会员约有五十余人，为筹备招待起见，事先曾组织筹备处，推举汪孚礼、郑翔德等七人为筹备委员，故招待日程及会场设备等均布置异常精密。

会员到锡

学会会员共计三百余人，惟以大都散处各地，服务于各纺织厂，如汉口、武昌、平、津、河南一带，途远者均不能同昨毕集，故实际能参加者只有沪、锡、南通、苏州、常州、萧山、宁波等处会员。昨日报到者计上海五十余人，南通、苏州、常州、萧山、宁波等处四十余人。

莅站欢迎

沪方会员原定于昨晨在沪乘头班车来锡，约可于十时许抵锡站，本邑一般欢迎人员至十时均已鹄候车站，欢迎人员计有全体筹备委员，本邑各纱厂申新、振新、广勤、业勤、丽新、庆丰、豫康等代表，暨各厂工会代表，并有广勤军乐队一队到站欢迎，振新纱厂则赠红黄绸欢迎纪念旗二面，花篮二只。等候久久，至十二时，火车始姗姗而来，一时军乐声大作，欢迎者咸冒雨在车站台脱帽迎接，火车入站后，沪会员朱仙舫、黄炳奎等均含笑下车，一一握手，各道辛苦，旋即分乘汽车赴丽新纱厂参观。当由该厂程敬堂、唐增元[源]招待，领赴各部参观，观者均啧啧称羡，叹其设备之完善，参观至二时，遂由丽新在惠山公园，备置西餐，宴请到锡会员，席间由丽新厂长唐增源致欢迎词并报告丽新添办纱绽[锭]一经过，当由纺织学会会员公推朱仙舫致答辞，直至四时半始散。遂稍事休息，六时乃分乘汽车驶赴梅园，复由梅园主人荣德生设宴款待，七时许席散，八时遂举行正式会议。各会员齐集梅园秋丹阁，计到一百四十人（名单从略）。会议情形如下：一、宣布开会；二、公推主席团，推定朱仙舫、汪孚礼、王子宿等三人；三、全体肃立；四、向党国旗及总理遗[像]行最敬礼；五、恭读总理遗嘱；六、静默；七、主席团代表朱仙舫，致开会词，并报告一年来经过情形；八、筹备委员会，委员汪孚礼，报告大会筹备经过情形；九、来宾演说者，有荣德生、荣尔仁、薛明剑、唐熊源等；十、报告会务及收支状况；十一、讨论会务；十二、改选职员；十三、选读论文；十四、休息。

大会职员

大会开幕时，事前推定职员多人，名单如下：筹备兼事务汪孚礼，招待股长骆仰山，招待员黄信□、钱昌天、李南璋、张佩苍，庶务股长沈卓民，庶务员祝枚光、黄晓光。

重要提案

大会开会时，各会员提出议案甚多，兹择其重要者采录如下：一、执委会□议，推进棉业计划书，请大会□过向政府建议；二、会员桂澄提议，本会另行出版□物案；三、决定明年年会地址案；四、会员王子宿提议，出席年会会员，请本会转请各厂勿予扣薪案。

今日程序

今日程序现定晨七时，由梅园乘汽车，赴小箕山，赏览朝景，随乘画舫，赴鼋头渚，应广勤纱厂厂主杨翰西先生之约，用早点并游览，上船，开赴□园，游览毕，登船午餐，由无锡全体会员招待。下午随船赴申新第三纺织厂，及华新丝厂参观，六时许，船抵工运桥，舍舟登陆，齐至新世界旅社。□□无锡纺织厂联合会之晚宴，八时由无锡全体会员欢送外埠会员，至车站，握别散会。

（《人报（无锡）》，1932 年 6 月 20 日，第 2 版）

青岛工业考察团参观完毕定今晚赴京，昨晚观光丽新、庆丰、广勤等处，今日参观华新、允利，毕后赴京

（1934年5月30日）

青岛工业考察团，为考察苏省工业区域工业概况起见，于本月十五日由青岛南下，首抵沪上，考察上海各大工厂，计凡十二日，备受沪上各大工商团热烈欢迎，兹以在沪考察完竣，于前晚六时半抵锡，本邑□商□除先电沪欢迎外，特派员到站迎迓，下车即往铁路饭店休憩。晚由县商会代表欢宴该团于新世界西餐室，记者特往访问，详情已志本报，兹将该团昨日参观情形于后。

昨日参观

该团预定在锡勾留二天，昨日上午九时与县商会招待人员先赴广勤区参观庆丰纱厂，当由该厂经理唐星海君招待，领导参观，毕后即赴广勤纱厂参观。时将及午，当由该厂主任杨寿楣宴请该团于胥乐公园，觥筹交错，极尽宾主之欢。下午即赴丽新纺织厂参观后，顺道惠山游览，购泥人甚多，回来至九丰面粉厂参观，回旅馆休息，已万家灯火矣。昨晚由该团团员程景周宴客，除该团全体团员外，列席者有严县长及县商会诸执委，至晚十时，始尽欢而散。

变更顺序

至于今日参观顺序，略有更换，于今晨九时即出发参观，先至南门华新丝厂，毕后即乘汽艇赴蠡园、鼋头渚等处游览。是午有面粉厂同业公会，纺织厂同业公会，丝厂同业公会宴请该团于鼋渚广福寺，下午赴城至西门外允利石粉厂参观，毕后返城，由本邑严县长及县公安局、县教育局宴请，当晚乘车赴首都参观，约勾留二日，即赴济南参观，转返青岛。

归后计划

昨晚承该团团长战警堂君及易墉傲君，董志道君，接谈良久。据谈昨日参观，印象特佳，尤于丽新纺织厂最为称道，因在中国纺织厂连有印染者，只寥寥数家，而该厂则设备多周也。庆丰之机械精良及广勤之管理得法，亦极称赞。该团此次考察完毕返青后，就考察之所得，先开设小资本之工厂，若有力不逮

者,并请内地资本家投资,董志道君并已于罐头食物厂拟有计划云。

(《人报(无锡)》,1934 年 5 月 30 日,第 2 版)

丽新厂反对建筑戏院,镇长证明改作住房

(1936 年 1 月 17 日)

惠河镇镇长朱少泉,近欲振兴市面,于惠商桥后祈街口,开设戏院,附近丽新纺织漂染整理公司,以戏院为消遣空闲阶级之一所,假在工业区域设立戏院,致数千工人,荒废工作,寖成游手好闲。且年轻女工,意志薄弱,易受诱惑,地痞流氓,混迹其间,尤易滋生事端,实于地方风化安宁秩序,在在均有莫大关系。前日特将情具呈县府,严行禁止。县府据呈后,特令饬建设局会同公安局查明取缔。兹悉镇长朱少泉,昨特自行投至建设局报称,所建房屋,决遵令不再开设戏院,改作住房,同时备函存案,负责证明云。

(《人报(无锡)》,1936 年 1 月 17 日,第 2 版)

青岛工业参观团抵锡参观丽新布厂

(1936 年 2 月 8 日)

青岛市社会局,为调查京沪各地工厂之工业卫生、人事管理、工人福利,以及各项设施,借资攻错起见,特派该局第二科陈克曜,偕同青市各厂经理技师王守则、关锡斌、周子西、孙恩庆、陈之翰、徐镰、姚均和、李士奎等九人,组织青市工业安全卫生观摩团,于前日由京抵锡,寓新世界旅社,由团长王守则访晤陇县长,通知各厂。昨日参观申新纱厂、丽新布厂、华新丝厂、工艺机器厂,今日参观利用造纸厂,今晚赴沪。

(《申报》,1936 年 2 月 8 日,第 9 版)

华北纱厂业来锡参观

（1936 年 5 月 9 日）

华北纱业参观团，系由卫辉华纱厂董亨衢、陈佩齐，山西石家庄大兴纱厂汪文竹，榆次晋华纱厂刘持钧，河南郑州豫丰纱厂严庆祥、李乃律，暨山西太原中国银行行长张鸣岗等所组织，一行共二十余人，来苏参观丝纱面粉等各实业工厂。先在上海稍事勾留，由华商纱厂联合会瞿心耕陪同赴苏，参观苏纶纱厂，于前日来锡寓居新世界旅社，旋由棉纺织业公会派员陪赴丽新、庆丰两纺织漂染整理厂参观，并游览惠山。而常州纺织业之江上达、刘国钧等，亦闻讯来锡会晤。晚间由锡纺织业领袖蔡缄三、程敬堂在迎宾楼招待。昨日上午参观申新三厂，并游览太湖，今晨由江上达等陪赴常州，参观大成、民丰两纱厂，明日返沪北上。

（《申报》,1936 年 5 月 9 日,第 10 版）

北大工学院纺织参观团来锡

（1936 年 7 月 12 日）

北平大学工学院纺织工程系学生组织之国内纺织事业参观团，一行十二人，由教师崔石田率领，于昨日下午由杭抵锡，下榻新世界及无锡饭店。记者往访，据崔君谈，该团于上月二十五日出发，由北平至南京，由南京上海，由上海而杭州，由杭转无锡，目的为考察国内纺织工业状况。预定行程半月，但事实已不能依计划而行，在无锡将有两日勾留，预定参观者为申新三厂、丽新布厂、协新毛织厂等处，并拟参观一规模较大之丝厂。记者当询各地考察后有无感想，据谈国内纺织业，出品方面，年来颇有进步，对工友管理亦渐臻科学化，惟国内外货充斥,市场被夺,营业方面,不无相当影响,但以各种工业作比较,当以纺织业最有希望。切盼全国一致,抵抗外来侵略,庶国内工业有发扬光[大]之地位云。闻该团将继赴济南考察后再返平云。

(《人报(无锡)》,1936 年 7 月 12 日,第 2 版)

毛绒纺织业组织全国联合会

(1936 年 7 月 28 日)

本埠毛绒纺织厂同业,前因感于外货压迫,且走私日形猖獗,实有团结对外之必要,爰由章华等厂发起组织全国毛绒纺织联合会,业经筹备多月,特于二十六日下午三时,假座香港路银行俱乐部五楼,开第一次代表会议,到天津东亚、仁立,无锡协新,本埠章华、安乐、振兴,上海等各厂,首由筹备会主任程年彭君报告筹备及呈请市党部核准备案情形,旋由各代表决定名称为中华全国毛纺织厂联合会,并讨论章程,计共通过十八条。即根据章程第九条,推出理事刘缉堂、赵子贞、陈奇恩、顾锡元、程年彭、唐斌安、邓仲和等七人,组织理事部,并互推程年彭君为理事长。散会时,已六时十分,并闻是日外埠未及到会之各厂,尚须去函欢迎其加入,并照章续推理事。

(《申报》,1936 年 7 月 28 日,第 13 版)

扩大援绥运动

(1936 年 11 月 24 日)

本邑县商会,为发起慰劳绥远作战将士起见,于昨日召集各机关团体学校代表开会,协商扩大援绥运动。主席钱孙卿,议决:一、扩大组织一日贡献倡导委员会,集中意志,增厚力量。二、集中全县援绥捐款,统盘支配,汇寄绥远抗敌将士。三、由县党部负责拟就办法,定期召集各界切实实行。又丽新布厂及全体职员工友,愿以一日所得二千八百八十七元一角八分,贡献国家,聊尽国民天职。又锡澄长途汽车公司,认捐二百余元,制酒业一百元,浙盐总栈一百二十三元,悉数慰劳将士。

(《申报》,1936 年 11 月 24 日,第 8 版)

经济调查团参观丽新厂*

(1937 年 3 月 18 日)

京沪、沪杭甬两路管理局,为启发各地国民经济,繁荣铁路货运业务,特遵令组织两路沿线经济调查团,分赴沿线各埠调查。该团一行六人,由团长吕伟彦率领,于十五日晚来锡,十七日起分赴申新、茂新、丽新、庆丰、永泰各大工厂,暨县商会等各工商团体参观,在锡尚有一二日之勾留,事毕即将赴江阴、宜兴。(十七日)

(《大公报(上海版)》,1937 年 3 月 18 日,第 10 版)

青岛工业观摩团今日起参观工厂

(1937 年 5 月 28 日)

预定日程六月四日为止,事毕再赴杭、嘉等处观摩

中华工业联合会青岛分会组织之工业观摩团九人,由团长郭次璋率领,于本月十八日由青乘车出发,历经济南、南京、无锡等处,前晚九时抵沪。该团拟在沪逗留六十日,即赴杭、嘉等地观摩工业情形,然后返青。兹志详情如下:

参观日程

该团在沪参观日程,二十八日上午八时,中国亚浦耳电器厂;九时,中国工业炼气公司;十时,康元制罐厂;十一时,华成烟草公司;下午二时,中国化学工业社;三时半,天原电化厂;四时半,天利淡气厂;六时半,中华工业总联合会宴。二十九日上午八时,仁丰染织厂;九时半,五和织造厂;十时,景纶衫袜厂;下午二时,三新染织厂;三时,中华铁工厂;四时,裕人针织厂。三十日(例假休息)。三十一日上午八时,大中华橡胶厂;九时半,五洲固本厂;十一时天翔驼绒织造厂;下午二时,中国内衣织染厂;三时安乐棉毛纺织厂;四时,华安颜料化学厂。六月一日上午八时,商务印书馆;十时,光明热水瓶厂;十一时半,锦华线厂;下午二时,夏光酒精厂;四时,中南棉毛织造厂。二日上午八时,中华第一针织厂九时,新发明拉绒厂;十一时,中孚绢丝厂;下午二时,中华书局;三时半,大中华赛璐珞厂;四时半,云锦织造厂;五时,大纬印染织造厂。三日上午八时,经纬明记纺织厂;九时半,中国毛绒纺织厂;十时半,复兴宽紧带厂;十一时,大同染织整理工厂;下午二时,达丰染织厂;三时半,江南造纸厂;五时半,亚光电木厂。四日上午八时,美亚织绸厂;九时半,天厨味精厂;十时半,鸿大线球厂;下午二时,大隆机器厂;三时半,国民帆布织造厂;四时半,美龙香料药品厂。

团长谈话

新声社记者,昨往访该团团长郭次璋。据谈,本团共九人,自十八日由青乘车出发,过济南而至南京。该处工业,甚为发达,吾人曾至工业试验所、中央农业试验所,及水利化学工业公司,至无锡则参观丽新染织厂、工艺铁工厂、庆丰纺织公司、利用造纸厂,以上诸厂,规模均甚伟大,其中尤以水利化学工业公司,人才设备,资本均臻上乘,出品硫酸锌[①]。无锡如丽新染织厂设备亦颇端整,其机器均系新式,出品亦甚精良,吾人参观时,系由实业部与商会派员领导,故甚感便利云。

(《申报》,1937年5月28日,第9版)

------

① "硫酸锌"为化学肥料之一种。

丽新、协新各厂组义勇警察队，明日起入队服务

（1937 年 8 月 22 日）

本邑丽新布厂厂长唐君远，为养成该厂职员有服务社会之习惯，特联合协新、丽华二厂，向县警察局接洽，成立义勇警察队一分队，计二十人，均系三厂职员志愿参加，由李石安、陶残萤任正、副队长。现已编制就绪，警察局张局长极为嘉许，俟成立后，拟亲临训练，并指示服务方针。又丽新厂内所设防护团，亦经筹备完成，内分警备、消防、救护三大队，由全厂员工参加，并由人事科主任李石安任正团长，事业部及原动部主任李惕平、吴式梓任副团长云。（教育社）

（《人报（无锡）》，1937 年 8 月 22 日，第 2 版）

响应《节省宴会公约》

（1943 年 6 月 18 日）

缪秋笙先生（中华全国基督教协进会）表示赞同参加。并补充意见：一、请柬上时间，应用准确钟点，不用有伸缩性之"午刻""申刻"等。二、宾客赴宴，必须准时，否则预先声明，以免无谓久候。

许元方先生（交通银行）表示愿意参加，共同遵守。

缪天行先生（永兴地产公司）表示节省公约各点，已为数年来之素行，自应赞同，并谋推进。

黄雨斋先生（汇中银行）表示赞同，并谓宴会向由家庖治馔，不叫馆食，一则清洁卫生，二则节省糜费。

张孟炤先生（孔圣学会）表示赞成。

邹颂丹先生（丽新纺织公司）表示赞同，宴会中最矛盾者，莫如庆祝寿诞，大

张筵宴,因欲延自己之寿,而大开杀戒。

龚飏生先生(茂丰棉布号)表示赞成。

（《申报》,1943 年 6 月 18 日,第 4 版）

慈善园游会昨代收捐款

（1943 年 10 月 21 日）

慈善园游会,昨日本报代收捐款列下:邵太太三千元,谢文葵一千二百元,史明明、虞氏、朱福田、杨惺华各一千元,朱庆曾、任筱珊、周志俊、姚仲拔、杨树丰、唐蔚文、唐君远各八百元……共收二万八千七百元,连同上日收到二十九万二千四百五十元,两共合计三十二万一千一百五十元正。

（《申报》,1943 年 10 月 21 日,第 3 版）

无锡筹建大规模医院

（1946 年 1 月 12 日）

旅渝邑人吴敬恒、徐祖善、丁锦等诸氏,为关怀桑梓福利,依照中央卫生署之计划,特提议在锡建设二百五十张病床之公立医院,开办时之器材、药品,均由联合国善后救济总署供给。总署公共卫生处专员强森(美籍),昨由苏来锡,由普仁医院院长杨四箴,陪赴北外社桥头,前日本陆军病院视察,认为可作公立医院之用。惟该地系华绎之所有,拟请政府给价收买,如进行顺利,在短期内,即可完成。今晨并由县长陪同强氏视察丽新等五纱厂,以便统筹救济,至民间救济,城区需要百分之五,乡区约百分之二十。

（《申报》,1946 年 1 月 12 日,第 2 版）

旅沪同乡尊师热，慨捐国币百万元

（1946 年 7 月 2 日）

徐县长为协助本邑尊师运动募款，前特函致旅沪同乡会，向在沪同乡人士劝募。兹悉昨已接到旅沪邑人程敬堂、唐君远二君覆函，并函附尊师捐资百万元，兹将原函录志于后：

渊公县长勋鉴，澄锡唇齿之邦，风土人情相同，公以蓉城之英才，出长下邑，宜其数月布政，已使舆论翕然，来暮之歌，古今同之，弟等旅食沪滨，未效竹马之迎，殊深歉疚，乃蒙华翰□颁，奖□逾分，愧不敢承，至教育为储才之本，尊师义不容辞，惟运来各方筹募捐款，纷至沓来，乞邻而与，早成弩末，再向咨齿恐蹈竭泽之□，兹由弟等自捐百万，勉副雅命，不周之处，统希亮察为荷。专肃，敬颂公绥，附呈法币一百万元正，治愚弟程敬堂、唐君远顿首。卅五·六·二九。

程敬堂、唐君远昨函覆徐县长。

（《锡报》，1946 年 7 月 2 日，第 2 版）

丽新厂等恢复消防

（1946 年 12 月 17 日）

本邑惠商桥北道丽新路一带，战前向有消防组织，内部异常健全，设备亦极完善，队员悉系各厂青年员工，故凡遇附近火警，辄能踊跃赴救，造福地方，实非浅鲜。抗战期间，各厂停顿，原有消防设备，散失无遗，最近丽新、协新、丽华等厂，鉴于该处地段偏僻，消防组织，亟须恢复，爰于本月初凑集巨资，购置机龙，以及各项应用器具，并推定丽新厂厂长张佩苍，协新厂厂长朱文沅，及各厂工程师积极筹备，估计在短期内，即可成立云。（工讯社）

（《江苏民报》，1946 年 12 月 17 日，第 3 版）

昌兴公司支持东吴大学学生实习的有关函件*

（1947 年 7 月 5 日）

六丁字一一八三号

径启者,兹接东吴大学校长杨永清先生来函,以该校化学系三年级学生十余人照章应于暑期中分赴各厂印染部实习,请代为分别介绍,云云,学生实地学习培养,培植专才,定邀赞助,兹拟介绍该系学生二人至贵厂实习。如荷赞同,即希惠予见复,俾便转知该校,将学生履历开具送请察核为荷。

此致昌兴纱厂。

奚玉书谨启

径复者,接奉大函介绍东吴大学化学系三年级学生二人来敝公司印染厂实习,事关学生实地学习,重以尊嘱,自应照办,惟学生来厂实习期间务须遵守厂规,并得由厂随时通知停止实习,特为声明,敬希查照转知为荷。

此致奚玉书先生。

昌兴纺织印染股份有限公司谨启
卅六年七月五日

（上海市档案馆,档号:Q195 - 1 - 401）

中国纺织学会学术组旅行参观团参观丽新厂

（1948 年 4 月 19 日）

中国纺织学会学术组旅行参观团,定于五月一日分三组赴外埠参观旅行。第一组赴杭州,参观杭州及杭州等纱厂,费用暂定四百万元,三日晚回申;第二组赴无锡,参观庆丰、丽新、振兴及申新纱厂等,费用三百万元;第三组赴苏州,参观苏伦[纶]纱厂,费用二百五十万元。第二、三组二日晚回申。名额每组四十人,汉口路九十三号报名。

丽新公司为抗美援朝战士捐赠棉衣函一则*

(1951 年 1 月 31 日)①

棉纺(57)第○○四六号

径启者,关于慰劳援朝志愿部队和朝鲜人民军以及救济朝鲜难民慰问金,根据本月二十七日执监委员联席临时会议暨各小组会议,席上各代表认定以及本会向各厂分别接洽认捐之数目。

贵厂认捐为叁仟万元,兹将检奉认捐单一纸,即请即日填写盖章送会,又缴款办法业经本会向和大分会了解,奉告如次:

一、捐款由各厂径送人民银行,立取收据,不由本会转交;

二、缴款后请即凭人民银行收据向本会领回认捐单;

三、缴款何日开始,俟得和大分会通知后,再行奉达。

以上各节,并希查照为荷。

此致丽新纱厂。

附:空白认捐单一份。

上海市棉纺织工业同业公会筹备会启

一月卅一日

(上海市档案馆,档号:Q195 - 1 - 447)

---

① 原档案并未标注具体年份,编者根据原档案前后文及"上海市棉纺织工业同业公会筹备会"字样推断其具体年份为 1951 年。

丽新公司援助抗美援朝捐款单一则*

（1951 年 9 月 28 日）

上海市工商界
抗美援朝武器捐款缴款单①

业别：棉纺织工业

户名	丽新纺织印染整理股份有限公司	详细地址	上海江西路三和里 49—51 号
本户兹送上人民币（大写）叁亿元整加贰亿元正共伍亿元圆整，请收入本同业捐款专户帐并转汇抗美援朝总会为荷。 （￥500,000,000.00） 捐款人盖章 （厂商或私人） 1951 年 9 月 28 日			
指定缴款银行	代收银行盖章		

（上海市档案馆，档号：Q195 - 1 - 603）

---

① 本表为编者依据原档案重新绘制，仅展示主要内容，其空白部分略。

关于唐君远等五人应沪港经济发展协会
香港协会邀请赴港访问的报告

（1987 年 9 月 3 日）

文件处理单①

来文单位：沪港经济发展协会	日期：1987 年 9 月 3 日
事由	关于唐君远等五人应沪港经济发展协会香港协会邀请赴港访问的报告
处理意见	请任权同志阅示，将□□阅办。　　　　陈　　3/9 请外经贸委根据中央(87)21 号文件规定和沪港协会工作情况，□□并提出意见，□出□报批□续报批。　　　　杨堤　9.5 请外事处阅后，□出意见。　　　　陈□　9.9

统战部　　沈晓琳

市委统战部并报市委杨堤同志：

今年正值沪港双方协会成立三周年，香港协会唐翔千会长和香港贸发局黄伟豪先生分别来函邀请我会名誉会长、会长等八位同志赴港访问。

我会近年来的工作，主要是促进沪港三资企业的发展，拟直接听取部分三资企业港方负责人的意见和建议，并与香港贸发局研究沪港中小企业的进一步合作问题，双方协会还需要共同研究如何编纂《沪港经济手册》问题。

因此，我会拟五人应邀于 10 月份去香港访问半个月。因刘靖基同志（会长）、郭秀珍同志（副会长）另有事安排，任百尊同志（副会长）健康关系均不能前往。五人中唐君远同志（名誉会长）、徐鹏飞同志（副会长）持有回港证，不需办理出境手续，因此只有张承宗、马祖芳（副总干事）、臧汉良（办公室副主任）三同志需要报批。此次出访不组团，由名誉会长张承宗同志率领，作为两地协会负责人的业务性的工作交往。

在港费用全部由港方协会负责。

---

① 本表为编者根据原文绘制。

以上报告,请予同意,并请批交市政府外经贸委。

　　此致

敬礼!

　　附件二份(正本)。

沪港经济发展协会

1987 年 9 月 2 日

(上海市档案馆,档号:A33 - 7 - 1086 - 117)

六、企业与职工

丽新染织整理公司招收工场艺徒

（1923 年 11 月 11 日）

名额五名，年龄十四岁至十七岁以内，程度贫苦子弟，粗识文字。期限：学艺以三年为满，并须在本厂工作三年，由厂给以相当工资，报名须本人亲自来厂，随到随考，额满不收。

《无锡新报》，1923 年 11 月 11 日，第 1 版）

丽新染织厂之近闻：开办补习夜校

（1924 年 3 月 12 日）

光复门外通惠路惠商桥下丽新染织整理公司，总董唐骧廷、经理程敬堂、总管王钰泉、稽查程颂嘉、机器部主任唐增源等，因见全厂练习生虽多，然缺乏良好学问，特在厂中设立补习夜校，授以普通科[课]程，以便造就人才，不日即须开课云。

（《新无锡》，1924 年 3 月 12 日，第 3 版）

丽新厂停工纠纷

（1927 年 4 月 1 日）

工人结对赴军政治部请愿　染布副主任游街　总工会之调停

吴桥下丽新染织厂，开办迄今已历八载，内有工人八百余人，昨忽发生风潮，染布间副主任朱斌钊被获游街，兹将详情分纪如下：

停工之原因：该厂在战事以后，原料颇感缺乏，厂方不得已暂行停工。前日将存工及工资完全算付与工人，同时并嘱各工人安心回家，一俟原料购得，即当继续开工。各工人以厂方不能自由停工，一致反对，最后要求厂方如真正原料不到而出于停工，则工人情愿不受工资，但要求发付饭钱，而厂方不允，于是工潮遂起。

工人开会情形：昨日下午三时，丽新工人因厂方态度坚决，如何应付，亟待讨论，即于新成立之职工联合会内开工人会议，到者二百余人。议决办法三种：（一）结队游行，演讲工潮之真相。（二）请愿十四军军政治部。（三）打倒资本家走狗朱斌钊。议毕，遂整队出发，维时丽新染布间副主任朱斌钊（按：朱为西门外棉花巷人）适由厂中外出，被工人撞见，即行扭住（闻朱在平日压迫工人，致为工人□恨），逼令随同出发游行。

游行时之状况：二百余工人在丽新路整队出发，先导有丽新织工联合会之大旗帜，两旁由纠察队维持秩序，循通惠路而至大洋桥，沿途高呼"打倒资本家走狗朱斌钊"口号，复由马路进光复门，直达三师范，民众立于沿途观者甚多云。

军政治部之请愿：各工人至三师范后，即派吴克仁代表谒见政治部主任，并袖出请愿书一通，其原文云：国民革命军第十四军政治部。我们受帝国主义军阀、官僚、土豪、劣绅、资本家层层压迫，生趣全无的工友们，如旱望雨的希望国民军到来，在青天白日之下得到一个解放，数日来在旗帜飞扬，兴高采烈四五万同胞的欢迎声中朝夕盼望（拥护工农利益）的国民革命军果然来了，从此可以拨云雾而见天日，魑魅魍魉销声匿迹，但是最凄惨而不幸的工友们还是黑暗而可怜，我们很诚恳地提出减少工作时间、改良待遇、增加工资，最低而最必要的条件向资本家要求，请他们容纳，但是非特没有答复，并且屏弃我们工友，张牙舞爪使我们无工作，无地容身，三餐无着，迫得我们无法可想，忍无可忍。我们只得列队前来，请贵政治部作主，为工人请命，为工人设法。当由政治部教育股股长谭棻氏出而接见，吴代表即陈述丽新自由停工之实况，工人最低之要求，谭股长当谓此事第一步最好由工会出而仲裁，如总工会调停无效，即由政治部用适宜的方法以解决之。工人代表认为极是，即退出，报告众工人，于是遂折而至总工会。

总工会之调停：工人结队至总工会时，由委员长秦起、秘书张人杰二君询问原因后，丽新工人即要求总工会加以援助，秦、张二君劝工人暂行回家，一面派宣传部主任安复与丽新厂方接洽，从事调停，结果如何，俟今日探悉再志。

（《新无锡》，1927 年 4 月 1 日，第 2 版）

丽新职工会近况：延聘医师，预防时疫

（1928 年 7 月 12 日）

吴桥下丽新布厂，自正式组织工会以来，颇能服从党义，上下团结，所选各部执监委员，亦多热心公益，切实办事，如创办夜校、增进工友知识、清洁道路、讲求卫生、开辟工友阅报休息所，以便工余阅读，种种有益工众之事，均已络续举办。最近以时届夏令，时疫流行，为谋工友身体生命之安康起见，由该会常务会之决议，特聘医师一人，担任临时治疗，及预防事宜。闻受聘者系本地名医许中和，时期为三个月，自六月初起，至八月底止，此事厂方以事关公益，经总经理赞许，补助经费之半数，协助其成云。

（《锡报》，1928 年 7 月 12 日，第 3 版）

丽新布厂优待工人

（1929 年 11 月 28 日）

丽新布厂为本邑最大之染织厂，资本雄厚，出品精良，工人达千余名，工作时间，平日自上午六时起至下午六时止，全天共十二小时，最近因拆装铁机，同时各地需要出品甚亟，不得不延长工作时间，以故一部分工人须工作至下午八时，始能出厂。厂中有工人陈汉银等十余名，晚间在民众教育院实验区所□民众学校内读书，放工过迟，妨碍学业，遂要求厂方提早一小时出厂，该厂唐总经理以工人能于工余专心补习学业，真属可嘉，允如所请，以

示优待云。

（《国民导报》，1929 年 11 月 28 日，第 3 版）

中央民运调查员调查丽新、广勤丝纱男女工状况

（1932 年 7 月 2 日）

中央民众运动指导委员会，特派陶寄天、金琳、朱震生等三君，来锡调查工人运动，及女工状况，业志昨日本报。兹悉陶寄天、金琳、朱震生三君到锡后，寓居无锡饭店三十九、四十号，稍事休息，即行分赴县党部、县政府接洽。昨日特由县党部派训练干事高祖羔，伴赴丽新、广勤等厂实地详细调查。询问丝纱男、女工人工作及生活状况，约作三四日之勾留，一待调查完毕，即行返京复命，绝不过问其他杂务云。

（《人报（无锡）》，1932 年 7 月 2 日，第 3 版）

丽新失窃布匹，工人有行窃嫌疑，扭入公安局讯办

（1932 年 8 月 27 日）

日前吴桥下丽新布厂，失去洋布三匹，实洋五十余元，当日在放工时，瞥见该厂工人季梅根，有窃布嫌疑，当将该工人扣住，送入公安第五分局讯办，由彭分局长假□审讯。季梅根否认偷窃，彭分局长核供后，命暂押一宵，移解总局核办。至昨日清晨，有第三者向该布厂疏通，请免于澈究，失去布匹愿照价赔偿大洋四十余元，一场风波，始告平息。

（《民报（无锡）》，1932 年 8 月 27 日，第 3 版）

无锡丽新托儿所之鸟瞰（李肇瀛）

（1933 年）

"托儿所"在中国，真是凤毛麟角；可是在这儿童的世纪里，实占着重要地位。不论是劳心或劳力的母亲，只要清晨把小孩向托儿所一送，可尽管安心地去办公或做工，到晚上再带回去。这乐园里的生活，很科学化，卫生化：既教他识字，又领他运动，比付托无智识的娘姨去照料，着实好得多。比较劳动者的儿女，锁在屋里的，那更不必说了。

来历

无锡丽新托儿所的父亲，是丽新纱厂；母亲是江苏省立教育学院。它是在十九年下半载，在无锡诞生的。它产生以后，工人们就得到了不少的利益，他们幼年的子女，可有很好的教养和健全的生活，父亲得专心从事于工作了。

组织

托儿所把寄托的儿童，分成两班，三岁以下的入婴儿班，三岁（至）六岁的入幼儿班。上午六时入所，下午六时出所；也可以女工工作时间长短为标准。厂内停工，就是他们的假期。

设备

它好像一个幼稚园，也有教室，也有运动场，也有恩物玩具，也有手巾面盆；但是它还多着一个寝室，有床五张，分上中下三层，这就是儿童在午饭后，在那里做"小宰予"的场所。

生活

每晨入所后，即教儿童洗脸漱口，然后举行健康检查，有病的送特约医生处诊治。上午有一课自然，教些普通的常识，接着就是户内自由活动，玩弄恩物，骑木马拍球……听到厂里的汽笛声，就是儿童午餐的号铃，儿童的食物是鲜牛乳和咸饼干。午饭后就是午睡的时间，下午的功课是工作和唱歌，有一次点心及一次户外的运动。六点钟工厂里散工了，母亲就来领儿童归去，儿童就向先生一鞠躬，喊保姆一声"明朝会"，跟着母亲快乐的归去了。

（《现代父母》，1933 年第 1 卷第 2 期）

丽新路工人实验教育区，下年度起迁至
南门民教馆内，丽新工友赠大银盾以表谢意

（1933 年 7 月 5 日）

社桥头省立教育学院有鉴于中国工人之迫切需要教育，爰于民国十九年九月间创设工人教育实验区一处于无锡丽新路，以作科学的实验工人教育之场所，迄今已届三载，成绩斐然可观，而其对于工人教育方法之探求，问题之发现，颇有所获。而于劳工生活之改进，尤有贡献。兹该区以实验效果，于原定之计划及教育目标已相当的达到，根据该区原定方针，自下年度起，应另划一工人教育实验之场所，在不同的环境之下进一步的从事于实验与研究工作，而获得理论上之参证，故决于七月一日起，将该区实验工作告一段落，并于七月十日以前迁移至该院南门实验民众教育馆内，开始计划筹设劳工新村，用另一种方式，继续作工人教育之实验。至于丽新路之工人教育事业，则由丽新厂负责，继续设施，并工友自动自治，该区仍负协助进行之责。又丽新路工友闻该区迁移之讯，以劳工失去导师，纷纷至该区挽留，甚有泣下与痛哭者，足见该区对于工友感情之深矣。而丽新纺织厂方面，亦以该区之设立，对于该厂工友，得益殊多，故特赠"民众导师"大银盾一座，以表谢意云。

（《民报（无锡）》，1933 年 7 月 5 日，第 3 版）

丽新纺织漂染整理公司招考练习生

（1934 年 7 月 26 日）

（一）名额：高级练习生四名，初级练习生五名；

（二）资格：高级生，高中毕业会试及格者；初级中生，初毕业（初级生，初中

毕业）。①

（三）考期：高级生八月一日，初级生八月八日。

（四）报名手续：简章可至惠商桥本厂及马路上总发行所索取。

（《锡报》，1934 年 7 月 26 日，第 1 版）

丽新纺织漂染整理公司录取练习生通知

（1934 年 8 月 16 日）

计录取初级生孙浩正、孙铭栋、陈雪荫、施汉栋、顾曾源五名，以上各生自通告日起，一星期内至本厂报到，填写志愿书，并将觅就之保证人征得本公司同意，填写保证书，于九月一日进厂练习，逾期不到，另行递补，特此通知。

（《人报（无锡）》，1934 年 8 月 16 日，第 1 版）

钟调查员发表之本邑劳工教育概况

（1935 年 3 月 7 日）

上年教育、实业两部，特派钟君灵秀，赴锡、沪一带，调查劳工教育概况，兹将钟君发表报告中，对于无锡各工厂自办之劳工教育报告一节，照录如左。

一、华新丝厂。该厂在无锡南门外十余里，厂址宽敞，建设完备，草地花木，布置清幽，工厂光线空气，均极充足。全厂有女工八百余人，均系十六七岁以上、三十岁以下之青年妇女，完全住宿厂内，衣服整洁，宿舍尤为整齐，较之一

----

① 原文为"初级中生初毕业"，疑似写错。

般女学校学生宿舍,有过之而无不及。每一宿舍,住女工十六人,其中有二人,已读书识字者为室长,其余十四人,不识字者,均归识字之室长教授读书,董其事者,另有训育主任一人。此外又有疗养室,为有病之劳工居住,有医师、医药室,为劳工医病,又有广大之运动场花园,为运动散步之所,统观该厂设备管理,均极得法,为工厂中不可多见者。

二、申新第三纺织厂。该厂规模宏大,现有工人三千余人,设有工人子女学校,有幼稚园及初小、高小各年级,学生完全为该厂工人子女。对于劳工本身,亦有各种选科,如识字、算术、音乐、编织、造花等,任工人自由选习一科。对于住宿厂内之工人,实施自治制度,分区分甲,并设有书报室、合作社等。工人宿舍,已甚陈旧,现一律改造翻修。关于工人之管理、待遇、教育各方面,备极注意,锐意改良,且延有热心之专员主持,前途极有希望。

三、丽新染织工厂。该厂规模虽不及申新三厂之大,然添建房屋不少,对于劳工教育,设有晚班、日班,及托儿所。但仅限于现在住宿内之工人,以饭厅为教室,特制上课、食饭两用之桌椅,既便利而又经济,殊为合算。

四、其他各工厂,以上工厂为比较有劳工教育之设施者,此外其他各厂,有以劳工教育为敷衍门面者;有因规模较小,竟未举办者;有因虽有计划,而尚未实行者,仍然在观望者,占之十之八九。

(《国民导报》,1935 年 3 月 7 日,第 3 版)

伊特曼等离锡赴平,昨赴申新、丽新等厂

(1936 年 5 月 8 日)

国际劳工局海外部部长伊特曼,于日前偕同中国分局长程海峰同往来锡,考察劳工状况。于昨日分赴申新三厂、华新丝厂、丽新布厂等处考察,伊氏等以急须赴平,故在锡不多作勾留,于昨晚即乘沪平通车离锡赴平云。

(《人报(无锡)》,1936 年 5 月 8 日,第 2 版)

丽新厂捐二千余元

（1936 年 11 月 23 日）

本邑丽新纺织染厂，全体职员、练习生一百五十六人，及工友二千四百九十四人，以一日所得薪工，一千四百四十三元五角九分，贡献国家。同时厂方以职工薪工所得一倍工资，贡献国家，两共合计二千八百八十七元一角八分，现已送缴倡导委员会指定之银行存储，并函复商会。又无锡盐公栈，全体职工，以一日所入之薪工二十三元，及栈方捐出一百元，贡献国家，该款现已存储上海银行，并致函复商会云。

（《人报（无锡）》，1936 年 11 月 23 日，第 2 版）

新布厂与旧纠纷：维新厂聘用丽新厂技师引起反响，印氏兄弟背信盗窃被公安局传讯

（1937 年 1 月 27 日）

近有东门外复兴纱厂已故经理张趾卿之公子张仲钧，暨巨商夏铁樵，及陶某蒋某，与镇江人黄兴国，武进人陈等某，联合发起集资卅万元，创办大规模之纺织印染整理厂，牌号定名曰"维新"，已在广勤路口购定某地，迁建厂屋，一俟明春工竣，即将正式开幕。据闻丽新纱厂印花部技师印月潭、印象兄弟二人，亦已受聘加入维新，担任印花部职务。惟丽新方面，近忽发觉本厂所有之印花秘密标本，被印氏兄弟于离场时私擅携去，认为攸关该厂营业前途，影响匪鲜，当于上星期日具函公安局，指报印氏兄弟有背信窃盗行为，请予拘案澈纠。张局长据报后翌日即派侦缉队长段起山，持票将该印氏兄弟二人传局，听候讯核。同日丽新厂经理人并召开全体董事监察临时紧急会议，报告本事件发生及处理经过，出席董事金以印氏兄弟，与该厂有契约拘束，本不能自由离职，今竟变本

加厉,出此叛厂举动,且将厂中重要物件私自带去,故会场空气,一时异常紧张,咸主按其所犯背信窃盗行为呈请主管官厅澈底报究,依法治以应得之罪,当经议定切实应付办法而散。

(《新无锡》,1937年1月27日,第2版)

丽新染织厂欢送技师印月潭

(1937年2月1日)

印氏兄弟辞意坚决,挽留无望,昨晚该厂假迎宾楼设筵欢送。

本邑惠商桥丽新纺织漂染整理公司,印花部技师印月潭、印象兄弟,近因另就新组织维新染织厂之聘,向厂方提出辞职,致厂方与印氏兄弟间发生误会,其情曾略纪本报。兹悉该厂与印氏兄弟间之误会,现已相互谅解,涣然冰释,惟印氏兄弟之辞意,仍甚坚决。该厂知挽留绝望,为表示和好起见,遂由厂长唐君远、李石安等诸君,暨印花部全体同人,于昨晚六时,假座城中迎宾楼,设筵欢送印氏兄弟,觥筹交错,宾主尽欢而散云。

(《新无锡》,1937年2月1日,第3版)

丽新纺织印染厂推广职工福利事业

(1937年2月15日)

本邑丽新纺织印染厂,近以出品畅销全国,业务颇为发达,该厂对于职工待遇,向极十分重视,本年度该厂当局为增加职工福利起见,特专设一职工福利事业部,商请县党部执委李惕平担任该部主任,从事计划一切设施。按李君向任本邑社会事业委员会主任委员,去岁曾应实业、教育两部担任无锡劳工教育实验区委员,对于改善劳工生活之各项设施,具有特殊经验与学识,并深感浓厚之兴趣,故现已应该厂当局之聘,开始计划各项设施。闻第一步计划,拟先从事整理该厂固有工友宿舍,设立一工友服务处,及职工保健处,务使工友生活臻于合理化,并创办一职工子弟学校,附设幼稚园,俟粗具规模后,尚拟添造新式工友宿舍,建筑一完备之职工医院,并推广工友储蓄贷款及合作事业,闻于职工子弟学校校舍系新建造,大约在本月二十日左右即可落成开学云。

(《国民导报》,1937 年 2 月 15 日,第 3 版)

丽华布厂焚毁后失业工友调赴丽新

(1937 年 2 月 23 日)

悬挂通告在门市部办理登记　廿一日起限三日内报到

城中映山河丽华布厂,突于本月十六日夜半失慎,厂屋全部焚毁,计损失机器、棉纱、布匹价值二十万元以上。该厂保有火险十一万,出事后业由保险公司及公正行来锡调查,各情已志本报。兹悉该厂当局,为谋救济全厂失业工友计,董事程敬堂、经理吴仲炳,于昨日在丽华门市部门首,悬挂通告,凡丽华摇纱、布机,两部分工友,调赴丽新路丽新三厂工作,限二十一日起三日内到丽华门市部报到登记,过期即作自愿放弃。又该厂原有工场部职员,亦分别设法另派工作云。

(《锡报》,1937 年 2 月 23 日,第 3 版)

丽新子弟学校扩充实现并附设幼稚园一所

(1937 年 3 月 11 日)

丽新纺织印染厂,为增进职工福利起见,特设福利事业部,计划一切设施。兹悉该部所办职工子弟学校,以新舍落成,又于日昨正式开学。该校规模甚大,先辟六教室,学生数已达二百八十名,并附设一规模完全之幼稚园,凡该厂职工子弟,一律免收学费,诚属工厂界之好消息。

(《国民导报》,1937 年 3 月 11 日,第 3 版)

丽新福利部努力工友教育

(1937 年 5 月 20 日)

本邑丽新纺织厂,为吾邑工厂之冠,对于职工福利,异常关怀。自今春聘请县党部委员李惕平担任福利部主任后,将原有职工子弟学校,改为完全小学,并改建工友宿舍,组织工友各项球类运动,创办卫生室,以及工友补习识字夜校、职工新生活运动、劳动团、歌咏团,并成立职工储蓄保险等处,现在均已筹备就绪。今晚七时半,并请省教育学院在该处开映第三次教育电影云。

(《国民导报》,1937 年 5 月 20 日,第 2 版)

要求改善待遇,丽新怠工风潮

(1937 年 6 月 7 日)

工友军警略有冲突旋即平息　县府调解商定办法今晨复工

昨晨丽新纺织漂染整理厂一部份女工,因要求改善待遇问题,发生怠工风潮,拂晓前即由厂方报告□署、县府及警察局,请求派遣军警维持,嗣由施专员与陇县长、张局长商定,分调大批保安队、警实[察]到厂严察秩序。当时工人方面,人众嘈杂,但并无代表人物,亦无具体主张。上午八时,陇县长即乘县府汽车,亲往丽新厂对工人训话,晓以劳资应有协作精神,如有正当要求,自可推定代表,至县府陈述意见,政府于合理范围内,当予合法调解,倘有越轨行为,政府为维持秩序计,惟有取断然处置。经反复劝导后,工人颇为感动,陇县长当即宣布,定当日下午四时,在县府会议室,开会调解,各工人聆训后,即行散去。日间经过情况,并为[未]异动。至四时许,厂方代表程敬堂、唐君远,及工人代表徐凤保等二十三人,党部委员徐赤子、李惕平,均先后到会,当由陇县长主席,对于改善工人待遇各节,均商定办法。至六时半散会,晚八时左右,复有一部份工友,在厂前与驻厂防卫军警冲突,双方各有数人受伤,旋即平息。据闻,县府查悉此次工潮中,杂有非工人不良份子,密令警察局长张达严拿,先后已捕获卅人左右,即将严行法办,以维治安,而资镇摄[震慑]。今晨四时许,县府布告复工,其词略开:查丽新一部分工人,要求改善待遇,业经本府筹有办法,各工人应即照常复工,安心工作,倘再发生轨外行为,定予严行法办不贷,除逮捕非工人之乘机扰乱份子,按法严绳,并督饬劳资双方复工外,合亟布告周知,大约该厂工潮,经处置后,可望即告平息云。

(《人报(无锡)》,1937 年 6 月 7 日,第 3 版)

丽新布厂工潮余闻

(1937 年 6 月 29 日)

吴桥下丽新染织厂,自上次发生罢工风潮,引起轩然大波,警长何语良,因公身殉,肇事工友,暨有一般从中参预之无业游民,经区司令部、县政府、县警察局等,认真拘捕,询问收押,迄今尚有数人,羁禁囹圄,不意有憨不畏法者,意图死灰复燃,鼓起再度工潮。业经有数次在上夜工时,有一部分女工,趑趄观望,迟不上工,发生小纠纷。幸警局方面维护得力,未酿事端。现区司令部、县政府、县警局等,对此甚为注意,防范颇严,希望此种事实,打销于无形,洵为地方之福云。

(《新闻汇报》,1937 年 6 月 29 日,第 2 版)

丽新布厂一小部份女工意图鼓动二次工潮

（1937 年 7 月 2 日）

通惠路吴桥下，丽新染织布厂，上月间发生罢工风潮，于风潮激荡之时，第一警察所税务前派出所警长何语良，前往弹压，因以身殉，幸区司令部、县政府、县警察所局等各机关，维持有方，风潮因此平息。讵有该厂织部女工，不识利害，竟于上月念一日上午八时，及下午五时，一再怠工，竟唤起其他工人之同情，以遂私欲。当此事发生之时，曾由女工包小妹、陈林弟等十二人，带领众女工，手执宫香，向某机关请愿，当在招致工友入伍之际，有不愿与若辈和调者，彼等即以燃点之香，向不入伍之女工刺烫，讵至某机关请愿后，并未得有要领。事被警局闻悉，即由张局长派遣长警，前往弹压，当由长警等，向若辈善言劝导，其余女工，都听从各长警之劝论，各自散归，惟包小妹、陈林弟等三人，态度倔强，劝导不悟，始由长警将包小妹等暂行带局候核。说者谓，当兹国难严重，劳资双方须各遵守份际，协力生产，方为地方之福利云。

（《新闻汇报》，1937 年 7 月 2 日，第 2 版）

丽新纺染公司首先试行三八制，日夜工一律工作八小时

（1937 年 8 月 16 日）

本邑丽新纺织漂染整理公司总理唐骧廷、经理程敬堂，因厂内原料不敷，存煤稀少，水陆交通，又不能畅达，以致无从救济。但当此非常时期，对于工友生活及地方秩序，不得不□，爰自昨日起，将日夜班一律工作八小时，日班自下午一时起至黄昏九时止，九时以后即熄灯休息。闻于工资方面，并不多所更张，以免影响工友生活安定云。

（《国民导报》，1937 年 8 月 16 日，第 4 版）

庆丰、丽新两分工会昨成立

（1945 年 12 月 24 日）

本邑棉纺织业产业工会庆丰分会，于廿一日下午一时，举行代表成立大会，列席县党部陈君玉、县政府汪天崖、宪兵队何一峰、总工会朱祖璋，暨团体工会代表五十余人，行礼如仪后，即席选举张三宝、张继鑫、王士福等五人为干事，周顺祥等二人为候补干事。

又丽新分工会，亦于昨日上午九时举行代表成立大会，计列席县党部蔡兆元、劳动协会特派员朱同康、总工会袁廷杰，暨各业工会团体代表出席致训，并选举史春泉，尤银和等五人当选为干事，郑琴仙等二人为候补干事云。

（《大锡报》，1945 年 12 月 24 日，第 2 版）

丽新公司设立职工子弟学校呈请事项表及简章*

（1946 年或 1947 年）①

丽新职工子弟学校校董会呈报事项表

名称	丽新职工子弟学校校董会
目的	设立丽新职工子弟学校，培植职工子弟，俾完成国民教育之基础
事务所所在地	无锡丽新纺织印染整理厂内
资产资金或其他收入详细项目	全部校舍系自建，由厂提拨基金一百万元，并担任一切经常费用

---

① 表格为编者根据原档案内容所编制。原档案并未标注写就时间，标注时间为编者根据档案内唐君远先生的年龄所推断。

	姓名	唐骧廷	程敬堂	唐君远	朱文沅	李惕平	张佩苍	程景溪
校董	性别	男	男	男	男	男	男	男
	年龄	67	62	46	48	41	49	41
	籍贯	江苏无锡	同左	同左	同左	同左	同左	同左
	职业	纺织	纺织	纺织	毛织	商运	纺织	布厂
	经历	协新毛纺织公司常务董事	迭任省县商会常务委员	丽新纺织印染厂厂长	曾任私锡中校长及青年团无锡分团主任	迭任党政教各工作	丽新纺织染厂染色部部长、上海昌兴纺织印染厂工程师	曾任私立正风中学训青兼教员
	担任职务	丽新纺织印染整理公司董事兼经理	丽新纺织印染整理公司董事兼协理	协新毛纺织公司经理	协新毛纺织染公司无锡工厂厂长	无锡县商会常务理事	丽新纺织印染公司无锡厂厂务主任	无锡县商会监察布厂业公会常务理事
	职别	董事长	董事	董事	董事	董事	董事	董事
	住址	无锡中市桥巷七号	无锡承贤桥八十号	无锡中市桥巷七号	同左	无锡四郎君巷一号	无锡中市桥巷七号	无锡承贤桥八四号
备考								

丽新职工子弟学校校董会简章

第一条　本会定名丽新职工子弟学校校董会。

第二条　设立丽新职工子弟学校,培植本厂职工子弟,完成国民教育之基础。

第三条　本校设校董七人,就地方人士暨有教育经验者推选之。

第四条　校董之任期为三年,每年改选三份之一,连选者得连任,于每年第一次校董会开会时抽签定之。

第五条　本会的职权如左:

甲、筹划经费;

乙、审核预算决算;

丙、保管财产；

丁、监察财务；

戊、选任校长暨对外负完全责任。

第六条　本会由全体校董于开大会时选举董事长一人，任期为一年，连选者得连任，负责处理本会日常事务。

第七条　本会一学年开全体大会一次，由董事长报告一年来概况并讨论下年度进行计划，必要时得由董事长召集临时会议。

第八条　本简章如有未尽事宜，得提交全体大会负责修订之。

第九条　本简章呈报县政府备案。

（上海市档案馆，档号：Q195－1－400）

青年团参观丽新、协新*

（1946年5月3日）

三民主义青年团无锡分团部，为明了本邑各工厂生活实况，研究处理工资问题起见，特由该分团部陈书记，偕同各股工作同志，发动工厂调查，于昨（二日）下午一时出发，先至丽新、协新二厂参观，首至丽新布厂，由张厂长佩苍招待，说明参观主要目的后，即请过主任耕初，陪同在该厂各部门参观，并交换意见。该厂工资均按月依照上海市政府发表之生活指数计算，厂内工人工资基数，较战前已略予增加，最高日得一元七角，最低亦有六角八分，惟照此情形，将来资方不能久持，恐有无形停顿之危机。该厂战前对厂人待遇，已颇注意，其福利事业，有托儿所、合作社、工人子弟学校、浴室，宿舍虽不及欧美之完美，在中国可列入首位。目今因经济的限制，及全部空屋被军队驻扎，整理颇感棘手。以出品来说，则战前日出色布四千多匹，现在出纱二十多件，以工人来说，战前五千多人，现在仅四百余人，相形之下，有天壤之别，其最痛心处，即昔日之织布工场，今为病马疗养所，除病马之外，四壁空空，别无他物。内部织机等，经日寇三次毁坏，几不能收拾，经三年之整理，一千二百架布机中，有一百架在□切修理中，预料在一二月中，可以开单，欲恢复战前原状，恐非数十年不可。旋复至协新毛织厂,厂长朱文沅,因公出外,由主任□毅生派职员曹云轩陪同参观,精纺部、钢丝部、纺织部、染缸部、染色部、工人宿舍、男女浴室等处经常保持清洁。该厂对工人教育,有夜课,分四教室教授,程度分低中高三班,课程除注意国语、珠算、尺牍、公民外,与普通小学无上下,教师由职工中互推刘春秀、张瑞华小姐、曹云轩、胡玉麟、周近弢、□某等六位先生担任,厂中有男女工人二百多人,据内中部份职工云,目今生活尚称安适。参观至四时许完毕返城,闻该团参观结果,以两厂工人工作精神饱满,对厂方工资支配,能见公允,认为非常满意,惟以协新男工宿舍内,布贴标语,应严密注意,云云。

(《大锡报》,1946 年 5 月 3 日,第 3 版)

工人生活究竟怎样? 参观丽新布厂记(上)(季荣臻)

(1946 年 5 月 5 日)

比公务员舒服! 比教职员写意!

无锡工厂林立,是我国的一个工业中心区域,统计抗战前有大小工厂四五十家,里面有纱厂七家。中日战争爆发,经敌机炮火滥施轰炸之后,毁坏了十分之八九。丽新布厂、协新毛织两厂,因为出品的精良,在商业竞争的状态中,遭受日寇的忌视,损失奇重。抗战胜利,政府复员,本邑各工厂为了亟谋生产建设的复兴,遂逐渐整理复工,期至今日,可以勉强开工的纱厂仅三家。

三民主义青年团无锡分团部,鉴于最近工潮不断的发生,对于工人生活实况有调查之必要,把调查的结果,作调处工资纠纷准则,并研讨防止工潮的方法,该团部陈书记偕同各股工作同志,特于五月二日下午一时出发,作首次的工厂调查。

这天,一群穿着协新呢蓝制服的同志,和背着拍照机的本报摄影记者孙廷栋,在新开河东首乘着青年工人互助团汽车业分团特备的小汽车,在机轮慢吞吞地转动中,向着我们目的地前进。事实告诉我们,无锡的民众,跑路的常识不够,车辆行驶的规矩不懂,如果司机员不是经验丰富的人,很易发生危险。过江阴巷进后祁街,那里的街道狭窄,路旁还晒着七横八竖的衣服,以及满地的垃圾，车行非常困难。笔者认为，妨碍交通又欠雅观的后祁街，当局确有注意的必要，如果经济条件允许，最好把它拓阔，那一定大家都期望的吧！

丽新路的沿岸，种有一带柳树，春光明媚的季节里，绿荫蔽空，的[确]是个幽静处所，经过的地方，空气格外新鲜，使我们的身心，顿时感到畅快。丽新的厂址，在路的中段，那是一幢半新不旧的楼房，司机煞车，我们知道目的地已经到了，大家依序下车。

经过自我介绍和告诉了我们的参观目的后，由厂长张佩苍招待谈话，在会课[客]室里，交换意见，对工人生活，及工资的支配，有长时间的讨论。张君是北平青[清]华大学工学士，抗战前担任染色工程师，经验丰富，学识宏博，他有一副和蔼的脸孔，谈话很有条理，他说："我们这里工人的待遇，可说不差了，厂里的利润，完全做了职工之俸饷还是不够，工人最高的待遇，每日基数一元七角，最低的也有六角八分，按月再照上海市政府发表的生活指数计算发给。就是基数，因为年年加俸的关系也比战前略予增加，这样计算，则将来纱厂本身，或许有无形停歇的危机。

（《大锡报》，1946 年 5 月 5 日，第 3 版）

工人生活究竟怎样？　参观丽新布厂记（下）（季荣臻）

（1946 年 5 月 5 日）

比公务员舒服！比教职员写意！

抗战以前，该厂的出品为社会人士所称许，销路极广，同时亦是出口货之一，□□出品的精良，冠于日货，日人极为妒忌。沦陷后，每个敌军听到"丽新"这两个字，非常关心，足见在他们脑筋中，已有深刻的印象，并且说："我们奉令，到达无锡，务必将该厂破坏，并将破坏情形，摄影具报。"所有可恶的倭奴，一再迫令附近农工，将全部机械打毁有三次之多，至交还时，厂内物件，另乱残缺不堪，见者莫不痛心。

在形式上看来，厂是开工了，可是出品，不如战前，过去每日夜可以出产色布、条子布四千多匹，现在只出粗细纱二十支、三十二支、四十支、四十二支及四十二支双线，二十多件。工人数量，过去有五千多人，现在则不到十分之一。昔之织布工场，今为病马疗养所，是屋门窗不全，空气恶浊，除病马数头外，四壁空空，别无他物，相形之下，有天壤之别。

全厂面积，有二百多亩，抗战前，关于工人福利事业，可以夸称应有尽有，各职工子弟，自四岁就可以送入托儿所，有褓姆负责教养，六岁，就可送进工人子弟学校读书。有工人消费合作社，有单身男、女住宿房屋，夫妻家庭宿舍，并派有专人管理，现在限于经济，又因厂内空屋，驻有军队，如绥靖司令部特务团、工兵独立第四团、第十四分监署、后方勤务部驴马队等四枝［支］人马，一时难于整理恢复，颇感棘手。

织布机原有一千二百架，经敌人的有意破坏，整理非易。有某职员云："自从来厂练习，至今三年，眼见这机件的修理，三年来完整的不满一百架，这几架是试车，织的是职工的夏季制服，听说最近一二月中，预计一百架织车，可以完全开车。"我们见到满屋黄锈铁机，机件也是残缺不全，摄了一个照片，留作纪念。

厂中男、女工人四百多名，另设有修理机器厂，职工六十八人，好像一所规模完备的大铁工厂，专修本地各厂的机件，由李永锡、唐猛千两先生负责。

走进工场，机声轧轧，花絮满屋飞扬，一片一片停留在每个工友的全身，他们工作的情绪紧张，见到我们，脸上流露着惊异的浅笑，在摄取工作镜头的时候，有几位女工羞答答把头低了下去。

单身女工的宿舍，在厂的内部，是一幢楼屋，宿舍分上下二十五间，每间居住十二人，小铁双层床铺，被褥折叠整齐，布置亦清洁。单身男工宿舍，与夫妻家庭宿舍在厂旁，单身男工的房间，对于整洁不很注意。

登楼见厂旁的前面，有一条河道，河水澄清，杨柳、小麦，迎风飘动，天空里的成群野鸟，点缀出一幅大自然图画，工友们养息其中，是够舒适。

这次承过主任唐猛千等领导参观全部，略事休息后，告辞转往协新毛织厂去。

生活在这种大家庭式的工厂里，是多么有趣味呀！他们的工资比我们薪俸高，并且能够按月的领到，他们的生活，比我们有规律，在工作的时候工作，游戏的时候可以游戏，这群自由自在的工友，我们握"笔"管的，穿长"衫"的阶级，哪里比得上他们呢！同志们都羡慕着。

（《大锡报》，1946年5月5日，第3版）

丽新布厂工潮静待合理解决

（1946 年 8 月 3 日）

本邑丽新布厂,前日因劳资纠纷,发生工潮,当经有关协调,妥为调解,旋以资方须向沪上负责人请示解决,致调解无形停顿。工人在停工期间,均能遵守纪律,秩序良好,并无越规行动,静待合理调解。

（《大锡报》,1946 年 8 月 3 日,第 3 版）

丽新布厂工友发生怠工风潮，要求改善待遇，提出条件七项，调解未有结果，双方继续磋商

（1946 年 8 月 3 日）

旬日以来,丝纱各厂,为工资问题,时有发生怠工风潮,经当局竭力调处,始得解决。上月卅日,丽新布厂工人,亦为增加工资分拆红利,改善工作时间问题,发生怠工风潮,工人均守秩序,经商会及总工会,召集劳资双方调处,因双方意见太远,未有结果,仍在僵持中。按该厂定名为"丽新纺纱漂染整理有限公司",在北门外惠商桥附近丽新路一号,于民国九年创办,由邹颂丹为董事长,唐湘[骧]庭为经理,张佩苍为厂长,规模宏大。该厂面积有一百九十市亩,原有纱锭四万余,在敌伪时,被敌人任意破坏,以致损失奇重,胜利后,经唐经理、张厂长等积极整理,聘十分之一工场,设法开工,该厂分染、纺、织三部,现有纱锭一万五千左右,男、女工九百余人,其中以纺纱部分工人最多,占五百余人,织布部一百六十余人,原动力、总务两部二百余人,分日夜班工作。

发生怠工风潮　提出七项条件

上月三十日上午六时,纺纱部夜班工人,循例落班,日班工人,准时接班,

不料各工人进厂后,并不工作,实行怠工。同时,牵动织布部分,相继怠工。闻其怠工原因,一为纺纱部钢丝车机工杨泉根,在厂患流底伤寒身死,厂方未为医治;二为庆丰纱厂工资已经调整,丽新尚未调整。当由劳方提出要求七项。

（一）工友杨泉根,因患流底伤寒身死,家境贫苦,遗下老母妻女,生活无着,要求厂方抚恤,厂方须津贴尸属抚恤金二十万元,所遗十三岁女孩,应准在厂工作;（二）工人福利,应组织膳食委员会;（三）扣除膳费,与他厂不同,应即改正。男工扣一角四分,女工扣一角一分;（四）红利与庆丰纱厂同等待遇,分给各工友;（五）增加工资四成;（六）二十六年女存工半月,保证金十元,及男存工半月,要求全部发还;（七）工作时间,依照上海规定,以十小时为标准,现做十二小时,应加工资二成半。

劝导复工无效　各方继续调处

前日厂方原动部一部分男工友,约卅余人,被资方邀入厂内,个别问话,并劝导各部女工友,即日复工,静候当局以合理条件解决。各女工未得应允,仍不上工,厂方遂召女工头,到厂谈话,嘱其转劝工友复工,亦未有结果而散。昨晨九时,有某机关派员,赴丽新厂调查,因携带洋拷,各工友见状,疑为用武力逮捕工友,致引起误会,又生风波,各女工友集合六百余人结队至师古河棉纺织业产业工会报告,当由该会理事长唐湘桓、书记陈君华,赴县政府询问徐县长,有否派员用洋拷赴厂？徐县长表示并无此事,勿生误会,唐、陈两君,即行辞出,将情说明,误会冰释,乃率领全体女工赴厂,劝令勿生事端,静候解决。城防指挥部李参谋,于十一时许,赴丽新厂调查,并询问怠工经过。下午六时,宪兵团方面,亦派员至师古河产业工会调查,希望劳资合作,勿生怠工风潮。

当局派员调处　劳资双方洽商

工潮发生后,各工人秩序甚佳,县政府徐县长得讯后,为消弥工潮计,即派社会科科员朱学庚,前往调处,同时总工会袁廷杰、朱祖璋、陈孟起,商会李惕平等,亦到厂调处。先与厂方接洽,劝令可否应允劳方所提条件,商讨良久,未有结果。再向劳方劝导,在目前环境下,各稍让步,而劳方表示坚决,须厂方应允要求,方可复工。后经以上各员,再三劝导,尽力调处,始将一、二、三三项条件解决,惟四、五、六、七四项条件,因劳资双方意见相差太远,致相持不决,遂成僵持状态,商会代表李惕平,即于翌日赴上海,与唐经理及程敬堂等接洽,一面向上海纱厂联合会请示,并商讨解决方针。截止至昨日止,李君尚未返锡,观察情形,该厂工潮解决之重心,须俟李君返锡后,方可弭平。

（《人报（无锡）》,1946年8月3日,第2版）

丽新职工福利积极开展中

(1946年10月7日)

本邑丽新职工福利事业部,推展福利,不遗余力,内部人事支配,总干事沈约先兼任教育股干事,赵平兼宿舍股、膳食股干事,陆彭龄兼任娱乐股、卫生股,文牍员陈铁生兼任会计,均经就绪。职工子弟学校暨托儿所,准于十月一日开学,学校方面备项用表,已由教导处李主任文婵,分别拟定。关于整理幼稚园教室暨宿舍等布置事宜,亦由干事赵平积极进行。（工讯社）

（《大锡报》,1946年10月7日,第2版）

协新公司创立产业工会申请*

(1946年12月6日)

窃工人等现在戈登路新闸路口大德坊八十二号协新毛纺织染整厂工作,兹为增进知识技能,加强工作效率,并谋劳资协调,增加生产起见,拟发起组织"上海市协新毛纺织染整厂产业工会",遵照中央人民团体组织法规,经填具发起人略历表,除呈上海市市党部劳动局总工会备案外,理合检同发起人略历表二份备文,呈请钧局鉴核,仰祈准予筹备组织,并请派员调查指导,以利进行,是为公便。

谨呈社会局局长吴。

附呈发起人略历表二份（未送来）。

中华民国三十五年十二月六日

（上海市档案馆,档号:Q6-6-600-1）

丽新福利部推广补习教育

（1947 年 7 月 3 日）

本邑丽新纺织印染整理厂，对职工福利事业，向极重视。近该厂职工消费合作社，已在原址恢复营业，另增设职工理发室，并拟与省立教育学院取得合作，推广工友补习教育云。（工讯社）

《大锡报》，1947 年 7 月 3 日，第 2 版

丽新职工分会昨举行代表会

（1947 年 9 月 10 日）

无锡棉纺产业□业工会丽新分会，于昨（九）日上午九时，假丽新路丽新职工子弟学校举行会员代表大会，出席男、女代表一百三十余人，各机关均派员出席指导，如仪行礼后，即选举干事，结果谈忠勇、李子文、张锡根、□泽庭、陆惠梁、季松林、秦纪林等七人当选，至十一时后始散会。（梁溪社）

《人报（无锡）》，1947 年 9 月 10 日，第 2 版

纱厂工潮丽新、庆丰已解决，申新、振新僵持中

（1948 年 11 月 24 日）

本邑丽新、庆丰等纱厂工人，以现时物价照"八一九"限价时期，几达高涨十

余倍,而目前工资仍以十一月份上半期八□倍计算,不符实际生活质[量]远[矣],致丽新纱厂工人于二十日上午首先发生怠工吼潮,继庆丰纱厂工人,亦于是日上午十时一致怠工,要求资方增加工资,借维生活。据悉庆丰纱厂工人并提出要求五点:(一)今后工资应依照("八一九")米价基数,仍以米照时价计算折发,十一月份按底薪十五倍发给。(二)工人工资折扣废除。(三)挨班停工之工人须发给半天工资,饭金不扣。(四)工人在厂方就食,饭金减轻。(五)照前发放工资日期须提前四日发放。

后经城防指挥部及有关机关,召集劳资双方代表集议谈判,经资方除第四项减轻饭金尚须参照实际情形商酌,第五项发放工资因结算关系,答应提前两天发放外,余均完全首肯。再第一项十一月下半月份是否以米价折发工资一点,资方定本月卅日前答复。□经劳方认为满意,故丽新、庆丰两厂工人已于前(廿二)日上午十时起完全复工,刻庆丰纱厂十一月上半月份补给工资,亦已于昨日完全清发。又悉申新、振新两厂因工人要求厂方以原有工资基数加发三成,亦于前二十二日起发生怠工,迄今尚未解决,劳资双方仍然僵持中。

(《大锡报》,1948 年 11 月 24 日,第 3 版)

丽新四工人传县拘两天

(1948 年 11 月 30 日)

本县丽新纺织染厂产业工会,自经分组以来,会务较诸过去已稍上轨道,惟平时对会员训练,未加注意,上下层意见,尚有隔阂,更以该厂原动部少数工人不明大体,辄以细故与工会理监事吵闹,纠纷层出不穷,最近又因十月份工资问题,原动部工人杨金宝、刘锡荣、周福赓、徐根泉等,纠众向理监事责难,甚至捣毁会内公物。社会科张科长,认为工会是工人大家的,工人对工会会务,固须关心,但应循合法步骤,大家虚心检讨,以求进步,设备挟私见互相攻击排挤,绝非工人之福。为整饬劳工纪律起见,遂将该滋事工人杨金宝、刘锡荣、周福赓、徐根泉等四名,于本月二十七日下午传县严办,备拘禁二天以儆,并责令赔偿全部损失,具结悔过,同时并饬该会理事长刘汉庭,今后对会员训练事宜,应特别注意,务使大家捐弃成见,精神团结,切实为工会努力。

(《大锡报》,1948 年 11 月 30 日,第 3 版)

丽新产工会改选理监事

（1949 年 4 月 1 日）

[本]邑丽新纺织厂产业工会于前月廿六日举行临时代表大会,出席代表八十余人投同意票,决定改选理监事,获得绝对多数代表之赞同,并即推定各部分之优秀干部为候选人,定期改选。今日再度召集代表大会,县府张科长、党部臧文达亲临指导,出席代表百余人,主席朱炳文。首由主席报告改选意义及团结力量,相互勉励,继由机关代表致词,后开始投票选举,结果:朱炳文、黄海良、徐汉生、林则敏、黄阿初、丁月珍、杨雅英、周秀英、张锡荣等九人当选理事,虞珍祥、王阿菊、刘汉林三人当选监事,金耀奎、李全根、陆铭健、过彼得等十人当选候补理事,刘汉兆等当选候补监事,即□定期新旧交替云。

(《大锡报》,1949 年 4 月 1 日,第 2 版)

协新毛织厂劳资纠纷解决

（1949 年 4 月 1 日）

本邑协新毛织厂,于前日发生劳资纠纷,缘该厂于去年因工友福利问题,曾一度发生风潮,旋经当局调解,发放每一工人福利布一丈二尺,始告平寂。惟厂方一味拖延,至今尚未发给,兼之最近厂方可发工资,不合劳方要求,该厂全体工人,遂于前(三十)日推派厂工分会理事长叶泉发及理监事等数人,与厂长朱文沅交涉,朱厂长曾邀请李议长从中调解,并以长途电话请示上海老□,未有结果,遂约于昨日至县府公议,下午二时许到。有城防部王督导员云路、县府张科长一飞、总工会唐相恒等，邀集双方代表，资方朱文沅、劳方叶泉发及理监事等十七人，于县府会议室，举行合理调解，听取双方意见。旋因公认劳方之要求，甚为合乎情理，乃即决定原则，为协新毛织厂工人待遇与福利等，依照上海毛织业之规定为标准，经劳资双方同意通过，劳资纠纷，由此圆满解决。（华光社）

（《新锡报》，1949 年 4 月 1 日，第 2 版）

培养干部，领导工运：无锡工人干部学校开学

（1949 年 8 月 10 日）

解放后本市工运正在蓬勃开展，无锡市总工会筹委会为了培养大批干部来领导工人运动，全力创办的工人干部学校，已于八月五日下午二时，在锡治镇中心国校举行开学典礼，到有从各厂各业抽调来的职工共二百六十人。主席是校长谢克东同志（无锡市委副书记），首先向全学生说明了工人干部学校的创办，是标志着无锡工人力量一天天地在壮大，它是工人阶级自己创办的学校，所以需要大家共同努力。谢校长继又宣布各同学的学习时间是三个星期，学习内容是：劳动创造世界、劳动政策、工会组织。在学习态度上，他指出应有虚心老实、为人民服务的态度，学习方法上则应采取多互相讨论，互相帮助。接着顾市长也向大家讲话，他指示工人干部学校的创办，是为了培养大批工人干部，不仅做工人工作，还要参加到政权、文化、经济、建设等各种工作里去，负担起建设新中国的领导责任。他说目前学校规模差，要求大家艰苦，将来可以慢慢创造工人大学、专科学校等。他又建议在这次学习中，应把锡市各界代表会上的恢复生产和节约救灾两大方案结合研究，要以工人阶级的积极生产和朴素作风来推动，转变社会残留的靡颓风气。市委书记钟民同志也在讲话中郑重指出工人阶级要当好家，首先要学本领，懂道理，确立为人民服务，为工人阶级服务的思想。继由总工会筹委会副主任周晓华，来宾毛梅庭，学生孙胜勤等先后讲话。最后由邓洁副校长报告学校筹备经过后，开始献旗，总工会训练班第一届学生会献了一面大红旗，上面写着："培养工运先锋，争取工运英雄"，振新、天元、丽新、庆丰四厂职工也献了"努力学习"锦旗一面，谢校长受旗后，号召同学们要以努力

学习来答谢大家的盛意。六时许,隆重的开学典礼,就在全体学生高呼"建设新无锡"口号中结束。(江峰,六日寄)

（《大公报（上海版）》,1949 年 8 月 10 日,第 3 版）

公私合营协新厂 1955 年福利年报表*

（1955 年 12 月 31 日）①

甲、1955 年 12 月 31 日企业职工住宅情况

甲	永久性房屋	临时性房屋
	1	2
1. 1955 年 12 月 31 日企业全部住宅居住面积（平方公尺）（2＋3）	754	45
2. 1955 年 12 月 31 日企业自有住宅居住面积（平方公尺）	—	45
其中:本年初至年底止新建住宅居住面积（平方公尺）	—	—
3. 1955 年 12 月 31 日企业租用的住宅居住面积（平方公尺）	754	—
4. 1955 年 12 月 31 日企业全部居住人数（包括家属）（人）	185	9
其中:在本企业住宅中居住的职工人数（人）	185	9

制表人签章（盖章）　审核人签章（盖章）

乙、1955 年 12 月 31 日企业自办文教福利设施情况

甲	数量	可容人数	房屋面积	1955 年 12 月 31 日前实有人数
	1	2	3	4
1. 托儿所（人/平方公尺）	1	38	57	26
2. 幼儿园（人/平方公尺）	—	—	—	—

---

① 原档案为公司合营协新厂关于 1955 年的年报的一部分,1956 年 1 月 15 日后由上海市工纺局审核,然该福利表并未表明写成时间,故以该福利表中统计截止年份为判定时间。

甲	数量	可容人数	房屋面积	1955 年 12 月 31 日前实有人数
	1	2	3	4
3. 附属小学（人）	—	—	×	—
4. 附属中学（人）	—	—	×	—
5. 成人补习及业余学校	1	×	×	107
6. 各种学校教员人数	×	×	×	12
7. 附属图书馆和阅览室藏书数	1 260	×	×	×
8. 俱乐部（人/平方公尺）	—	—	—	×
有无电影放映设备	无	×	×	×
9. 附设食堂（人/平方公尺）	1	352	106	×
10. 附设浴室（人）	2	32	×	×
11. 附设喂奶室（人/平方公尺）	1	20	20	15
需要喂奶女职工人数	×	×	×	5
12. 附设疗养院或休养所床位数	20	×	×	×
13. 附设医院床位数	—	×	×	×
14. 附设门诊部及医疗室数	1	×	×	×
医生人数	×	×	×	1
护士人数	×	×	×	3

（上海市档案馆,档号:B206－1－8－123）

中共上海市印染工业公司委员会关于接受原工商业者唐君远捐献股息的请示报告

（1981 年 1 月 27 日）

关于接受原工商业者唐君远捐献股息的请示报告

中共上海市纺织工业局委员会：

接到第十一印染厂党总支报告"关于同意接受原丽新纺织印染公司苓［董］事长唐君远捐献股息三万一千另五十九元九角一分，给予厂办福利事业的请示报告"。我公司党委根据中共中央统战部 79 年 765 号文件第二条"对原工商业者要求捐献财产，包括捐献其一九六六年九月定息停止前应领而尚未领取的定息的，原则上不予接受。个别人经向其讲明政策后，仍坚持要求捐献，并且不影响其生活的，可以接受"的精神，我们认为原工商业者，现市政协副主席唐君远同志捐献是出于自愿（有书面报告），并不影响其生活。因此，经党委讨论，同意第十一印染厂党总支的意见，接受此款为该厂办福利事业之用。

妥否，请批示。

附：唐君远捐献款书面报告，第十一印染厂党总支报告。

一九八一年元月廿七日

抄报：局统战处

前公私合营丽新纺织印染厂项下到一九六六年三季度止，我名下定息计人民币三万一千另五十九元九角一分正，如数捐献给你厂作为全厂职工集体福利金，请你厂有关部门安排使用，至感。此致第十一印染厂党总支委员会。

唐君远　签名盖章

一九八一年一月十七日

（上海市档案馆，档号：B194 - 2 - 388 - 4）

七、战争与企业

无锡城外溃兵劫掠记

（1925 年 1 月 28 日）

城内因严防保全

齐军于一月十七日在丹阳退后，当夜四时即退驻常州，至八时余抵常，旋又决定退锡。十八日上午九时余，在常开行，至十一点抵锡，共计兵车一百七十节，计火车头七个，拖车行至西外扬旗时，有一部分溃兵，即开枪示威。车甫抵站，众兵士争先奔下，县知事林苇桢、水警区长程星三、县警察所警佐侯惕丞等，均在站欢迎。各兵士抵站后，即不听长官命令，携枪过运通桥，一路开枪示威，各界闻声奔逃。有溃兵数人，首先奔入无锡饭店中之洋货店抢劫，新世界之洋货店，亦有溃兵入内劫抢，有某乡董华子唯，被兵剥去皮衣。其余众兵士，即在通运路汉昌路锡丰昌烟纸店、亨得利、华德利等钟表店劫抢，并有兵士一人首先奔入北城内天宝银楼劫抢，携物出城。县署闻报，立将五城门关闭，全城商店，亦纷纷收市。有溃兵数人，在北大街物华银楼抢劫，竹场巷顾子卿家，亦有溃兵入内抢劫。商团总司令杨翰西君闻警，立命各团员分守各街巷，并竭力抵御。记者斯时适在通运汉昌等路探访，只见溃兵在各店抢物，枪声四起，即折入有惠里，拟至电报局拍电报告。行未数步，即有一持枪之溃兵，拦住去路，探囊取物，记者见事不妙，即将袋中之银洋尽数与之。尚欲剥衣，嗣幸得免，因即折回家中午餐。途过北外黄泥桥、通汇桥等处，见商团及游巡队等严守各要隘，精神奋发，路中只闻一片逃难声。记者因不能出外服务，即伏居室中暂避。入夜十二时半，有溃兵十余人，伪言有紧急公事，拟进北城门，守城商团未允开城，该溃兵即在北吊桥下恒德衣庄等抢劫，一路至大桥街。十九日晨八时，溃兵抢劫更厉，枪声不绝，途中不能行走。记者无奈，即乘商团船在北水关进城避难，未几有溃兵进攻西北两城，经商团等竭力防御，得未攻入，立将东南西北四水关堵塞，并由商团警察严守。是夜劫抢城外一带，几无一幸免，当夜汉昌路丽新布厂批发处、咸康呢绒号等，被溃兵放火焚毁。二十日城外一带，劫抢如故，近城乡镇，亦都被抢。当夜通运路孟渊里永大当，亦被焚，其余北门江阴巷保大典、西门外瑞大等十余典，均遭抢劫一空。二十一日城外一带，抢劫一空，行人身上布衣，亦被剥去。当夜北外黄泥桥益茂五金号等被焚,纱厂中之纱、丝厂中之丝、丝茧堆栈中之干茧、粮食堆栈中之米,均被溃兵用船载去,装入火车中,所有被抢物件,有一部分装在车中,运往苏沪,有一部分溃兵,自劫物后将军装弃去,携物他逃。二十二日溃兵分守城外各要道,拦路要劫,并至各商号居户家再劫,遇物即取,不论好歹。据车站消息,溃兵共有千人,在外抢劫,当夜南门外九余丝厂被焚,北大街大昌衣庄账司某甲,被溃兵击毙,其余不易调查。商团因城外不能保护,均退驻城中,日夜在城上严守,五城门因时有溃兵攻击,均已装设电网,触毙溃兵数人。是日城中形势,异常严重,有溃兵用竹梯入城之说,各界闻讯,立召集全体救火会消防队,开会议决,日夜全体出防,市公所立雇巡查数十人巡查,各界人士,并组织城区自卫团,分东南西北中五大区,日夜协助军警守城。城上备有石灰包及砖石等物。现城中有水警、省警备队、商团警察、游巡队、消防队、自卫团等三四千人,有枪二千余枝,足以防卫,且各界非常愤激,愿拼生命,与溃兵周旋。损失总数,尚难调查,大约在数千万以上,现城中尚安,惟城外不能行走一步也。南门外、北门外、光复门外等沿城脚房屋,恐有溃兵上城,现已一律拆除尽净矣。(二十三日)

(《申报》,1925 年 1 月 28 日,第 10 版)

各界均踊跃捐输,丽新染织厂独捐布匹五千元正

(1937 年 8 月 18 日)

本邑各界抗敌后援会,近为募捐前线军用慰劳品,工作异常紧张,全邑人士,亦莫不热血填膺,踊跃捐输。关于募捐蓝袋短衫裤事,昨日各处又有大批交到,本县丽新布厂经理程敬堂君,并以丽新名义,向后援会独捐布匹五千元(计蓝布四百二十匹),交后援会雇工赶制,后援会方面复由秘书华洪涛君向薛寿萱君募得缝工费一千三百元(闻薛君并已着手自行雇工做衣服一千套备送前方),并商定请西服业、成衣业方面赶速分做,仅三天内做成□衫裤五千身运送前方,及伤兵病院应用。此外昨日一日内零星自行交会者,有麻袋一千零十四只,衣服一千一百十五件,毛巾十打,被单五条,鞋子十二双,袜二打,合之前日则共得麻袋

七千七百三十一只,衣裤二千三百零五件(整□者不在内),毛巾八十四打云。

工军需队裁制军衣

丽新布厂经理程敬堂所捐厂布四百二十匹,业已由各界抗敌后援会,转电工界抗援团,召集西装业职业工会全体工友所编之军需队裁□军衣三千套,该队队长沙仲虎,业经转饬该会理事陈旭旦,务必如期将军衣制就后送会,运往前方应用云。(后略)

(《国民导报》,1937 年 8 月 18 日,第 2 版)

无锡成废墟,断垣颓壁街市萧条

(1938 年 2 月 16 日)

近有新自无锡来人,为道无锡被敌军焚毁蹂躏惨状,闻之令人发指,兹略述如次:

昔日繁华尽成焦土

无锡沦陷后,敌军即行纵火,共达十余日之久。其延烧区域,城厢则彩官牌楼,仓桥,打铁桥,老北门,莲蓉桥,卯桥,三里桥,北幅桥,亭子桥,东段新世界至汉昌路之玉和春茶楼,新世界对面无锡饭店至交际路,玉和巷汉昌路口第一旅馆至复兴教门馆,太平巷,黄泥桥街,露华街,吉祥街,崇安寺街,新声、新新两书店,及对面店铺图书馆旁之人报馆,石皮巷口蒋蔡朱诸家,复兴路中山小学,大雄宝殿,中南戏院及其对面一家,并各纱厂等处,四乡则塘头黎花庄,洛社,石塘湾,堰桥,塘颐桥,胡家渡,八十桥,张泾桥,长安桥,南门大公馆,大房庄,南桥,东亭镇等处,均已化为焦土。断垣颓壁,惨不忍睹,且复纵兵为盗,城中抢劫时有所闻,四乡尤甚。在外避难者所留器物,悉被掠去,各机关各报社所存物件,各布厂留放布匹,各商店所存货物,各旅社家具,均被抢掠一空。典当什物,任凭携取,各纱厂、铁厂五金机器等物,重要者均已掠去,其余封存,行将运往日本。丽新、协新、申新、福新、茂新各厂房屋被改充敌军野战修理厂。无锡西南乡之南方泉许舍里鼋头渚一带本为难民区,亦时被掳劫。(后略)

(《申报(汉口版)》,1938 年 2 月 16 日,第 2 版)

江南浩劫目睹记——昨天是天堂，今天是地狱

（1938 年 2 月 20 日）

（前略）

又有新自无锡来人，所道无锡被敌军焚烧蹂躏之惨状，尤为详尽，兹分述于此：无锡沦陷后，日军即行纵火，共达十余日之久，现无锡城内及附近较大之乡镇，已完全化为焦土，残垣颓壁，目不忍睹，且复纵兵为盗，城中抢劫时有所闻，四乡尤甚，走外避难者所留之器具，都被掠去，各机关各报社所存物件，各布厂留放布匹，各商店所存货物均随便携取，各纱厂、铁厂五金机器等重要者均已掠去，其余封存，并且运往日本。丽新、协新、申新、福新、茂新各厂房屋，均被改充日军兵营。（后略）

（《新中华报》，1938 年 2 月 20 日，第 1 版）

无锡各工厂之现状：各大工厂悉为
日人掌握，其他小买卖亦咸被操纵

（1938 年 10 月 21 日）

无锡沦陷以后，被日人极度破坏，损失极重，迄今虽表面上有一部份的工商业已在活动，但是事无大小，悉由日人把握。丝纱等大企业，当然更被垄断，其他小买卖，亦都给其操纵，甚至连建筑用的石灰，也由日人大吉洋行专卖，水果商寄物铺，也由日人大兴洋行包办。至于运输一点，当然更非日本人不行了。兹特将无锡较重要的纱丝、面粉等业现状，报告如次：

纺织厂：无锡纺织厂，战前有申新、振新、丽新、广勤、业勤、庆丰、豫康、协新、维新等九家，以申新、庆丰范围为最大，丽新出品为最多，维新、协新

是最近成立的,申新因为戚墅堰电厂损坏,供给本城电流关系被炸最早,其后豫康、庆丰等先后着弹。及沦陷后,又被纵火焚烧,故各厂内部机件,均多损坏,厂房亦大半被毁,现申新、振新两厂,已由日商"上海纺绩株式会社"派员修理;庆丰纱厂,则由日商上海大康纱厂派员修理,维[惟]因毁损甚重,修理颇费时日。现以上三厂,均已登记职员,新花上市,即有开工之说。(后略)

(《申报》,1938 年 10 月 21 日,第 8 版)

今日之无锡工业:大厂家多愿仰人鼻息,小丝厂偏能自力更生

(1939 年 1 月 4 日)

中国四大米市之一,京沪线上重镇——无锡,工业的发达,可谓全省冠。在战前有纺织厂九家,制丝厂五十余家,面粉厂四家,米行百余家。自沦陷以来,已是一年有余,整个无锡,充满乌烟瘴气,魔鬼的黑影,所有工业,均遭了空前的浩劫,各大工厂全被日人垄断,就是小买卖亦都给其操纵,变相的分赃式的华中蚕丝公司、大吉洋行、大兴洋行等,在一把捏住无锡工业的喉管,叫他不要呼吸。笔者仅就它的现况——无锡工业,作一报告,挂一漏万,至所不免,敬请同道加以补充指正。

纺织厂

在战前有申新、振新、丽新、广勤、业勤、庆丰、豫康等七家,其中以庆丰、申新二厂范围最大,丽新厂出品最多。厂房大半被毁,内部机件亦多损坏。申新、振新二厂,早由日商"上海纺绩株式会社"派员修理;豫康纱厂则由上海大康纱厂派员修理。去年十月中成立的有维新和协新两厂,新花上市时虽一度开工,但无多大交易。(后略)

(《申报》,1939 年 1 月 4 日,第 12 版)

"华中公司"垄断丝业，振艺厂被毁

（1939 年 4 月 5 日）

　　无锡为中国著名之工厂区域，全盛时代，全县丝纱厂有六十余家之多，沦陷后各厂均为日军所攫夺，由日商"华中公司"投资八百万元，与地痞张子桢及钱凤高等合作，经费华人资金占百分之四十九，华中公司占百分之五十一，实际一切人事经济，悉操日商手中。综计二十七年度一年，获利二百万元，并将全县丝业，加以垄断。目下开工者，已有振艺、禾丰、鼎昌等十家，均为华中公司所统制。该县县长与忠义救国军第十支队第三大队及无锡西区联防部队获悉情形，决定以其中规模最大之振艺等丝厂为破坏目标，各情略志前报。兹悉三月二十三日下午七时卅分，由西区部队周汉良、胡少梅两部三百余名，于当时集合，经惠山镇向吴桥日军部队袭击。时丽新布厂及教育学院内驻有日军四百余名，闻讯全部出动，双方对峙于吴桥之东西两岸，激战二小时。至十时二十分，始行向西撤退。是役日军死十二名，毙翻译华人两名，伤一名，周部队员牛根宝腿部受重伤，丁阿庆右手受伤，余无损失。同时忠义救国军第十支队第三大队之除奸团团员共三十七名，第九中队队员百余名，统由大队附［副］尤国桢率领，携带燃料，八时到达目的地，即以第九中队之一部扼守大公桥一带，一部扼守清名桥，对南门黄泥桥及南门旗站警备，其余悉数冲入振艺丝厂，其时西面周胡两部，业已与日军接触，日军为其牵制，尤部得以从容将厂内炉灶间、清丝间、煮丝间、账房间等各部全部焚毁。时因厂内贮藏净丝干茧极多，估计损失当在三十余万元。至十时该部以任务已达，即行向北撤退，撤退时并分发印就之《告华中公司工友书》，促其省悟。

（《申报》，1939 年 4 月 5 日，第 8 版）

无锡华军夜袭日军部，锡宜公路交通中断

（1939 年 9 月 7 日）

四乡华军，近来异常活跃，八月二十八日下午十一时许，无锡抗敌自卫团西区特务大队长周汉良，率领第一中队及除奸团，夜袭北门外五河浜协新毛织厂内日军司令部，交战约一小时。因时在深夜，日军伤亡未详，并纵火焚毁日军军用汽油数百箱，房屋数间，始安然而返。又锡宜公路荣巷至杨湾一段，共约六里，前日亦被该队破坏，锡宜交通，因此中断。又著名汉奸胡菊根，屡次带领日军下乡骚扰，日前亦经该队除奸团在北塘售吸所中，将胡击毙，时在白昼，且地处北塘热闹街市，故汉奸甚为寒心。

（《申报》，1939 年 9 月 7 日，第 7 版）

无锡自卫团击毙日军三名，并毁内河船公会

（1939 年 10 月 2 日）

本邑西区自卫团大队长周汉良，于本月二日，带领队士，将协新毛织厂内之日军司令部焚毁，并击毙日军十数人后。前日下午，该队长又带同卫队五人，由乡来城，至下午二时三十分，赴北门外三里桥蓉湖庄牲和堆栈日军组织内河民船公会无锡分会内。其时有八九十船户，正在报捐，该队长等，当即奋勇在人丛中冲入日军办公室，向办公日人开枪射击，该分会会长日人高松博（又名高松一）、会计永田（又名药师寺）、通译陈汉良（丹阳人）等三人，均弹中毙命。该队长见任务已达，当命队士将日尸所穿之军服脱下，并将该分会捣毁，及将所用簿册等收拾，从容返乡归队。其时附近日宪兵队、伪绥靖队及伪警机关闻悉前往，但已无从弋获矣。

（《申报》，1939 年 10 月 2 日，第 6 版）

无锡的工商业（戈衍棣）

（1945 年 11 月 3 日）

无锡滨太湖，当京沪之卫，是太湖区米的集散地，也是太湖区蚕丝的缫制所，所以工商业的发达，在江南除上海外，没有一个城市可以比得上她。可是她并不是上海的附庸，从某些角度看，她是滋补了上海，助长了上海，上海一部份民族工业是建筑在无锡的基础上。我们这个名噪中外的小上海，不到这里切实的看看，真不知道她的伟大和重要。

记者上月中下旬曾巡行大江南北，过无锡时，被单帮客挤住车门，下车不得，从车窗里望着林立的烟囱，车子蠕蠕的开动了，心里万分的不痛快。看江南没有看到我们江南的工业区，仅看到了形势险要的镇江，民情朴厚的武进，花草醉人的苏州，实在是遗憾！幸得我这次再来，心里有说不出的愉快。"工业化"是建国的一个主要目标，我们现在的工业状况是怎样？我们的工业在敌伪压迫蹂躏下，是怎样度过了她八年的艰苦岁月？这是我们要知道的，如果我们不知道今天，将更不能知道明天，改造明天。

是二十八日的早晨，同子冈先生离沪，他去南京转飞北平，我在无锡下车已经是中午十二点了，到城里找好住处，就开始我的访问。二十九日包一辆车子继续走了一天，对无锡工商业得了一个轮廓。这个山明水秀的工业区，在沦陷的八年中，受尽了敌伪的压迫摧残，今天还算奄奄一息的生存着。有些烟囱还微弱的吐着淡烟，机器也在有气无力的一部分转动着，面黄肌瘦的男女工人，还守着他们的机器在从事生产。

敌人在搜刮我们的资源的商统总会下，有所谓"华中棉业统制委员会""华中蚕丝统制委员会""华中粉麦统制委员会""华中谷米统制委员会"。稻田每亩七十斤的军米以外，谷米还受着他们的统制。米的集散，失去了自由。米市是冷落了，米商们只得偷偷摸摸的做点生意，但是被他们发现了，还得算一"犯法"。

蚕茧是由"伪蚕丝统委会"统收的，然后再配给各厂较大的丝厂，多数是在去春才局部复工的。各厂在黑暗时期大部份采取化整为零的方法，小规模经营，以避免敌人注意。现在二三十部缫车的丝厂还有三十家左右。今年茧子的收成并不怎样好，不过各厂里茧子的来源还不感觉怎样困难。最成问题的是动力，电力困难，煤斤没有。我曾看到一个较大的丝厂里，大锅炉里烧稻草，锅炉像个万分饥饿的巨兽，张着偌大的火口，稻草一把连一把的塞进去，马上化为乌有，似乎永远无法疗治它的饥饿。看锅炉的人，忙的手忙脚乱，满头大汗，他们已经没有添几铲煤后来吸烟哼小调的机会了。丝业工人，在光复以后，因为生活费用的高涨，不断的闹着工潮，也有的实行怠工作消极抵抗。从本月二十三日起，东门一带即有八家丝厂工人开始怠工，要求资方改善待遇（闻工会中有伪工会与光明工会之分）。惟美新丝厂住厂工人照常工作，激起外厂工人众怒，男女工人冲进该厂，殴伤庶务管锦章，并用刀剪将缫成之丝三四百斤剪烂，玻璃窗电灯泡，亦多被敲毁，周山浜金城丝厂之女管车，亦于混乱中负伤。工人提出改善之条件有：一、规定时间六进六出；二、升工每月由二工改为四工；三、每月工资改为五号及二十号两次发给；四、工资照生活指数按时增加；五、车间内悬挂时钟等。党政机关出任调解，并限工人于廿五日一律复工。政府表示对工人生活决依法保障，一切条件，待复工后再为解决。廿五日县府召集劳资双方代表商请解决办法，当决定：一、关于十月份工资，依照生活指数及地方情形暂定缫丝女工每工法币一百五十元，余类推，俟工会及同业公会正式成立后，再照生活指数按期调整。二、工作时间应一律遵守（上午六时进厂，下午六时夜工），并应一律悬挂时钟。三、午餐放足一小时，但应于十分钟前准备到厂。四、发放工资，每月绝对于十日与二十五日两期发放。两方表示同意，乃于廿六日复工。惟当日东门外洽鑫丝厂仍有小纷扰，现在大致相安无事。每日保安队两班，分赴周山浜一带巡逻。记者参观茂新时，犹见厂内玻璃窗洞破。厂方似不愿谈罢工事。到车丝间悄问女工，你们的工资好多钱？答以三万（指伪钞）。问她发过了没有，她说还没有。

农林部苏浙皖蚕丝复兴委员会及经济部战时生产局，已派员来无锡，会同苏省府人员接收华中蚕丝业公司及各丝厂。农民仓库中之干茧一部已经接收，惟丝茧仍飞涨不已。四乡农民见机多已育二届秋蚕，现下大帮三眠，如天候良好，可能弥补"茧荒"。据熟习无锡茧丝业情形者谈，八年来无锡茧丝业，在敌伪统制下，已濒于破产。四乡桑园多已荒毁，如私制劣种之充塞，小型丝厂之投机，在在都是建设不足，捣乱有余。更严重的问题是桑叶缺乏，因为植一株桑至少要五年方可采用。桑苗除钱桥蚕丝试验场外，又绝难买到，即使买到亦多劣耘，适足流毒。现在是我们复兴丝业的千载一时机会。当着日丝一时难以恢复生产的时候，应急起夺回世界生丝市场。凡植桑，制种，养蚕，制丝要力求改良，并应集中力量在统一步骤与目标下做大规模之经营，尤应注意训练人才，改造机件。因为现在美国最近使用的自动缫丝机，已较日本御川法式增加四十倍效果。我们真应当急起直追，恢复"生丝王国"的荣誉和地位。

面粉工业在无锡也很发达。沦陷后，也有很多厂子化整为零，但大部分仍逃不出敌人的统制。光复后，苏省田管处即派员来锡接收伪统制机构，及与机构有关之各厂。他们要调查追究的是日产八百袋以上的粉厂。初部调查得有华新、振华、永安三厂，广丰、增丰、良丰、泰丰、九福、顺丰及小型石磨粉厂九家合并之安丰等十家，过去曾受粉麦统制委员会之压迫，代磨制粉，故一律予以接收。嗣后又调查出与伪粉麦统委会有关者数家，现已接收七家，接收时均订有复工计划书，大部均能继续开车。麦料尚不奇缺，最困难者亦为燃料。

无锡是中国棉纱大王荣宗敬的故里。这里纱布业更有可观。在战前纺纱业近二十万绽［锭］（全国中外各厂合计共四百万锭，无锡占二十分之一）。抗日战争爆发，业勤毁于火，广勤迁沪，申新三厂亦被炸毁一部。敌陷无锡后，将该厂之大发电机一部运走，被毁后之布机一千五百架，轧花机二百五十架之生铁亦被敌窃去，仓房二十所被封。他们后来向敌交涉发还时，敌方说："你们人都是我们的，谈什么机器。"到去年春天各厂才陆续交涉开工。但棉花已受统制，配给数量有限，亦难按时领得。他们只得偷购一点棉花，偷卖一点布纱，以维生计。天亮了，各厂还在继续开工，申新三厂约五万绽［锭］，庆丰约三万绽［锭］，丽新约二万绽［锭］，振新约一万五千绽［锭］。不过棉纱市场波动太大，生活日渐增高。工人生活极苦，每日工资仅得伪钞万元，厂方供给简陋食宿，多数为女工，其面黄肌瘦之情形，更甚于丝厂工人。惟各厂尚安静，还没有严重工潮发生。记者参观申新三厂时，厂方引导人于各处废墟上，频频称道其过去之设备，某处为浴室，某处为医院，某处为合作社，某处系剧场。然而现在是一切都谈不到了。五百多女工寂寞的单调的守在自己纺纱旁，为每日伪钞万元而工作。棉絮飞在他们的头上，平添了不少白发，她们很年青便已经苍老了。

商业市场，这一个月中波动的狠利害，有些东西都涨了三四倍的价，日本投降后三十五万元的米，现在已涨至一百五十万。地方政府对物价之管制算是尽力做了。开会调整之余，廿六日那天各机关派员率警各店抽查，在纱、油市场捕获了四十多名的抬价囤集的奸商。这样雷厉风行的结果，于是有些东西就有价无市了。我去看范县长的时候，他的一个部下进来报告他，肉场里已不见肉。物价的增高，据说直接受上海的影响太大，即以纱布来说，川帮在沪大量吸收，而上海则来无锡补进，锡市存底枯竭，于是飞涨不已。其他来自上海的百货，当然更是上海的马首是瞻。抑平东南物价，应从上海"开刀"。擒贼先擒王，用不到射人先射马。这是无锡在锡论锡的看法，也算不无道理。不过生产的萎靡，交通的不畅，仍然是物价腾贵的主要原因。至于封冻敌伪物资的抛出，当然也是救济物价的临时妙策。可是中央及地方办公的人员，非常讲手续，动辄谓这不是我们的权限，我们应当奉公守法。闻无锡的接收人员已经建议中央解冻敌伪物资，救济市场枯竭。然而公事那天可以批下来，处理时是否有波折，这又不是小民所得而知的了。此间接收的敌伪物资，大数的有干茧二千五百担，面粉十万包（有的已是一二年的旧货），军米也有十多万担，代敌纺织的棉纱，仍多封存各原厂内。至于鸡零狗碎的东西有多少，接收人员一时拿不出统计数字来。我们只能问到一个"如是我闻"的概数。

鱼米之乡的太湖，在他的先天条件上看，确乎是"轻工业的圣地"。无锡是太湖的要埠，过去荣氏兄弟的经营纱、粉的成功，多半还是地理环境使然。原料丰富，交通方便，人工低廉（无锡多用女工，工资较男工的为低，而尤易管理）都是顶理想的。以后三新公司（申新、福新、茂新），将如何经营他的发祥地？政府将怎样企划这里轻工业的发展呢？

（《大公报（上海版）》，1945 年 11 月 3 日，第 2 版）

丽新公司董事长邹颂丹呈报战时损毁情形 *

（1945 年 11 月 8 日）

呈为呈报商公司在沦陷八年中备受压迫，历尽困苦艰难情形，并查明被战事毁损资产□重开具清册照片，请求准予紧急救济，将没收敌产纱锭、布机赔偿或准贷给，以维战后工人生计，俾助复兴，仰祈鉴核事。

窃商公司曾于民国二十八年十二月四日具呈经济部，略陈战事被毁被掠情形,迭奉民国二十九年一月六日,四月二十七日经济部批商字第五〇三六号、第五八五〇二号,准予维护在案。嗣于民国二十九年五月二十三日代电呈报债权人英商信昌洋行,经敌允许,将商厂一部份机器拆搬来沪,请求备案,旋奉七月五日经济部批商字第六三二二〇号照准又在案,惟因该时商厂尚属敌军占据,无从细查损失,故只略陈梗概。兹值敌寇投降,河山光复,抗战胜利,建国伊始,亟应收拾残余,准备复兴,以副政府大计,惟疮痍之后,痛定思痛,不得不将沦陷八年中遭遇之不幸详细缕陈,冒渎钧听:

(一)"八一三"战事发生,无锡地处京沪中心,动系整个安危,当时地方政府公团为维持秩序起见,劝告各工厂照常工作,故商厂亦持镇定,至十月十二日戚墅堰电厂炸损停放电流,无锡全城电灯、警报、汽笛改由商厂勉力义务供给者旬日,至十月十九日,商厂亦被敌投弹,电机受损,嗣后频来轰炸,如十一月十一日被投弹在织布工场及染色工场者三枚,翌日又被投弹中于纺纱工场者四枚,房屋轻坍者五十余间,损坏者相等,机器幸损害尚轻。该时前线消息日劣,秩序已不如前,商厂拟将机器物资搬移后方,无如装箱之木料,运输之船只均难觅致,虽雇得三数艘木船驶至镇江,不能前进,退避江北乡间,至战后寻觅来沪,其余机器物资均难搬运,仓卒避难,徒唤奈何。此为商厂战时及撤退之情形也。

(二)商公司移设上海,业经呈报经济部变更登记在案,惟无锡工厂陷在贼中,乃商恳英商信昌洋行以债权人名义为掩护向敌军交涉,于二十七年一月由该行大班高莫索而亲至锡厂察看,见敌军驻内并榜军管理委大康纺织株式会社字样,又见敌军将纱布换取各物,负贩载途,厂内工厂机器尚属完整,毫无残缺。至四月第二次前去观察,则工场内机器已全被敲毁,狼藉满地,钢丝车用水浇透,黄锈斑斑,地面尚有积水未干。向敌交涉,诿称不知。先是大康株式会社受军管理委任者三厂,一为庆丰纱厂,一为与商厂联系之丽华布厂,一为商厂。以商厂既有第三国债权关系,乃挽人招约谈话,未去,继派人传言,舐以合作之利,商厂置之不答,乃出此敲毁机器以威胁。其后该社已将庆丰纺部机器整理筹备开工,以商厂机器上附件、物料、车头、小马达等运往补充该厂之不足,又将仓存棉花搬去甚多,间为商厂照料员窥见(商厂照料员驻在离厂里许之普济桥),因有敌军押运,无法拦阻,只得默为纪录(自二十七年九月十二日起至十一月十八日止另附纪录),其中有十一月十七及十二月二十六日两批货物搬出,因无敌军护送,与之理论,乃允书给搬出证,惟该证所载箱件内之数量确否,亦无从验点。商厂即交信昌洋行提出索偿,彼亦置而不理,无如之何。至三十年二月,敌军将工厂无条件发还原主时,由该社片面结算,除抵去商厂及丽华布厂之管理费外,找给日币一万八千一百零一元四角二分。商公司当时拒不收受,商之信昌洋行,据谓收回厂产事大,此种小枝节姑与忍之,留待胜利后算帐而罢。盖原主若不接收,敌即交为[伪]政府接管故也(该社继拟将庆丰纱厂布机修整,派大批工匠意图拆运商厂织布部准备机,因此项机器,庆丰厂已毁损不能使用,仍经信昌洋行交涉,得以制止,业于二十八年十二月四日呈明有案)。其余棉花纱布有为敌军被服厂,于二十七年六、七月间陆续搬运一空,迭向索取证据,均置不睬。此为商厂二十七年至三十年间被敌占据时被毁损机械,抢掠物资之情形也。

(三)商厂虽于三十年二月无条件发还,然仍有敌军驻内未撤,至四月始得派人进厂收拾机器残骸,调查损失。断垣颓壁,满目疮痍(损失详下),至三十年敌军发生太平洋战事,横行无忌,压迫更甚,于是又以发还厂必须开工,若不开工则认谓废铁,予以敌收工厂作为驻军之用,迭次派人通知。商公司虚与委蛇者亘数月之久,敌逐加紧逼,不得已于三十一年十二月开一部份纱锭四五台以敷衍之,一面将毁坏机器修理,现在纺部修理完竣纱锭八千余锭,而信昌洋行于二十九年五月搬运至上海机器纱锭二万二千一百锭(均是已被敲坏之机,将来能可装配完成若干,现尚难计算确切损失,三十年十二月八日敌军进入租界时幸未被查封)。商厂战前原有纺锭四万零六百枚,并线锭一万二千四百枚,表面损失在一万枚,按之此项机器毁坏程度,实际损害统计损失在百分之五十以上。布机部份,原有布机一千二百台,被敲毁至不可修理者有七百九十三台之多,车头装有小马达,亦均被掠搬一空,至今尚未整修,估计毁坏损失在百分之七十以上。印染部机器毁坏较轻,损失在百分之三十以上,惟印花用刻花紫铜滚筒七百只全被掠搬一空,其他仪器一时尚未能查明。电汽部份,发电间一切装置附件均被掠搬,空无所有(损失另呈清册)。此为商厂无条件收回厂产及查明损害之情形也。

查我国纺织事业步人后尘,数十年来墨守成法,不事改进,其后工产增多,亦大多纺纱以二十支,织布以粗布为普通出品,对于精美布匹,因无细纱原料,且缺染整机器设备,致外货侵入,纱布漏厄甚巨,国计民生交相弊疲。商公司有鉴及此,甘负创始艰难之责任,于民国九年集资设立,首先向英国泼麦诺登厂购办漂染整理全套机器及英国迭金生厂提花龙头织布机二百台,出品仿制外货,如直贡呢、哔叽、府绸、□纱、漂布等百数十种,均足媲美舶来品,数年之间国人乃知机器染整为棉织界重要辅助事业，纷纷继起设立。商公司不敢自诩有极大贡献，实已艰苦备尝，几濒破产，盖在初创之时，技术人员既须借材异国（当时请英国漂染技师汤麦司），又值欧战之后，各国经济紧缩，货价惨跌，难与竞争，银行界以新创事业，不予扶助贷放款项，捉襟见肘，仰屋□嗟，徒唤奈何。民国十三年齐卢内战，齐兵焚烧抢掠，商公司发行所存货尽付一炬，劫后剩余活动资金不满万元，继续经营至十六年，国军奠都南京。商公司出品在各省市亦有相当历史，数年间略有盈余，积极扩充，民国二十年添设纱厂，置有细纱机一万六千锭，线锭机六千四百锭，以前仰给英日纱厂之四十二支、六十支、八十支、一百支，均能自纺，供给本厂织布，从此自棉花进厂联络工作，至色布出厂销售，毋须仰给于人。二十五年更设印花厂，出品尤为精进，并逐年增添纱锭布机。至二十六年夏，新置机器始完全开车（战事时置备之机器数量详如上文不赘）。即遇"八一三"战事，日寇对于我国纺织业嫉恨已深，久思霸占东亚市场，遽落敌手，何可幸免？商公司十七载苦干经营，粗具规模，一旦摧毁，不独商公司之不幸，而于国家资源，亦为莫大损失。现在修理此机器所需配件以及财力均非仓卒可办，而对于十余年训练纯熟之职工，经过战事痛苦之后，亦不得不亟与拯救，为此不惮辞费，沥陈经过，冒昧干渎，请求钧署俯鉴，商公司贡献国家之微劳，予以紧急之救济，准将没收敌产纱布厂一部份赔偿，或予贷放，俾得迅谋复兴以资救济，而维职工生计。

除呈经济部外，随呈检送损失清册照片，仰祈鉴核。批示祇遵，无任感戴待命之至。谨呈行政院善后救济总署署长蒋。

附呈损失清册三册、照片二十八张。

具呈人　丽新纺织印染整理股份有限公司

董事长　邹颂丹

年六十九

住上海江西路三和里Ｂ十一三号

通讯处为重庆中央信托局李惕平君

三十四年十一月八日

（上海市档案馆，档号：Q195－1－27）

丽新印染厂免于驻军

（1946 年 9 月 5 日）

惠商桥丽新纺织印染厂，在抗战期间，损失惨重，近在政府扶植之下，始得逐渐恢复，而于职工福利事项，复恢尤为积极，职工子弟学校及托儿所等次第成立。兹悉有某军事当局，拟假该厂施训，该厂以缺乏相当场所，以及与整个复员生产，不无影响，先后向军政主管机关力陈苦衷，要求另觅施训场所。昨日国防部特电复到锡，略谓：文电悉，除饬该军勿得占用惠商桥丽新纺织厂外，特复，同时省政府亦有复电云，经转函并令饬无锡县政府协助另觅房屋等语。（工讯社）

（《大锡报》，1946 年 9 月 5 日，第 2 版）

卅五年十月廿一日

（上海市档案馆，档号：Q195 - 1 - 27）

赵祖康等应邀参观无锡纱厂

（1947 年 5 月 13 日）

无锡庆丰、申新、振新、丽新等四大工厂，十一日招待市工务局长赵祖康暨中国工程师协会上海分会会员及家属等二百余人，赴各该厂参观。赵局长对其生产状况，工人福利，战时损失，及复员经过等询问甚详。午膳由无锡参议会会长李恪平招待，即席并致欢迎词，由赵祖康致答词，略称：中国纺织业受战争影响甚巨，战前我国之产纱量为每日五百余万锭，战后跌至三百余[万]锭，损失约为百分之四十。无锡原系产地之一，产量约占百分之六，芳[方]加紧努力，当可增达百分之十，实不容忽视。赵局长并强调工程师与工厂间之关系密切，对各工厂之前途,寄予厚望,并愿互相合作。

(《申报》,1947 年 5 月 13 日,第 4 版)

丽新公司战时物资损失报告一则

(时间不详)

(一) 概况

甲　工厂名称　丽新纺织印染整理股份有限公司

乙　工厂地址　无锡惠商桥丽新路

丙　组织性质　股份有限公司

丁　成立时期　民国九年

戊　负责人之职称及姓名　经理　唐骧廷　协理　程敬堂

己　主任工程师之姓名及履历

　　沈哲民　南通纺织大学毕业

　　张佩苍　北京高工毕业

(二) 战前情形

甲　生产物品名称　棉纱　印染色布

乙　产量　廿五年纺部出棉纱 15 000 件　棉部出 700 000 匹

　　　　　印花及色布出 1 400 000 匹

丙　设备情况　纱锭 40 180 锭　线锭 18 800 锭

　　　　　　　布机 1 800 台　印花漂染整理机器全套

丁　固定资金　国币四百万元

戊　营业状况　本公司制造精纺棉纱线以及各种花式布匹,行销于全国,于南京、镇江设分销处,汉口、上海设分公司,无锡设批发处,举凡全国各大省市及国外南洋群岛等地莫不有,本公司出品畅销,营业茂盛,供不应求。

己　雇用工人数　三千五百余人

庚　职员人数　一百八十余人

（三）战时情形

甲　曾否内迁，迁于何处　未内迁

乙　是否继续生产（停）

丙　曾否受有损失　损失详情如何　各种机器设备被敌故意击坏，详附册

（四）现状

甲　现存机件□单　现修竣开工一万四千锭　布机一百五十台　其余尚在修理中

乙　生产数量　$20''42/$□线每月四百余件　□布匹千余匹

丙　雇用人数　四百余人

丁　职员人数　三十余人

戊　营业状况　本公司因在战争期内被敌占据多年，将各种机器敲毁甚重，致产量锐减，每月纺纱只有四百余件，不能大量生产畅销，而各项开支如利息、电力、工资以及修理费用甚巨，前途未可□观。

己　复业计划及经济情形　拟将被敌敲毁机器络续修理，无法修理及被敌搬去者，如马达等，请求设法救济，目下经济细短，修理工作不能加速进行，须请求政府救济。

庚　目前主要困难情形

1. 机器损毁甚重，修理困难；

2. 马达为敌搬走，原动力不足；

3. 自己之汽轮发电机一部损毁，无法发电；

4. 纺织印染整理用之附属机器用品物料等不易购得。

（五）急要救济器材清单

已于七月九日开具清单呈报，兹不赘。

（上海市档案馆，档号：Q195－1－27）

附录

唐君远先生文录

Chang Yea, A Hero of Wusih (唐增源) [1]

(1917 年 12 月)

When Ming Tai Tsu(明太祖)first ascended the throne in Nanking. Mu Tien Yu (莫天裕) a famous general under Chang Shih Ch'êng (张士诚) like an incensed boar, beseiged[2] Wusih and finally captured it. Mu's army was not well disciplined and consequently in the habit of plundering and slaughtering. The people were wrapped in fear. But Chang Yea was the only one that was unmoved by the fury of the beastly soldiers. The fellow-inhabitants resorted to him as their safeguard.

Afterward Ming T'ai Tsu sent Hsü Da (徐达) to fight against Chang Shih Ch'êng at Ping Kiang. Chang committed suicide after the failure of a desperate struggle. Hu T'ing Tsai (胡廷瑞) a stuff officer of Hsü Da, was ordered to lead an army to capture the surrounding cities. All these cities, submitting to the chivalrous character and impetuous temper of Hu T'ing Tsai, surrendered without fighting. But Mu Tien Yu, who had as must fire and bravery in him as Hu T'ing Tsai, shut the city gates against him and would not give way. He killed messenger sent by Hsü Da. Upon this Hsü Da was very angry, and ordered Hu T'ing Tsai and his conquering army to destroy Wusih with all her children and properties. When this dreary news reached the ears of the people, they were all fear and could not help but weeping aloud.

Meanwhile, two intimate friends of Chang Yea, Hsü Chi and Hsü Si came to him and said, "the thing becomes worse and worse. The city is in

---

① 此文是唐君远先生中学时给无锡同乡会杂志《锡秀》撰写的一篇英文文章,介绍并赞颂了元末明初无锡人张翼不顾个人安危使全城老百姓免于战火的英勇事迹。又,本条史料由上海交通大学党史校史研究室叶璐老师协助提供,特致谢忱。

② 原文如此,属误拼。类似还 submithing, cowardity, offected,等等。

great danger. Only you, we think, can relieve this impending disaster." "Oh!" said Chang Yea, "I am glad to do so." Then he went to see Mu saying, "Now Prince Chang has gone to Heaven and Hu T'ing Tsai is pressing hard upon our city. We are at every moment in danger of meeting our final fate. What will you do for us?"

"As you know," replied general Mu, "I am one of prince Chang's faithful followers. How can I surrender to his enemies! I swear, I would never yield to the Ming Dynasty, even though my body were to be porn to pieces.

I am sure that your Excellency can not be persuaded to disavow your loyalty to the prince, said Chang Yea, "but we well know that we can not avoid the disaster of being captured. I beg your Excellency to imagine the pity of that bad sight, and change your mind for the welfare of the people.

General Mu, thinking for a moment, replied, "Oh! for people's sake, then, I would yield to your opinion. But do you think that General Hu will accept my surrender?"

"Yes," answered Chang Yea.

He then sent out for General Hu's camp. When he reached there, General Hu treated him very kindly. Chang Yea said to him. "Now we people, submithing to your bravery, will surrender to you. But so far, we know, we have offended your Excellency very much. If your Excellency do not take pity on us, we are sure of what will happen. But to kill the people who surrendered, means a cowardity. I sincerely hope, your Excellency will show your true greatness by saving the lives of these helpless people." Being offected by this speech, General Hu assured he would never kill a single soul when he entered the city. Thus the people of the whole city were saved, and Chang's name is honored for ever.

(《锡秀》,1917 年第 2 卷第 1 期,第 91－92 页)

吾国染织印花事业之现状及将来

（1928 年 7 月 8 日）

一、染织印花事业之重要

自欧战起后，吾国实业，此倡彼兴，颇有欣欣向荣之象，其中尤以纺织业之进步为最速，于民国八年至十三年五年中，国人自办纺织厂，竟由十九厂增至七十三厂，纱锭由六十余万枚增至二百余万枚，布机由二千余台增至一万三千余台。新式漂染整理厂，亦有上海达丰、无锡丽新之创设，外人之在吾国境内所设之厂，尚不兴焉，漪欤盛哉。吾国纺织染界于此数年间，大可在国内称雄一时，抱无穷之希望矣。乃不意盛极即衰，昙花一现，于近三四年来，纺织事业，一落千丈，国人自办之纺纱厂，因亏折而停办换主或售诸日人，及在外人经营管理下者竟有十余厂之多。考其原因，虽不外乎内乱频仍，花贵纱贱，资本短绌，技术不精，工潮叠兴，及国外经济压迫数端，而国人之不注意纺织经纱细布，及振兴漂染印花事业，亦为一重要原因。读者疑吾言乎？请申其说。

近年以来，社会风气大开，习尚美观，衣服之变迁，尤为日新月异，争奇斗艳，虽在穷乡僻壤，亦渐趋时新，力求华美。粗衣毛布，已不为多数人所喜穿服。此为丝织之区，中富人家，莫不穿绸着锦。故对于衣服之审美观念甚浓。故自东西洋货匹头轮进以后，国人喜新羡美，竞相争买。吾国土布销路之衰落，大有一落千丈之势矣。据近年之调查，上海东洋匹头进口数，计达七百六十余万匹，欧美货计达五百余万匹，合之其他各埠，则总数至少当在二千万匹以上，数目之巨，实足令人骇异。然吾人试于沿海各省，与内地都市繁盛之区，一察各绸布店庄所售之布匹，则十分之七八为东西洋货也。此种洋布，大都由细纱或双股线织成，均经过漂染印花整理诸手续，故花样新奇，颜色夺目，宜乎吾国纺织厂所织成之粗白布坯，不能与敌，而手工之土布，更瞠乎其后矣。

吾国纺织厂，在交易呆滞，资本亏折之秋，而东西洋之匹头花布，仍有巨量之输入，此可证人民喜美厌粗之心理。以前各省，内战纷纭，人民生计，非常困难，而尚有如此现象，则将来国家统一，政治维新，交通便利，实业发达，人民生计宽裕，购买力高强之时，必更有甚于此者。故手工土布之日归淘汰，漂染印花布之渐趋重要，证之英美棉业发达史，可为预言。是吾国棉业界在此提倡国货之时，对于染织印花事业，应当重视发展者也。

二、现近之大略情形

吾国染织业，素不发达，欧战以后，手拉机盛行一时，专用丝光线织造各种条格提花布匹。凡江苏之沪、锡、苏、常，以及浙江之嘉、湖等处，均为此种织厂之主要地。至于其他各省，亦所在多有，前数年出品颇风行一时，占重要位置。惟近年受洋布之打击，销路日渐衰落，至于应用电力织机之厂，而兼营漂染整理者，则正在萌芽时代。兹将其中著名之达丰、丽新、鸿章、光华四厂分叙如下：

（一）达丰　该厂在上海曹家渡，为王君启宇、崔君福庄等集资创办，成立于民国八年，资本起始为银五十万两，现已扩充至一百万两，有漂染整理机器全部及布机二百五十台，均为英国机厂所制造，曾用英人为工程师，布置一切。出品之精良，足可与洋货匹敌。近又添置印花机一座，设备完全，定可得良好之出品，行销国内也。

（二）丽新　该厂设在无锡惠商桥，为唐君骧廷、程君敬堂等集资创办，股本为五十万元，现将扩充至七十万元，成立期后于达丰一年。布置设备，颇为完美，有漂染整理机器全部，及织机四百五十台，曾聘英国漂染技师指导三年，现由本国化学染织专家管理，出品精良，所出冲直贡呢、华达呢、花线呢、哔叽呢、条府绸、雪丁羽绸等，均能畅销各地。内中尤以条府绸、哔叽呢最为特色，大受各界之欢迎，闻现尚拟极力扩充，正在进行添置新式机器，增进出品云。[①]

（《新闻报（国货运动周特刊）》，1928 年 7 月 8 日，第 4 版）

---

① 本文应陈述四家工厂，但正文只陈述了其中两家，其余两家的内容未能找到。

利用美棉借款救济纱业意见（唐君远）

（1933 年）

救济纱厂　应设法提高纱价

提高纱价　应减少沪地存纱

利用美棉借款　为减少存纱之最好方法

美棉借款之利害，论者已多，赞成反对，各具理由，无可或非。但此项借款已在美订定，并由立法院通过，事实既成，大可不必再多空谈及作纸上之批评。且一事之能成立，终有利害两方面，决无完全为有利或完全为有害者。故吾人现急宜注意者，非利害问题，乃日后此种借款之分配使用，是否能合于救济纱厂之宗旨而已。

借贷美棉为救济纱厂之原料缺乏，但纱厂之衰落，是否即为原料缺乏而造成花贵纱贱之缘故？吾人应平心静气，细加分析。标棉市价现期为四十八元余，而去年七月标花价亦到卅二两余，约合洋四十五元余，则今年所高只三元左右。惟去年七月标纱市价为一百五十余两，较今年同月确高廿余元。而美棉目下市价须合六十二三元，较华棉高十四五元之谱。设政府确能依照救济宗旨，而折转贱售，如厂商所梦想打八折者，亦须合五十余元，不见较国棉为廉，虽用美棉生产费稍可减轻，但算合成本，照目下纱价尚须亏短。故救济纱厂，单言补充原料，恐亦难获成功，是舍设法积极提高纱价，殆无其他回荣途径也。

纱厂衰落之真因，不在于原料之缺乏，而在于纱价之低落，自美棉借款成立后，纱价反大落，而花价则无何影响，由此可推知，美棉借贷之不足以维纱价而救纱厂。纱价之低落，原因为消费减少，存纱堆积，吾人应设法将此堆积之存纱数量减少，或将存在沪埠之存纱运出二三万件，则纱价自能回高，纱价提高，原料之贵贱可以不计也。故政府对于是项美棉分配办法订定时，宜准厂商将存纱抵换美棉，或至少须得抵换一半之棉价，而政府将是项抵进棉纱运出沪埠，待时而贱售，或抵借与农民，以维持内地之手工织业。如此则沪埠存纱减少，纱价必能回高，纱价提高后，对于原料之贵贱关系自少，日后美棉当可不致十分削价，而有重大影响于国棉之销费。在于政府不过多一抵换棉纱之手续，而在纱厂棉业及国内手工织业,均受莫大之利益,所谓一举而三美备也。

或谓政府借贷美棉,完全系借债性质,希望售与厂商即得现款,今抵换棉纱,恐难变款,岂非与原计划不符。是则不然,现纱销之不振,虽由于销费之减少,然交通不便,以及各地之苛捐杂税,亦同为最大之原因,否则日纱何以仍能畅销如故。今由政府将此项抵换棉纱,直接分运各处,对于运输及杂税,当然可得便利,设能再用抵借办法,贷与农民,则此数万包之棉纱,何惧不能用罄? 且纱价如不能提高,则纱厂大多已焦头烂额,何能再有力量购买价高之美棉? 政府既不能将此美棉价值削贱较低于国棉,则此项美棉来华后售罄恐亦不易。政府既为救济纱厂而借此美棉,并预备以所得棉款复兴农村,则暂时存置,待机而动,亦理所应然。吾国纱锭不敷用,目下之存积不过一时呆木,政府设法能使外货进口减少者,则吾国棉纱当供不应求也。

(《纺织周刊》,1933 年第 3 卷第 29 期)

唐君远呈报丽新公司抗战时被敌损毁大略情形*

(1946 年 10 月 21 日)

查属厂于民国二十六年敌军占无锡时,同时被占,至民国二十七年春,敌□敌商大康纱厂管理,屡诱合作,经坚决拒绝,敌乃忿怒,即故意将机器大部敲毁,货物全部搬走。兹将损失大略情形除已呈经济部备案外,再将呈报如左:

(甲)纺纱厂全部敲损,现经修理后已有一部份开工,估计有壹万数千锭已无用;

(乙)织布机估计有七百余台已无用;

(丙)印染机器估计损失在百分率三十以上;

(丁)马达七百十余只全部搬走;

(戊)紫铜滚筒七百余只全部搬走,提花龙头六百余只被敲损;

(己)修机间工作机械全部搬去;

(庚)原料、布匹、染料等均被搬走;

(辛)房屋被炸毁者六十余间。

上列各项损失恳请鉴核,赐予备查并请转咨经济部迅即核予救济,不胜待命之至。

呈请国防部部长白、军统局局长俞。

丽新纺织印染整理股份有限公司

代表人　厂长唐君远　谨具

卅五年十月廿一日

（上海市档案馆,档号:Q195‐1‐27）

江苏省唐君远代表在全国工商业联合会
第二届会员代表大会上的发言

（1956 年 12 月）

各位代表:

我完全同意陈叔通主任委员和荣毅仁副主任委员的报告。

目前,在工商业者中间比较普遍关心的问题,是"定息如何,帽子如何",有一部份人,特别是薪金不多,生活还有困难的资本家,对放弃剥削的条件,还没有完全具备,因而担心定息拿不长,会很快地取消;同时,也有一部份人,特别是中小资本家,定息收入不多,不愿意再戴上资产阶级的"帽子",要求早日放弃定息,加入劳动者的队伍里去。毫无疑问,对这些问题,如果缺乏正确的认识和适当的处理,都会影响积极性的发挥。

在这次大会期间,薄一波和陈云两位副总理向我们作了重要的报告,向我们指出,定息时间可以定为七年,如果七年后工商业者一部份人生活上还有困难,定息还可拖一个尾巴;同时又指出,部份中小资本家以及资方代理人,可以叫做小资产阶级,不叫资本家,并在适当的时机,可以申请加入工会。这再一次的证明了,党和国家对资产阶级所采取的和平改造的方针和赎买政策是完全真诚的;在改造过程中所规定的各项步骤和办法,是合情合理、实事求是的,是令人心悦诚服、乐于接受的。当然,我们绝不能因为定息长达七年以及有些人可以称为小资产阶级,而就此安于现状,放松改造。我相信,只要我们认真地宣传和贯彻这次大会的精神和要求,只要各地工商业联合会不断地改进工作,把各项基本任务出色地担当起来,全国工商业者一定会更加安心改造,安心工作,为把自己改造成为名副其实的劳动者而加倍努力,为我国伟大的社会主义建设而发挥更大的积极性。

在社会主义改造过程中,加强工商业者本身间的团结是重要的。在改造高潮以后,有些中小工商业者,看到大资本家股额大、收入多,安排的地位又高,因而产生不服气的情绪。当然,这需要向他们进行很好的解释。但是,作为比较大型的资本家来说,应该看到中小工商业者在国民经济生活中同样是不可缺少的组成部份,应该看到他们在生产、经营、生活、福利等方面所遇到的困难是比较多的,应该发挥互相关心互相帮助的精神。有些人对大型资本家提出"生活不要太突出,爱国应该慷慨些"的要求,我认为,是值得我们引为警惕和自勉的。因为,这样能够逐步养成勤俭朴素的生活作风和提高爱国主义觉悟,对改造、对团结是有利的。我也认为,在工商联的各级组织机构中,要适当增加中小方面的代表性人物,以扩大团结面;在工作中要更加经常地关心中小方面的情况和意见;要积极举办些文化、业务学习,以满足中小工商业者学习文化、提高业务水平的迫切需要,同时,在条件具备的城市,应积极地做好工商界生活互助金工作。

在前一时期,我们江苏省有的城市已经试办生活互助金工作,情况比较顺利,一般反映良好。但是,由于有些看来条件似乎更好的大城市还都未进行,势必影响试办地区的工作。因此,我希望,在这次大会通过工商界生活互助金的方案以后,全国工商联仍应加强领导和督促,使有条件举办的地区都能积极地举办起来,使地区邻近、条件相仿的城市,步调能趋于一致。

我国正在进行巨大的社会主义建设和不断改善人民生活。现在,我国的工业设备,除了原有的以及新设计、新建设的国营企业以外,其余都是合营企业。通过人事安排,我们工商界中有不少人在专业局、公司和合营企业中担任工作,有的还居于比较负责的领导地位。因此,怎样发挥我们的技术才能和业务专长,搞好生产经营,发掘企业的潜力,就成为当前企业改造和人的改造的根本关键。长期以来,我从事于毛纺、棉纺织工业。就我所知,一般参加管理的资本家和所延聘的资方代理人,大都有一定的管理和技术能力,有些人还确有专长。我想,我们民族工商业,过去在帝国主义和官僚资本的排挤和摧残之下,历尽艰难困苦而终于能撑得过来,在经营管理方面,是有些经验和办法的。当然,那种属于投机取巧、盲目竞争、忽视劳动保护、牺牲职工利益等办法,今天我们不但不应采用"老一套",还要坚决反对,彻底加以改革。但是,如何精打细算、降低各种消费、加速资金周转,如何提高产品质量、增加花色品种、适应人民需要,如何使一个人做几个人的工作、一文钱办几文钱的事情,这些经验和办法,就可以很好地保留下来,运用起来,使它们更好地为社会主义建设服务。

至于资方代理人,他们本来就是具有一定管理和技术能力的知识分子,但由于受到资本主义经营管理和长期以来劳资对立的限制,在企业合营以前,他们的技术才能日益与劳动相脱节,他们不得不纠缠于行政上的琐屑事务之中,大有"英雄无用武之地"之苦。我对这种情况,曾常常引为不安。现在好了,合营后,由于生产关系的根本改变,他们的技术才能已能得到充分发挥的机会,他们也正在作出更大的成绩来,为社会主义建设服务。虽然,今天在企业内部我们已经没有什么经济利益需要他们代表了,没有什么私人利益要求他们代理了,但是资方代理人一向对资本家的自我改造帮助很多,影响很大的,在继续接受改造、为社会主义建设积极努力的共同目标下,我们仍要密切私、私间的联系和团结,互相勉励,互相帮助,求得共同进步。

各位代表,党和政府号召全国人民艰苦奋斗,勤俭建国。我保证以各项实际行动,遵循着这次大会向我们提出的努力方向,团结和推动我所联系的工商界,在社会主义建设中发挥潜力,积极工作,并自觉地养成艰苦朴素的习惯,树立劳动观点,争取用比定息期限更短的时期,来创造好放弃剥削的条件,把自己改造为名副其实的劳动者,为国家和人民服务,来报答党和政府对我们的关怀和期待。

(上海市档案馆,档号:C48 - 2 - 1347 - 113)

唐君远等人关于取消
"产地一次检验有效"办法的提案*

(1962 年 7 月 21 日)

加强原棉质量检验,将产地"一次检验有效"的不合理办法应予废止并将原来检验规程即予恢复,以便公平交接,而利纺织生产案。

棉花为最大宗工业原料,世界大小棉产国家对原棉检验均极重视,苏联原棉质量检验指标更从工艺条件出发,由商业检验进而为工艺检验,以符合纺织生产需要。我国棉花检验已有三十余年历史,在各种商品检验中较有基础,自全国解放,棉粮比价政策实施后,对棉花检验更多促进,后以避免重复检验,简化检验环节为理由,决定采用产地"一次检验有效"办法,意即在产地基层收购点经过检验填发证书后,即可通行无阻。由于基层收购点对检验不负经济因素责任,对检验技术不免放松,有些基层行政领导对检验员检验结果任意升降,甚至将检验图章交由会计员保管盖用,形成有名无实,全失检验意义。货到纺织厂验收结果,有些与原验相差很大,向产地交涉,而产地利用"一次检验有效"盾牌,相应不理,亦即出门不认货,这对纺织厂产品稳定,用棉量定额控制,均无保障,工业七十条五保五定工作亦无从贯彻。

为了保证原料交接公平合理,并进一步促使产品质量稳定提高,将几年来行之对生产害多利少的"一次检验有效"办法,应即废止,并将介[解]放后公布的棉花检验规程,予以恢复实施(先以条件较好的上海市郊棉花区首先实行亦可),同时将棉检队伍从新整训,在执行检验工作时给予有责有权,行政领导不轻予干涉,货到镇地有复验权,如与原验相差达一定幅度时,得从实升扣,以示公平,而资策励。就目前各主要棉区情况言,只要在棉栓[检]技术方面,多予培训交流,即可通行贯彻。如何即乞审议,并转洽有关部门考虑施行。

(上海市档案馆,档号:L1-1-240-21)

唐君远等人关于提高轧花剥绒质量,
以符合纺织工艺要求的提案*

(1962年7月21日)

中国人民政治协商会议上海市第三届委员会第一次全体会议提案①

编号: 　　　　　　　　　　　　　　　　时间:1962年7月21日

---

① 该提案表为编者根据原文绘制。

案由	提高轧花剥绒质量,以符合纺织工艺要求案
理由	上海纺织产品,特别是棉纺织品,向高精尖新方向发展,对原棉质量要求愈来愈高。近来化洗工业加速展开,对所需原料,特别是短绒质量要求,又甚严格。历年来在轧花剥绒方面,由于党的正确领导,都获得了一定成绩,但仍跟不上形势发展的需要。上海为纺织业基础,又为出口品主要产区,对棉产加工的要求,量大质高。有关原棉和短绒,尚未能符合纺织工艺需要。兹特分述于下: 　　轧花:目前各轧花厂,大都注意产量多,重视质量少,而各地置备的锯齿轧花机(绝大部分天津制造)质量以及各工序间机器配备和操作维修技术等,又都存在问题。河南、湖北等重点产棉省分[份],比郊区各县存在问题更为严重,因此,皮棉轧花差,造成棉结疵点严重,为国际市场最大诟病所在。 　　剥绒:各轧花厂看重轧花生产,对剥绒工作,列为次要地位。棉短绒质量好坏,不予重视。检验标准,亦未有统一规定,以致各地加工厂(包括郊县在内)调沪棉短绒的杂质、灰分、铁质等含量很高,以之作化洗原料,不符合工艺条件。
办法	在最近二三年来,上海纺织部门曾向各棉纺厂抽调大量技术员工,分赴郊区和对上海供应原棉重点棉产区,进行加工、技术辅导工作,帮助各轧花厂整修机械,提高棉产加工质量。然只能收效于一时,由于轧花属于商业系统领导,单凭织纺部门季节性帮助,未能彻底解决问题,加之棉检方面,现行标准以辊棉为对象,目前皮辊棉几为锯齿棉所代替,而仍以外观形态为质量等级依据,内在质量不予重视,太不科学。亟应改革制度由商业检验进而工艺检验,以符合棉纺业需要。至于棉短绒检验,全国只有极少数加工厂有化学检验设备,其余厂均付缺如,即物理检验多未实行。以前棉短绒剥绒量不多,且局限于造纸之用,关系不大。目前作为化洗主要原料,使用价值提高不同于往昔,因此在质量要求上,更为严格,必须从事物理检验和化学检验,确立一套检验制度,以便推行全国。又如最近中商部颁发的棉花加工技术指标草案一册,据告仅供参考用。我们在纺织工业地位,要求改为部颁指标,通函各省市严格执行,借此提高质量。上述议案即乞审议并转有关部门考虑施行。
提案人签名	唐君远　　吴中一　　刘念智　　吴味经　　董春芳
地址	电话
备注	附件

(上海市档案馆,档号:L1-1-240-21)

唐君远等人关于防止棉种继续退化的提案*

（1962 年 7 月 21 日）

中国人民政治协商会议上海市第三届委员会
第一次全体会议提案①

编号：   时间：1962 年 7 月 21 日

案由	防止棉种继续退化，以利纺织生产，而应国内外市场需要案
理由	介〔解〕放前，我国棉种混杂退化，到处皆是，介〔解〕放第二年，在党的高度重视下，即向国外进口优良棉种一批，经数年繁殖推广，全国 80％以上棉田，皆种植之，其中以岱字棉 15 号为主要品种。由于种子推广不善，选种、留种制度不严，目前岱字棉呈现显著退化现象，田间杂小植株一般达到 20％，铃重亦降低 20％以上（进口时百铃可采籽棉一斤，现须百二三十铃采籽棉一斤），影响籽棉产量很大，同时衣份由原来 38％～39％降至 34％～35％，以全国棉田 6 000 万亩（去年约亩），并以平常收成，每亩收籽棉百斤计，即需损失棉 240 万担，差不多约合上海年计划生产任务需要，又纤维长度平均降短二毫米，过去可在国内选用供纺中、小轮胎纱（质量 60％）质棉，现在须大量掺用，甚至要全用外棉，方能符合产品质量要求。棉花退化一般不是按算术公式，而是按几何级进行，退化程度实属可怕。
办法	农业部门对这问题运用亦极重视，最好向国外订购良种，以资更换，但在目前情况下，不容许这样做，唯一办法，只能集中全力，自力更生，以复壮岱字棉为过渡措施，以选育纯系种，为根本办法。各地农业科学机构已有少数优良品种出现，应即有组织地有系统地进行繁殖推广，在种子棉轧花方面，商业部门的轧花厂应绝对分别付轧留种，绝不能像过去那样与商品棉混轧退籽，以资保纯。 　　上海市郊区棉田面积与浙皖相仿，超过湘赣在长江流域，仅次于鄂、苏、川，不能等闲视之。应请有关农业行政技术等单位，予以重视。上海市纺织集中，棉区集中，各种条件较好，应请在最短时间内成为优良棉种基地，为全国创种子条件，对上海纺织业原料来源亦多帮助。如何，即乞倡议，并转请有关单位考虑。

---

① 该提案表为编者根据原文绘制。

提案人签名	唐君远　吴中一　刘念智　吴味经　董春芳		
地址		电话	
备注		附件	

（上海市档案馆，档号：L1－1－240－23）

唐君远参观友谊服装厂发言稿[*]

（1980 年 8 月）

唐君老发言稿

八月六日，我们参观了普陀区友谊服装厂。这个厂原来是一个搪瓷杯盖头加工的街道工厂，去年六月份上海服装进出口公司接受法国比德曼有限公司美国分公司在上海加工定制的确凉男式衬衫，十月份确定与这个街道工厂合作改建为一个服装厂，十一月份比德曼公司运来的 204 台整套缝纫设备，十二月份安装完毕。今年二月份正式报产，就变成了一个具有全套先进设备，产品竞销于国外的新型服装加工厂。

我们走进厂房，顿有面貌一新之感，204 台设备，从主厂房的楼下到楼上，再延伸到隔壁的付［副］厂房，这些设备有来自西德的，意大利的，美国的，大部份是日本的，机械化程度较高，或者近乎全自动化的各种型号的新型设备，这些设备性能好，速度快。

现全厂职工共有 680 人，其中知识青年占百分之八十五，有 400 名是在筹建以后陆续吸收进来的，平均年令［龄］二十七岁，是一支年轻力壮的职工队伍。他们满怀信心的精神面貌同我们看到的有些待业青年的苦闷相比，成为强烈的对照。大多数工人都在比德曼公司派来的技术人员的指导下，由厂方培训过。他们生产出口的男式衬衫的质量水平，已经达到外商要求，用比德曼 ySL 名牌商标，写明中国制造，行销美国超级市场，每件售价 36 美元，按该厂现有设备和职工情况,年产的生产能力可达六万打,今年原生产计划,产值是 7 百万元,平均每 5 职工产值一万元,该厂前身每个职工年产值仅为五百元,目前加工定制的确凉的男式衬衫,除必要的辅料,由比德曼进口供应外,其他原材料均由国内供应。今年以来虽然由于国内供应的原材料,不尽理想,生产上受到一些影响,但是随着生产工人的技术逐步熟练,生产能力不断提高,开始日产量五百件至六百件,平均每人生产二至三件;现在日产量一百二十打,计一千五百件,平均每人生产六件。今年投产以来,产值已达一百八十三万元,约等于创外汇五十万美元,利润收益十五万元,为国家创汇作出了一定的贡献。这个厂为与外商合作经营,迈出了可喜的一步,给我们留下了深刻的印象。

我们上海工商联一开始就参加这个合作项目的谈判,特别值得汇报的是香港申新纺织厂有限公司陆达权先生对于促成这个项目所作出的积极贡献。

陆达权先生是五十年代从上海到香港去的,去年,张承宗部长率领的上海工商介[界]访问团在港时接触了陆达权先生,他表示有为祖国"四化"出力的愿望,去年五月份,他领法国比德曼美国分公司负责人来沪,通过我会介绍与服装进出口公司洽谈男式衬衫加工业务。由于比德曼生产的 ySL 牌衬衫是世介[界]十大名牌之一,质量要求高,因此,提出要根据它提出的引进一套先进设备,当时匡计约值十五万美元,由于我方外汇无着落,谈判搁浅,我会了介[解]这些情况后,即同陆达权先生商量,谋求介[解]决办法。他欣然答应,提出他与比德曼公司商量,无偿供应这套设备,希望在加工弗[费]给予适当照顾,如与比德曼商量不成,由他个人无偿提供。由于这个关键问题迎刃而解,双方遂签订了协议,到现在比德曼无偿供应设备价值远远超过 15 万美元,共值 30 多万美元,再加上派来技术人员的往返旅弗[费]和设备运输弗[费],比德曼实际投资达 60 万美元。后来他们双方在通信往来商讨履行协议细则时,又碰到一系列的问题。美国有很多公司对比德曼化[花]费这样大笔投资,议论纷纷,认为在中国办厂,产品质量不能保证,会把牌子做瘫,因此比德曼来函,掩饰敷衍,有点打退堂鼓,对于提供的设备也迟迟不向国外购置。更为棘手的棉布配额问题,原来上海服装进出口公司答应给予的部分配额,因为美国市场情况有变化,国家分配给上海的配额,也相应起了变化,因此,上海就很难再划出部分配额,这个问题服装进出口公司要求我会从中斡旋,我会又再次与陆联系,请他与比德曼再度商量。陆为此事,特地在港与比德曼召开会议,进行商讨,终于在他的努力下,说服比德曼,并同意改作的确凉男式衬衫,先行加工定制,又使这一系列问题,获得介[解]决。原来这个项目,是陆与比德曼共同投资合作经营,可是,比德曼见到这些问题都获得一一解决,改为独自经营,陆也欣然允诺,他表示说:"只要对国家有利,我也算对国家作出贡献。"

这一事例说明,我们上海市工商联在发展上海的对外经济关系方面是可以起一定作用的。今后,我们一定在党的领导下,继续利用这种自然关系,为"四化"效力。

在这里,我也顺便对今后巩固和发展街道工厂集体企业的方向问题,提一些个人看法。

从参观友谊服装厂后,我们认为利用街道工厂集体企业与外商合作经营中小型的来料加工、来样加工、补偿贸易等等项目,它具有优越性,它的优点是:(1)投资少,见效快。友谊服装厂外商投资设备弗[费]60万美元,我方在原有厂房基础上加以新建改造,仅仅投资30余万人民币,仅仅化[花]了半年功夫的筹建,即正式投产。(2)为待业知识青年就业创造了条件,友谊服装厂先后安排知青400多名,据其所在的普改□沙洪浜街道反映,由于在街道范围内按政策安排知青的对象已感缺乏,他们还并入了二个生产组人员进厂。我们参观后,同声感慨的说,如果每个街道都办一个这样的厂,上海知青就业问题,可以全部介[解]决。(3)引进先进设备,学到先进技术,为国家创汇,都作出了一定贡献,比德曼在友谊服装厂加工的衬衫质量要求高,难度大,广大职工认为有这样的先进设备,有这样的先进技术,应该勤奋钻研技术,他们能在不太长的时间内,从严从难要求,现在加工生产的男式衬衫,竟然进入超级市场,为国争光,为国创汇,确实是难能可贵的。(4)具有极大的灵活性,产品适销,容易对路,友谊服装厂由于国际市场上衬衫款式变化快,他们不到半年,已生产了多罗宾、丹尼克士达、圣罗兰三只牌子,我们认为这种灵活性、适应性强,在国营企业内是较难做到的。

我们在参观友谊服装厂过程中该厂反映,当前还存在一些急需介[解]决的问题,特别在原材料供应,和税收方面的问题,确实阻碍街道工厂集体企业的发展,因此我们建议:

(1)凡是经过上级批准,在街道工厂集体企业与外资进行合作的项目,对于他们的原材料供应,很可能地纳入国家计划。友谊服装厂,当前即因面料供应脱节,不及时,而且数量和质量得不到保证,使该厂生产发生一定困难,这对外影响不好。

（2）对于街道集体企业，应该扩大其的自主权，不宜采取"定支定收，定负盈亏"的办法，目前他们工人的工资比起全民来看，普遍较低。加之，街道工业税收高达50％至55％，其余利润还要"三家分成"，□集管□拿去45％，街道拿去10％，街道集体企业只留45％，这样就直接影响到他们扩大再生产和提高工人工资福利待遇，使企业经营的好坏与职工利益挂不上钩，我们希望财政部门应从实际情况出发，改变这种税收的规定，实多扶植街道工业。

一九八〇、八、十□日

（上海市档案馆，档号：C48－3－87－28）

唐君远等人关于筹设上海工商进修学校的提案*

（1981 年）

中国人民政治协商会议上海市第五届委员会第三次全体会议提案

案由：为响应汪道涵同志"办好各级各类学校，做到人才培养与经济发展需要相适应"的号召，筹设"上海工商进修学校"，要求各级领导大力支持案由。

提案人：刘靖基、唐君远、杨延修、丁忱、汤莘因、郭秀珍、孙廷芳、□锡山、章志鸿、董幼拥

理由和办法：为了响应党中央关于经济上实行进一步调整的号召，尽快地培养"四化"建设人才，发挥市民建和工商联两会成员为"四化"服务的积极作用，我们根据党中央对教育工作所提出的"广开学路""各方办学"的精神，在党的领导下，拟在今年秋季创办一所工商进修学校，先开会计专业班，以后再根据具体情况逐步增开外语、文书、电子技术、机械制图、美术设计、企业管理、中英文打字、会计函授等专业班。

学校属于中等进修补习学校性质，办学经费由市民建、工商联两会自理，以勤俭节约为原则，业务上接受市、区教育局的领导。

学制实行单课制，每课修学半年，利用晚上借用一所中学校上课，每学期上

足二十课。招生对象以局、公司系统的在职人员为主,适当吸收具有高中文化水平的待业青年,经入学考试及格,择优录取。

今秋开学的会计专业班设"会计原理""工业会计""商业会计""经济活动分析""会计数学"等五课,酌收学费。每课读完后,经考试及格,发给单课结业证书,供报送单位作为安排工作的参考,对待业人员只培养专业知识,不负分配工作的责任。

建议:(1) 要求市、区教育局大力支持,加强业务上的领导,并早日安排静安区的地点比较适中的一所中学内若干教室,以利于今年暑期招生开学。

(2) 要求各有关专业局、公司输送需要进修的在职财会人员,向我校报名,经过考试合格后,择优录取。

(3) 要求各有关专业局、公司如果需要其他专业进修补习的,可与我校筹备小组(暂设华山路 893 号市两会内)联系,以利于我校根据需要与可能络续开设其他专业班。

(上海市档案馆,档号:L1‑3‑141‑122)

唐君远等人关于请上海市政领导支持民建工商联开展国民经济调整改革咨询服务工作的提案*

(1981 年 4 月 11 日)

案由:为响应汪道涵同志"发扬民主建立咨询研究机构"的号召,请上海市政领导支持民建工商联开展国民经济调整改革咨询服务工作案

提案人:刘靖基、唐君远、丁忱、杨延修、汤苇因、郭秀珍、孙廷芳、□锡山、章志鸿、董幼拥

理由和办法:我们民建、工商联两会成员绝大多数长期从事工商业,在生产技术和经营管理,特别是增产节约、精打细算、产销对路、开展外贸业务、编译等方面具有一定的专业知识和实践经验,鉴于当前国民经济正在实行进一步的调整,在中央工作会议的精神鼓舞下,大家愿以有生之年报效国家,为调整经济、实现"四化"献计献策,为此我们两会成立了一个国民经济调整改革咨询小组,

把两会成员中有实践经验的同志组织起来,为工商企业的生产经营和产品结构等调整改革提供咨询服务。一个阶段来,我们已经开展了关于增产自行车、机械设备保养的配件生产,以及□□行业增产创汇等项目的调研工作。同时,为了扩大咨询服务面,根据需要与可能,拟推动各区、局两会成立相应的组织,开展这项工作。

建议:(一)关于上列有关几个项目的调查研究的意见和建议,已经分别提出书面报告,送交上海市主管业务部门,请□转达各有关部门早日予以研究采纳。

(二)开展国民经济调整改革的咨询服务工作,涉及面较广,我们考虑为以行业为对象,也可以企业为对象,也可以某一项专题为对象,恳切要求各级党政领导机关给予大力支持。

(三)希望有关的业务部门、企业单位,从组织上和我们取得对口联系,并请主动给我们出题目、指方向,加以指导,以便我们有计划地做一些调查研究,提供有针对性的建议。

(上海市档案馆,档号:L1－3－141－124)

唐君远简历材料

(1981 年 5 月 19 日)

唐君远(学名增源),男,江苏省无锡市人,汉族,1901 年 6 月生,1956 年参加革命工作,文化程度大学。现任政协上海市委会第五届付[副]主席、市工商联付[副]主任委员。

十四岁时,在无锡小学校毕业,即考入上海南洋公学,三年后即考入上海沪江大学理科,参加学生会,积极响应五四运动。一年后又转入苏州东吴大学专读化学,暑假时在家乡组织"无锡学会",与当时的进步分子联系。至廿一岁时,因父亲开设丽新布厂,增添染整机器,叫我到厂为染整车间主任。廿五岁时,任厂长,逐步增设铁织机和印花机。至 29 岁时,又开设纺纱厂和发电厂,成为全国唯一的纺、织、印染全能工厂,并在厂内举办职工福利设施,如职工宿舍、食堂、哺乳室、托儿所、幼儿园和职工子弟学校等。所生产的府绸灯芯绒、泡泡纱、鸳鸯绸和各种印花布，畅销全国。尤其是印花布曾压倒当时在国内竞销的日本货，致使日本的《朝日新闻》报刊登为日本棉布在"中国的劲敌"。至三十三岁时，又开办协新毛纺织厂，为我国第一家毛精纺厂，生产的"不蛀呢绒"成为当时的专利品。抗日战争时，日军占领了无锡，大日本纺织公司董事长专程至无锡，强迫我至日本司令部，通知我合作开厂，我坚决拒绝，并声言"宁为玉碎，不为瓦全"。致使日军将厂中机器捣毁，将全厂使用的大小马达七百余只完全搬走。我又在上海重建四个厂，恢复生产各种印花布和呢绒。抗战胜利后，再将无锡丽新和协新修复开工。

介[解]放时，我曾在无锡热烈欢迎介[解]放军，与陈丕显、包厚昌同志等经常联系，曾任无锡市人代和政协委员和江苏省人代，见到毛主席、周总理、陈毅市长及其他领导同志，并在上海做过毛纺织同业公会主任委员，带头公私合营，后任毛麻纺织公司经理，任全国政协委员、全国工商常务委员，和上海市工商联付[副]主任委员。"文化大革命"十年中受迫害至协新厂劳动，粉碎"四人帮"后拥护党的路线方针、政策，并于79年曾作为上海工商界代表团员至香港做联络工作，会见许多亲友并鼓励我儿子唐翔千首先在深圳与广东省政府合作开设"深圳毛针织厂"，又与新疆自治区合资开设"天山毛纺织厂"，是我国第一家的中外合资企业，最近又与上海经营局合资开设"联合毛纺织厂"。现又任为上海市政协付[副]主席，经常得到党的培养和教育。我一定要尽心竭力为"四化"建设服务，为报答党和领导同志的深情大恩。

签名　唐君远

81 年 5 月 19 日

（唐君远手稿）

唐君远在市政协主席、副主席会议上的讲话*

（1981 年 10 月 6 日）

各位同志：

我也谈一点感想。

台湾回归祖国,完成祖国和平统一大业,是我们全国人民的三大任务之一。最近,叶剑英委员长进一步阐明了台湾回归祖国的九条方针政策,情词恳切,大得人心。采取和平协商的方式,来完成祖国统一大业,还可以先实行"三通",使分居在大陆和台湾两地的亲友故旧得以早日重新往来、团聚,这完全是顺乎民心,适合民意,肯定会得到台湾海峡两岸全体中国同胞的热烈欢迎。

大陆人民和台湾人民本来是一家人,同祖同宗,大家都是炎黄子孙。这些年被人为地分隔开来,人民的心里总是不快活,不高兴。现在听到叶委员长讲的九条,不但合情合理,而且是仁至义尽,充分体现了党和政府对台湾同胞的亲切关怀。我相信,不仅台湾同胞听了以后欢欣鼓舞,就是对少数原来比较固执的人,也可以打动他们的心。其实,孙中山先生临终前就曾一再呼吁"和平奋斗,救中国!"在我们这一代人中尽快地实现和平统一,完全符合中山先生的新三民主义的精神。历史上曾经实现过两次国共合作,两次都推动了历史的前进,为什么不能赶快实现第三次两党合作呢?我希望台湾当局当机立断,决不要错过良机。

我有不少工商界朋友在台湾,他们对台湾经济的发展也是出了力的。就我所知,在台湾的工商界朋友,也是热爱祖国的。叶委员长讲的九条中,第八条专门提到:"欢迎台湾工商界人士回祖国大陆投资,兴办各种经济事业,保证其合法权益和利润。"同时又在第四条中明确说明:"台湾现行社会、经济制度不变,生活方式不变,同外国的经济、文化关系不变。私人财产、房屋、土地、企业所有权、合法继承权和外国投资不受侵犯。"我想,有这样的一个"欢迎",有这样的几个"不变",台湾的工商界朋友们可以放心了,可以安心了。我们上海工商界热忱欢迎台湾工商界朋友,早日回来看看,欢迎你们来投资合作。大家携手起来,发扬我们工商界的爱国主义精神,共同为振兴中华而出力!如果有机会,我也愿意到台湾来观光,相信一定也会受到你们的欢迎!

(上海档案馆,档号:C48-3-126-62)

唐君远在上海市两会传达大会上的演讲稿*

（1983 年 1 月 11 日）

唐君远副主委的讲话（稿）
（一九八三年一月十一日上午在静安区体育馆传达大会上）

同志们！

现在开会了。

一九八三年来到了。这是我们上海市两会今年头一次召开这样大规模的集会。看到我们两千多位民建城［成］员和许多工商联骨干济济一堂，年老心红，精神抖擞，感到非常高兴。首先，让我向同志们拜个年，祝同志们新年愉快，身体健康，工作顺利！

靖公因为参加全国工商联代表团去港沃［澳］访问，所以，今天的会议派我来主持。参加今天大会的，有在上海的全体民建成员，还有工商联大组长以上的骨干。这次大会的主要内容是，传达一个月前胜利闭幕的五届全国人大和全国政协第五次会议的精神，以及最近举行的民建中央委员会和全国工商联执行委员会第二次会议的精神。同时，还将结合最近召开的市人代、市政协会议精神，提出我们上海市民建、工商联如何贯彻落实、做好工作，为全面开创社会主义经济建设新局面服务的一些初步设想。

经过上个星期市两会常委联席会议的讨论，我们决定这次传达大会开两个半天。

今天上午，请陈铭珊同志传达六届市人民代表大会第五次会议上胡立教同志创作的五届全国人大五次会议精神的传达报告。然后，再请郭秀珍同志传达七届市政协第五次会议上，刘良模同志创作的五届全国政协五次会议精神的传达报告。

明天上午八点半继续开会，会上将传达民建中央委员会第二次会议和全国工商联执行委员会第二次会议精神，以及刘澜涛同志、杨静仁同志在中央统战部招待会上的重要讲话。最后，将汇报市两会对今年几项主要工作的初步设想。我们正在积极准备召开民建市委、市工商联执委联席会议,审议市两会一九八二年工作报告和一九八三年工作打算。

现在,就请陈铭珊同志传达胡立教同志的报告。

现在,请郭秀珍同志传达刘良模同志的报告,其中还包括陆定一同志讲话的精神。

(上海市档案馆,档号:C48-3-195-1)

唐君远在中国民主建国会上海市第六次代表大会、上海市工商业联合会第七届会员代表大会上的开幕词

(1984年4月10日)

各位代表、各位同志:

中国民主建国会上海市第六次代表大会、上海市工商业联合会第七届会员代表大会,现在开幕了。

今天莅临大会的,有中共上海市委和有关部门的领导同志,有市政协、兄弟党派、人民团体的领导同志。贵宾们的光临,充分体现了对我们的关心和支持,使我们感到极大的鼓舞和荣幸。请允许我代表到会的全体代表,向贵宾们表示衷心的感谢和热烈的欢迎!

上届市、执委中的一些老同志,以两会的事业为重,主动谦让,要求推举精力充沛、相对年轻的同志当代表,因而本人没有出席这次大会。对于所有的老同志,谨表示由衷的敬意! 参加大会的新代表,其中有的是在社会主义现代化建设中涌现出来的新人才,有的是在两会工作中锻炼出来的新骨干。你们给两会工作带来的新的活力,谨表示热烈的欢迎!

这次代表大会,是在去年十一月两会全国代表大会之后提前召开的。同时,也是紧接着上海市八届二次人民代表大会和六届二次政协会议之后召开的。两会全国代表大会讨论决定了民建会、工商联的章程,并选举了各自的领导机构,进一步明确了两会工作的努力方向。而最近召开的市人代、政协会议发出了振奋人心的号召,汪道涵市长在《政府工作报告》中指出:"形势逼人,摆

在我们面前的任务十分艰巨。我们一定要认清形势,积极进取,破旧创新,扎实工作,充分发挥上海这个经济、科技和文化的重要基地作用,在现代化建设中勇做开路先锋,努力作出更大贡献。"我们两会成员和全市人民一样,深感任务光荣,责任重大。今天参加大会的,有来自各区、县、局基层支部和特邀的九百多位代表。大家欢聚一堂,共商大计,审议四年多来两会共同的和单独的工作报告,同时选举市民建、工商联各自的领导机构,以利于更好地开创两会工作的新局面,为社会主义现代化建设进一步贡献力量。

民建上届市委员会和工商联上届执行委员会做了大量的工作,为这次代表大会在政治上和组织上作了充分的准备。召开这次代表大会,对民建会和工商联的组织和成员来说,意义都是十分重大的。我们要以党的十二大精神作为开好这次大会的指导思想,遵循实事求是的精神,贯彻民主集中制的原则,群策群力,把这次代表大会开成继往开来,更好地开创两会工作新局面,初步实现新老干部交替、合作,发扬团结精神的大会。

各位代表,回顾四年多来,上海的各条战线在党的领导下取得了显著成绩。其中,也有我们两会成员的一份努力。当前,随着国民经济稳步健康的发展,面对世界新的科学技术突飞猛进的挑战,我们一定要加快现代化建设的步伐,面向世界,面向未来,为实现长远发展目标增添后劲,为九十年代的经济振兴打好坚实的基础。让我们积极地响应胡耀邦总书记关于"毋忘团结奋斗,致力振兴中华"的号召,继续发扬爱国主义传统,投身于"两个文明"的建设,坚定地沿着中共十二大指引的方向,为完成八十年代的三大任务,贡献出我们的一切力量!

预祝大会圆满成功! 敬祝同志们身体健康!

(上海市档案馆,档号:C48 - 3 - 221 - 1)

纪念荣德生先生一百十周年诞辰唐君远同志发言稿

(1985 年 8 月 30 日)

各位领导,各位同志:

德生先生是我国早期民族工业的开拓者之一,他和他的兄长宗敬先生合力办成福新面粉厂、申新纱厂等公[工]业,在我国民族工商业的发展史上占有重要的地位。今天,纪念德生先生诞辰一百十周年,缅怀先生的爱国主义精神,以及先生平易近人、热心帮助后辈的音容笑貌,宛如就在昨天。

德生先生比我年长二十五岁,又是无锡同乡。我年轻时做纱厂,总是喊他荣伯伯,时常受到他的帮助和提携。纺织业内有什么事,他也欢喜找我谈谈。新中国成立时,德生先生已经是七十四岁的老人了,常住无锡。每次他到上海来,我总要去拜访他老人家。那时候,他对中国人民从此站起来了,不再受外国人的排挤欺侮,感到特别高兴,衷心拥护中国共产党的领导。德生先生的爱国热忱和兴办实业的企业家精神,深受无锡、上海工商界的尊敬。

纪念德生先生诞辰一百十周年,我们上海工商界同志一定要把老一辈民族工商业家炽烈的爱国心和事业心继承下来,为当前的改革开放,为统一祖国、振兴中华,努力作出新的贡献!

谢谢!

呈拟

1985. 8. 30

(上海市档案馆,档号:C48-3-268)